权威 · 前沿 · 原创

皮书系列为

“十二五”“十三五”国家重点图书出版规划项目

BLUE BOOK

智库成果出版与传播平台

日本经济蓝皮书
BLUE BOOK OF JAPANESE ECONOMY

日本经济与中日经贸关系研究报告（2021）

ANNUAL REPORT ON JAPANESE ECONOMY AND SINO-JAPANESE ECONOMIC & TRADE RELATIONS (2021)

新冠肺炎疫情下的日本经济与中日经贸关系

全国日本经济学会
中国社会科学院日本研究所
主　编 / 张季风
副主编 / 李清如　叶　琳

社会科学文献出版社
SOCIAL SCIENCES ACADEMIC PRESS (CHINA)

图书在版编目（CIP）数据

日本经济与中日经贸关系研究报告．2021：新冠肺炎疫情下的日本经济与中日经贸关系/张季风主编．--北京：社会科学文献出版社，2021.8
（日本经济蓝皮书）
ISBN 978-7-5201-8446-5

Ⅰ.①日… Ⅱ.①张… Ⅲ.①经济发展-研究报告-日本-2021 ②对外经济关系-中日关系-研究报告-2021 Ⅳ.①F131.34 ②F125.531.3

中国版本图书馆CIP数据核字（2021）第101490号

日本经济蓝皮书
日本经济与中日经贸关系研究报告（2021）
——新冠肺炎疫情下的日本经济与中日经贸关系

主　　编／张季风

出 版 人／王利民
责任编辑／王晓卿

出　　版／社会科学文献出版社·当代世界出版分社（010）59367004
　　　　　地址：北京市北三环中路甲29号院华龙大厦　邮编：100029
　　　　　网址：www.ssap.com.cn
发　　行／市场营销中心（010）59367081　59367083
印　　装／天津千鹤文化传播有限公司

规　　格／开　本：787mm×1092mm　1/16
　　　　　印　张：27.75　字　数：419千字
版　　次／2021年8月第1版　2021年8月第1次印刷
书　　号／ISBN 978-7-5201-8446-5
定　　价／168.00元

本书如有印装质量问题，请与读者服务中心（010-59367028）联系

日本经济蓝皮书编委会

主　编　张季风

副主编　李清如　叶　琳

编　委　王洛林　高　洪　刘玉宏　杨伯江　张季风
黄晓勇　吕克俭　侯水平　徐　平　江瑞平
庞德良　陈子雷

主要编撰者简介

张季风　男，1959年8月出生，吉林人，1982年毕业于东北师范大学外语系，1992年获东北师范大学日本研究所硕士学位，1999年获日本东北大学经济学博士学位。中国社会科学院日本研究所二级研究员，前副所长，全国日本经济学会常务副会长。主要研究领域：日本经济、中日经济关系、区域经济等。代表性作品有：《日本国土综合开发论》（专著，2004），《挣脱萧条：1990～2006年的日本经济》（专著，2006），《中日友好交流三十年（经济卷）》（主编，2008），《日本经济概论》（主编，2009），《不断扩展的东亚产业协作》（主编，2010，日文版），《日本能源文献选编：战略、计划、法律》（编译，2014），《日本经济结构转型：经验、教训与启示》（国家智库报告，2016），《日本平成经济通论》（专著，2017），《少子老龄化社会与家庭——中日政策与实践比较》（主编，2021），其他有关日本经济与中日经济关系学术论文150余篇。

李清如　女，1986年5月出生，山东人，2007年毕业于山东大学管理学院，2010年获山东大学管理学院管理学硕士学位，2014年获对外经济贸易大学国际经济贸易学院经济学博士学位。现为中国社会科学院日本研究所副研究员，全国日本经济学会理事。主要研究领域：日本经济、日本对外经济关系、区域经济等。代表性作品有：《中日对“一带一路”沿线国家贸易隐含碳的测算及影响因素分析》（载于《现代日本经济》2017年第4期），《日本对印度的经济布局：演变、动向及启示》（载于《东北亚学刊》2018

年第 1 期），《日本强化与中东欧经贸关系的动因、布局及影响》（载于《日本学刊》2021 年第 1 期），《日本消费税改革研究》（专著，2021），等等。

叶　琳　女，1982 年 7 月出生，四川人，2005 年毕业于外交学院日语系，2007 年获外交学院法学硕士学位，2019 年获外交学院法学博士学位。现为中国社会科学院日本研究所《日本学刊》编辑部副主任、副编审。主要研究领域：国际政治经济学、日本经济体制等。代表性作品有：《21 世纪初日本企业经营的制度环境变革分析》（载于《日本学刊》2010 年第 1 期），《国际经济学导论》（合译，2011）等。

摘 要

本书回顾并展望了2020～2021年度日本宏观经济的运行状况。2020年，新冠肺炎疫情肆虐全球，对日本经济社会造成沉重打击，日本政府积极应对疫情，取得一定效果，也存在一些失误和问题。总体来看，2020年日本经济严重萎缩，实际GDP增长率为-4.8%，而且各季度经济增长率出现史上罕见的大起大落，个人消费持续疲软，企业设备投资大幅收缩，出口和进口双双负增长，失业率上升，劳动者收入下降。但同时，日本也在经济短期强势恢复、推进自贸区战略等方面出现一些亮点，呈现明暗相间的局面。展望日本经济走势，从短期来看，尽管还存在一定不确定性，但未来一两年内，随着新冠肺炎疫情的影响趋于缓和，日本经济将呈现逐渐复苏的趋势。2020年，中日经济合作也受到沉重打击，但中日贸易逆势增长，中国再次成为日本第一大出口对象国，体现出中日经济关系的强韧性，也体现出中日经济相互依存关系不断提升。2021年，随着疫情的缓解和中日两国经济、世界经济的复苏，中日经贸合作可望出现恢复性增长。

本书以“新冠肺炎疫情下的日本经济与中日经贸关系”为专题，主要设“总报告”“分报告”“中日经贸关系篇”“地区产业链构筑与区域合作篇”“热点追踪”五个栏目。本书以总报告为基础，对新冠肺炎疫情下的日本经济、中日经贸合作的状况与面临的问题、未来走势进行了全方位分析，在此基础上，本书还重点分析了新冠肺炎疫情暴发后凸显的地区产业链断裂问题以及备受关注的RCEP签署后的东亚区域合作问题，同时还对东京奥运会的经济影响、日本数字经济、数字货币等热点问题进行了深入分析。目前，新冠病毒疫苗已在全球开始接种，新冠肺炎疫情相对趋缓，为此，本书着重对后疫情时代的日本经济和中日经贸关系进行预测分析，认为未来日本经济与中日经贸合作机遇与挑战并存，随着疫情的缓解，向好因素增强，前景比较乐观。

关键词： 新冠肺炎疫情　日本经济　中日经贸关系　地区产业链　RCEP

目　录

Ⅰ　总报告

Ⅱ　分报告

Ⅲ　中日经贸关系篇

Ⅳ　地区产业链构筑与区域合作篇

Ⅴ 热点追踪

Ⅵ 附录

皮书数据库阅读**使用指南**

总报告

General Report

B.1

新冠肺炎疫情下的日本经济：明暗相间，“危”“机”并存

张季风　李清如*

摘　要：　2020年，新冠肺炎疫情肆虐全球，对日本经济造成沉重打击。日本政府积极应对疫情，取得一定效果，也存在一些失误和问题。总体来看，2020年，日本经济严重萎缩，各季度经济增长率大起大落，个人消费持续疲软，企业设备投资大幅收缩，出口和进口双双负增长，失业率上升，劳动者收入下降。但同时，日本也在经济短期强势恢复、推进自贸区战略等方面出现一些亮点，呈现明暗相间的局面。展望日本经济走势，从短期来看，尽管还存在一定不确定性，但未来一两

* 张季风，经济学博士，中国社会科学院日本研究所二级研究员、全国日本经济学会常务副会长，主要研究领域：日本经济、中日经济关系、区域经济等。李清如，经济学博士，中国社会科学院日本研究所副研究员、全国日本经济学会理事，主要研究领域：日本经济、日本对外经济关系、区域经济等。

年内，随着新冠肺炎疫情的影响慢慢趋于缓和，日本经济将呈现逐渐复苏的趋势；从中长期来看，外部经济环境趋于改善，日本国内也在做出适应性调整，但是，日本经济和社会的深层次结构性问题难以解决，机遇与挑战并存。加强中日经贸合作对日本促进经济复苏具有特殊意义，对中国经济高质量发展也具有重要意义。

关键词：日本经济　新冠肺炎疫情　个人消费　设备投资　自贸区战略

引　言

2020年伊始，新冠肺炎疫情突如其来，肆虐全球，给世界经济带来了前所未有的打击，对日本经济的打击也十分沉重。与其他发达国家相比，日本经济长期处于低迷状态，并未取得真正复苏，而且又出现许多新问题。受国际经济环境恶化以及经济周期的影响，2019年度，日本经济明显下滑，实际GDP下降0.3%，这意味着战后日本第16次经济周期已进入下行阶段。然而，祸不单行，日本经济在举步维艰之时，又遭受新冠肺炎疫情重创，可谓雪上加霜。受疫情的严重影响，2020年第二季度日本实际GDP出现断崖式下降，2020年（1～12月）全年实际GDP萎缩4.8%，[①] 2020财政年度萎缩4.6%。然而，2020年，灰暗底色的日本经济也出现一些亮点，例如，面对疫情，日本政府与国民齐心协力积极应对，赢得了短期强势恢复，特别是在推进自贸区战略方面取得了长足的成就，RCEP、日英EPA在年内签署，

① 内閣府「2020年10～12月期四半期別GDP速報（1次速報値）（2021年2月15日公表）」、https://www.esri.cao.go.jp/jp/sna/data/data_list/sokuhou/files/2020/qe204/gdemenuja.html。

CPTPP扩容也取得实质性成效。展望未来的日本经济，机遇与挑战并存，尽快有效控制疫情是关键所在，实现“防疫抗疫+振兴经济”完美统一对日本政局、社会发展影响巨大。同时，日本是世界第三大经济体，也是中国重要的经贸合作伙伴，日本经济的走向对世界经济、中国经济的影响也很大。本报告拟利用最新数据，对受疫情冲击的日本经济状况和今后日本经济走向做一探讨。

一　新冠肺炎疫情对日本的影响与政府的应对

（一）疫情在日本的蔓延

自2020年3月中下旬新冠肺炎疫情开始在日本国内加速扩散以来，日本一共经历了四波疫情高峰，时间主要集中在2020年4月中旬、2020年8月上旬、2021年1月中旬和2021年5月上旬。截至2021年5月21日，感染者数量累计已超过70万人，死亡人数累计已超过1.2万人。如图1所示，日本国内新冠肺炎感染者数量在2020年3月中下旬出现上升趋势，4月10日，单日感染者数量超过700人，第一波疫情达到顶峰。4月30日，重症患者数量达到328人，为第一波疫情期间重症患者数量最多的时间点。5月中旬左右，单日感染者数量趋于减少，第一波疫情基本结束。

但是，由于无症状和未检测的感染者仍然大量存在，随着娱乐业等服务业恢复营业，7月上旬，以东京等大城市为起点，第二波疫情开始出现。如图1所示，8月7日，日本国内单日感染者数量达到1595人，第二波疫情达到顶峰。8月23日，重症患者数量达到259人，为第二波疫情期间重症患者数量最多的时间点。从年龄结构来看，第二波疫情患者趋于年轻化，据统计，东京都40岁以下患者的占比约为70%，相应地，重症患者数量与前后两波相比也较少。①

① NHK「データで見る『第3波』第2波との違いは新型コロナ」、https://www3.nhk.or.jp/news/html/20201117/k10012716911000.html。

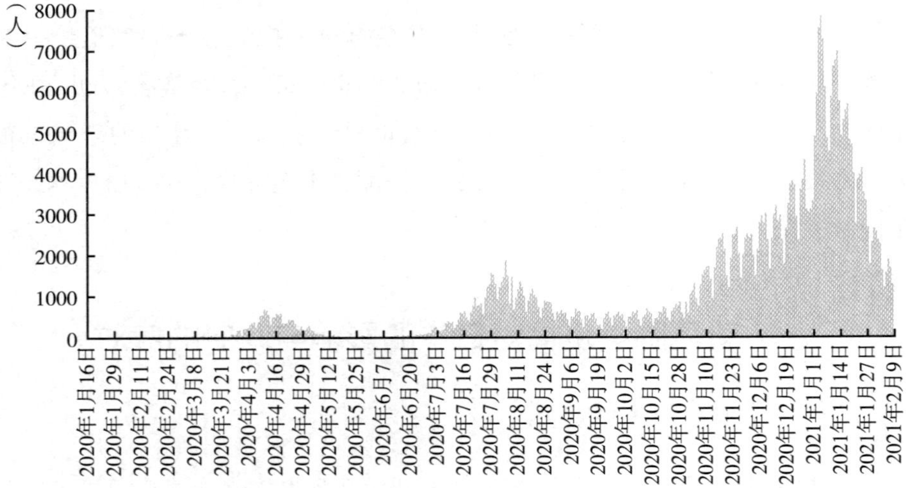

图1　日本疫情期间单日感染者数量的变化趋势

资料来源：日本厚生労働省「新型コロナウイルス感染症について」、https://www.mhlw.go.jp/stf/seisakunitsuite/bunya/0000164708_ 00001.html。

第三波疫情的蔓延速度明显快于前两波。进入 11 月之后，日本国内感染者数量再次上升，如图 1 所示，11 月 12 日，单日感染者数量达到 1623 人，已经超过第二波疫情的顶峰；11 月 22 日，重症患者数量达到 331 人，超过第一波疫情和第二波疫情时的最高水平。与第二波疫情时患者多为年轻人有所不同，第三波疫情中老年患者大量增加，相应的，重症患者数量也急剧上升。并且，随着气温下降，第三波疫情不仅在东京等大城市迅速扩散，在日本全国范围内形势也越发严峻。单日感染者数量不断增加，至 2021 年 1 月 8 日，达到 7844 人的最高峰，1 月 26 日，重症患者数量达到 1043 人的最高峰。截至 2021 年 2 月 10 日，感染者数量累计已超过 40.8 万人，死亡人数累计已超过 6600 人。

第四波疫情发生于 2021 年 4 月，先是在关西地区的大阪府与兵库县暴发，很快波及东京地区，主要特点是，大部分感染者是变异新冠病毒的感染者，变异新冠病毒传染性强，变异新冠病毒感染者的死亡率高。由于大阪和东京单日高峰感染者超过1000人，日本全国单日高峰感染者超过6000人，日本政府不得不在4月25日再次在4个都府县宣布第三次“紧急事态宣言”；此后相继将第三次“紧急事态宣言”的适用范围扩大到10个、19个都府县；5月23日又增加了冲绳县。值得关注的是，日本政府对控制疫情寄予很大希望的新冠病毒疫苗接种在日本推进得并不顺利，截至5月22日，日本全民新冠病毒疫苗接种率仅为6%，低于全球平均水平（9%）。日本计划在7月完成接种任务，这一目标能否实现令人怀疑。

（二）新冠肺炎疫情对日本经济的持续影响

过去一年，尽管日本政府与国民齐心协力，通过积极应对取得了一定的效果，但不容忽视的是，新冠肺炎疫情给日本经济社会带来的负面影响的严重性与深刻性是前所未有的，而且这种影响仍在持续之中。

1. 对医疗体系的冲击

应当说日本的医疗系统十分完善，公共卫生管理水平、医疗技术也非常先进。前两波疫情感染人数较少，对日本医疗系统冲击不大，但第三波、第四波疫情来势凶猛，感染人数骤增，对医疗体系造成严重冲击。虽然日本医疗体系未出现崩溃状态，但现有医疗机构也承受了巨大压力，医院无法做到“应收尽收”，轻症患者只能居家治疗，人数最多时有3.5万多人。居家治疗不仅使感染者本身得不到更及时、更有效的治疗，而且为病毒扩散留下隐患。

2. 产业链断裂

随着全球化的不断深入，产业链、价值链日臻完善，国际贸易与制造业已经形成了复杂而完整的体系，当某一生产或销售环节出现问题时，与之相伴的“蝴蝶效应”便会显现出来。2020年初，受疫情冲击，中国各地的日本企业均不同程度地停工停产，此后新冠肺炎疫情在全球快速蔓延，世界各地由日本企业投资的工厂都开始受到冲击。但是，中国疫情基本得到控制后，在华日本企业迅速复工复产，产业链断裂问题逐步得到缓解。

3. 奥运会延期

日本期盼已久并且被视为“经济翻身”契机的东京奥运会由于疫情影响不得不宣布延期。仅从经济方面看，日本已为筹备奥运会直接投入超过1.35万亿日元，期待能获得数倍的回报。[①] 疫情当前，东京奥运会非但没给日本带来经济刺激效果，反倒成了“烫手的山芋”。鉴于本次奥运会具有重大的政治、经济以及社会意义，因此日本力争如期举办。菅义伟上台后，坚持东京奥运会在2021年7月如期举行，但由于目前疫情原因，压力仍然很大，反对声音不断。从最近的信息来看，仅有日本观众参与的“限量参与”办奥运的可能性增大，其好处在于可以最大限度减少感染人数，但因门票损失、无法带来旅游效益，日本将遭受2万亿日元左右的经济损失。

4. 旅游业特别是入境旅游业遭受灭顶之灾

近年来，在“安倍经济学”有关鼓励入境旅游业发展政策的刺激下，外国访日游客迅速增加，2019年已达3188万人次，在日消费总额高达4.8万亿日元。其中，中国赴日旅游人数迅速增长，2019年已达959万人次，占全世界赴日旅游人数的1/4多，消费额占外国游客在日消费总额的36%，成为支撑日本旅游业的主要力量。[②] 在2020年东京奥运会如期举办的前提下，日本政府期待入境游客突破4000万人次，但疫情改变了所有的期望。日本观光厅统计，2020年，访日外国游客总数仅为411.59万人次，锐减87.1%，其中来自中国的游客仅为106.92万人次，更是锐减88.9%。2019年，访日游客在日消费总额相当于当年日本GDP的0.85%，可见入境游客的减少对日本经济影响之大。2020年7月日本政府推行的“去旅游”（Go To Travel）计划刚刚取得一些效果，第三波疫情却以首都圈为中心再度蔓延，日本不得不在2021年1月再次封城封国，叫停“去旅游”计划。这不仅使入境旅客重新归零，国内旅游业的相关活动也再次被迫中止。

---

① 东京都厅官方网站于2019年1月公布，转引自《东京奥运若生变，日本将损失多少?》，凤凰网，https://ishare.ifeng.com/c/s/7uU0FL7VNDQ。

② 由日本观光厅统计得到，转引自日本瑞穗總合研究所『新型コロナウイルス資料』、2020年1月30日。

5. 住宿和餐饮业损失惨重

在新冠肺炎疫情冲击下，住宿和餐饮业遭受巨大损失。在“紧急事态宣言”期间，各经营场所需要遵守闭店或缩短营业时间的要求；即使是非“紧急事态宣言”期间，居民对外出住宿和就餐也有很大的顾虑；再加上入境游客大幅减少，住宿和餐饮业失去很大一部分客源。厚生劳动省的调查显示，在新冠肺炎疫情影响仍在持续的情况下，接近1/4的住宿和餐饮业企业将采取削减职工工资和奖金的措施。① 日本民间信用调查机构帝国数据银行的调查显示，截至2020年9月8日，受新冠肺炎疫情影响而破产的企业数量累计达到500家。其中，破产企业数量最多的行业为餐饮业，达69家；其次为住宿业，达53家。② 可以看出，相对于制造业和其他服务业，住宿和餐饮业受到的打击更严重。

（三）日本政府的应对措施

1. 依法抗疫与软性封城

日本是自然灾害多发的国家，防灾体系严密，对新型传染病的防控也不能说不重视。与国际社会一样，日本政府也采取了积极的应对措施。出现疫情后，安倍政府在第一时间就紧急通过了《新型流感等对策特别措施法》修正案，将新冠肺炎列入新型流感病毒适用名单，依法防疫。3月26日在首相官邸设置了“新型冠状病毒感染症对策本部”。并且，为了防止民间生活秩序受到虚假疫情信息干扰，日本政府紧急制定出台了应对新冠肺炎疫情的五项基本方针：第一，疫情消息由国家直接发布；第二，全面掌握传染情况；第三，防止疫情传染范围扩大；第四，建立疫情治疗提供体制；第五，入境限制。

需要注意的是，疫情初期，与欧美国家同样，日本也心存侥幸，对自身

---

① NHK「賃金カット 宿泊・飲食サービス業で4社に1社 コロナ影響か」、https：//www3. nhk. or. jp/news/html/20201126/k10012731141000. html。

② 「コロナ倒産500件、飲食店が最多69件…中小・零細の破綻多く」、『読売新聞』、https：//www. yomiuri. co. jp/economy/20200908 – OYT1T50237/。

的医疗体系、掌控能力表现出强大的自信心。由于担心过多的感染者会产生社会恐慌，唯恐东京奥运会不能如期举行，同时也为了防止“医疗系统崩溃”，因此日本采取了不对多数人进行核酸检测的“佛系”应对方针，结果埋下了隐患。在宣布奥运会延期举办后，感染者大量出现。

随着国内确诊病例持续增加，2020 年 4 月 7 日，日本政府发布“紧急事态宣言”，为期一个月，意图将人际接触减少 80%，即通过“软性封城”措施拉大社交距离，减少接触性传染。“紧急事态宣言”最初的对象为东京都、神奈川县、埼玉县、千叶县、大阪府、兵库县以及福冈县等七个都府县，由于疫情形势严峻，4 月 16 日扩展至全国范围。5 月 4 日，日本政府又将“紧急事态宣言”的期限延长至 5 月 31 日。

按照“紧急事态宣言”的规定，各都道府县知事有权向辖内居民和机构提出要求，包括自觉遵守非必要不外出原则、学校和幼儿园停课、店铺和活动场所营业限制、集会限制以及在医院等医疗机构不足情况下开设临时医疗设施等。5 月中旬以后，单日感染者数量趋于减少。自 5 月 14 日起，一些地区开始陆续解除“紧急事态宣言”，至 5 月 25 日，其在日本全国范围内都被解除。第一次“紧急事态宣言”持续时间约为一个半月。

2. 超大规模的财政措施

除了在防疫工作中的直接应对措施之外，为了稳定民生，在第一波疫情暴发期间，日本政府召开临时内阁会议追加预算。针对新冠肺炎疫情影响范围扩大，给收入减少的家庭 30 万日元/户补贴，该项补贴总额达到 108 万亿日元。另外，对于领取儿童补贴的家庭，每名儿童将增加 1 万日元。此外，设立了以中小企业为对象的补助金，对于收入与前一年同期相比减少了 50% 以上的经营者和中小企业，政府将最高补贴 200 万日元，包括自由职业者在内的个人经营者将按收入减少程度获得最高补贴 100 万日元。除此之外，税金和社会保险费也将延迟总额为 26 万亿日元的收缴。

随后，日本参议院会议以多数赞成票通过了全民补贴 10 万日元的补充预算案，对象包括在日本长期居住的外国人。同时修正了前期的补贴方案，总规模在 117 万亿日元以上，追加的年度财政支出为 25. 69 万亿日元。

在第一波疫情得到比较有效的控制期间，日本政府决定实施第二次补充预算案。第二次补充预算案于参议院正式会议上经执政党及在野党投票，并以多数赞成票正式通过。主要包含六项内容：第一，治疗药物的开发和对医疗从业者的慰问金以及强化医疗提供体制等，共计 2. 99 万亿日元；第二，为了减轻店铺租金负担，原则上为营业额下降的经营者支付半年内 2/3 的租金，共计 2. 24 万亿日元；第三，将雇佣调整补助金的上限提高到 1. 5 万日元，同时对无法从工作单位领取停工补贴的人每月最多补贴 33 万日元，总额提高到 4519 亿日元；第四，强化企业财务基础，无利息、无担保贷款预算增加 11. 64 万亿日元；第五，增加“地方创生临时交付金”2 万亿日元；第六，为了应对疫情影响长期化的情况，增加预防传染病预备费 10 万亿日元。此次补充预算案追加支出的总额为 31. 91 万亿日元，达到历史最大规模。支出资金将全部来源于国债的追加发行，其中赤字国债为 22. 6 万亿日元，建设国债为 9. 3 万亿日元。再加上财政投融资预算和金融机构贷款预算等，总额达 117. 1 万亿日元。

在第二波疫情暴发之后，日本内阁会议决定从 2020 年的预备费中支出 1. 6 万亿日元，以防止疫情影响范围在冬天再次扩大。这一预备费是日本政府为防止疫情影响范围扩大而设立的可不经国会批准使用的资金，共计 11. 5 万亿日元。此次预算主要用于扩充新冠肺炎检测体系和保障医疗服务体系。其中，131 亿日元用于扩充新冠肺炎检测体系，包括对检测试剂生产设备和 PCR 检测设备的补助，以及对老年人检测费用的补贴等；11946 亿日元用于保障医疗服务体系，包括增加可用于新冠肺炎患者的病床和疗养设施，以及为确保重症监护室和发热门诊对医疗机构进行补贴等；948 亿日元用于开发和采购治疗药物和疫苗。此外，对于生活困难的个人，最高可申请 20 万日元无息贷款的期限延长到 2020 年 12 月末，共计 3142 亿日元；房租补助金追加 219 亿日元。随后日本政府宣布，全民将免费接种新冠病毒疫苗。

12 月初，日本临时内阁会议通过了财政支出达 40 万亿日元、总规模达 73. 6 万亿日元的追加经济对策，这也是继 4 月与 5 月之后的第三次经济对策。其主要内容包括：6 万亿日元投入医疗机构的追加紧急补助、核酸检测费用、全民疫苗接种费用等，51. 7 万亿日元投入电子行政事业、环保事业、经济转型、民生支援等。

疫情发生以来，日本中央政府在 2020 年增发国债超过 112 万亿日元，打破了 50 年来的纪录。

3. 超宽松金融措施

配合积极的财政政策，日本央行也推出更加宽松的货币政策。一是，设立支持企业融资的特别措施。2020 年 3 月 16 日，日本银行召开货币政策决策会议，设立“企业融资支持特别措施”，为有债务担保的民间企业提供最长一年期限的零利率贷款，实施期限最初截至 2020 年 9 月 30 日，后来延长至 2021 年 9 月 30 日。

二是，继续大量购买国债，取消长期国债购买上限，向市场注入流动性。2020 年 3 月 16 日，日本银行货币政策决策会议提出，要积极买入国债，向市场提供更多的资金。为达到 10 年期国债利率维持在 0% 左右的利率目标，视利率随经济和物价的变动情况，以长期国债持有余额年增加额约 80 万亿日元为限，弹性买入长期国债。4 月 27 日，日本银行再次追加货币宽松政策，取消长期国债购买上限。

三是，积极购买交易所交易基金（ETF）、日本房地产信托投资基金（J-REIT）、商业票据（CP）和公司债券。将 ETF 和 J – REIT 持有余额年增加额的上限分别由 6 万亿日元和 900 亿日元提升至 12 万亿日元和 1800 亿日元；追加买入合计 2 万亿日元的 CP 和公司债券，使 CP 和公司债券的余额上限分别由 2. 2 万亿日元和 3. 2 万亿日元提升至 3. 2 万亿日元和 4. 2 万亿日元。

四是，向市场提供美元外汇。日本央行与美国联邦储备系统、欧洲中央银行、加拿大银行、英格兰银行以及瑞士国家银行合作，增加美元互换额度，将美元互换安排的定价下调 25 个基点。并且，定期进行美元流动性操作的各中央银行，除了目前正在提供的一周期限的美元项目外，还开始每周提供 84 天期限的美元项目，以增强美元的市场流动性。①

① Board of Governors of the Federal Reserve System, “Coordinated Central Bank Action to Enhance the Provision of U. S. Dollar Liquidity,” https：//www. federalreserve. gov/newsevents/pressreleases/monetary20200315c. htm.

4. 出台“去旅游”支援政策

在疫情冲击下，日本国内旅游业遭受最为沉重的打击。为带动受新冠肺炎疫情影响的国内旅游业复苏，2020 年 7 月，日本政府开始实施支援旅游业的“去旅游”系列补贴项目，预算总额约为 1.7 万亿日元，旨在为日本民众在国内旅游提供优惠。消费者在日本国内旅行时所支出的住宿费用和旅游费用，最多可获得 50% 的补贴。其中，七成补贴以直接折扣的方式实现，三成补贴为使用旅游地餐饮和观光设施、购买当地特产时可以使用的“地区通用优惠券”。补贴上限为：住宿费用每人每晚最高 2 万日元，一日游的费用最高为 1 万日元。

“去旅游”项目开始实施时，由于东京正处于第二波疫情的上升期，以东京都为旅行目的地以及东京都居民外出旅行被排除在补贴范围外。随着第二波疫情逐渐得到控制，2020 年 10 月以后，东京都也被纳入补贴范围，“去旅游”项目扩展至全国。但是，由于第三波疫情的严峻程度远超前两波，2020 年 12 月 14 日，日本政府宣布从 2020 年 12 月 28 日至 2021 年 1 月 11 日在全国范围内暂时停止“去旅游”项目。此后暂停时间一再延长。

（四）日本应对疫情措施的得失

在超大规模财政政策和超宽松货币政策的刺激下，日本经济在 2020 年第二季度触底，第三季度出现强势反弹，取得了 V 字形复苏的效果。可以看出，日本政府在采取积极的应对政策防止疫情扩散的同时，还在保持金融系统稳定以及经济的正常运转等方面做出了巨大的努力，采取了“防疫抗疫 + 振兴经济”的双重策略。毋庸置疑，日本的积极应对取得了一定的效果，但也出现了一些失误和问题。

第一，急于恢复经济，而放松了对疫情的管控，结果导致疫情出现多次反弹。疫情出现以后，日本政府一直在“控制疫情”和“恢复经济”之间纠结，左右摇摆，但还是更加倾向于恢复经济。自 2020 年 9 月中旬菅义伟接替安倍晋三成为日本新一任首相以来，日本政府非但没有限制人员往来，反而花费大量财政资金用于对实施旅游项目计划进行补贴，继续宣传日本国内旅游效果，第三波疫情与这项饮鸩止渴式的旅游刺激政策不无关系。其背后的原因在于菅义伟新官上任，急于干出成绩，积攒人气，为 2021 年 9 月自民党总裁选举争取连任打基础。

第二，过度借债，大量增发国债，为日本经济未来的发展埋下巨大隐患。如前所述，2020 年度，为应对新冠肺炎疫情，日本政府一再增加支出，连续三次追加补充预算。第一次补充预算增加财政支出 25.69 万亿日元，全额依靠国债筹集，需要发行国债 25.69 万亿日元；第二次补充预算增加财政支出 31.91 万亿日元，全额依靠国债筹集，需要发行国债 31.91 万亿日元；第三次补充预算增加财政支出 15.43 万亿日元，由于税收减少，需要发行国债 22.40 万亿日元。[①] 三次补充预算后，财政总支出达到史无前例的 175.69 万亿日元，国债发行额为 112.56 万亿日元，国债依存度达到 64.1%，为历史最高值。

第三，金融"大放水"，虽然取得了短期效果，但金融工具失灵，使日本央行超宽松非传统货币政策的退出机制越来越看不到希望，埋下重大隐患。并且，在新冠肺炎疫情的冲击下，日本企业普遍出现经营不善、资金短缺的状况，为防止大量企业由于资金链断裂而经营难以持续，并造成失业人数增加，日本银行不断推出更宽松的货币政策，降低企业贷款利率，使企业能够以更低的成本进行融资。但是，这造成金融机构存贷款利差缩小，利润遭到挤压，金融机构经营出现困难，特别是主要依靠存贷款业务的地方金融机构，面临更加严峻的经营困境。同时，为帮助疫情下资金困难的企业从银行贷款而采取的一系列支持措施，导致银行坏账风险增加，这也给日本金融系统增加了不稳定性。

值得注意的是，与主要发达国家一样，日本金融"大放水"，但更多的资金并没有流向实体经济而是流向了股市等非实体经济，因此日本股市一直居高不下，日经 225 指数最高时冲破 30000 点（2021 年 2 月 15 日），达到

① 財務省「令和 2 年度予算」、https：//www.mof.go.jp/budget/budger_workflow/budget/fy2020/fy2020.html#3hosei。

20 世纪 80 年代泡沫经济时期的水平，呈现虚假的繁荣景象。日本股市暴涨的原因：其一是如前所说的，世界各国都在实行宽松的货币政策，流动性过剩，失去投资场所的资金流向股市，抬高了股价；其二是日本央行和养老金公积金管理运用独立行政法人（GPIF）的资金大量流入股市，发挥“托市”的作用；其三是在疫情当中也有业绩上升的企业，即便是业绩好的企业也以疫情扩散为借口，通过冻结工资、解雇员工等手段降低成本，进一步提高企业经营业绩。实体经济大衰退，企业大量倒闭，失业人员增多，而股市却“牛气冲天”，股市行情与实体经济完全背离，难免出现新一轮更大的泡沫危机。

二　新冠肺炎疫情下的日本经济状况与课题

（一）宏观经济运行大起大落如同过山车

新冠肺炎疫情对日本经济社会造成前所未有的打击，总体来看，2020 年，日本经济严重萎缩。不过，日本政府和日本央行对当前的经济依然比较乐观。2021 年 1 月 22 日发表的日本银行“经济物价形势展望”指出，由于内外经济环境都受到新冠肺炎疫情冲击，日本经济形势仍然非常严峻，但已出现恢复的迹象，世界经济虽然受到疫情范围再次扩大的一定影响，但总体正在回暖。① 然而，日本的实际经济数据并不乐观。以下从实际 GDP 增长率等主要经济指标考察 2020 年日本宏观经济形势的变化。

新冠肺炎疫情在日本蔓延以后，日本实际 GDP 出现断崖式下降。2019 年第四季度，扣除物价变动的实际 GDP 换算为年率后下降 7.1%，受新冠肺炎疫情影响，2020 年第一季度继续下降 2.2%，尤其是在 4 月中旬开始经历了一个多月的全国紧急状态以后，第二季度更出现断崖式下降，即下降

① 日本銀行「経済・物価情勢の展望（2021 年 1 月 22 日）」、https：//www. boj. or. jp/mopo/outlook/gor2101b. pdf。

29.3%。第三季度出现恢复性增长，增幅高达22.9%。第四季度增速减弱，但仍有12.7%的较高增长。这反映了日本政府在此期间所实施的经济刺激政策的作用。尽管如此，由于第一、第二季度连续负增长，特别是第二季度下降幅度过大，结果2020年（1～12月）全年实际GDP仍萎缩4.8%，这是2009年以来时隔11年的负增长。由于第三波疫情侵袭，本该维持较高正增长的2021年第一季度的日本经济再次陷入-5.1%的大幅负增长。由此可见，2020年以来的日本经济出现了战后史上少有的大起大落，第一季度负增长，第二季度断崖式下降，第三季度急剧回升，第四季度持续较高增长，而翌年第一季度再次跌入负增长，简直如同过山车。至于2020财年（2020年4月至2021年3月）的实际GDP增长率，内阁府的预测值为-5.2%，[①] 日本央行的预测值为-5.6%。[②] 而实际值为-4.6%，好于预期，但仍为战后最低水平。

传染病带来的经济危机与其他原因造成的经济危机有所不同，主要原因是感染范围扩大和国民“自肃”即自我隔离导致的需求蒸发，以消费为中心的内外需求缩水造成的影响很大，2020年，日本经济的萎缩主要由内需下降所致。内需对实际GDP和名义GDP的拉动均为-3.8%，而外需对实际GDP的拉动为-1.0%。[③]

（二）个人消费持续疲软

个人消费占日本GDP的比重一直在60%左右，战后以来，其一直是拉动日本经济增长的重要力量。泡沫经济崩溃后，个人消费长期处于萎靡不振的状态。2013年，日本政府出台“安倍经济学”政策，消费规模有所扩大，

① 内閣府「令和3年度の経済見通しと経済財政運営の基本的態度（令和3年1月18日閣議決定）」、https：//www5.cao.go.jp/keizai1/mitoshi/2020/r030118mitoshi.pdf。

② 日本銀行「経済・物価情勢の展望（2021年1月22日）」、https：//www.boj.or.jp/mopo/outlook/gor2101b.pdf。

③ 内閣府「2020年10～12月期四半期別GDP速報（1次速報値）（2021年2月15日公表）」、https：//www.esri.cao.go.jp/jp/sna/data/data_list/sokuhou/files/2020/qe204/gdemenuja.html。

但由于受2014年提高消费税税率的影响，个人消费急剧下滑，民间最终消费支出在2014～2016年连续三年负增长，在2017年转为正增长后，2018～2019年又转为零增长。2020年，受新冠肺炎疫情影响，个人消费大幅降低，二人以上家庭最终消费支出竟减少5.9%，下降幅度超过实际GDP降幅。

特别是服务业消费严重受挫。服务业消费在“紧急事态宣言”解除后出现缓慢恢复的迹象，但因夏季感染范围扩大再次停滞不前，到9月、10月又有所恢复。在9月，疫情一度进入平稳状态，再加上“去旅游”政策的支持，旅游业需求回升，特别是在四连休假期间，旅游业非常活跃。进入10月后，“去旅游”计划继续推进，日本政府发行各地区通用优惠券，“东京往返”也在对象范围中，再加上“Go To Eat”的推出，服务业消费进一步恢复。经济景气调查也显示，以服务业相关行业为中心的经济发展明显回升。在政策的推动下，原本服务业消费有望成为今后经济恢复的引擎，但是，由于第三波疫情的影响，此轮恢复受到打击。随着日本家庭自肃氛围的增强，居民外出减少和消费被抑制的趋势更加明显。并且，在疫情范围扩大的地区，缩短营业时间和自肃的要求更高。①

进入2021年以来，由于再次实施“紧急事态宣言”，消费者态度指数连续两个月下降，出入零售商店、娱乐设施的人大量减少，看来消费进一步下降已在所难免。②

（三）出口和进口贸易额双双负增长

日本具有出口导向型经济结构，对外贸易在日本经济中具有不可替代的重要作用，特别是出口一直是日本经济增长的主要动力之一。出口规模能否扩大主要取决于国际经济形势。从世界经济形势来看，受中美贸易摩擦的影响，特别是疫情的冲击，2020年全球经济陷入二战以来最严重的衰退，导

① 新家義貴等「日本経済見通し（2020・2021年度）」、第一生命経済研究所調査研究本部、http：//group. dai－ichi－life. co. jp/dlri/pdf/macro/2020/shin2011162. pdf。

② 村瀬拓人等「日本経済展望（2021年2月）」、株式会社日本総合研究所、https：//www. jri. co. jp/report/medium/japan/。

致日本的出口环境越来越恶劣。

“安倍经济学”实施以来，日本的出口曾有所增加，2013～2018年，除个别年份外，出口基本维持正增长。但是，2019年，日本出口和进口贸易额双双陷入负增长；2020年，受疫情影响，出口和进口贸易额下降幅度进一步扩大。其中，2020年，日本对外贸易出口总额为68.41万亿日元，同比下降11.1%；进口总额为67.73万亿日元，同比下降13.8%；日本连续两年进出口贸易额负增长，贸易顺差为0.67万亿日元，这是日本对外贸易时隔三年再次出现顺差。①

2020年，日本对中国的出口额为15.08万亿日元，与上年相比增长2.7%，中国时隔两年再度取代美国，获得日本第一大出口市场的地位；对美国的出口额为12.61万亿日元，较上年大幅下降17.3%；对东盟的出口额为9.85万亿日元，下降15.0%；对欧盟的出口额为6.46万亿日元，下降14.6%。日本对美国、东盟和欧盟的出口额同时下降，对中国的出口额为正增长，一方面反映出新冠肺炎疫情下其他国家和地区经济增长停滞对日本贸易带来的严重影响；另一方面反映出中国经济恢复增长、生产和需求增加对日本出口乃至日本经济发展的重要作用。

2020年，日本出口和进口额双双跌入负增长，商品贸易收支却时隔三年转为顺差，主要原因在于进口下降速度大于出口下降速度。值得关注的是，近年来，日本入境旅游业发展很快，入境游客需求逐年增加。至2019年，访日游客约为3188万人次，赴日游客消费额达4.81万亿日元，游客数量和消费额都显著上升。但是，2020年，受新冠肺炎疫情冲击，旅游业及与此相关的运输业、餐饮和住宿业等服务业受到严重打击，服务贸易难有起色，这对于日本经济来说是不小的损失。另外，目前日本拥有海外净资产超过364万亿日元，海外投资收益可观，近年来主要依靠投资收益弥补贸易逆差，使经常收支一直保持顺差。据财务省统计，2016～2019年，每年经常

① 財務省「財務省貿易統計　報道発表　令和2年分（速報）（令和3年1月21日）」、https：//www.customs.go.jp/toukei/shinbun/trade-st/2020/202028c.xml。

收支顺差在20万亿日元左右；2020年，受新冠肺炎疫情影响，日本经常收支顺差有所减少，但顺差仍然达到17.7万亿日元。① 每年数目可观的经常收支顺差对日本经济的支撑作用不可小觑。

（四）企业设备投资大幅收缩

设备投资是日本经济的主要动力之一，长期以来占GDP的15%左右，2018~2019年上升至16%，处在近年来的高位。2013年出台的“安倍经济学”设定的三年内设备投资额要增加10万亿日元的目标在2015年基本实现。2016年以来又出现了新一轮的设备投资高潮。2019年，设备投资依然比较坚挺，其间，为了解决和应对劳动力不足问题，企业对机器人、人工智能（AI）方面的投资较大。但2020年以后，企业设备投资出现了大幅度下降。餐饮和住宿业减少39.8%，个人服务业减少22.4%，运输邮政业减少5.1%，零售业减少3.4%，制造业稍好一些，减少3.1%，只有通信业增加1.9%。据三菱综合研究所预测，2020年度，日本企业设备投资将下降6.3%。②

企业业绩恶化是抑制设备投资的主要原因。由于新冠肺炎疫情对经济的负面影响，企业业绩恶化和工资下降，进而阻碍个人消费和设备投资复苏。原本由于受到出口减少和消费税增税的影响，企业业绩就已经有恶化的倾向，新冠肺炎疫情蔓延更使企业雪上加霜。

2020年，尽管全年设备投资大幅下降，但从季度值来看，每个季度差异很大。第一季度，日本几乎未受到疫情影响，设备投资增长1.9%。第二季度，疫情在日本蔓延，企业业绩急剧恶化，许多公司出现亏损，直接影响企业设备投资，当季设备投资骤降5.9%。第三季度，经济形势有所好转，但设备投资仍未

① 財務省「令和2年中国際収支状況（速報）の概要（令和3年2月8日）」、https://www.mof.go.jp/international_policy/reference/balance_of_payments/preliminary/pg2020cy.htm。

② 武田洋子等「ウィズコロナ下での世界・日本経済の展望（2020~2022年度の内外経済見通し）」、株式会社三菱総合研究所、2021年2月、https://www.mri.co.jp/knowledge/insight/ecooutlook/2021/20210216.html。

摆脱负增长，增长幅度为 -2.4%。第四季度，经济持续恢复，设备投资取得了超出预期的恢复水平，增长幅度高达4.5%。[①] 这主要是因为在企业业绩得以恢复的背景下，疫情发生以来几乎停顿的设备投资纷纷重启，以及为满足在线办公、非接触办公等“新生活方式”的需求，DX 相关的设备投资急剧增加。预计未来随着疫情的缓解，经济复苏仍将持续，但经济将保持较低增长水平，企业业绩恢复也会很慢。软件设备投资、与抗疫相关的设备投资将有所增加，制造业与非制造业设备投资的全面恢复将取决于疫情的进展。

（五）失业人数增加，收入水平下降

新冠肺炎疫情对日本经济社会的巨大影响，在失业率上升与收入水平下降方面体现得最为明显。消费疲软与就业形势严峻、收入下降密切相关。如图 2 所示，自 2011 年以来，日本的完全失业率一直呈下降趋势，从 2011 年的5%降至2019 年的2.4%，2020 年第一季度还维持在2.5%的低位，但随

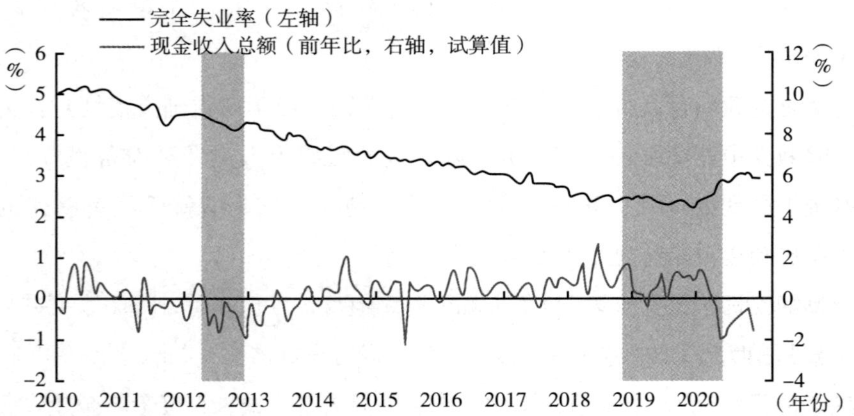

图 2　2010~2020 年日本完全失业率与现金收入总额的变化

资料来源：株式会社日本総合研究所「日本経済展望（2021 年 2 月）」、https：//www. jri. co. jp/report/medium/japan/。

---

① 内閣府「2020 年 10~12 月期四半期別 GDP 速報（1 次速報値）（2021 年 2 月 15 日公表）」、https：//www. esri. cao. go. jp/jp/sna/data/data_ list/sokuhou/files/2020/qe204/gdemenuja. html。

着疫情的蔓延和企业效益的下降，第二季度上升为2.8%，第三季度进一步上升为3.0%，连续三个季度上升。第三季度失业人数较上一季度增加13万人。另外，就业人数大幅减少，第二季度同比减少108万人，第三季度有所缓解，同比增加24万人。

失业率上升，就业机会减少，直接导致工资收入减少，特别是临时性奖金收入大幅减少。月度劳工统计显示，2020年夏季的奖金额意外地比2019年同期增长0.5%。不过，应该注意的是，这只是“奖金发放单位的人均奖金额”。2020年夏季，由于新冠肺炎疫情蔓延的影响，很多单位没有发放奖金，因此，如果将没有发放奖金的单位包括在内，那么全体劳动者人均奖金额比2019年减少2.4%。冬季奖金发放情况必然会进一步恶化。很多企业在“春斗”时决定了奖金支付额，2020年的“春斗”是以新冠肺炎疫情前的业绩为基础进行劳资交涉的，因此，夏季的奖金没有完全反映新冠肺炎疫情带来的负面影响。另外，在2020年冬季的奖金中，以2020年上半年已经受到新冠肺炎疫情严重影响的业绩为基础发放奖金的企业增多，奖金额预计比2019年下降8.5%。在严峻的经济形势下，推迟发放奖金的企业也有可能增多。如果将没有奖金的劳动者包括在内，那么平均奖金额将比2019年减少11.5%。奖金的大幅减少预计持续到2021年夏天。2021年的“春斗”将以2020年的业绩为基础进行交涉，奖金大幅削减不可避免。影响月工资水平的“春斗”工资上涨率也会比上年有所下降。虽然景气形势已经有所好转，但是作为景气滞后指标的工资很可能会在一段时间内出现严峻的状况。

到目前为止，即使在劳动者报酬大幅减少的情况下，由于政府特别定额补助金的发放而收入增加的家庭有很多，因此，就业和工资的减少似乎并没有产生明显的抑制消费的后果。但是，特别定额补助金的发放仅限一次，而且效果短促。企业业绩的急剧恶化以及就业人数和工资的减少等对收入的不利影响将成为抑制经济复苏的关键因素并逐渐显现出来。①

① 新家義貴等「日本経済見通し（2020・2021年度）」、第一生命経済研究所調査研究本部、http：//group.dai－ichi－life.co.jp/dlri/pdf/macro/2020/shin2011162.pdf。

（六）自由贸易区战略取得重大突破

中国社会科学院院长谢伏瞻指出，2020 年突如其来的新冠肺炎疫情肆虐全球，各国人民生命和健康面临严重威胁，世界经济陷入深度衰退，人类经历了史上罕见的多重危机。① 毫无疑问，日本自然也不能独善其身，经济社会遭受空前未有的沉重打击，然而在国际国内形势一片灰暗的背景下，日本却在推动自由贸易区战略方面取得重要突破。自 2018 年以来，日本先后签署 CPTPP、日欧 EPA，2020 年又签订了“区域全面经济伙伴关系协定”（RCEP）和日英 EPA 等区域和双边贸易协定，而且积极推动 CPTPP 扩容，这成为 2020 年灰暗底色中耀眼的亮点。

1. 签订 RCEP

2020 年 11 月 15 日，15 国参与的 RCEP 正式签署，标志着当前世界上人口最多、经贸规模最大的自由贸易区正式启航。RCEP 谈判自 2012 年 11 月正式启动，历时八年，至协定签署时，共举行 31 轮谈判，包括 4 次领导人会议、8 次部长级会议和 10 次部长级会间会。RCEP 原成员国包括中国、日本、韩国、澳大利亚、新西兰、印度与东盟十国，共 16 个国家。2019 年 11 月，印度宣布退出谈判。最终，除印度以外的 15 个成员国克服疫情困难，在以视频会议方式举行的第四次领导人会议上正式完成协定签署。

2. 签订日英 EPA

2020 年 10 月 23 日，日英两国政府签署 EPA。日英 EPA 自 2020 年 6 月正式开始谈判，6 月 10 日至 8 月 3 日，双方以视频会议的方式举行了七次首席谈判代表会谈。9 月，日英双方就协定内容基本达成一致意见；10 月，正式签署协定；12 月，分别通过两国国会和议会审议，于 2021 年 1 月正式生效。

3. 力促 CPTPP 扩容

“全面与进步跨太平洋伙伴关系协定”（CPTPP）签署于 2018 年 3 月。

① 《合力推动世界经济恢复性增长〈中国社会科学院国际形势报告（2021）〉发布》，《中国社会科学报》2021 年 3 月 1 日第 1 版。

其前身是美国主导的“跨太平洋伙伴关系协定”（TPP），成员国包括美国和日本在内的12个国家。特朗普上台后，美国宣布退出TPP，日本一方面极力劝说美国重返TPP，另一方面积极游说其余10个国家，最终促成除美国以外的原TPP 11个成员国签署CPTPP。

CPTPP在美国退出的情况下由日本主推完成，是日本发挥战略影响力的重要舞台。在CPTPP生效后，日本在力争主导权的前提下，推动CPTPP扩容。2020年初，日本外务大臣茂木敏充在与泰国外长会面时，做出欢迎泰国加入CPTPP的积极表态。[①] 但是，由于新冠肺炎疫情蔓延，再加上泰国国内农业团体等提出反对意见，2020年，泰国仅作为RCEP成员国签署协定，而暂缓对CPTPP的加盟申请。此外，哥伦比亚、印度尼西亚、韩国、瑞士等国家也提出考虑加入CPTPP。

英国在“脱欧”后，开始将加入CPTPP提上议程。2020年10月23日，日英EPA正式签署，日英双方同时就英国加入CPTPP的事项交换了文书，日本政府表明将坚定支持英国尽快加入CPTPP，并向英国提供相应的帮助。[②] 2021年2月1日，英国正式申请加入CPTPP，成为第一个申请加入的新成员。如果英国成功加入，将成为CPTPP中仅次于日本的第二大经济体，并使CPTPP成员国的GDP占世界GDP的比例由13%提高至16%。

近期，中国释放加入CPTPP的积极信号。2020年5月28日，中国国务院总理李克强在回答日本记者提问时表示，中国对加入CPTPP持积极开放的态度，中国关于加入CPTPP的积极表态引发国内外舆论高度关注，认为这释放出中国推动区域经济一体化的强烈信号。[③] 2020年11月20日，习近平主席在以视频方式出席亚太经合组织第二十七次领导人非正式会议时指

---

① 外務省「日・タイ外相会談」、https：//www. mofa. go. jp/mofaj/s_ sa/sea1/th/page1_ 000989. html。

② 日本貿易振興機構（ジェトロ）「日本政府、英国のCPTPP早期加入を強く支持」、https：//www. jetro. go. jp/biznews/2020/10/9bdf2b26802a9eea. html。

③《海外网评：特殊时期，中国释放加入CPTPP积极信号》，海外网，http：//m. haiwainet. cn/mip/353596/2020/0529/content_ 31802089_ 2. html。

出，中方将积极考虑加入“全面与进步跨太平洋伙伴关系协定”。[①] 积极考虑加入CPTPP，是中国促进高水平开放、对接高标准国际规则的重要战略布局。日本也将高标准规则作为获取主导权的一张重要的牌。在区域经济一体化和高标准国际规则方面，中日既有广大的合作空间，也有相互竞争的领域。

三　未来日本经济展望

（一）日本经济短期走势

进入2021年，新冠肺炎疫情依然肆虐全球。幸运的是，疫苗的研发成功与广泛接种给全球摆脱新冠肺炎疫情阴霾带来了希望。2021年4月，IMF公布的《世界经济展望报告》将2021年全球经济增长率预期值提高到6%，中国经济增长率有望高达8.4%。就日本经济而言，2021年依然是机遇与挑战并存。机遇主要来自外部经济环境趋好，受疫情影响被严重压抑的内需可能迸发出来，数字经济可能成为日本经济新的增长点；挑战主要来自新冠肺炎疫情对宏观经济影响的不确定性和特殊性。如果疫情得不到控制，经济复苏就将难以期待；如果疫情能得到控制，日本经济就会很快恢复。

总体来看，尽管存在各种变数，但未来一两年内，随着新冠肺炎疫情的影响慢慢趋于缓和，外需逐渐恢复，宽松的金融环境以及政府经济对策也会发挥一定作用，在这些因素的支撑下，日本经济将呈现逐渐改善的趋势。但是，人们对疫情的警戒心理仍然很强，如2020年进入冬季后，受疫情范围再次扩大的影响，以接触型服务业消费为中心，经济下行压力非常大，因此，预计经济恢复将保持在比较缓慢的状态。如果世界范围内的疫情逐渐平息，那么以海外经济恢复和稳步增长为基础，日本经济将继续改善。

---

① 《习近平：中方将积极考虑加入全面与进步跨太平洋伙伴关系协定》，新华网，http：//www. xinhuanet. com/politics/leaders/2020 -11/20/c_ 1126767335. htm。

在出口方面，以汽车及相关产业为中心的需求增势将有所减缓，但是在世界性生产活动逐渐恢复的背景下，包括生产资料和信息通信行业在内的相关行业的需求预计将广泛增加，从而促使出口增加。在日本继续进行入境限制和出国限制期间，海外入境消费等服务业出口预计会呈现持续低迷状态，随着这些限制条件逐步放宽，服务业出口预计会逐渐恢复。

在个人消费方面，在政府经济对策的支持下，虽然消费回升的趋势已经显现，但由于第三波、第四波新冠肺炎疫情范围再次扩大的影响，预计以接触型服务业为中心，个人消费的恢复仍将面临较大的压力。随着疫情的影响趋于缓和，劳动者收入会得到改善，个人消费的增加趋势将逐渐显现。

在就业和收入环境方面，政府的经济对策和宽松的金融环境等虽然起着支撑作用，但是由于企业收益普遍处于低水平，想实现就业人口增加和收入水平提高仍然具有很大阻力。据日本知名智库“大和总研”的预测，2021年的就业形势会有所改善，但不确定性仍然很强。如果疫情得到控制，经济继续缓慢恢复，劳动需求也将恢复，在这种情况下，失业率在2020年底前后达到顶峰并开始下降，预计2021年的失业率在3.0%左右。但是，如果疫情范围继续扩大，经济面临较大风险，2021年的失业率预计会上升到4.9%。如果经济二次触底，复苏比预想要慢的话，那么企业雇佣过剩的问题就会显现出来，企业裁员和失业率上升的风险仍然存在。[①]

在企业设备投资方面，虽然作为接触型服务业的建筑业获得的投资持续减少，但是随着出口和生产的增加，以制造业的机械设备投资为中心，企业设备投资形势预计会有所好转。在宽松的金融环境、政府经济对策以及企业收益改善等因素的支持下，预计企业设备投资将出现增加趋势。在公共投资方面，随着灾后重建相关工程和国土强韧化相关工程等的推进，公共投资会稳步增加，预计今后也将保持在较高的水平。在政府消费方面，在改善和强化医疗体系、新冠病毒检测及疫苗接种体系等追加经济对策的带动下，预计

① 神田慶司等「日本経済見通し2020年11月：経済見通しを改訂/景気回復が続くも、感染爆発懸念は強まる」、大和総研グループ、https：//www.dir.co.jp/report/research/economics/outlook/20201120_021912.html。

2021 年政府消费将继续增加。[①] 虽然日本金融整体上已经处于非常宽松的环境，但是企业资金周转和融资状况仍然很严峻。在物价方面，由于新冠肺炎疫情、此前原油价格下跌以及“去旅游”等因素的影响，消费者物价（不包括新鲜食品）同比出现负增长，预计物价依旧疲软。

另外，日本政府力推的数字经济有望成为日本经济新的增长点。根据日本经济产业省此前的估算，如果日本没有很好地应对数字化转型的挑战，那么从 2025 年起每年将产生最高 12 万亿日元的经济损失，这就是所谓的“2025 日本数字悬崖”，而新冠肺炎疫情使这一问题更加突出。在新冠肺炎疫情的冲击下，受人员流动限制及供应链阻断等因素的影响，在原有的经营模式下，日本企业的经营状况普遍恶化，而政府行政手续烦琐、信息化程度低等问题也更加明显，暴露出日本在数字治理和数字经济方面的不足。在菅义伟接替安倍晋三成为日本首相后，推动数字经济发展成为日本新政府的主要经济政策。在机构设置方面，日本政府拟定在 2021 年 9 月成立“数字厅”，作为日本官方和民间数字化建设的“指挥塔”，其由首相直接管辖，并将加快数字化相关立法。2020 年 12 月，在日本政府正式出台经济刺激政策时，菅义伟首相提出，“政府各省厅通力合作，全力实施新的经济对策，以绿色社会和数字经济作为经济增长新模式的突破口，维持居民就业和企业经营，促进经济复苏”。[②] 在新经济对策中，数字化改革作为“面向后疫情时期的经济结构转型和实现经济良性循环”的重要一项，主要包括：利用云计算，推动信息系统标准化和共通化；优化居民个人编号制度；运用信息通信技术，推进在线教育、在线诊疗和药物指导；促进后 5G 时期技术革新，强化对尖端技术的研发，增设 AI 战略研究开发基地等。今后，随着“数字厅”的设立、数字化立法以及一系列促进数字化发展的政策实施，数字经济将成为日本经济发展的重点。

---

① 日本銀行「経済・物価情勢の展望（2021 年 1 月 22 日）」、https：//www. boj. or. jp/mopo/outlook/gor2101b. pdf。

② 「追加経済対策、財政支出 40 兆円　大規模財政出動を継続」、『日本経済新聞』、https：//www. nikkei. com/article/DGXZQOFS080Q50Y0A201C2000000。

鉴于新冠肺炎疫情出现缓解迹象，全球经济回暖的可能性增大，中国经济将强势恢复，日本经济发展的外部环境明显趋好，经过四波疫情演进，日本也积累了许多经验与教训，向好的可能性增大。因此可以预测，尽管还存在一定的不确定性，但2021年的日本经济可能出现较大幅度的复苏。

本报告利用世界银行三个基本模型计算了日本2021年的经济增长率，分别为最小二乘法、指数增长率和几何增长率。其中，最小二乘法通过拟合线性回归趋势线进行估计，即：

$$\ln X_t = a + b_t$$
$$a = \ln X_o$$
$$b = \ln (1 + r)$$

这相当于复合增长方程的对数变换，即：

$$X_t = X_o(1 + r)t = X_o(1 + r)t = X_o(1 + r)t$$

在这个等式中，X是变量，t是时间，$a = \ln X_o$和$b = \ln (1 + r)$是需要估计的参数。[①] 本报告使用2021年4月的因变量和自变量数据，利用上述模型对日本实际GDP增长率进行了测算，并且综合主要国际经济组织、日本政府、日本央行以及日本主要智库的预测值，得出的数值为3.0%左右。

需要注意的是，尽管2021年可能出现一定程度的恢复，但仍不能达到疫情前水平。由于日本实施了新一轮的“封城、封国”措施，叫停“去旅游”计划，2021年第一季度经济重跌负增长，而且由于受第四波疫情的影响，第二季度连续负增长的可能性增大。由于雇佣减少、企业停工停产，其他社会风险也在上升。倘若疫情不能得到及时控制，政府预期2021财年实际GDP增长率4.0%的目标就可能落空。鉴于2020财年实际GDP下降4.6%，即便2021财年实现4%的预期目标，与2019财年相比也至少要减少0.6个百分点，据此可以判断日本经济恢复到疫情前水平要推迟到2022年以后。

---

① The World Bank, “Global Economic Prospects (January 2018),” http://www.worldbank.org/en/publication/global-economic-prospects#firstLink01648.

（二）中长期日本经济展望

对于中长期日本经济的展望需要考虑以下几个影响因素：其一是日本经济发展的外部环境即世界经济的发展趋势；其二是日本潜在经济增长率能否提高，亦即困扰日本经济发展的长期痼疾能否治愈或缓解。

从日本经济发展的外部环境来看，疫情平稳后世界经济出现强势复苏是大概率的事情，特别是中国经济中高速增长还将持续较长时间，这是促进中长期日本经济发展的利好因素，而且日本自身也为适应全球经济发展的新变化做足了功课，即便是在经济环境相对不利的2020年前后，日本也先后完成了日欧EPA、CPTPP、RCEP、日英EPA等自贸协定的签署，并且推动CPTPP扩容进入实质性阶段。总之，相对来说，日本外部经济环境将进入一个比较好的时期。

但是，日本国内经济环境依然十分严峻，制约经济发展的长期痼疾几乎无一得到解决，有些甚至越来越严重。其一是人口少子老龄化问题。根据日本总务省的测算，截至2020年9月，日本65岁以上老龄人口已经达到3617万人，较上年增加30万人，为过去最高水平。老龄化率，即65岁以上老龄人口占总人口的比例，已经达到28.7%，较上年增加0.3个百分点，也为过去最高水平。[①] 预计到2065年，老龄化率将继续上升至38.4%，每2.6人中就有1人超过65岁，每3.9人中就有1人超过75岁。[②] 同时，少子化日趋严重。2019年，日本新出生人口仅为86.5万人，刷新历史最低值，这是自日本政府开始进行统计以来首次少于90万人。[③] 2021年，受新冠肺炎

---

① 「女性の4人に1人が70歳以上　国内高齢者3617万人」、『朝日新聞』、https://www.asahi.com/articles/ASN9N55PZN9KULFA02M.html。

② 内閣府「令和2年版高齢社会白書（概要版）」、https://www8.cao.go.jp/kourei/whitepaper/w-2020/html/gaiyou/index.html。

③ 「19年の出生率1.36、12年ぶり低水準　少子化加速」、『日本経済新聞』、https://www.nikkei.com/article/DGXMZO60014450V00C20A6MM8000/。

疫情影响，新出生人口预计将进一步下降，据测算将少于80万人。[①] 随着少子老龄化迅速发展，劳动年龄人口减少，劳动力不足的问题逐渐显性化。另外，政府在年金、医疗、护理等社会保障方面的支出持续增长，导致社会保障费用膨胀，财政面临巨大压力。在2020年度初始预算中，社会保障支出占财政总支出的比重达到34.9%，即1/3以上的财政支出被社会保障占用。[②]

其二是长期债务问题与超宽松货币政策的隐患。“安倍经济学”的主要政策已经山穷水尽。从日本国内经济发展环境来看，到2018年10月，付出巨大政策代价的战后第二长经济景气已经结束，旧“三支箭”将货币政策和财政政策几乎用至穷尽。更为严重的是，由于疫情的袭击，日本银行只能采取更大力度的宽松政策，这样做的结果只能是距离退出异常的超宽松货币政策的“出口”越来越远。从财政政策来看，为了应对疫情，日本政府多次出台超大规模刺激经济的政策，财政重建的第一阶段目标——2025年实现基础财政平衡转为盈余的目标根本就不可能实现，即便到2030年日本也无法实现财政重建的目标。

其三是创新能力增速趋缓。近年来，日本科技创新实力、显性科技创新成果数量的增速相对趋缓。一方面，日本的创新潜力下滑，在一些创新指标方面，中国开始超越日本。根据世界知识产权组织（WIPO）、康奈尔大学和欧洲工商管理学院（INSEAD）共同发布的“全球创新指数”，2007年，日本的全球创新指数排第3位，但是之后排名趋于下滑；2019年，中国的全球创新指数排名首次超过日本，排第14位，日本排第15位；2020年，日本继续下滑至第16位。[③] 人才是衡量一国创新潜力的核心要素，根据瑞士

① 「出生数、21年に80万人割れも　コロナで少子化想定超え」、『日本経済新聞』、https://www.nikkei.com/article/DGXZQODF244GA0U0A221C2000000/。

② 財務省「令和2年度予算のポイント」、https://www.mof.go.jp/budget/budger_workflow/budget/fy2020/seifuan2019/01.pdf。

③ “全球创新指数”（2007～2020年）参见 http://english.www.gov.cn/news/2016/08/15/content_281475418125332.htm，https://www.wipo.int/publications/zh/series/index.jsp?id=129。

洛桑国际发展管理学院（IMD）发布的《2020 年全球人才报告》，2016～2020 年，日本在全球的人才指标排名由第 31 位下滑至第 38 位，其中，人才投资与发展、人才吸引力、人才素质子指标的全球排名均下滑，其中，人才投资与发展指标排名下滑最为明显，由全球第 20 位下滑至第 36 位，随着日本少子老龄化的发展，未来日本的人才状况或趋于恶化，其创新发展前景必将受到负面影响。①

另一方面，近年来，日本的显性科技创新产出如论文、专利等有所减少。日本科技政策研究所（NISTEP）发布的《科学技术指标 2020》统计，2016～2018 年日本发表的论文数量排名有所下降，排全球第 4 位，高质量论文（排名前 10%、1% 的高被引论文数）的排名显著下降，为全球第 9 位。21 世纪之后，日本的专利申请数量趋于减少。但是，日本的研发投入持续增加，大学与私营企业的合作项目数量、研发经费急速增加，产学研合作愈加深化。从 2008 年至 2015 年被专利族引用的论文数量来看，日本论文被引数量仅次于美国，② 可见其科技成果的国际认可度较高，日本的科学技术实力仍不容小觑。

其四是潜在经济增长率持续下降。据日本银行测算，自泡沫经济后的 20 世纪 90 年代初以来，日本潜在经济增长率基本呈下降趋势，第二次安倍内阁上台的 2013 年以后有所回升，最高点出现在 2015 年前后，为 1% 左右，但此后又开始下降，到 2020 年已经降至 0% 左右的低水平。主要原因是，疫情对策和雇佣过剩等导致全要素生产率（TFP）下降，以及营业时间缩短导致劳动时间出现减少的趋势。今后，虽然随着疫情的影响慢慢弱化，劳动时间减少的趋势将逐渐缓和，TFP 增长率也将转向上升趋势，但是由于资本存量的增长持续减速，预计潜在经济增长率将在一段时间内维持较低水平。

① IMD，"World Talent Ranking 2020，" https：//www. imd. org/wcc/world - competitiveness - center - rankings/world - talent - ranking - 2020/.

② 日本科学技術・学術政策研究所「科学技術指標 2020」、https：//nistep. repo. nii. ac. jp/?action = pages_ view_ main&active_ action = repository_ view_ main_ item_ detail&item_ id = 6700&item_ no = 1&page_ id = 13&block_ id = 21。

然而，在本预测设定区间内，随着人们对疫情下的生活方式逐渐适应、数字化转型的推进以及资源分配更加有效率，TFP 增长率将持续缓慢上升；劳动时间的减少速度将趋缓；资本存量增长率也将出现循环性提高。在这些因素支撑下，预计潜在经济增长率将缓慢上升。但是，此次疫情有可能给人们的工作方式和企业的商业流程等带来与以往不同的结构性变化，例如远程办公的普及和电子商务的加速等。因此，对于未来经济发展趋势的预测，需要比通常预测具有更大的浮动范围。另外，对于未来推动 TFP 增长率上升的因素，如创新和资源优化配置等，目前仍具有很大的不确定性。

总体来看，中长期的日本经济也是机遇与挑战并存。世界经济的强势恢复、中国经济的高质量稳定发展给日本经济带来了机遇，而且日本为了适应全球经济复苏、经济全球化深度发展的新形势，加速了自贸区战略的实施，并取得重大进展，为日本经济与东亚、亚太、欧洲、北美区域经济的深度融合打下了基础。但是，国内经济环境并不乐观，深层次的结构性问题难以解决。其一是国内市场狭窄，个人消费难以提高。其二是人口深度老龄化无法改变，社会保障基金的缺口越来越大，社会扶养比例提高，经济活力下降。其三是财政状况日趋严峻。日本的财政状况是世界主要经济体中最差的，政府长期债务负担早已成为高悬在日本政府头上的“达摩克利斯之剑”，2020年度，为应对疫情，日本又增发了数以百万亿日元的巨额国债，使财政状况进一步恶化。可以说，不断增加的长期债务负担正在成为掣肘日本经济发展的关键性因素。另外，超宽松的货币政策措施集中于实现短期纾困目标，现有政策在微观层面对企业的长期可持续发展的支撑作用有限，在宏观层面，政策工具失效可能会出现潜在经济风险显性化问题。再加上地方经济不振、创新能力减弱、潜在经济增长率下降等难题的长期困扰，日本经济恐怕难以摆脱长期低迷、慢性衰退的命运。

结　语

目前，日本主要的任务是控制疫情和恢复经济。日本经济是外需主导型经济，出口对日本经济至关重要。从战后日本发展经济的经验来看，经济景气循环一般按照“出口扩大→生产扩大→设备投资扩大→雇佣扩大→收入扩大→个人消费扩大”路径完成，反之亦然。扩大出口是日本实现经济复苏的突破口。中国是日本最大的贸易伙伴和重要的投资伙伴。本报告认为，加强中日经贸合作对促进日本经济复苏具有特殊意义，当然对中国经济高质量发展同样具有重要意义。

在疫情的冲击下，日本经济全面萎缩，但中日贸易逆势增长。据日本财务省统计，2020 年，日本对外出口下降 11.1%，对美国出口下降 17.3%，但对中国出口增加 2.7%。据中国海关总署的统计，2020 年，中日贸易总额为 3175.3 亿美元，增长 0.8%。另据日本财务省统计，2020 年1 ~ 11 月，日本对外投资总额同比下降 31.2%，但对中国的投资额仅下降 6.9%。中日贸易投资的逆势增长既体现了中日经济关系的强韧性，又体现了日本经济对中国的依存度在上升。

目前，疫情仍在蔓延，单边主义、贸易保护主义的影响犹存，世界经济的不确定性依旧存在，但中国经济发展是确定的。在疫情肆虐、经济发展极为艰难的情况下，中国在 2020 年实现 2.3% 的经济正增长，是全球主要经济体中唯一获得经济正增长的国家，中国经济一枝独秀，2021 年，经济增长率至少达到 6%，[①] 而欧美市场何时能够恢复尚难以预料。2020 年，中国再次成为日本最大的出口市场，对华出口额占日本出口总额的 22%，对华进口额占日本进口总额的 25%，日本经济对中国的依存度越来越高。特别是 RCEP 的签署为中日经贸合作开辟了更广阔的空间。

在国内国际双循环相互促进的新发展格局下，加强中日经贸合作十分必要。事实上，中日经贸合作在任何领域都有巨大的发展空间。从双边贸易来看，2020 年，中日贸易逆势增长实属不易，但总额仅为 3175.3 亿美元，与高峰年 2011 年的 3428.9 亿美元相比还有一定差距。从投资来看，近几年，

---

① 《政府工作报告——2021 年 3 月 5 日在第十三届全国人民代表大会第四次会议上》，中华人民共和国中央人民政府网，http：//www.gov.cn/guowuyuan/zfgzbg.htm。

日本对华直接投资年均为30多亿美元，尚不足高峰年2012年73.5亿美元的一半，中国对日直接投资一直处于每年2亿~3亿美元的低水平，累计总额也仅为40亿美元，可以说尚处于起步阶段。从合作的主要领域来看，应加强中日两国在产业链完善、科技创新、节能环保、医疗康养、数字经济以及第三方市场的合作。从当下情况来看，应以做好明年中日邦交正常化50周年各项纪念活动为契机，营造良好氛围，确保两年内RCEP生效，争取早日启动中国加入CPTPP谈判程序，提升中日经济合作的质量与水平，为促进中日两国经济发展、引领全球经济复苏做出贡献。

分 报 告

Sub-reports

B.2
日本新冠肺炎疫情的演进、社会影响与展望*

聂海松　张季风　杨非凡　陈创斌　杨　朔**

摘　要：　在新冠肺炎疫情在日本境内传播开来的一年多时间里，历经四次暴发，70多万人感染新冠肺炎，1万多人因此失去生命。日本政府对待疫情的态度几经变化，从疫情初期的观望态度，到三次宣布“紧急事态宣言”，以及在此期间发布多项抗疫政策，编制大量紧急预算，为激活经济颁布旅游补贴政策等。本报告详细介绍了日本新冠肺炎疫情的发展过程，梳理了日本政府应对新冠肺炎疫情的政策，对日本应对疫情的重要课题加以分

* 本报告是日本科研费助成金 JSPS KAKENHI(JP18K12923)的阶段性成果。

** 聂海松，农学博士，东京农工大学博士生导师，日中社会学会理事，主要研究领域：中日人口问题、中日老龄化及相关政策等。张季风，经济学博士，中国社会科学院日本研究所二级研究员、全国日本经济学会常务副会长，主要研究领域：日本经济、中日经济关系、区域经济等。杨非凡，责任著者，东京农工大学博士研究生，主要研究领域：老龄服务产业。陈创斌，东京农工大学博士研究生，主要研究领域：社会可持续发展。杨朔，东京农工大学博士研究生，主要研究领域：社会可持续发展。

析，并对未来日本的疫情发展情况进行展望。

关键词： 日本 新冠肺炎疫情 财政补贴 抗疫政策 紧急事态宣言

引 言

2020 年 3 月 11 日，世界卫生组织表示新冠肺炎疫情的暴发已经构成一次全球性大流行，这是自第二次世界大战以来全球面临的最严峻危机。各个国家都在为防治疫情、解困经济而奋斗，每个国家的政府和人民在面对疫情来袭时，也有各自的应对。而作为世界第三大经济体的日本，正处于第四波疫情暴发的危难时刻。日本厚生劳动省数据显示，截至 2021 年 5 月 21 日，日本新冠肺炎患者累计达 705221 人，死亡 12065 人。内阁府统计数据显示，2020 年，日本国内生产总值（GDP）同比下降 4.8%，为 2009 年以来首次出现负增长。可以说，日本经济与社会甚至政局都受到巨大冲击，民众也由于软封城式的长期抗疫自肃而感到身心压抑，进而导致抗疫疲惫。

日本疫情在第一波暴发时得到了较好的控制，为何会发展到第二波、第三波、第四波？反复的疫情对日本社会产生了怎样的影响？政府应对的效果如何？本报告将详细介绍日本疫情的进展，分析政府与民众艰苦卓绝的抗疫历程及其演进特点，并展望日本疫情走势，探讨疫情促进社会变革的情况。

一 日本应对新冠肺炎疫情的进展

从 2020 年 1 月出现第一例患者起至 2021 年 5 月，日本确诊新冠肺炎患者已超过 70 万人，四波疫情的冲击一波高过一波，最高单日新增病例逾 7000 人，医疗体系几近崩溃。在 2021 年元旦期间，日本疫情发展到了最高点。在圣诞节及年假的加持下，疫情防控迎来了最大的挑战。日本各级政府劝告民众居家自肃，目前抑制住第四波疫情并妥善安排疫苗接种是菅义伟政府的核心任务。

（一）第一波暴发（2020年1月中旬至6月中旬）

2019 年末，在中国湖北省武汉市确诊了几十名肺炎患者，但未确定病原体，其中有 7 人出现了重症情况。对此，日本厚生劳动省呼吁：从武汉出发入境日本的人如果出现咳嗽、发烧等症状，应尽快到医疗机构就诊，并申报出国经历。2020 年 1 月 16 日，日本厚生劳动省向世卫组织通报了一例新型冠状肺炎确诊病例。该病例有武汉旅行史，为日本国内第一例确诊患者，这也是中国以外发现的第二起确诊病例。

为了防止民间生活秩序受到虚假疫情信息干扰，日本政府在 2 月末紧急制定出台了应对新冠肺炎疫情的五项基本方针：第一，疫情消息由国家直接发布；第二，全面掌握传染情况；第三，防止疫情传染范围扩大；第四，建立疫情治疗提供体制；第五，入境限制。

疫情发展至 2 月末，北海道政府认为疫情感染情况正在持续扩张，所以率先发表了“紧急事态宣言”①，为期三周，呼吁市民尽量不要外出。随后，日本政府在内阁会议上决定，将此次新冠肺炎疫情感染持续扩大的事态指定为国家和社会应共享记录的“历史性紧急事态”②。

受东京都内感染者激增等影响，日本政府设立了“新型冠状病毒感染症对策本部”。因新冠肺炎疫情传染影响持续扩大，日本政府又发布了基于《新型流感等对策特别措施法》的新冠肺炎疫情“紧急事态宣言”，实施对

---

① “紧急事态宣言”，是日本政府基于《新型流感等对策特别措施法》，在认定国民生命健康正在或可能受到重大损害、国民生活及国民经济正在或可能受到重大影响且影响快速蔓延的情况下发布的紧急事态声明。日本首相有权要求地方自治政府执行克制外出、学校停课、取消集体活动等由日本政府发布的指令。类似于中国的国家突发公共卫生事件应急响应机制，但“紧急事态宣言”的强制力相对较弱。

② “历史性紧急事态”，是指在国家、社会应分享记录的重要政策事项等中，国民的生命、身体、财产蒙受或可能蒙受大规模及重大损失的事态。在日本政府指令下，有义务依照公文管理准则，记录政府会议的召开时间、出席者、发言内容、决定文书等，以方便将来做出检讨。

象是东京、神奈川、埼玉、千叶、大阪、兵库、福冈七个都府县，宣言呼吁民众除生活必须出行外，应居家自我隔离；学校休学；商场及电影院等场所在必要时将被政府征用；紧急情况下，可要求运输业者配合政府运送医疗物资，必要时将征用社会医药品，宣言持续到5月初。时任首相安倍晋三在记者招待会上向民众呼吁，“经专家的估算，人与人之间接触的机会需要至少减少七成，如能减少八成的话，两周后就能有效控制感染”。随后“紧急事态宣言”的对象地区扩大到全日本。此外，除了首批适用宣言的七个都府县之外，加上北海道、茨城县、石川县、岐阜县、爱知县、京都府的6个道府县，13个都道府县都有必要特别实施防止感染扩大的措施，因此它们被列为“特定警戒都道府县”。

由于在3月东京奥运会确定延期后日本单日新增新冠肺炎患者数量上升较快，开始有民众及媒体怀疑政府隐瞒疫情。但从时间角度来看，3～4月正是樱花盛开的季节，是日本国内旅游的旺季，即便疫情已经发生，民众的出行也没有受到太大影响，这就造成出现感染人数上升的趋势，时间的巧合、日本政府在疫情初期准备不够充分、核酸检测能力不足给人们一种政府隐瞒疫情的印象，5月上旬，日本的单日检测量才突破千人，日本政府确实是该做出检讨的。“紧急事态宣言”的发布，使日本国内疫情得到了有效的控制，从疫情数据看，第一波疫情在4月中旬达到高峰，随着防疫举措的实施，单日感染人数逐渐回落至两位数（见图1），疫情逐渐稳定下来并持续到6月下旬。

（二）第二波暴发（2020年6月下旬至10月下旬）

随着日本全面解除“紧急事态宣言”，日本的社会活动逐渐恢复，但同时疫情发展趋势也有所抬头。在此期间，日本政府开始实施“Go To”的国内旅游餐饮补贴政策，目的在于刺激国内经济复苏。由于东京都疫情日益严重，此项政策在实施前期不包括东京地区，这受到日本各界的质疑。

以东京都闹市区群聚感染为中心开始暴发第二波疫情，其中20～30岁年轻感染者占据大部分，每日新增人数快速上升。东京都政府持续做出疫情

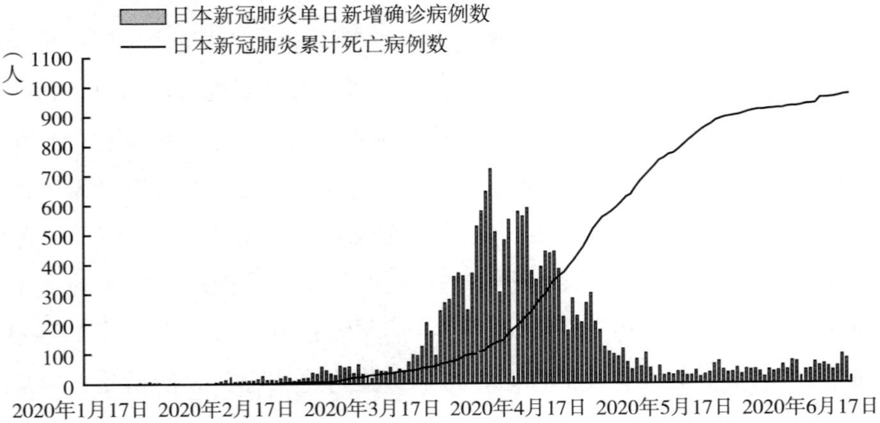

图 1　日本第一波新冠肺炎疫情暴发期间的数据（2020 年 1 月 17 日至 6 月 25 日）

资料来源：厚生劳働省、https：//www. mhlw. go. jp/stf/covid－19/open－data. html。

预警，要求餐饮业缩短营业时间，请求市民居家自肃。此次疫情暴发在 8 月上旬达到高峰，9 月之后每日感染人数有所减少，但仍无法控制到第一波疫情结束时的低风险水平，疫情状况依旧严峻（见图 2）。

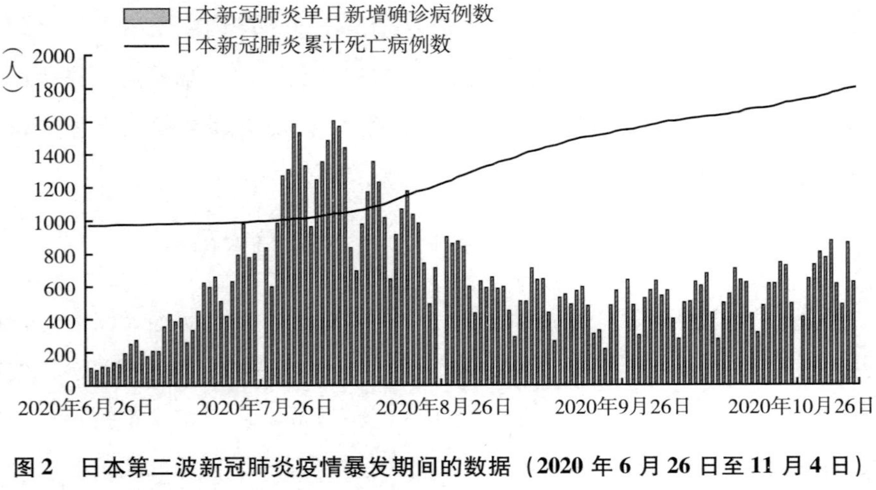

图 2　日本第二波新冠肺炎疫情暴发期间的数据（2020 年 6 月 26 日至 11 月 4 日）

资料来源：厚生劳働省、https：//www. mhlw. go. jp/stf/covid－19/open－data. html。

（三）第三波暴发（2020年11月上旬至2021年2月）

与第二波暴发相对集中于大都市圈不同，第三波暴发由都市圈蔓延到全国各地，感染者年龄分布更分散，主要来源于家庭内感染。与此同时，11月以来，医疗机构及护理福利机构等内部的群聚感染事件急剧增加，疫情数据不断刷新纪录。日本政府分科会议发布了“疫情急速扩张”紧急预警，并向政府建议改变现有对策，否则医疗系统会有崩溃的风险。分科会议认为政府需尽快采取更强硬的对策，要求政府重新考虑“Go To”政策，并要求餐饮业继续缩短营业时间，劝诫民众无事不外出等。日本政府听取了分科会议的建议，在12月中旬决定，在新年放假期间暂停“Go To”活动，并补偿因此受到损失的商家。随后厚生劳动省公布了新冠病毒疫苗接种计划，医护人员将优先接种疫苗。在年末时，由于单日感染人数连续超过3000人（见图3），并且为了防止新冠变异病毒Alpha侵入，日本政府决定从12月28日到2021年1月末止，暂停接待除中国等11个国家和地区因商务活动入境的人员之外的所有新入境人员。

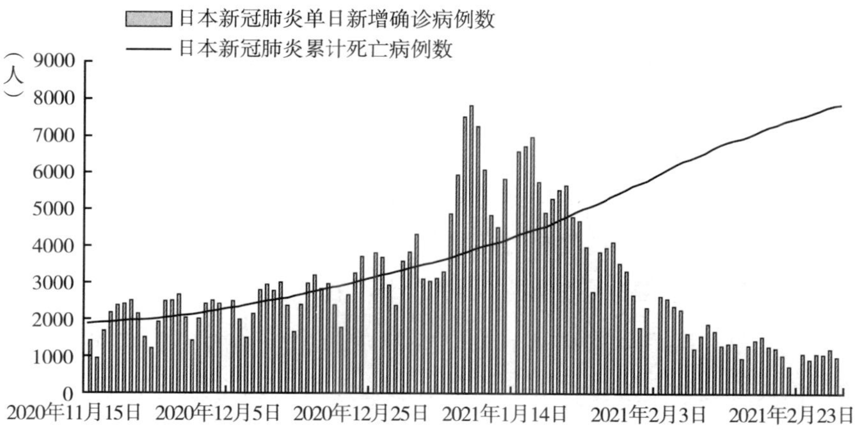

图3　日本第三波新冠肺炎疫情暴发期间的数据
（2020年11月5日至2021年2月28日）

资料来源：厚生劳働省、https：//www. mhlw. go. jp/stf/covid - 19/open - data. html。

2021 年伊始，由于单日新增感染者爆发式增长，日本政府在东京都及周围三县范围内再度宣布“紧急事态宣言”，宣言针对当时情况进行部分修改。几日后扩大宣言范围至 11 个都府县，结束时间为 2 月 7 日（后延长至 3 月 7 日，各地政府根据疫情状况进行自行修正），并且修正入境政策，除婚丧等紧急事务外，全面暂停外国人入境，要求归国人员须持 72 小时内的核酸检测阴性证明，并进行两周居家隔离。

在东京都第三波疫情暴发期间，老年感染者的比例明显增加，发生了老年人照护机构内群聚性感染，这是前两波所没有发生的，东京都政府决定彻底对老年人照护机构进行排查，防止感染情况加剧。再一次长时间的居家隔离要求让日本民众产生了比第一次“紧急事态宣言”期间更强烈的疲惫感，正值毕业季的东京年轻学子被东京都知事要求“不要聚众饮酒，不要在家接待朋友，工作中不要开欢送会、欢迎会，不要应酬，举办活动后也不要办庆祝会，不要去唱歌，不要去娱乐室，毕业生们不要开送别会，也不要毕业旅行”，如此严厉的措辞让年轻人心生反感，纷纷出门抗议。维护老年人的生命安全与年轻人向往自由在疫情期间逐渐产生矛盾，疫情对人们的心理健康的影响日渐加深。

（四）第四波暴发（2021年3月上旬至2021年5月）

第二次“紧急事态宣言”和国境封锁政策发布后，“Go To”政策也暂停实施，大部分民众对于新年不返乡的政府请求表示理解。新年假期过后，疫情形势有所好转，日本政府决定将第二次“紧急事态宣言”延长至 3 月下旬，但单日新增感染人数保持在 1000 人左右。

仅仅在第二次“紧急事态宣言”结束后一个月的时间，大阪府与兵库县的疫情又开始快速蔓延，大阪府单日新增感染人数持续突破 1000 人，更令人担心的是，其中大部分感染者是变异新冠病毒感染者，在东京，变异新冠病毒感染者的占比超过六成，关西地区则超过八成，变异新冠病毒的传染性更强，对人体伤害更大，对于防护要求更高。以往日本防疫政策中的“认定”容易产生集团感染的“三密”（密闭、密集、密切接触）环境，由于变异新冠病毒的传染性强，只要满足其中之一，便有可能造成集团感染。变异新冠病毒的侵入与日本单日新增感染人数的再次走高（见图4），引发日本政府担忧，呼吁民众不要跨地区移动，并于4月25日在4个都府县宣布第三次“紧急事态宣言”（见表1）。

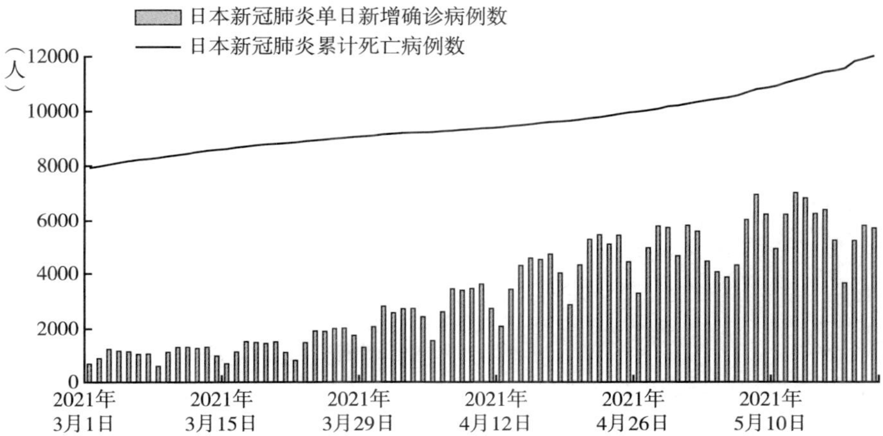

图4　日本第四波新冠肺炎疫情暴发期间的数据（2021年3月1日至5月20日）

资料来源：厚生劳働省、https：//www. mhlw. go. jp/stf/covid－19/open－data. html。

表1　日本三次“紧急事态宣言”限制项目情况对比

		第一次“紧急事态宣言”	第二次“紧急事态宣言”	第三次“紧急事态宣言”
时间段		2020年4月7日至5月25日(7周)	2021年1月8日至3月21日(10周)	2021年4月25日至6月20日(8周,冲绳除外)
实施地区		(4月7日至4月15日:7个都府县) (4月16日至5月13日:全国) (5月14日至5月20日:8个都道府县) (5月21日至5月25日:5个都道县)	(1月8日至1月12日:4个都县) (1月13日至2月7日:11个都府县) (2月8日至2月28日:10个都府县) (3月1日至3月21日:4个都县)	(4月25日至5月11日:4个都府县) (5月12日至5月15日:6个都府县) (5月16日至6月20日:9个都道府县) (5月23日至7月11日:冲绳县)
限制项目	停业要求	娱乐设施/运动、游乐设施/剧场/商业设施等	无要求	4月25日至5月11日:1000平方米以上商业设施。全期间:提供酒水和卡拉OK设备的餐饮店

续表

		第一次"紧急事态宣言"	第二次"紧急事态宣言"	第三次"紧急事态宣言"
限制项目	停课要求	要求停课	无要求	无要求(限制课外活动)
	缩短营业时间要求	餐饮店(营业至晚8时)(酒水提供至晚7时)	餐饮店(营业至晚8时)(酒水提供至晚7时)	5月12日至6月20日:1000平方米以上商业设施(营业至晚8时)。全期间:不提供酒水和卡拉OK设备的餐饮店(营业至晚8时)
	建议缩短营业时间	无建议	娱乐设施/运动、游乐设施/剧场/商业设施等	无建议
	活动限制要求	要求限制	无要求(增加活动举办条件)	4月25日至5月11日:无观众举办 5月12日至6月20日:允许有半数观众,上限为5000人(举办至晚9时)
	外出自我约束	非紧急事务不外出	非紧急事务不外出(晚8时以后严格约束出行)	非紧急事务不外出(晚8时以后严格约束出行)
	通勤控制	推荐远程办公、分流通勤(目标是减少七成工作通勤)	推荐远程办公、分流通勤(目标是减少七成工作通勤)	推荐远程办公、分流通勤(目标是减少七成工作通勤)

资料来源：笔者根据日本政府三次"紧急事态宣言"的相关内容归纳制成。

从表1可以看出，日本实施的三次"紧急事态宣言"虽然在内容上有所不同，基本属于"软封城"，但第三次"紧急事态宣言"的力度大于第二次"紧急事态宣言"。由于疫情有向其他地区扩散的趋势，日本政府随即将"紧急事态宣言"的适用范围增加至10个都府县，并延期至5月末。为了阻挡新冠病毒变异毒株"德尔塔"及其他变异毒株的侵入，日本政府从5月10日起针对从印度、巴基斯坦及尼泊尔等三国入境旅客加强边境管制，将他们在日本的防疫旅馆隔离期由3天延长为6天，并多增1次核酸检测。繁重的抗疫政策没有彻底保护日本民众，一次又一次长时间的防疫隔离要求让民众产生强烈的疲惫感，餐饮业者遭受严重经济损失，在第三次"紧急事态宣言"期间，民众的配合度比前两次明显下降。尽管有停业补贴，但一些大型餐饮店还是私自违规营业，并且消费者络绎不绝，这些状况表明日本经营者面临的窘境，民众对政府的信任程度下降。面对反复的疫情，日本的疫苗接种率一直处于低位，日本首相菅义伟在5月7日的新冠肺炎疫情记者会上表示，东京、大阪地区的大规模疫苗接种中心将于5月24日开始运行，届时单日疫苗接种能力将达到100万人次，并力争在8月前完成日本3600万名老年人的疫苗接种工作。猛烈的疫情只能让日本寄希望于疫苗的效用。

二　新冠肺炎疫情对日本的综合影响与政府的应对

（一）新冠肺炎疫情对日本经济社会的影响

1. 对日本经济的影响

日本内阁府统计资料显示，相比2020年上半年，2020年下半年日本经济有了明显的改善，内外需求均有所回升。但即使恢复了经济活动，日本的就业环境也在恶化。受新冠肺炎疫情影响较大的以非正式职工居多，据日本总务省的调查，2020年7月，日本有非正式职工2043万人，同比减少131万人，首当其冲的便是住宿和餐饮服务、娱乐服务行业。经济活动恢复水平主要取决于疫情的发展情况，为了对抗第三波疫情，日本一百多年来首次“锁国”，可谓日本直面的“大变局”。“锁国”之后，内需恢复势头再次萎缩，就业也迎来寒冬。外需方面，因世界范围内疫情的影响，短时间内难以恢复到疫情前的水平。

2021年，为对抗疫情，日本政府修正预算，政府财政支出达到76万亿日元，新发行国债112.6万亿日元，再创新高，大量增发国债使日本政府的财政压力剧增。为了缓解财政支出压力，日本政府甚至出台草案削减部分高收入家庭的儿童补助，而最终后果可能是增税，新任日本首相菅义伟在2021年初的施政方针演讲中便提到“新冠增税”。国际货币基金组织在2021年2月发表的《日本经济年度审查报告》中提出建议：为了缓解新冠肺炎疫情给经济带来的冲击以及应对老龄化社会保障支出的财政压力，到2030年，将消费税税率逐步提升至15%。

2. 对日本社会的影响

自新冠肺炎疫情登陆日本以来，日本民间社会遭受诸多影响，从第一波疫情时发生的哄抢防疫卫生物品起，逐渐有民众开始抱怨政府的抗疫行动缓慢。而奥运会延期举办后疫情数据走高，更使人们怀疑政府之前隐瞒了疫情实态。在紧急事态宣言期间，大量职工停薪休假甚至失业。疫情引起的各类问题导致 2020 年日本社会自杀人数同比增加，结束了连续十年下降的自杀人数记录。日本警察厅数据显示，2020 年日本自杀总人数达到 20919 人。而疫情得不到有效控制导致在日本首相安倍晋三 9 月因病辞职前民众对于政府的信任度持续走低，对新政府的支持率也逐月降低。虽然民调显示日本民众对于政府的信任度在降低，但日本民众在遵守政府行政要求方面的配合度仍维持在较高水平，大部分民众遵守防疫卫生要求与自肃要求。在政府发布“紧急事态宣言”期间，日本主要轨道交通的利用率同比下降，为 2019 年的 30% ~40% 。即使在解除“紧急事态宣言”后，轨道交通利用率也一直保持在同比七八成的水平。[①]

在疫情期间，为了响应政府号召，也为了保持生产力，日本企业远程办公系统导入率大幅提高，这彻底地改变了很多人的工作方式。而快速改变员工工作方式对于企业来说究竟会有何影响仍需要一定时间来检验，但对于一直力推远程办公的日本政府来说，疫情反而成了一种契机。据统计，相比 2019 年，2020 年东京企业远程办公导入人数明显上升。“紧急事态宣言”期间，日本政府设定了七成居家办公的目标，根据公益财团法人日本生产性本部在 2021 年 1 月末的调查结果，日本首都圈一都三县居家办公率为 32. 7% ，而日本全国范围为 22. 0% ，较 2020 年 10 月的 18. 9% 略有提高，但无论首都圈还是全国的居家办公率相比 2020 年 5 月第一次“紧急事态宣言”期间都有近 10 个百分点的大幅下降，可以看出长时间的疫情使人们的危机感下降，即便疫情变得更加糟糕。

在第一波疫情恢复阶段，各行业开始复工自救，受影响较严重的旅游业和餐饮服务业尤为明显。在“Go To”活动的加持下，熬过来的旅行社开始推出日本国内游的服务内容，餐饮业也被纳入政府补贴范围，本来不温不火

① 国土交通省、https：//www. mlit. go. jp/index. html。

的外卖行业也在一夜之间顺风而起，在日本的大街小巷开始看到外卖人员的身影。

2020 年 3 月末，尽管国际奥委会与日本政府一直在商讨如何保住奥运会，但疫情让它们不得不宣布东京奥运会延期一年举办。在年末，东京奥组委宣布解散 2020 年东京奥运会、残奥会开闭幕式导演团队，决定简化开闭幕式。东京奥运会是否能够举办的话题在持续讨论中，无观众的奥运会也成为设想之一，而能够成功举办奥运会是最好的结果，简办奥运会对奥运会自身来讲可能也是一个改革的机会。长期以来，奥运会沉重的成本问题被大家诟病，民众反对申办奥运会的声音越来越多。如果可以凭借这次机会把不必要的成本压缩下去，向世人展现一个更加环保、更加健康、更加亲民的体育盛会，就有可能使奥运会的可持续发展性更高，奥运会更加符合现代人的发展理念。

3. 对日本政局的影响

2020 年 9 月，刚刚创下日本历史上连续执政时间最长纪录的首相安倍晋三宣布因病辞职，结束了他的第二次首相任期。安倍此次首相任期已近八年，但因应对新冠肺炎疫情不力，不断遭受批评，内阁支持率不断下降。安倍晋三属于保守派，他留下的最大政治遗产便是著名的“安倍经济学”经济政策，如今日本经济倒退，且在“安倍经济学”提出的“一亿总活跃社会”政策的目标中，填补因少子化导致劳动力不足的大量老年人和女性非正式员工因疫情而失业，今后很有可能面临工作岗位供给力下降的局面。疫情的冲击让原有的社会经济改革成果化为乌有。

回顾安倍的抗疫之路可以发现，疫情初期，政府应对不足。拨款 466 亿日元向每位民众发放两个布质口罩、迟于地方政府发布“紧急事态宣言”、核酸检测能力不足、解除“紧急事态宣言”后又暴发第二波疫情并在此时期实施“Go To”计划，这一系列行政手段没有完全有效地控制住疫情，反而出现了政策内容互相矛盾的情况，这些都导致安倍内阁的支持率持续下滑。

自民党内部后来选出原内阁官房长官、被日本民众称作“令和大叔”的菅义伟作为自民党新任总裁，接替安倍晋三完成此届首相任期。但此时，无论是抗疫还是恢复经济增长，对于任何一个后继者来讲都有较高的难度。农民家庭出身的菅义伟在民众心中有着不错的印象，日本新内阁支持率最初在六成以上。新内阁的抗疫政策基本延续了安倍时期的政策，不幸的是，新内阁上任后，迟迟没有管控旅游项目，两个月时间里，单日感染人数从1000人以下迅速增至超过7000人，日本疫情愈发严重。在专家会议的强烈建议下，日本政府终于决定暂停“Go To”项目，并再度宣布“紧急事态宣言”，这一期间，政府犹豫不决，让民众大为不满，再加上菅义伟被爆出上百次外出聚餐，违反防疫要求，内阁支持率以历史罕见的势头下滑。

新内阁上任伊始，便着重于促进和国民生活直接相关的政策的“快速”实现，菅义伟多次在行政改革与政策发布的新闻会上强调“快速”的重要性，在他的直接影响下，日本政府成功办成了很多之前一直被视为挑战的事情，诸如实现日本手机费用的大幅下调；推动RCEP的成功签订；为鼓励年轻人生育，将不孕不育治疗纳入保险报销范围；为在2050年实现“碳中和”目标，创立了投资2万亿日元的基金会，表现出日本政府对待能源问题的重视；拟成立数字厅，发力数字化转型，普及个人编号卡，推进保险证、驾驶证一体化等。这些便民政策与未来化政策都得到了很高的评价。但菅义伟忽视了对局势的判断。目前，日本民众最关心的还是消除疫情带来的困扰，新政府没能使安倍政府留下的疫情防控政策与经济政策发挥更好的作用，反而被这些政策搞得束手束脚，尤其在医疗体系面临崩溃时，新政府让民众大失所望。更好地制定满足国民当下需求的政策才是新政府挽回民意的良策。

（二）日本政府应对疫情的措施

1. 依法抗疫

在一年多的抗疫过程中，日本以相关法律为依据，出台了一系列政策，其中不乏首次使用的法律条款，反映出日本相对成熟的社会法治体系的作用。在新冠肺炎疫情发生初期，随着中国政府向世界通报的疫情信息愈发明朗与形势逐渐严峻，在厚生劳动省对入境管理做出警示后，日本政府根据《出入境管理法》在2020年1月末发出指令，从2月起，拒绝14天之内经停湖北省的外国人入境，同时将新冠肺炎列为《传染病法》中的“指定传染病”以及《检疫法》中的“检疫传染病”，要求患者必须听从医疗机关及机场、港口等部门的指示并接受治疗。

因防疫需求，日本根据《新型流感等对策特别措施法》成立了新型冠状病毒感染症对策本部，并举办专家分科会议，会议制定了疫情判断指标，随着疫情感染状况变化，前后两次发布“紧急事态宣言”。为了补充“紧急事态宣言”的作用，推进防疫政策实施，日本内阁会议在2021年2月出台了新设定的更为灵活的“防止蔓延等重点措施”，敦促区域内商店工作人员进行疫情检查、限制人员进入商店等。“防止蔓延等重点措施”是对“紧急事态宣言”的完善与补充。

日本政府依照特别措施法等要求商户缩短营业时间、公民进行自我出行约束，也就是所谓的“软封城”。相较中国实行的“封城”政策，日本政策的强制力不高，为了让商户遵守政策，各地政府纷纷出台经济补助政策，而对于公民个人的出行约束也只能限于呼吁。为此，日本参议院在2021年2月初通过了“新冠肺炎疫情相关法案”（特别措施法、传染病法、检疫法）的修正案（见表2）。修正案新增了对拒绝入院治疗的患者、违反缩短营业时间要求的商户的罚则。日本首相菅义伟在发布此修正案时强调，为了减少疫情感染情况而修改法案，并且是在充分考虑商户及民众个人权利的情况下提升法案实施效果。

表2　“新冠肺炎疫情相关法案”修正案罚则说明

	餐饮业等商户（特别措施法规定）	新冠肺炎患者（传染病法规定）
“紧急事态宣言”期间（疫情第四阶段）	违反缩短营业或休业命令：30万日元内罚款	拒绝入院治疗：50万日元内罚款 拒绝保健所调查：30万日元内罚款
防止蔓延等重点措施（疫情第三阶段）	违反缩短营业命令：20万日元内罚款	
普通期间	无罚则	

2. 经济措施

除了在防疫工作中采取的直接应对措施之外，为了稳定民生，在第一波疫情暴发期间，日本政府召开临时内阁会议追加预算，补贴总额达到 108 万亿日元。随后，日本参议院会议以多数赞成票通过了全民补贴 10 万日元的补充预算案，对象包括在日本中长期居住的外国人。同时修正了前期补贴方案，总规模在 117 万亿日元以上，追加的年度财政支出为 25.69 万亿日元。

在第一波疫情得到比较有效的控制期间，日本政府提出第二次补充预算案。第二次补充预算案于参议院正式会议上经执政党及在野党投票，以多数赞成票正式通过。此次补充预算案追加支出总额为 31.91 万亿日元，达到历史最大规模，加上财政投资贷款预算和金融机构贷款预算等，总额达 117.1 万亿日元。支出资金全部来源于追加发行的国债，包括最初预算和第一次补充预算在内的 2020 年度国债发行额达到了历史最高的 112 万亿日元。

在第二波疫情暴发之后，日本内阁会议决定从 2020 年度的预备费中支出 1.6 万亿日元，以防止疫情在冬天再次扩散。随后日本政府宣布，全民将免费接种新冠病毒疫苗。12 月初的临时内阁会议通过了财政支出为 40 万亿日元、总额达 73.6 万亿日元的追加经济对策，这是继 4 月与 5 月通过经济对策之后的第三次经济对策。

三　日本疫情后的展望

当前日本正处于第四波疫情暴发的流行期，菅政府出台“紧急事态宣言”与“锁国”政策，不可谓不强力，但第四波疫情期间，新冠肺炎感染患者数量众多，给日本医疗体系带来巨大挑战，日本医学界已自行宣布紧急宣言，如何稳妥接收并医治现有病例且终止疫情是日本政府工作的重中之重。而在控制住疫情后，最关键的工作便是进行疫苗的接种。在 2021 年 2 月末，日本开始优先为医护工作者、老年人、有高需求的人接种疫苗，再根据疫苗份额为普通民众接种，但截至 5 月 22 日，日本累计新冠病毒疫苗接种仅约 800 万人次，日接种能力仅为 30 多万人次，全民接种率不足 6%，牛津大学的调查表明，截至5月16日，全球平均新冠病毒疫苗接种率超过9%，日本的接种率排第110位。这与日本的现状严重不符，无论是从奥运会举办国的角度来看，还是从世界第三大经济体、高度发达国家的角度来看，日本的疫苗接种工作做得非常不好。日本政府的目标是7月末前为480万名医护人员及3600万名老年人接种疫苗，两个多月的时间完成余下近九成的任务需要极大提升政府的运筹能力。但目前的实际状况则是疫苗接种预约非常受限，无论是疫苗数量还是接种场所都满足不了实际需求，为了解决疫苗接种能力不足的问题，日本政府已经与疫苗生产公司签订了保证足够数量的疫苗的合同，并于5月下旬积极动员公立设施及诊所为疫苗接种提供场所。另外，从日本的新冠肺炎确诊病例及死亡病例不同年龄层的分布情况来看，20~30岁的青年人的确诊病例占比接近36%，70岁以上的老年人的占比为15%，70岁以上老年人的死亡病例占76%。老年人病死率较高，从减少传播源头角度考虑的话，必须在老年人全部接种后再为其他年龄层的人群接种的安排未必明智。

理想状况下，在疫苗被广泛接种后，疫情便会得到很大程度的控制。在实施疫苗接种政策后，很多国家的感染人数较高峰期有所下降，为了防止疫情反复，疫苗接种尤为重要，不过日本民众对于新冠病毒疫苗的接受度并不高，各种民意调查数据显示，愿意接种疫苗的民众只有五六成。让更多民众相信、接种疫苗，日本政府需要与民众有更多的沟通。日本政府承诺如因接种新冠病毒疫苗导致死亡，将向家属支付4420万日元的赔偿款以及20.9万日元的丧葬费；导致严重残疾的，将支付505万日元的赔偿款。

结　语

回顾日本政府的抗疫之路，存在一些问题，如在疫情初期，对于疫情来袭，政府准备不够充分，在疫情感染扩张的时候，政府没有及时修正抗疫政策，过于关注恢复经济。但抛开这些来讲，日本政府的表现也有可取之处。例如：积极听取社会各界的声音、接受各领域专家的建议，并将其反映到抗疫政策中去；解决实际民生问题，如进行全民补贴，购买因疫情滞销的顶级和牛与水产品分发给全国小学生，为因疫情受困的民众提供房租补贴等；专门为接种疫苗开展实习演练，并编制疫苗接种异常反应补偿经费标准等。可见日本政府针对疫情采取的措施总体上体现出细致务实的风格。

新冠肺炎疫情给日本经济带来了深远的影响，GDP 时隔 11 年出现负增长，经济重启任重而道远。日本首相菅义伟表示 2021 年日本政府最重要的任务之一就是确保经济尽快走上正轨，倾尽全力守护民众的生命和生活，防止疫情扩散和恢复经济。

在新冠肺炎疫情流行初期，中国武汉面临医疗资源紧张的情况，日本官方与民众伸出援助之手，为抗疫一线的人员送去了物资并附以“山川异域，风月同天”的鼓励，这深深地感动了我们。如今日本处于和新冠肺炎疫情抗争的关键时刻，相信日本民众与政府会挺过难关，与中国和世界其他国家一起走出疫情的阴霾，回归到正常的发展道路上。

B.3

新冠肺炎疫情冲击与日本政府的财政经济政策应对*

张磊　崔岩**

摘　要： 2020年以来的新冠肺炎疫情对日本社会经济各个领域造成极大冲击，导致出现复杂的综合性危机，而非传统意义上的单纯的经济危机。观察新冠肺炎疫情在日本的演变及政府的应对措施可以发现：政策出发点在于寻找适度防疫与经济发展之间的平衡，从而尽可能减少防疫对经济造成的不良影响。此外，通过分析日本季度宏观经济数据的波动情况，也能够得出疫情冲击下日本制定社会经济政策的基本逻辑与产生的效果。考虑到新冠肺炎疫情对经济的影响机制和路径具有特殊性，日本在疫情暴发之初面临供应链中断和资本市场崩塌两大风险；由于受到防疫措施的掣肘和疫情继续扩散的威胁，政府随后采取的财政补贴和与刺激内需相关的政策收效甚微，日本社会经济秩序恢复的道路仍旧十分漫长。

---

* 本报告是2019年度辽宁大学亚洲研究中心亚洲问题研究项目“日本金融监管及危机管理模式研究”（编号：Y201915）的阶段性成果；韩国教育部及韩国学研究院韩国学促进服务机构联合支持的韩国学核心大学计划项目（AKS－2018－OLU－2250002）［This work was supported by the Core University Program for Korean Studies through the Ministry of Education of the Republic of Korea and Korean Studies Promotion Service of the Academy of Korean Studies（AKS－2018－OLU－2250002）］的成果。

** 张磊，经济学博士，辽宁大学国际经济政治学院讲师，辽宁大学朝鲜·韩国研究中心研究员，主要研究领域：日本宏观经济与金融。崔岩，经济学博士，辽宁大学日本研究所教授，博士生导师，全国日本经济学会副秘书长、常务理事，主要研究领域：世界经济。

关键词： 新冠肺炎疫情 防疫措施 内需 供应链 金融市场

迄今为止，新冠肺炎疫情在世界范围内蔓延已经持续了一年之久，也给日本经济社会带来巨大冲击。进入2020年冬季以来，日本暴发了第三波和第四波疫情，感染者和重症患者数量激增，屡次刷新单日新增纪录，疫情以东京都为中心扩散并大有蔓延到全国之势。日本政府相继三次宣布“紧急事态宣言”，以期阻止疫情的进一步扩散。

传染性疾病所导致的经济紧缩不同于以往任何形式的经济危机。由于经济活动从本质上说是一种社会性活动，而防止病毒扩散的公共卫生措施，诸如保持社交距离、停工停产以及限制商业与贸易活动等，会极大地抑制经济活动的正常进行，这导致政府在振兴经济与抗击疫情之间面临两难选择。日本政府在采取积极的应对政策防止疫情扩散的同时，还在保持金融系统稳定以及经济正常运转等方面做出巨大努力，采取“防疫抗疫+振兴经济”的双重策略。

疫情暴发之初，海外日本企业面对突如其来的供应链冲击，国内资本市场经历大幅波动，之后由于受到防疫措施的掣肘和疫情扩散的威胁，日本政府采取的各类补贴政策和旅游政策的实施效果也不尽如人意，日本社会经济处境仍旧艰难。

一 日本新冠肺炎疫情的演变与政府防疫措施的特点

（一）日本新冠肺炎疫情的演变

从新冠肺炎疫情的演变过程来看，鉴于病毒自身具有的隐蔽性和快速传播性，一旦在短时间内无法得到有效控制，其就有可能不断变异并且与人类长期共存。[①] 然而，限制病毒传播的方式，譬如保持日常的社交距离、停止

① 从目前情况来看，在无法消灭病毒的前提下，有效控制病毒继续传播的方法是广泛注射疫苗，以达到群体免疫效果。

商业设施运营以及各类群聚活动乃至隔离与检疫，将对社会经济健康发展造成极大的破坏。类似的公共卫生防疫实践不但会给经济造成短期的负面冲击，从长期来看还会给社会带来持久性的灾难。[①]

和世界上大多数受新冠肺炎疫情影响的国家相同，日本也经历了类似的感染变化状况。从 2020 年 3 月中下旬新冠病毒开始在国内加速扩散以来，日本一共经历了四波疫情，主要集中在 2020 年 4 月中旬、2020 年 8 月上旬、2021 年 1 月中旬和 2021 年 5 月上旬。在这四波疫情期间，每日新增感染者数量的波峰从最初的 500 人左右攀升至 1500 人左右，2021 年 1 月 6 日全日本报告当日新增感染者数量超过 6000 人，达到创纪录的 6004 人[②]，而且每日新增病例数量的进一步增加只是时间问题。

回顾疫情暴发之初，日本政府层面显然对新冠肺炎疫情冲击对经济造成的负面影响估计不足。2020 年 1 月 15 日，日本银行总裁黑田东彦在东京都召开的总部会议上表示："海外经济减速波及日本国内，但是影响有限，日本经济发展的基调仍是持续而缓慢的增长。"时任日本经济财政担当大臣西村康稔在 1 月 17 日举行的记者招待会上表示日本经济应当缓慢复苏。日本经济界的声音也多集中在新冠肺炎疫情影响的"不确定性"上，仍然抱有从第二季度开始挽回经济发展颓势的幻想。实际上，当时访日游客骤减以及供应链中断给日本经济带来的冲击的负面效果已经凸显出来。正是这种犹豫不决，使日本错过了最初的防疫时机。

为带动受新冠肺炎疫情影响的国内旅游业复苏，2020 年 7 月日本政府开始推动支援旅游业的"Go To Campaign"系列补贴项目，预算总额约为 1.7 万亿日元，旨在为日本民众在国内旅游提供优惠。然而，新冠肺炎疫情再度在日本全国范围内开始蔓延，这次被认为是继 4 月之后的第二波疫情。但是，考虑到新冠病毒传播的季节性因素与国内糟糕的经济状况，日本政府不再采取紧急状态式的严格管控方式，而是采取疫情防控与经济发展并行的适度防疫政策，同时寄

---

① Brian Simpson，"COVID - 19's Stop - Gap Solution Until Vaccines and Antivirals Are Ready," https：//www. globalhealthnow. org/2020 - 03/covid - 19s - stop - gap - solution - until - vaccines - and - antivirals - are - ready.

② 厚生劳働省、https：//www. mhlw. go. jp/stf/covid - 19/kokunainohasseijoukyou. html。

希望于日本国民自觉保持社交距离并遵守相应的政策规定。自2020年9月中旬菅义伟接替安倍晋三成为日本新一任首相以来，日本政府非但没有限制人员往来，反而把大量财政资金用于补贴旅游项目计划，继续鼓吹日本国内旅游效果。因此，在此期间，日本国内出现大量且频繁的人员自由流动，不能排除2020年冬天日本的第三波疫情与这一旅游刺激政策有关。

综观2020年日本新冠肺炎疫情的变化情况及政府的应对措施能够发现：日本政府的主要政策出发点在于维持疫情防控与经济发展之间的平衡，从而尽可能减少防疫措施对经济造成的伤害。

（二）日本政府防疫措施的特点

1. 依法防疫

进入2020年3月以后，日本本土的新冠肺炎确诊病例不断增加，在国民的恐慌情绪日渐积累的同时，医疗机构面临的压力也在持续增加。因此，安倍政府于3月13日紧急通过了《新型流感等对策特别措施法》修正案（日文为“改正新型インフルエンザ等対策特別措置法”，简称“特措法”），将新冠肺炎列入新型流感病毒适用名单，这为此后“紧急事态宣言”的发布提供了法律基础。基于“特措法”第15条第2项的相关规定，日本政府于3月26日在首相官邸设置了“新型冠状病毒感染症对策本部”（简称“对策本部”）。①

2020年4月7日，随着国内确诊病例的持续增加，日本政府发布了“紧急事态宣言”，开始采取严格的公共卫生措施（public health measures）进行管制。② 安倍政府发布的“紧急事态宣言”涵盖的地区最初只涉及包括东京在内的七个都府县，原定截止日期为5月6日。但是，随着疫情的快速蔓延，

① 首相官邸「新型コロナウイルス感染症対策本部の設置について」、http：//www.kantei.go.jp/jp/singi/novel_coronavirus/th_siryou/konkyo.pdf。

② 适用“紧急事态宣言”的对象地区所采取的措施包含如下两种。（1）无强制力措施，包括要求避免不必要非紧急的外出；要求指示学校、福祉设施、电影院和百货商店等停止营业；要求指示限制或中止公共活动。（2）有强制力措施，包括政府有权向特定机构买断医疗物资（如口罩）、食品及卫生用品等；特殊情况下，政府有权发布对相关物资进行征收和保管的命令；当医疗资源不足时，为设立临时医疗机构，政府有权无须得到业主同意，临时征地征房。

“紧急事态宣言”的适用范围扩展至日本全国，期限也被迫延长至5月底。

综上所述，从通过“特措法”到成立“对策本部”，再到4月初“紧急事态宣言”的正式发布，日本政府一共花费将近一个月的时间厘清法律关系，为防疫措施的依法可行奠定基础。在此期间，日本国民的恐慌情绪有所缓和，为“紧急事态宣言”的发布做好了心理准备，避免因“紧急事态宣言”突然发布造成更大的恐慌。日本政府一系列有法可依的防疫措施看似有所拖延，实则也是作为缓冲器，柔性地提升了日本国民对疫情的适应度，为政府进一步采取行动赢得了时间。

2. 软性封城

时任日本首相安倍晋三表示希望通过“紧急事态宣言”生效期间将日本的人际接触减少80%，意即通过“软性封城”措施扩大社交距离、减少接触性传染。这一想法和举动与当时欧洲各国所采取的防疫措施极其相似。与此同时，日本政府也将“封城”措施对经济的打击考虑在内，只不过实际情况比官方预料的更加严重。软性封城的后果是感染状况并未立刻得到有效控制，但是相关防疫措施对经济造成了相当大程度的负面影响。“紧急事态宣言”发布之后，以三越伊势丹等大型购物中心为代表的商业企业纷纷关闭门店，电影院等娱乐场所也相继停业。随着新冠肺炎疫情继续蔓延，店铺停业以及营业时间缩短的范围进一步扩大，这一动向所带来的消费停滞势必对日本经济造成巨大冲击。由于经济活动极大受限，2020年4月，日本全国的个人消费水平与2019年同期相比下降了20%。

日本共同社于5月8日开展的一项全国电话舆论调查结果显示，仅有三成左右的受访者对政府采取的疫情应对策略感到满意，而半数以上的受访者表达了不满情绪。这也说明，尽管日本政府采取的防疫措施在一定程度上平复了社会恐慌，但是由此造成的民众不满情绪是难以避免的。

二　日本的财政经济政策应对

（一）新冠肺炎疫情经济影响的不确定性和特殊性

日本经济对策面临的挑战主要来自传染性疾病的大流行对经济造成的破

坏，这不同于自然灾害，其对经济的影响机制和路径有别于传统型危机（见图1）。由疫情暴发的突然性所导致的恐慌情绪像病毒一样具有传染性，这首先反映在对金融资本市场的冲击上。疫情造成企业停工停产，全球化生产加工行业受到前所未有的影响，其结果是产业的供应链中断。考虑到上述两大风险因素，分析日本政府为应对疫情对经济的冲击而实施的代表性紧急经济对策，可以明晰日本政府进行决策的基本逻辑与政策的实施效果。

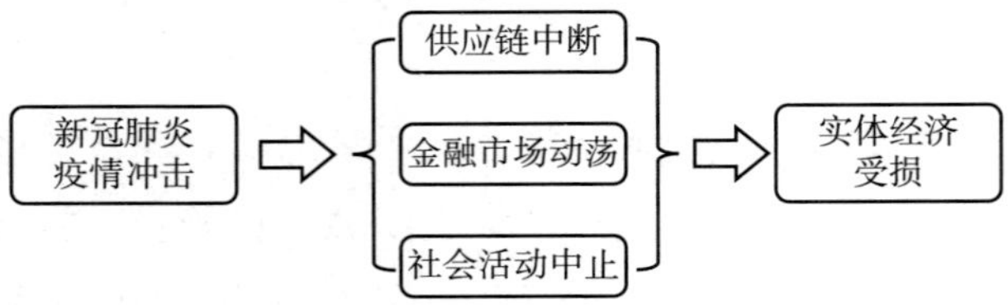

图1　新冠肺炎疫情对经济的影响机制

（二）紧急经济对策的实施

日本紧急经济对策顺利实施的关键更多的是依靠财政方面给予的保障（见表1）。2020年4月初，随着“紧急事态宣言”的发布，日本政府出台了总额高达108万亿日元的史无前例的经济刺激计划，其规模相当于日本国内生产总值的20%，该项紧急经济对策是集多种经济政策于一体的综合性经济刺激计划。随后（4月20日），日本政府又将经济刺激计划的规模扩大至117.1万亿日元。日本政府原计划向低收入家庭发放30万日元的现金补贴，预算金额约为4万亿日元，而新计划将补贴范围扩大至全体国民，预算金额也被上调至12.9万亿日元，是原计划的三倍。按照新修改的计划，日本政府决定向每位国民派发10万日元现金——由于现金补助对象范围扩大，国民能够申领的金额有所缩减。4月30日，日本国会批准了第一次补充预算案，总额为25.69万亿日元。由于疫情对日本经济的冲击持续加剧，日本政府在5月27日又推出第二次补充预算案，进一步加大对经济的刺激力度，以防止经济大幅下滑。第二次补充预算案的规模为31.91万亿日元，超过了4月的第一次补充预算案金额，再创日本补充预算规模的新高。这也意味着日本在2020年度的预算规模将由原先的102.7万亿日元增至106万亿日元。①

表1　2020年日本政府的主要抗疫政策和财政经济政策

时间	主要政策
2020年3月13日	国会通过《新型流感等对策特别措施法》修正案，将新冠肺炎列入新型流感病毒适用名单
2020年3月26日	政府在首相官邸设置了“新型冠状病毒感染症对策本部”
2020年4月7日	政府发布“紧急事态宣言”；内阁通过“紧急经济对策”
2020年4月27日	日本银行宣布继续将短期利率维持在-0.1%的水平，取消购买国债上限，保持政策宽松力度
2020年4月30日	国会批准2020年度第一次补充预算案（金额为25.69万亿日元）
2020年5月25日	政府宣布解除“紧急事态宣言”，社会经济逐步恢复正常运行
2020年6月12日	国会批准2020年度第二次补充预算案（金额为31.91万亿日元）
2020年6月16日	日本银行决定加大对中小企业的资金援助力度，特别贷款计划规模增至110万亿日元
2020年7月22日	政府推出“Go To Campaign”系列旅游刺激计划
2020年10月30日	外务省解除对中韩等九个国家和地区的中止旅行警告
2020年11月30日	启动中日“快捷通道”，率先受理商务人员往来短期签证
2020年12月14日	政府宣布全国暂停“Go To”系列旅游补贴项目，期限为2020年12月28日至2021年1月11日
2020年12月15日	国会批准2020年度第三次补充预算案（金额为15.43万亿日元）
2020年12月22日	政府确定2021年度财政预算案，总额超过106万亿日元

资料来源：笔者根据日本政府机构等相关网站的资料整理而成。

第二次补充预算案全额通过国债进行筹措，加之原始预算以及第一次补充预算案，整个2020年度的新发国债总额高达90.2万亿日元。作为追加对策，第二次补充预算案实施的主要目标是保证就业水平和维持企业资金周转。这是与第一轮刺激计划最大的不同，第一轮刺激计划主要聚焦家庭，而

① 参见日本财务省网站（https：//www. mof. go. jp/）的相关报道。

第二轮刺激计划主要着眼于企业。主要措施是向遭受疫情打击的公司提供贷款支援，配合日本银行的企业融资便利政策，财政政策也将着眼点放在给企业“输血”上，提高对企业的融资额度、加大政府的担保力度，同时扩大无偿贷款的融资范围。

值得注意的是，上述补充预算金额的获取方式是发放国债，然而日本政府的公共债务累计已达1100万亿日元，日本的债务规模是所有发达经济体中最大的。因此，日本的债务可持续性有可能成为未来几年高悬在日本政府头上的“达摩克利斯之剑”，成为掣肘日本经济发展的关键性因素。

三 新冠肺炎疫情对日本经济的冲击与影响

新冠肺炎的大流行对世界各国的社会经济正常运行均产生了不可估量的负面影响，日本当然也不能例外。

得益于2020年4月初“紧急事态宣言”的发布，在采取相对严格的公共卫生措施的背景下，日本的新增病例迅速下降，直至5月底国家紧急状态宣布解除，社会经济活动逐步恢复正常。尽管如此，日本所面临的经济形势依然十分严峻。随着北半球进入夏季，温度的升高使病毒不再活跃，新冠肺炎疫情在全球的影响逐渐减弱，因此从2020年第三季度开始，日本的经济形势得到了相应改善。

（一）从季度经济数据看日本宏观经济的波动

根据日本内阁府发布的统计数据，2019年第四季度扣除物价变动的实际GDP环比速报值下降了1.6%，换算成年率，降幅则高达6.3%。受到2019年10月消费税增税、19号台风等因素的影响，日本经济陷入泥淖。日本政府在2020年3月26日发布的3月经济报告中表示，因受到新冠肺炎疫情的影响，经济形势严峻。其中，“严峻”一词自2012年7月以来首次出现在月例经济报告中。

受消费税增税以及国际经济与贸易环境恶化等因素的影响，从2019年下半年开始，日本经济出现明显的下滑态势，而2020年第一季度经济的负增长更可能是前一年经济不景气状况的延续。国际上的通行定义是：一旦遭遇连续两个季度的负增长，就意味着宏观经济进入技术性衰退阶段。外国游客消失、出口贸易额下降、制造业停工停产、企业投资萎靡不振、居民消费骤减、东京奥运会被迫推迟等，对于处于困境中的日本来说无疑是雪上加霜。

2020年2月，日本在一定范围内发现新冠病毒的传播，但是由于并未发生大规模感染，因此没有采取严格的防疫措施，此时疫情对经济也没有产生直接的冲击。这一阶段的新冠肺炎疫情对日本经济的影响十分有限。日本内阁府在8月3日发布的2020年第一季度GDP速报（修正）显示，1～3月环比GDP实际增长率为－0.6%，换算成年率为－2.2%。[①]

3月，疫情开始在日本本土迅速蔓延，感染人数逐渐增加，进入4月之后，日本的疫情愈发严重，在经过一系列的政策酝酿之后，安倍政府于2020年4月7日发布“紧急事态宣言”，之后又把适用范围从最初的7个都府县扩大至全国，这实际上宣布日本全国进入紧急状态。时任首相安倍晋三在4月7日晚的记者招待会上直言不讳地表示：“日本经济正在面临战后的最大危机。”如前文所述，“紧急事态宣言”的发布意味着日本全国范围内实质上进入某种程度的“软性封城”状态：学校停课，部分工商业尤其是大量服务业企业停产、商业企业停业等，居民“非必要不外出”。受此影响，日本社会经济活动进入全面停滞状态。

日本内阁府在9月8日公布了2020年第二季度GDP速报（2次速报值），4～6月的实际GDP同比下降了7.9%（参照8月17日日本内阁府公布的第1次速报值下调了0.1个百分点），如果换算成年率的话，则下降幅度高达惊人的28.1%。[②]

2020年12月8日，日本内阁府公布的2020年第三季度GDP速报（2

---

① 内閣府「1994年1～3月期～2020年1～3月期2次速報（改定値）」、https：//www.esri.cao.go.jp/jp/sna/data/data_list/sokuhou/files/2020/toukei_2020.html。

② 内閣府「1994年1～3月期～2020年4～6月期2次速報値」、https：//www.esri.cao.go.jp/jp/sna/data/data_list/sokuhou/files/2020/toukei_2020.html。

次速报值）显示，7～9 月的名义和实际 GDP 增长率均由负转正，分别为 5.5%和5.3%，换算成年率分别为 23.9%和22.9%。[①] 第三季度的经济反弹表明日本政府在此期间实施的经济刺激政策产生了作用。

此外，回顾从 2019 年末到 2020 年初日本经济的发展态势可以看到，伴随着国际经济贸易发展的颓势和国内消费的疲软，2019 年第四季度的日本经济已几乎到了“强弩之末”的地步，日本实际 GDP 增长率出现了一定的下降。2019 年日本经济已出现负增长状态。2020 年第一季度，日本经济受新冠肺炎疫情的影响有限，更多的是 2019 年下半年经济萎缩的惯性使然。通过考察 2019 年第四季度到 2020 年第三季度日本经济的运行轨迹可以发现疫情对宏观经济产生冲击的特点：上述四个季度的实际 GDP 增长率分别为 -1.8%、-0.6%、-7.9%和5.3%，民间最终消费支出增长率分别为 -2.8%、-0.8%、-7.9%和5.1%，企业设备投资增长率分别为 -4.6%、1.7%、-4.7%和 -2.4%，商品与劳务的出口增长率分别为 -0.1%、-6%、-18.5%和7%，政府购买的增长率分别为 0.2%、0%、-0.6%和2.8%。

综上可见，相较于其他因素，企业设备投资的降幅相对较小，经济停滞的主因来自民间消费支出的减少和出口贸易的萎缩，这主要是基于新冠肺炎疫情引发的严格防控措施以及全球供应链中断所导致的结果。因此可以推断，2020 年以来受疫情影响的日本宏观经济出现负增长，主要是在内需和外需二者共同作用下产生的，国内与国外消费不足直接导致推动日本经济发展的两个重要引擎熄火。另外，在经济衰退的过程中，来自日本政府的公共需求并未起到有效的支撑作用，尤其是 2020 年第二季度疫情最为严重的时候，日本政府购买的公共产品出现了 0.6%的负增长。而从 2020 年第三季度开始，日本政府加大了对公共产品的购买力度，在疫情有所缓和的背景下，其与民间消费和出口贸易共同促使日本经济反弹。

① 内阁府「1994 年 1～3 月期～2020 年 7～9 月期 2 次速報値」、https：//www.esri.cao.go.jp/jp/sna/data/data_list/sokuhou/files/2020/toukei_2020.html。

（二）供应链的冲击与中断

当下，经济全球化进一步发展，产业链日臻完善，国际贸易与制造业已经形成了复杂而完整的体系，当某一生产或销售环节出现问题时，与之相伴的“蝴蝶效应”便会显现出来。因此，新冠肺炎疫情的暴发与扩散无疑给全球供应链带来沉重的打击，尤其对于已经形成完整产业链的行业巨头而言更是如此。

2020 年初，日本多家在华企业受到新冠肺炎疫情影响，供应链受到冲击。随着新冠肺炎疫情快速蔓延到中国各地，在华投资的日本企业纷纷面临供应链中断的风险，其中具有代表性的是位于湖北省的众多日本跨国公司。日本著名的企业情报株式会社 TDB 提供的数据显示[①]，武汉市拥有近 200 家日本企业，武汉是中国为数不多的汽车产业集聚地，著名的中日合资企业东风本田汽车有限公司就坐落在武汉市经济技术开发区，并在当地设有三家整车工厂，年产能力达 60 万辆，旗下员工有 12600 余人。除东风本田之外，普利司通公司在武汉也投资设厂并进行汽车相关零部件的生产制造，电装株式会社的合资公司从事汽车软件设计和研发工作，而日产汽车在湖北省襄阳市同样建立了合资工厂。因此，2020 年初，受疫情冲击，在华日本企业不同程度地停工停产，随着新冠肺炎疫情在全球快速蔓延，世界各地由日本企业投资的工厂都开始受到冲击。其中受影响最大的是日本各品牌的汽车制造商，新冠肺炎疫情暴发初期，丰田汽车位于中国和欧洲各国的整车工厂均处于停产状态。2020 年 3 月 30 日，丰田汽车发布的 2 月生产和销售业绩显示，丰田汽车在全球的产量仅为上年同期的 87.8%，销售量也同比下降 4.6%。[②]

由此可见，在生产高度全球化的今天，世界性企业（例如美国的苹果公司、日本的丰田汽车等）对海外生产装配的依存度很高。疫情发生之后，

---

① 「グローバル企業情報データベース」、https：//www.tdb.co.jp/lineup/orbis/index.html。

② 「2020 年 2 月販売・生産・輸出実績」、https：//global.toyota/jp/company/profile/production - sales - figures/202002.html。

当海外工厂停止生产或处于生产环节上的零配件供应商停止供货时，全球化企业将面临十分困难的局面，它会因为生产或供应链的中断而无法向市场提供成品。这对于2020年初受到新冠肺炎疫情冲击的各大日本厂商来说无疑是灾难性的。

（三）旅游业：从“消费至上”到“消费之殇”

如上文所述，2020年以来受新冠肺炎疫情拖累的日本经济出现负增长的主因之一在于内需问题，主要表现在消费需求方面。这主要源自旨在阻止病毒传播的防疫措施阻隔了人群与社会的交往，从客观上来说抑制了正常的经济活动。素有“旅游立国”之称的日本在刺激国内消费方面的撒手锏之一便是促进旅游经济发展。

截至2019年，访日外国游客数量已经连续七年创新高，约为3188万人次。此前，日本政府提出2020年访日游客数量达到4000万人次的计划。在消费方面，2019年，访日外国游客的消费额达到惊人的4.81万亿日元，同比增长6.5%，占同年日本GDP的0.9%。可以说，外国游客是日本旅游业的重要支柱，旅游经济所带动的消费给日本带来了可观的收入。[①]

然而，2020年初暴发的新冠肺炎疫情及其在全球范围内的持续蔓延导致第一季度的访日外国游客数量大幅下降，他们在购物和住宿等方面的消费金额也随之大幅减少。日本观光厅4月的统计数据显示，第一季度访日外国游客的消费额比2019年同期减少40%以上。外国游客数量骤减、日本民众纷纷减少外出令日本旅游业和服务业企业的营业额骤降，因而导致许多中小企业陷入经营危机。

2019年是日本的“令和元年”，为期10天的“五一超级黄金周”为日本带来了2.1万亿日元的经济收益，这相当于日本全年GDP的0.4%。而2020年的“五一黄金周”，因为受到“紧急事态宣言”的影响，绝大多数

① 国土交通省観光庁「統計情報・白書」、https://www.mlit.go.jp/kankocho/siryou/index.html。

日本人选择居家而非外出，从日本国营铁道公司 JR 和日本航空业的统计数据来看，新干线、普通列车以及航班的上座率均不足一成，比 2019 年减少了 90% 以上。

2020 年 5 月底“紧急事态宣言”解除之后，日本政府随即推出了名为“Go To Campaign”的旅游补贴计划，试图提振遭受新冠肺炎疫情重创的旅游服务业。这项计划的财政预算被纳入日本 2020 年度第一次财政补充预算案里，资金高达 1.7 万亿日元。由此可见，日本政府试图全力通过振兴国内旅游业来带动日本经济复苏。

在 2020 年 7 月的一项评估中，日本财务省使用“经济形势停止恶化”和“部分地区出现复苏迹象”的表述，而在 10 月的相关报告里更给予日本各地区经济“正在复苏”的评定。前文中的季度经济统计数据也表明日本经济的“V 字复苏”始于 2020 年 7 月，这说明日本政府推出的“Go To Campaign”计划项目对促进消费回暖起到了关键作用。日本首相菅义伟在 2020 年 9 月上台之后几乎沿袭了前首相安倍晋三的全部经济政策，其中也包括这一计划。

然而，在疫情没有得到有效控制之前，不加限制的人员流动使新冠病毒继续大范围传播，并在入冬之后愈发严重。因此，菅义伟在 12 月 14 日晚宣布全国暂停上述旅游补贴项目，日本政府不得不对经营方因此产生的损失进行相应的补偿。2020 年第四季度以及 2021 年初，日本的消费水平出现相当大幅度的下降。

四　结语：防疫 VS 经济——鱼和熊掌的两难选择

2021 年来临之际，新冠肺炎疫情依然在全球肆虐。由新冠病毒所导致的经济收缩，就速度、深度和广度三方面而言都不同于历史上已知的任何类型的经济危机，它对经济的影响机制和路径更加复杂。从目前情况来看，疫情对人类社会所产生的影响是旷日持久的。

全球各国政府为了遏制疫情传播所采取的公共卫生措施或防疫策略在很

大程度上限制了人的社会活动。然而，人是社会性动物，人的一切基本社会活动（包括经济活动在内）都需要建立在人与人之间的沟通与交往基础上。因此，如果不彻底消灭新冠病毒及阻止其传播[①]，常规化防疫措施将极大地抑制正常的经济活动，使防疫抗疫与经济发展两者仿佛“鱼”和“熊掌”而不可兼得。

2020 年 4 月 3 日，《华尔街日报》发表了美国前国务卿基辛格撰写的题为《新冠病毒大流行将永远改变世界秩序》一文，他表达了对未来的担忧，认为各国正面临新冠肺炎疫情酿成的危机所带来的历史性挑战。[②] 也许病毒侵袭人类健康只是暂时性的，但是它所引发的政治和经济动荡可能会持续数年的时间。并且，更深层次的课题在于社会运行机制可能发生的变化——病毒通过人际接触进行传播，因此从客观上说，防疫相当于造成人际关系疏离，这种基于信任层面的破坏及其对生活方式的改变也许是不可逆的。

为了终止疫情传播并“治愈”经济创伤，包括中国和日本在内的世界各国已经做出了巨大努力。通过观察与总结日本政府的防疫政策与经济政策可以发现，其决策的出发点在于努力寻找适度防疫与经济发展之间的微妙平衡，从而尽可能减少公共卫生措施对经济的伤害。

然而，按下一切社会活动的暂停键是一项经济代价高昂的选择。遗憾的是，日本政府依然不能脱离传统思维框架的束缚，仍旧处于过去的经济危机应对措施的经验框架之中，由于受到防疫措施的掣肘，日本政府所采取的补贴政策和刺激内需政策难堪重用，反而有增加未来财政负担、陷入债务危机的风险。在新冠肺炎疫情的冲击下，日本的社会经济政策面临巨大的考验与挑战，日本社会也许将因此而发生深刻的变化。

---

① 从根本上遏制新冠肺炎病毒的传播和扩散以及预防和根治新冠肺炎，有赖世界各国有针对性地开展医疗卫生科学方面的研究和实践，其中包括实现有效疫苗的普及化等相关措施。

② Henry A. Kissinger.，“The Coronavirus Pandemic Will Forever Alter the World Order，” *The Wall Street Journal*，April 3，2020.

B.4

新冠肺炎疫情冲击下日本货币金融政策

付丽颖*

摘　要： 新冠肺炎疫情的暴发与蔓延使日本经济遭受重创，日本金融体系也出现动荡。日本银行迅速实施大规模的宽松货币政策以稳定金融市场，延缓经济下滑趋势；金融厅通过对金融机构放宽管制、指导金融机构调整贷款条件、修改法律、加强监管等方式维持资本市场稳定；政策性金融机构利用政策金融资金为受疫情影响的企业提供多种方式的优惠贷款、进行利息减免。日本应对新冠肺炎疫情的货币金融措施在维持金融系统稳定的同时，降低了经济下行的程度。但因政策措施集中于实现短期纾困目标，其在微观上对促进企业的长期可持续发展的支持有限，在宏观上面临长期政策困境，其中蕴含潜在的风险。

关键词： 日本　新冠肺炎疫情　货币政策　金融政策　政策金融

2020年新冠肺炎疫情突如其来，肆虐全球，世界经济遭受重创。日本经济也受到严重冲击，日本政府采取全面的货币金融措施应对冲击，化解风险。一方面，日本银行和金融厅迅速采取措施，力图从宏观上稳定日本经济、稳定金融市场；另一方面，财务省的政策性金融积极发挥作用，与经济

* 付丽颖，经济学博士，东北师范大学日本研究所副教授，全国日本经济学会理事，主要研究领域：日本经济、日本金融、国际金融。

产业省、厚生劳动省以及政策性金融机构相互配合，从微观层面帮助受困企业和个人，稳定微观金融基础。

一 新冠肺炎疫情下日本的宏观货币金融政策

疫情防控带来的社交隔离导致消费者行为改变，进而使服务业受到冲击，之后对于未来预期的不确定又导致投资意愿减弱，要素投入不足导致生产受到影响。根据日本内阁府的测算，2020 年日本名义 GDP 增长率为 -4.2%，实际增长率为 -5.2%，预计 2021 年实际增长率为 4.0%。日本经济从 2019 年 10 月的低谷中恢复过来的过程被延长，甚至出现再次滑落谷底的风险。①

为稳定金融市场，日本银行迅速介入，综合运用多种货币政策工具，进一步实施量化、质化宽松政策。作为日本金融行政和金融监管机构，日本金融厅的核心目标在于维持金融系统稳定，金融厅通过对金融机构放宽限制、指导金融机构调整贷款条件、修改法律、加强监管等方式维持资本市场稳定。

（一）日本银行进一步放宽货币政策

新冠肺炎疫情发生后，国际资本市场剧烈动荡，为稳定国内市场情绪，2020 年 3 月 2 日日本银行行长发表讲话，称日本银行将密切注意资本市场动向，通过适当的金融市场调节和资产购买措施，努力确保充足的资金供给、稳定金融市场。② 3 月 14 日，日本银行设立“新型冠状病毒感染症对策本部”，由行长黑田东彦任本部长。3 月 16 日，日本银行提前召开货币政策决定会议，确定在原有基础上进一步放宽货币政策。通过购买国债，支持企业融资，积极买入 ETF、J-REIT 等措施提高市场流动性，对利率的操作则

① 内閣府『令和 3 年度の経済見通しと経済財政運営の基本的態度』、https://www5.cao.go.jp/keizai1/mitoshi/2020/r021218mitoshi-gaiyo.pdf。

② 除特殊说明外，本报告中的货币政策相关内容均来源于日本银行网站。

维持原来水平。

1. 维持2% 的物价稳定目标不变

自2012年日本银行发布“中长期物价稳定目标”公报以来，消费物价指数（生鲜食品除外）同比上升2%成为日本货币政策的核心目标，各项货币政策工具都为实现这一目标服务。与多数采取通货膨胀目标制的国家不同，日本银行既未提及相关生产就业目标，也没有承诺目标实现的期限。3月16日的日本货币政策决定会议提出为实现2%的“物价稳定目标”，将继续实施“长短期利率操作加量化、质化宽松”政策。在消费物价指数（生鲜食品除外）达到2%之前，继续增加基础货币供应。同时，提出密切关注新冠肺炎疫情进展，必要时将毫不犹豫地追加金融缓和措施。

2. 实施积极的国债买入方针，增加国内资金供给

短期政策利率继续维持 -0.1%的水平，长期利率目标为0。为使10年期政府债券利率保持在0左右，日本银行进行买入长期国债的操作。3月16日的货币政策决定会议上提出如果利率因受经济、物价形势的影响而发生变动，日本银行可在长期国债保有余额年增加80万亿日元的限度内实施灵活的国债买入操作，在利率急速上升时可迅速买入国债。随着第一波疫情在日本的快速发展，经济形势愈发恶化，日本银行追加货币宽松政策，在4月27日取消了长期国债购买的上限。

3. 加强国际合作，提供美元流动性

在疫情引发的恐慌情绪驱动下，投资者纷纷抛售各类资产来囤积美元，引起全球黄金、石油、股票乃至美国中长期国债等资产价格大幅下跌，国际上出现“美元荒”。为改善国际上的美元流动性，3月15日，在美元流动性互换协议框架下，日本央行会同美国联邦储备局、加拿大银行、英格兰银行、欧洲中央银行、瑞士银行共同宣布扩大美元货币互换规模，并将美元互换协议利率降低25个基点，新的利率水平为美元隔夜指数掉期利率加25个基点。3月16日，日本银行公布美元资金供给操作的追加日程，在原来一周期限的货币互换协议基础上增加了三个月期限的货币互换协议，互换交易频率依然维持在每周一次的水平。从降低美元融资成本、延长贷款操作最长

期限两方面出发改善全球美元的流动性，新业务在一定程度上缓解了全球融资市场的压力。

4. 多次追加购买商业票据和企业债券

3 月 16 日，日本银行提出追加购买商业票据（CP）和企业债券，将持有上限提高 2 倍至 20 万亿日元。在继续维持原有 2.2 万亿日元 CP、3.2 万亿日元企业债券基础上，追加买入合计 2 万亿日元的 CP 和企业债券，使 CP 和企业债券的余额上限分别达到 3.2 万亿日元和 4.2 万亿日元。7 月 17 日，日本银行为直接购买商业票据提供 6000 亿日元资金。12 月 18 日，日本银行将 CP 和企业债券的增额买入期限延长半年至 2021 年 9 月。

5. 积极买入 ETF 和 J－REIT

ETF 是交易所交易基金，J－REIT 是日本房地产信托投资基金。为降低资产市场风险溢价，日本银行从 2010 年 6 月起将购买 ETF 和 J-REIT 纳入常规性货币政策手段。3 月 16 日，货币政策决定会议决定将每年 ETF 和 J－REIT 的持有余额增量分别由 6 万亿日元和 900 亿日元提升至 12 万亿日元和 1800 亿日元。

6. 引入新业务，为企业提供金融支持

3 月 16 日，日本银行推出“新冠病毒感染企业金融支援特别措施”，为民间企业债务担保提供最长一年期限的零利率资金供给，措施实施期限至 2020 年 9 月末。该项措施的贷款对象为在日本银行开设活期存款账户且具有充足信用力的企业，贷款限额以贷款方提供的共同担保品的担保余额为限。4 月 27 日，日本银行将“新冠病毒感染企业金融支援特别措施”扩充为“新冠应对金融支援特别措施”。截至 10 月 22 日，支持对象达到 258 个。2020 年末，日本银行将特别措施的支持期限延长至 2021 年 9 月末，同时为促进民间金融机构加大对中小企业的融资力度，取消单个金融机构对同一贷款对象的融资上限。

（二）金融厅着力稳定金融体系

1. 从金融监管角度放宽金融机构报告期限

3 月 30 日，金融厅出台《关于受新型冠状病毒感染症影响的金融机构等报告的提交期限》，金融机构如果因受疫情影响无法按时提交定期报告，则可向金融厅及所管机构申请延期提交。4 月 17 日，内阁府修改《关于企业内容公开的内阁府令》，据此，金融厅延长与企业决算、监察业务相关的定期有价证券报告的提交时间，应于4 月 20 日至9 月 29 日提交的报告均可延期至9 月末提交。4 月 22 日，金融厅进一步扩大延期提交报告的范围，对于因受疫情影响无法确定提交期限的临时报告，企业可在疫情消除后尽快提交。

2. 支持金融机构调整既往贷款利息与还款期限

2 月 7 日，金融厅要求金融机构主动了解企业受新冠肺炎疫情影响情况，恰当处理企业为维持经营而申请借款或者变更贷款条件等事项。3 月 6 日，日本金融担当大臣麻生太郎发表讲话，要求金融机构设置咨询窗口，切实把握企业受新冠肺炎疫情影响的具体情况，在积极实施紧急融资制度的同时，与政策金融机构合作，迅速、恰当地应对企业融资需求。同时，金融厅对金融机构进行监督，要求金融机构提交有关贷款条件变更实施情况的报告，并进行公布。从3 月起，金融厅每月公布银行贷款条件变更状况，每季度公布协同组合金融机构贷款条件变更情况。2020 年 3 月至 9 月末，日本金融协同组合合计为中小企业变更贷款条件 226542 项，为住宅资金债务者变更贷款条件 15476 项。[①] 2020 年 3 月至 11 月末，日本各类银行为中小企业变更贷款条件 322583 件，为住宅资金债务者变更贷款条件 32430 项。[②]

3. 与民间金融机构合作开展安全网担保

安全网担保是在日本一般保证制度基础上设立的额外保证制度。在中小企业因受经济社会环境冲击现期临时性经营状况恶化，但预计中期内经营业绩能够得到恢复和提升的情况下，可以通过安全网贷款方式强化中小企业的经营基础。企业在向金融机构贷款时，如果得到担保协会的担保，则这种担保被称为“一般担保”。对于已经使用过一般担保的企业，如果因受新冠肺

① 金融厅、https：//www. fsa. go. jp/ordinary/coronavirus202001/kashitsuke/2009kyokin. pdf。

② 金融厅、https：//www. fsa. go. jp/ordinary/coronavirus202001/kashitsuke/2011. pdf。

炎疫情影响而需要贷款，则可以使用安全网担保。由市町村负责审核认定企业的经营稳定性以及受到疫情影响的情况，日本政策金融公库等负责确认和提交“新型冠状病毒感染症特别贷款”说明，并与信用保证协会积极合作，灵活运用安全网担保制度。

4. 修改《金融机能强化法》

《金融机能强化法》规定金融机构可以向政府申请注入公共资金。具体程序是，首先在政府提供担保的前提下由存款保险机构从市场上获得资金，然后金融机构向存款保险机构提出经营强化申请，存款保险机构审查通过后，政府进行资本参与，确保金融机构更好地发挥金融中介功能，为地区经济服务。为强化金融机构的财务基础，使之能够为受新冠肺炎疫情影响的企业增加贷款，2020 年 6 月日本修改《金融机能强化法》，将公共资金申请期限延长四年，由 2022 年 3 月延长至 2026 年 3 月；原规定申请者需满足一定的收入条件，修改后取消上述限制；原来要求 15 年以内进行返还，修改后取消对偿还期的限制。在第二次补充预算中，将政府保证额度从 12 万亿日元提高到 15 万亿日元。

大规模放宽金融机构的放款要求，在缓解受困企业资金难题、加速社会资金流动的同时，产生了公共资金滥用的风险，因此需加强对使用公共资金的监督。8 月 31 日，日本金融厅发布《令和 2 年度金融行政方针——抗击新冠、构筑新冠后的新社会》，要求金融机构在适当进行资金支援的同时，持续、细致地了解企业营业状况，确认贷款措施实施状况。金融厅确认金融机构对企业改善经营、事业再生提供支持情况，为与相关部门合作提供必要的支持。同时，其中提出，为满足客户业务需求和地区再生业务需求，应重新审视银行的业务范围。

5. 加强多部门间的协作联动

4 月 3 日，金融厅牵头组建“新冠病毒感染症影响下企业结算、审计应对联络协议会”，协议会由日本公认会计师协会、日本经济团体联合会、企业会计标准委员会、东京证券交易所等相关机构参加。4 月 15 日，协议会公布《关于新冠病毒感染症影响下企业结算、审计及股东大会的应对》，将有价证券报告提交期限一律延长至9月末，对股东大会的召开、延期、中止及接续等问题做出具体规定。

金融厅应对新冠肺炎疫情采取的政策措施见表1。

表1　金融厅应对新冠肺炎疫情采取的政策措施

时间	政策措施
2月7日	公布《发生新冠病毒感染的应对》
3月6日	关于新冠病毒感染症影响扩大条件下的事业者资金支援(麻生太郎讲话)
3月19日	公布《资金周转支援手册》
3月24日	关于新冠病毒感染症影响扩大条件下的事业者资金支援(文件)
3月27日	公布对于新型冠状病毒感染症条件下的金融机构应对事例(此后不定期更新)
3月30日	延期实施自有资本率限制
3月30日	延长金融机构报告提交期限
4月3日	组建“新冠病毒感染症影响下企业结算、审计应对联络协议会”
4月7日	根据“新型冠状病毒感染症紧急经济对策”进行资金周转支持
4月7日	根据“紧急事态宣言”维持金融体系、金融资本市场的功能
4月7日	在生活福利资金贷款制度下进行紧急小额资金特例措施的汇款手续快捷化合作
4月16日	明确新型冠状病毒感染症影响下对票据、支票等的操作
4月21日	进一步强化与日本政策金融公库的合作
4月23日	为特别定额给付金事务顺利执行进行合作
4月27日	关于未来事业者资金周转支援(麻生太郎、梶山弘志讲话)
5月1日	民间金融机构无利息无担保融资开始
5月1日	公布“黄金周”新型冠状病毒感染症相关的金融机构融资咨询窗口
5月8日	房租支付相关事业者的资金周转支援
5月27日	未来事业者资金周转支持(麻生太郎讲话)
5月27日	对于新型冠状病毒感染症感染扩大的应对(变更住宅贷款条件等)
6月8日	学生援助紧急给付金支付
6月10日	新型冠状病毒感染症影响扩大、长期化条件下的事业者资金周转支援
7月17日	新型冠状病毒感染症影响下向政府提交申请、申报等的当前应对
10月30日	关于新冠病毒感染症适用《自然灾害受害者债务整理指南》的特别规定

资料来源：笔者在日本金融厅发布的《令和2年度金融行政方针——抗击新冠、构筑新冠后的新社会》的基础上扩充整理得到。

二　政策金融框架下的微观融资措施

日本的政策金融是借助金融手段进行分配的一种财政资金。由财务省负责确定政策金融的数量与范围，经济产业省确定重点产业、中小企业的融资范围，厚生劳动省向因疫致贫的个人和家庭提供金融支持，具体的运作方式是由政策性金融机构在各自的业务范围内向企业和个人提供融资支持。

（一）政策金融应对新冠肺炎疫情的主要措施

日本政策金融公库的危机应对制度，是指当国内外金融秩序混乱或者发生大规模灾害时，在主管大臣进行危机认定的情况下，“指定金融机构”接受日本政策金融公库提供的信用支持，并通过危机应对业务向企业提供必要贷款的制度。其中，由日本政策金融公库向“指定金融机构”提供信用支持称为“危机应对圆滑化业务”，包括贷款、损害担保、利息补助三种形式；由“指定金融机构”向企业提供资金支持称为“危机应对业务”，包括设备资金贷款、长短期资金贷款、购买企业债券、进行损害担保等形式。[①]日本政策金融公库的“危机应对圆滑化”资金由日本政府以贷款、政府保证、政府出资、利息补贴金等方式提供。[②] 3 月 19 日，日本财务大臣将新冠肺炎疫情引起的危机命名为“新型冠状病毒感染症相关事件”，[③] 政策金融应对制度启动。

在危机应对制度中，由日本政策投资银行和商工组合中央金库负责向大中型企业提供金融支持，商工组合中央金库还负责向中小企业提供危机应对支持。此外，日本政策性金融机构还通过新冠病毒感染症特别贷款、危机应对业务（面向中小企业）、实际无利息化、政策公库等既往债务转换、资本

① 財務省、https：//www. mof. go. jp/financial_ system/fiscal_ finance/kiki/kiki_ gaiyou. pdf。

② 日本政策金融公庫、https：//www. jfc. go. jp/n/company/fc. html。

③ 这是日本财务省认定的第三个危机事件，另外两个危机事件分别是 2011 年 3 月 12 日起适用的“东日本大地震相关事件”和 2016 年 3 月 19 日起适用的“平成 28 年熊本地震灾害事件”。

性次级贷款、卫生环境激变应对特别贷款、安全网贷款等项目为中小企业、餐旅行业、国民事业、生活卫生事业等提供金融支持（见表2）。

表2　日本政策金融支持概要

单位：亿日元

项目	负责机构	子项目	支援上限
新冠病毒感染症特别贷款	日本政策金融公库（简称“日本公库”）、冲绳振兴开发金融公库（简称“冲绳公库”）	中小企业	6
		国民事业	0.8
		小规模事业者经营改善资金、生活卫生改善贷款	0.3
危机应对业务（面向中小企业）	商工组合中央公库（简称“商工中金”）	融资	6
		资本性次级贷款	7.2
实际无利息化	日本公库、冲绳公库商工中金（中小企业）	中小企业	2
		国民事业	0.4
政策公库等既往债务转换	日本公库、冲绳公库商工中金（中小企业）	中小企业	0.8
		商工中金等	6
资本性次级贷款	日本公库、冲绳公库	中小企业危机应对	7.2
		国民事业	0.72
卫生环境激变应对特别贷款	日本公库、冲绳公库	旅馆业	0.3
		餐饮业	0.1
安全网贷款	日本公库、冲绳公库	中小企业	7.2
		国民事业	0.48
		生活卫生	0.57
		农林渔业	0.12*
危机应对业务（面向大中企业）	商工中金、日本政策投资银行	融资	原则上无上限
		资本性次级贷款	原则上无上限
安全网保险[a]	信用保证协会	4号、全都道府县	2.8
		5号、全行业	2.8
危机关联保险[b]	信用保证协会	全国、全行业	2.8

注：*表示以0.12亿日元、年经营费用、年收入中低者为限；a、b是民间金融机构可参与的项目。

资料来源：财务省、https://www.mof.go.jp/financial_system/fiscal_finance/coronavirus-jigyousya/corona-pamphlet.pdf。

日本财务省前后四次提出应对新冠肺炎疫情的金融措施，总计为各类企业提供140万亿日元规模的资金周转融资。首先，“新型冠状病毒感染症紧急经济对策”出台后，财务省提出确保向日本政策金融公库提供5000亿日元规模的紧急贷款与担保资金。然后，使用2019年度的预备费，将资金周转支援扩充为1000亿日元，另外由日本政策金融公库等创设5000亿日元规模的新型冠状病毒感染症特别贷款，由日本政策投资银行、商工组合中央金库提供2040亿日元，国际协力银行提供2500亿日元进行危机应对业务。此后在2020年第一次补充预算中，面向中小企业提供38万亿日元，面向大中企业提供5万亿日元，实施合计45万亿日元规模的高质量金融措施。2020年第二次补充预算后，为增强企业的安心感，将预算在此前总额度45万亿日元的基础上扩充至67万亿日元，另外提供12万亿日元规模的资本性资金支持，并基于《金融机能强化法》提供15万亿日元金融支持。①

（二）政策金融向大中型企业提供金融支持

日本政策金融对大中型企业的金融支持主要由商工组合中央金库和日本政策投资银行进行。

商工组合中央金库对大中型企业的金融支持涉及两项制度：其一是新型冠状病毒感染症特别贷款制度；其二是资本性次级贷款制度。在新型冠状病毒感染症特别贷款制度下，向因受疫情影响销售额下降5%以上的大中型企业提供长期融资支持，并对中型企业实行利息补助制度。针对企业受疫情影响业绩恶化、收益减少，使自有资本减少、企业财务不稳定，从而难以从金融机构获得融资支持，日本创立了资本性次级贷款制度。资本性次级贷款的优点在于：通过与业绩挂钩的利率减轻利息负担，通过一次性偿还本息减轻偿还负担，从而实现企业中长期资金稳定。由于资本性次级贷款在破产时偿还顺序靠后，金融机构可将之视为资本，从而实现企业财务的稳定，因此相

① 財務省、https://www.mof.go.jp/financial_system/fiscal_finance/coronavirus-jigyousya/corona-pamphlet.pdf。

关企业更容易从金融机构获得贷款。资本性次级贷款制度对受助企业有严格的要求，企业需要同时满足营业额下降5%以上、情况持续恶化导致难以恢复经营、对地区经济有重要影响、接受其他银行同等金额以上支持等条件。2020年，日本商工组合中央金库向大中型企业进行危机应对贷款34件，共计218亿日元；同期进行损害担保13件，共计86亿日元。①

日本政策投资银行将民间金融机构难以涉足的长期、大型融资项目作为中心业务，与民间金融机构进行协调，共同强化金融资本市场机能。3月10日，日本政策投资银行扩充“地区紧急对策计划”的资金供给体制，扩大适用对象范围，将应对新冠肺炎疫情影响、防止损失扩大措施纳入支援对象。同时，通过合作投融资基金，加强与地区金融机构的合作。3月16日，日本政策投资银行设立“新型冠状病毒感染症特别对策本部”，为受疫情影响的企业提供金融支持。此外，日本投资银行在“特定投资业务”下设立“新冠复兴成长基础强化基金”，向日本供应链升级、新需求创造等特定投资项目提供资金支持，为受新冠肺炎疫情影响的企业迅速恢复与发展提供支持。2020年3月19日至年末，日本政策投资银行累计进行危机应对业务融资308项，融资额达21080亿日元，进行地区紧急对策计划融资47项，累计融资额达885亿日元。②

（三）政策金融对中小企业的针对性支持

日本政策金融救济措施的主要对象是中小企业，通过日本现有的五家政策性金融机构为遇到不同困难的中小企业提供差异化的金融支持。五家政策性金融机构在应对新冠肺炎疫情时分别负责不同领域的政策金融事项。

新型冠状病毒感染症特别贷款制度是以日本政策金融公库与冲绳振兴开发金融公库为主体开展的支援项目。此项制度的对象是受新冠肺炎疫情影响

---

① 財務省、https：//www. mof. go. jp/financial _ system/fiscal _ finance/kiki/jisseki/jyoukyou _ 20210113. html。

② 日本政策投資銀行、https：//www. dbj. jp/topics/dbj_ news/2020/html/20210113_ 203067. html。

一时经营状况恶化、预计中长期营业状况能够恢复与改善的中小型企业。要求贷款申请者满足最近一个月销售额或者近六个月的平均销售额与上年同期相比减少5%以上的条件，贷款可用于进行资金周转或者设备投资，两项用途的贷款期上限分别为20年和15年，并可通过利息补助制度和特别利息补助制度进行利息减免。商工组合中央金库的危机应对融资为受新冠肺炎疫情影响的中小企业提供了与上述特别贷款制度相似的融资选项。除为中小企业提供上限为6亿日元的贷款限额之外，新型冠状病毒感染症特别贷款制度还可为国民事业提供单笔限额8000万日元的贷款，为小规模企业主提供单笔限额3000万日元的经营改善资金和生活卫生改善资金。

新型冠状病毒感染症特别贷款制度和危机应对融资还可以与实际无利息化政策配合使用。在利用上述贷款制度的企业中，对于受影响特别大的个人企业主和销售额急剧下降的企业主，可通过利息补贴来实现实际上的无利息化。营业额减少15%以上的小规模企业和减少20%以上的中小企业都可以在借款后享受为期三年的利息补贴。

与新型冠状病毒感染症特别贷款制度对中小企业的全面支持不同，资本性次级贷款只向特定中小企业提供融资支持。贷款申请企业需要满足以下条件之一：（1）J－Startup选定者或接受由中小机构出资的投资基金的投资；（2）在再生支援协议会支援下进行再生的企业；（3）策定事业计划或受民间金融机构支持而建立支持体制的企业。满足上述条件之一的中小企业可获得7.2亿日元的融资额度，国民事业的融资额度为7200万日元，在融资的前三年分别执行0.50%和1.05%的利率，从第四年起根据项目黑字、赤字情况确定利率水平。

疫情使环境卫生发生重大变化，导致餐饮酒店业短期营业状况恶化、资金周转困难。对于销售额减少10%以上且预计中长期能够恢复的企业，可向日本政策金融公库或冲绳振兴开发金融公库申请环境卫生激变特别贷款。其可为企业提供1000万日元（为酒店业提供3000万日元）额度的贷款，利率为基准利率。同时，生活卫生同业组合成员还可享受0.9%的利息减免。

一些中小企业由于社会、经济环境变化等外因引起销售额临时下降、经营状况恶化，但预计中期业绩将恢复与增加的，可采用安全网贷款方式强化金融基础。由日本政策金融公库提供15年以内的设备资金安全网贷款和8年以内的运转资金安全网贷款，其中中小事业的贷款规模为7.2亿日元，国民事业的贷款规模为4800万日元。对于维持稳定经营需要长期运转资金支持的农林渔业者，日本政策金融公库可以提供1200万日元限额的安全网贷款。得到振兴计划认定的生活卫生同业组合成员，还可以申请生活卫生安全网贷款。

三　日本货币金融政策的潜在风险与政策挑战

新冠肺炎疫情发生后，日本迅速构建宏观与微观密切结合的货币金融措施网络，向企业和个人提供了全方位的金融支持，在维持金融系统稳定的同时，降低了经济下行的程度。但因政策措施集中于实现短期纾困目标，现有政策在微观上对企业的长期可持续发展的支撑有限。宏观上，政策工具失效，可能出现潜在经济风险显性化问题。

如果全球疫情得不到有效控制，全球经济就可能长期停滞。以美元为中心的外汇资金市场收紧引发外汇融资紧张进而导致国内外信用成本上升，将引发金融市场大幅调整，有价证券投资相关损益情况会恶化。金融机构经营能力下降，妨碍了金融中介职能的发挥，将进一步增加实体经济的下行压力。日本本身面临少子老龄化、地方经济不振、政府债台高筑等问题，2020年9月菅义伟接替安倍晋三出任首相之后，宣布全面继承安倍的政策路线，保持政策的连贯性和持续性。事实上，“安倍经济学”的“三支箭”已成强弩之末，宏观经济中低增长、低通胀、低利率的“三低”状态的长期持续已经耗尽了日本的宏观政策工具箱。

首先，经济萧条具有“清洁效果”，即在经济萧条时期，低效率的企业缺乏竞争力而退出市场，可能带来提高整体经济生产率的效果。低效率的“僵尸企业”如果不退出市场，则会对经济产生负面影响。日本采取应对疫情的政策金融措施的主要对象是受疫情影响而出现收益减少的企业，实施相关政策的意图是通过金融支援使受困企业渡过难关，并使之在疫情减退后能够回到常规经营轨道，从而减少实体经济的波动。然而，通过对日本经济产业省企业活动基本调查结果的考察发现，在被调查的1500家企业中，生产效率低的企业有更大的利用政策支援的倾向。如果实现资金支援、雇佣调整补助金等紧急对策常规化、长期化，则必然会对经济中长期生产效率的提升造成影响。①

其次，日本银行的资产购买计划在向市场注入资金的同时也面临约束。一般来说，央行进行资产购买的目的在于降低长期利率以营造宽松的金融环境，并且通过购买民间资产产生支撑资产价格的效果。但是中央银行不能无限制地进行资产购买，如果中央银行达到买入极限，就会引发资产买入的可持续性问题。由于无论在理论上还是实践中都难以准确预测央行买入资产的极限，因此如果突然出现央行无法追加购买资产的情形，则将导致金融政策运营的不确定性增加，市场对金融政策的信任下降，从而增加金融市场的不稳定性。同时，央行大量购买国债，扭曲了国债市场，导致国债市场流动性降低、价格发现功能受到影响。此外，如果日本银行长期持续保有国债存量，则其未来可能会面临财政赤字货币化问题。

最后，日本的负利率政策可能引发多重副作用。负利率政策使金融机构的存贷利差缩窄，日本金融机构不得不通过套利套汇交易和购买高风险金融产品来维持资产价值。如果负利率政策长期持续，对金融中介机构存在潜在的长期影响，则在经济形势整体不好的情况下，其他资产收益下降，金融机构不良债权增加，有可能增加银行体系的系统性风险。在负利率状态下，政府偿债压力不足，会变相鼓励政府增加负债。负利率还会扭曲资产价格，导致债券价格不能充分反映高额债务蕴含的内在风险，投资者被鼓励配置更具

---

① 森川正之『コロナ危機対策利用企業の生産性』、https：//www. rieti. go. jp/jp/publications/pdp/20p031. pdf。

风险的资产，股票价格也会被人为抬高。①

值得关注的是，宽松货币金融政策带来的货币增量，既可以用于生产经营，流向实体经济，也可以用于金融交易，流向虚拟经济。当对实体经济存在普遍的悲观预期时，本应流向实体经济的货币转而流向虚拟经济，货币政策难以发挥增加企业投资、促进物价上涨的作用，反而会导致股票市场出现“虚假繁荣”。受新冠肺炎疫情影响，全球股市在 3 月出现大跳水，美股四次熔断，道琼斯指数由 3 月 4 日的 27091 点降至 3 月 23 日的 18592 点，降幅超过 30%；日经 225 指数由 21100 点降至 16888 点，降幅接近 20%。此后全球主要国家开始加大实施货币宽松政策的力度，股市反弹并一路走高，到 2020 年末，道琼斯指数已经达到 30410 点，比最低点增加 64%，全年累计上涨 5%；日经 225 指数达到 27444 点，比最低点增加 63%，全年累计上涨 30%。

从图 1 可以看出，日经 225 指数走势与道琼斯指数变动趋势高度相关，反映出日本与美国股市之间存在较高的联动性。日本股市在第一轮疫情冲击后表现出持续的上升趋势，8 月中旬恢复至年初水平，进入 11 月之后，日本股市突然暴涨，日经 225 指数在年末突破 27000 点，突破 1990 年以来的新高。股市暴涨背后的隐忧难消，股市表现与实体经济状况相背离，不同产业的股票涨跌情况出现严重分化。

日本股市在 2020 年末至 2021 年初的非常规式增长是多重因素综合作用的结果。后续股市表现既受全球货币“大放水”背景下经济虚拟化的推动，又受实体经济发展的基础性因素制约，疫情等的冲击可能导致股市波动进一步增加。随着新冠病毒疫苗的面世和不同国家在接种时间上的差异，未来不同经济体退出疫情状态必然存在异时性，从而导致经济恢复出现时间和程度上的差异。相应地，国际资本流动在规模和方向上也会出现频率更高、规模更大的变化，这进一步增加了日本股市的不确定性。

① 巴曙松、邵杨楠、廖慧：《名义负利率及其影响》，《中国金融》2016 年第 10 期，第 58 ~ 60 页。

图 1　日经 225 指数与道琼斯指数变动情况

资料来源：参见英为财情（https：//cn. investing. com/indices）中有关日经 225、道琼斯指数数据。

从货币金融政策来看，日本尚面临诸多政策课题。第一，在负利率状态下，政策空间有限，未来需要开发更多的非常规操作来进行货币金融政策的扩张，而政策成本和长期影响往往具有不确定性。第二，面对疫情发展的不确定性，需要在保持金融系统稳定与维护宽松金融环境的基础上，对可能出现的冲击提前做出政策预案。第三，需要对现有政策措施的目标达成度进行评估，对政策的执行过程进行全方位监控，对政策障碍、政策风险进行预判，在下一轮冲击到来之前，疏通政策传导路径，避免出现新的金融风险的累积。第四，受疫情发展影响，常规性经济目标尚未成为政策关注的重点——引发后续政策的接续性问题，以及稳经济与调结构之间的平衡与协调问题。

B.5
新冠肺炎疫情前后日本自贸战略转型新进展与前瞻

陈子雷*

摘　要：日本的自贸战略是安倍政府增长战略的重要组成部分，菅义伟政府秉承安倍路线。安倍任内完成了日欧 EPA、日美货物贸易协定、数字贸易协定的签署以及日英 EPA 的谈判，完成了日本与欧盟、北美和亚太自贸区“组网”的战略任务，在数字经济领域，日本与英国共同采纳了以数字自由化为首要原则的美国标准。菅义伟上台后，日本以美国的数字标准为指引，加快进行“数字立国”转型，同时继续尝试引导美国重返 TPP/CPTPP，进而完成全球跨区域大型自贸区的“联网”。但是，在美国“缺席”TPP/CPTPP 的情况下，日本政府将面临区域内两种贸易制度安排并存的困境，这一困境给日本推动加强与区域内其他国家经贸关系、提高海外产业链布局效率、拓展以中国—东盟为中心的全球第三极市场带来影响。面对新冠肺炎疫情蔓延，菅义伟政府若更加亲美保守，则对日本摆脱以上困境无益。

关键词：日美双协定　日欧 EPA　日英 EPA　CPTPP　RCEP

* 陈子雷，经济学博士，上海对外经贸大学日本经济研究中心主任、教授，全国日本经济学会副会长，上海市日本学会常务副会长，主要研究领域：日本经济、世界贸易、区域经济合作。

引　言

在新冠肺炎疫情暴发前后，日本先后签署了“日欧经济伙伴关系协定”（日欧 EPA）、“日英经济伙伴关系协定”（日英 EPA），以及日美货物贸易和数字贸易双协定。首先，通过签署日欧 EPA 和日英 EPA，完成了日本和欧洲的连接。其次，通过签署日美货物贸易协定和数字贸易协定，完成了日本与北美自贸区的连接。在美欧之间没有达成共识的背景下，日本成为连接亚欧和亚美大型自贸区的中心。从亚太地区来看，在美国特朗普政府退出“跨太平洋伙伴关系协定”（TPP）的背景下，日本主导并完成“全面与进步跨太平洋伙伴关系协定”（CPTPP）的签署，形成了以日本为中心的亚太区域的大型自贸区。特别是日本主导的 CPTPP，不但是全球较高开放水平的自贸协定，而且涵盖 11 个具有不同政治制度、不同经济发展水平和位于不同地区的发达经济体和发展中经济体，为日本重塑海外价值链创造了有利条件。

从以上安倍政府的自贸战略具体举措来看，主要体现出以下几个特点。一是通过日美货物贸易协定为美国重返 TPP/CPTPP 铺平道路，通过日美数字贸易协定配合美国抢占话语权。二是注重平衡，一边重点推动涉及货物贸易的日欧经济一体化；另一边重点推动数字经济的日英一体化，分化数字领域的欧盟标准，引导英国参与构建美日英三国标准。三是主导 CPTPP 规则制定，进一步优化日本的东亚产业链布局，推动构建全球第三个极大型自贸区。

随着安倍辞职和菅义伟出任首相，日本虽然表示将秉承安倍政府的自贸战略，但是基于对市场开拓和产业链布局的考虑，日本将面临如何平衡“区域全面经济伙伴关系协定”（RCEP）与 CPTPP 的关系，以及如何实现“联网”北美、欧洲和东亚三个极大型自贸区的问题。

一　日美双协定：货物贸易匹敌 TPP，数字贸易规则先行

从 20 世纪末开始，货物贸易收支逆差和日元贬值始终是美日进行平衡

双边贸易协商中的主题。在特朗普政府期间，美国政府以此为由，频繁威胁要对日本实施贸易制裁，借此胁迫日本与美国开启自贸谈判。经过双方的多次博弈，最终约定谈判聚焦传统货物贸易领域和新兴数字贸易领域。在整个谈判中，双方聚焦各自的优势领域，最终形成了两个“强弱互补、高低搭配”的“迷你型 FTA”组合。

（一）日美货物贸易协定

在日美货物贸易协定（TAG）谈判方面，双方基本延续了 TPP 谈判的思路，即主要聚焦汽车和农产品领域。经过谈判，日本同意将对美国产牛肉等的关税水平降至 TPP 水平。同时，日本获得了美国不以“贸易扩大法”232 条款对日本加征关税的承诺，这使日本保住了传统汽车制造业的出口竞争优势。该谈判的特点在于：日本以开放农产品市场为条件，换取美国暂缓对从日本进口的汽车加征关税。日本政府认为，TPP/CPTPP 的签署已经使日本农产品市场向澳大利亚和新西兰等成员国开放，因此美国开放农产品市场造成的冲击有限；相反，美国农产品进入日本市场将给澳新两国带来压力，这将有利于日本。与此同时，日本通过签署日美货物贸易协定，将日美两国的货物进出口贸易维持与 TPP/CPTPP 相同的开放水平，这一举措为日后美国重返 TPP/CPTPP 埋下了伏笔。

（二）日美数字贸易协定

在日美数字贸易协定方面，由于在数字经济领域不具备竞争优势，因此日本基本上采用了追随美国的策略。双方追求的目标是促进数字自由流动，构建国际新规则。从该协定的特点来看，协定已经实现了对“TPP +”的突破，在数字领域开放上可以说与美墨加协定（USMCA）处在同一水平。协定的核心内容主要集中在数字贸易零关税、数据传送零壁垒、禁止国家强迫企业披露专有计算机源代码和算法、禁止国家对数字下载和数据本地化要求进行跨境征税、促进由政府生成的公共数据的访问权限开放等方面。在数字金融领域，协定对金融数据的存取分割做出规定，允许金融服务企业在第三国存放部分数据，并保证金融监管部门可以获得国外存放的数据信息。从该协定的内容来看，其开放程度已经远高于TPP，自由化程度达到全球最高水平。可以说，日本在数字贸易领域缺乏竞争优势，但该协定显示出日本开放数字领域的意愿，其本意是追随美国尽快抢占全球数字贸易领域规则高地，以实现战略意图。

（三）日美货物贸易与数字贸易协定存在的问题

综观日美货物贸易与数字贸易协定，我们看到日本政府可谓有得有失。其中，比较突出的问题有两个。首先，从日美货物贸易协定来看，日本获得了对美出口汽车及相关零配件零关税、维持现有关税水平（不再加征）的承诺，暂时保持了现有出口竞争力，但并未消除日后出现贸易摩擦的隐患。其次，从日美数字贸易协定来看，协定部分条款沿用美国的《通信规范法》，其中在社交网站等服务领域规定运营商可以免于承担因信息流通而产生的责任损失。但是，该条款涉嫌产业垄断，被欧盟称为“保护IT巨头”条款，不但在欧盟，就是在美国本土也存在很大争议，因此，该协定中的“保护IT巨头”条款、取消跨境征税和数据自由流动等方面引起相关国家和地区的很大争议。从日本政府的角度看，接受这一协定主要还是基于自身的战略目标：一是抢占数字领域“战略高地”，获得规则制定的话语权；二是通过“数字+制造”模式发挥竞争优势，以在下一轮全球经济增长中获取发展空间。

二　日欧EPA关税撤销优先，日英EPA数字经济先行

日欧EPA于2018年7月17日在东京正式签署，并于2019年2月1日生效。该协定的签署使日本与欧盟完成了域外自贸区的对接，由此形成了当时世界上最大的自贸区。这一协定有利于促进日本和欧盟实现商品、服务和要素的自由流动，提高两个经济体之间的整体福利水平。按照2019年的统

计数据，日欧 GDP 约占全球 GDP 的 28%，贸易额约占全球贸易总额的 40%。同时，根据日本内阁官房 TPP 等对策总部的测算，日欧 EPA 的生效将给日本带来约 5 万亿美元的经济效应，实际 GDP 将出现约 1% 的增长，增加就业人口约 29 万人，就业率上升约 0.5 个百分点。按照日欧 EPA，欧盟将对约 99% 的日本产品免征关税，而日本则对约 94% 的欧盟进口产品免征关税，其中包括 100% 的工业品和 82% 的农林水产品。①

另外，原欧盟成员国英国从 2017 年 3 月 16 日开始启动脱离欧盟的程序。英国“脱欧”后，日本政府认为，无论是从双边投资贸易还是构建产业链的角度来讲，日本在与欧盟签署 EPA 的同时，有必要与英国谈判签署 EPA。在日欧 EPA 生效后不久的 2019 年 12 月 26 日，时任日本首相安倍晋三在日本经团联会议上发表讲话称，将于 2020 年 2 月启动日英 EPA 谈判，并争取尽快达成。2020 年 10 月 23 日，日英两国正式签署该协定，该协定自 2021 年 1 月 1 日起生效。该协定的签署，在很大程度上避免了英国“脱欧”给日英投资贸易带来的影响。按照英国政府的测算，该协定将在未来 15 年内促成两国贸易增长 152 亿英镑（约合 1334 亿元），从长期来看，其将使英国工人的工资增加 8 亿英镑（约合 70 亿元）。②

将日英 EPA 与日欧 EPA 进行比较可以看出一些主要的特点。首先，两个协定中对于货物贸易的关注点在汽车和农产品。这是日欧和日英都较为关注的领域。因此，这部分条款在日欧 EPA 和日英 EPA 之间基本相同，两个协定规定在 2026 年欧盟和英国必须撤销对日本产汽车的进口关税。与此同时，日本承诺开放国内农产品市场，对来自欧盟和英国的 25 种农产品设置相应关税优惠和进口额度。其次，两个协定中服务贸易的重点在于数字贸易领域。但是，日英 EPA 和日欧 EPA 在数字贸易领域达成的共识各不相同。

① 「日 EU・EPA（概要）」、https://www.mofa.go.jp/mofaj/ecm/ie/page22-003091.html；「日英 EPA（概要）」、https://www.mofa.go.jp/mofaj/ecm/ie/page24-001182.html。

② 参见 2020 年 9 月 11 日英国国际贸易大臣利兹·特拉斯在记者招待会上的公开讲话，《英国与日本签署贸易协定系英“脱欧”后首个重大贸易协议》，央视网，http://m.news.cctv.com/2020/09/11/ARTIO46bmWeZX98CYyMbo2sY200911.shtml。

日英 EPA 围绕数字贸易达成的共识主要沿用美国标准，其特点在于强调数字贸易自由化，这与欧盟的主张形成较大的反差。[①] 根据《数字贸易战略》报告，数据贸易的国际规则和协定的设立标准，应确保第三国开放数字产品和服务，让贸易规则为消费者创造有形的利益，促进数字贸易尊重消费者基本权利。[②] 欧盟的这一报告实际上是将公民隐私和个人信息保护放在了首要位置。因此，注重数字贸易自由化的日英 EPA 与重视消费者权益保护的欧盟标准有较大差异。如果从推进数字贸易自由化的角度看，无疑日英 EPA 在数字经济领域的开放程度高于日欧 EPA，而欧盟标准更加强调保护个人权益和限制企业的垄断行为。产生这一现象的主要根源在于，在国际服务贸易协定（TISA）的多边谈判中，对于电子商务和数字贸易议题，各方的分歧没有得到消除。围绕这一问题，不但发达国家和发展中国家之间存在分歧，即使在发达国家内部和发展中国家内部也存在不同的主张（见表 1）。[③]

日英 EPA 的签署使发达国家非常明显地形成了美日英和欧盟两种不同规则。在全球信息化时代，这或许是海权国家和陆权国家在推动数字贸易发展时表现出来的两种截然不同的理念。但是对于美日英规则的形成，日本的努力“功不可没”，此举不但使日本在数字经济领域得以“抢占高地”，而

① 美国在数字影像、搜索引擎及云服务等数字产业方面拥有优势，因此无论在多边还是双边贸易谈判场合，美国都极力主张数字贸易自由化，要求将“跨境数据自由流动”“禁止计算设施本地化”“电子传输永久免关税”“网络开放”“技术中立”等原则引入数字贸易协定相关条款，以给予数字产品贸易非歧视待遇，降低数字贸易壁垒，对与数字贸易相关的服务和投资准入进行负面清单管理。同时，考虑到国家安全例外、个人隐私保护以及少数行业跨境数据的特点，美国主张进行数字管制。

② 欧洲议会国际贸易委员会于 2017 年 11 月 23 日通过并公布《数字贸易战略》报告，《欧洲议会国际贸易委员会通过〈数字贸易战略〉报告》，中华人民共和国商务部贸易救济调查局网站，http：//gpj. mofcom. gov. cn/article/zuixindt/201711/20171102677923. shtml。

③ 世界贸易组织（WTO）自 1998 年起启动对数字产品定义和归类的讨论，但对于多边规则如何适用于数字产品、是否应该对“电子商务”免征关税以及数字贸易是否应该适用“关税与贸易总协定”或“服务贸易总协定”规则等相关议题，因成员难以消解分歧，讨论停滞，至今未取得实质性进展。其中，美国提出数据信息自由流动、网络自由访问和使用等七个议题，主张确保数据自由流动，不得将购买本土服务或在当地建造基础设施作为市场准入条件，但并未与其他成员达成共识。

且使其跻身由具有相同基因但具有不同遗传特质的国家即美英主导的机制，成为“新派海权贸易”国家（由美日英主导）。

表 1　日欧 EPA、日英 EPA 主要内容对照

	日欧 EPA	日英 EPA
生效时间	2019 年 2 月	2021 年 1 月
数字领域	仅限于禁止要求源代码公开	更重视数据自由化，采用美国标准
日本出口汽车关税	阶段性关税减让，至 2026 年全面撤销关税	阶段性关税减让，至 2026 年全面撤销关税
日本出口汽车零配件	92% 立即撤销关税	扩大立即撤销对象
日本进口农水产品	设立奶酪、黄油等 25 品目进口零关税配额	不设进口配额；蓝奶酪等部分产品采用低关税

资料来源：笔者根据《日欧 EPA 概要》《日英 EPA 概要》制作，「日 EU・EPA（概要）」、https://www.mofa.go.jp/mofaj/ecm/ie/page22－003091.html；「日英 EPA（概要）」、https://www.mofa.go.jp/mofaj/ecm/ie/page24－001182.html。

三　日本的 CPTPP 战略：构建跨区域超级自贸区

TPP 起源于 2000 年签署的“新西兰—新加坡双边自由贸易协定”（ANZSCEP），并于 2005 年形成了文莱、新加坡、智利、新西兰四国经济伙伴关系协定（P4）。2009 年 11 月，美国宣布加入该协定，开始主导谈判进程，并邀请澳大利亚和秘鲁参加谈判，TPP 正式成形。2011 年 11 月，日本正式决定参加该协定的谈判。2016 年 2 月 4 日，TPP 的 12 个成员国代表在新西兰正式签署协定。2017 年 1 月 23 日，美国总统特朗普签署行政命令，宣布美国正式退出 TPP。美国的退出使 TPP 失去了主导国家。

自 2017 年以来，随着 TPP 更名为 CPTPP，日本开始尝试采取新的策略。首先是试图引导美国重返协定，并通过日美货物贸易协定的签署，为美国重返 TPP/CPTPP 铺路。其次是准备扩容，域内的泰国和域外的英国成为 CPTPP 的加盟候选国。特别是 2020 年 10 月 23 日日英 EPA 的签署，为英国

加盟 CPTPP 创造了条件。早在 2020 年 6 月 18 日，英国贸易大臣特拉斯就表示日英签署 EPA 后，英国将积极探讨加盟 CPTPP。在此背景下，2020 年 11 月 20 日，日本首相菅义伟也在 APEC 峰会领导人非正式视频会议上称，日本将适时推动 CPTPP 扩容。从日英两国官方的表态可以看出，英国极有可能成为 CPTPP 第一个扩容对象①。

那么，为什么日本愿意将英国作为 CPTPP 扩容的首选对象呢？可以说，美国退出 CPTPP 后造成的“市场真空”是迫使日本做此决定的主要原因。应该看到，在 CPTPP 机制失去美国这一全球最大消费市场以后，如何在欧洲和东亚开拓市场成为日本最为关注的现实问题。而日英 EPA 的签署，有利于两国发挥各自在汽车制造和金融服务产业的优势，形成产业互补、错位竞争的格局。特别是在汽车制造领域，日本通过协定可以优化其在欧洲大陆与英国之间的产业布局，有利于推动产地直销并直接扩大日本汽车在欧盟的市场份额。随着今后欧盟与英国确立双边贸易机制，英国有望成为日本打通欧盟汽车市场的桥头堡。在东亚地区，由于目前中国被排除在 CPTPP 以外，因此日本可以按不同目标同时采取两套不同的做法，即一方面加强区域合作，推动在“区域全面经济伙伴关系协定”（RCEP）框架下的各项活动，继续开拓中国和东盟两大域内市场；另一方面，通过 CPTPP 进一步优化在海外的产业链布局，以为日后美国重返 TPP/CPTPP、日本开拓北美市场创造条件。

四　日本的 RCEP 战略：从最优选择向次优选择转变

2020 年 11 月 15 日，亚太区域内 15 国完成 RCEP 签署，为推进东亚经济一体化提供了制度保障。协定的签署极大地激发了东亚区域内的经济活力，有利于促进区域内商品、服务和生产要素的自由流动，提升各成员国的经济福利水平。从 RCEP 的具体内容来看，其主要特点如下。（1）全面：

① 2021 年 2 月 1 日，英国正式申请加入 CPTPP。

RCEP 的 20 个章节包括贸易投资自由化和便利化的各个方面，是一个内容全、覆盖面广的区域大型自贸协定。（2）与时俱进：RCEP 为了增进成员国之间的投资和贸易联系，支持区域产业链、供应链发展，采用区域原产地累积规则；采用新技术推动实现海关便利化，促进新型跨境物流发展；采用负面清单做出投资准入承诺，以提高投资政策的透明度；为满足数字经济时代的需要，加入高水平的知识产权、电子商务等章节。（3）高水平开放：RCEP 有关货物贸易零关税的产品品目数超过整体的 90%，服务贸易和投资开放水平显著高于现有的中国—东盟自贸协定。同时，RCEP 使中日、日韩之间首次拥有了自贸协定，使区域内自由贸易程度显著提升。（4）各成员国利益平衡：RCEP 成员国之间差异较大，RCEP 包含具有不同经济体制、发展水平、规模体量的国家，其中有发达国家、发展中国家和最不发达国家，但是它们最终都成为该协定的成员国；协定兼顾各方诉求，平衡各方利益，在货物、服务和投资等市场准入和规则领域都满足了各方的要求；协定给予最不发达国家差别待遇，专门设置了中小企业和经济技术合作两个章节以帮助发展中成员加强能力建设，促进本地区均衡发展。

RCEP 签署后，中国签署的自由贸易协定总共有 19 个，自由贸易伙伴达到 26 个。特别是中日韩三国通过构建 RCEP，在协定框架下正式形成了中日和日韩之间的自贸关系。其中，随着中日自贸关系的确立，中国与自贸伙伴的贸易覆盖率由 27% 提升至 35%。今后，随着 RCEP 关税减让措施的实施，中国与 RCEP 其他成员国之间的货物贸易进出口成本将不断下降，货物贸易进出口总额和占比也将得到一定程度的增加和提升。其中，中国和日本首次达成双边关税减让安排实现历史性突破。根据日经亚洲消息，RCEP 签订后，日本出口至中国的无关税货物的品类的占比将从之前的 8% 提高至 86%。但是，从对日本整体经济增长和新增就业的贡献来看，日本从日欧 EPA 和 TPP/CPTPP 中的获益仍多于 RCEP（见表 2）。因此，为了削弱中国在 RCEP 中的影响力、提高谈判要价，日本相继动员澳大利亚、新西兰和印度加入 RCEP 谈判。从日本的角度看，澳大利亚、新西兰的加入有利于日本扩充发达国家成员，在谈判中掌握一定的规则话语权；而印度加入谈判不但有利于日本实现战略对冲，还有利于在区域自贸区内形成巨大的人口效应和市场规模效应，为日本进行海外产业链布局创造有利条件。

表 2　大型自贸区情况

	RCEP	TPP/CPTPP	日欧 EPA
国家数量(个)	15	11	29
人口数量(亿人)	21	5	6
GDP 占全球 GDP 比重(%)	30	13	28
贸易额占全球贸易总额比重(%)	30	15	37
对日本产生的经济效应(金额、占比)(万亿日元,%)	4(0.8)	8(1.5)	5(1)
新增就业人数(万人)	—	46	29

资料来源：根据《日本经济新闻》数据制作。

随着印度退出 RCEP 谈判，日本的态度从战略主动变为战略被动。在之后的谈判以及政府的相关公开表态中，日本都表示不能容忍一个没有印度的 RCEP，给谈判主导方东盟造成了一定的政治压力。尽管如此，出于自身利益考虑，日本还是选择继续完成剩余的谈判，致力于推动谈判进程并完成协定的签署。协定的签署意味着日本在同一区域内分别拥有 RCEP 和 TPP/CPTPP 两种不同的贸易制度安排。相比 TPP/CPTPP，虽然 RCEP 的市场开放度相对较低，但是成员国数量、贸易和市场规模都超过 TPP/CPTPP，未来具有较好的发展前景。因此，日本留在 RCEP 中也是必然的选择。但是，为了弥补印度“缺席”RCEP 给自身带来的被动，日本通过向东盟施压，在协定最后部分加入相关条款，以为印度日后重返 RCEP 打开方便之门。

五　菅义伟新内阁的自贸战略前瞻

2020 年 9 月 16 日，菅义伟出任日本首相。菅义伟在施政方针中明确表示将秉承安倍内阁的基本路线，继续推动落实前政府的各项政策方针。从菅义伟政府的执政理念来看，在自贸战略方面将延续维护本国经济利益最大化的“务实”的思想，推进多边和双边机制下的自由贸易计划，以北美、欧洲和亚太三大市场为中心完成三个大型自贸区的“组网”任务，并待时机成熟推动完成“联网”任务，在WTO框架外谋求组建自由化程度更高的跨区域多边投资和贸易体系。从菅义伟政府推进自贸战略的特点来讲，主要包括以下几个方面。

第一，普及并推广数字自由化标准，加快进行“数字立国”转型的步伐。在2019年G20大阪峰会上，日本积极推动各国签署了“大阪数字经济宣言”，显示出其在促进数字经济尤其是数据流动和电子商务国际规则制定方面做出的贡献。在“国际服务贸易协定”（TISA）多边谈判久拖不决、各方分歧严重的背景下，日美数字贸易协定的签署和生效预示着今后日本在多边和双边自贸谈判中将以其为范本进行重点落实和推动。同时，从国内层面来说，以日美数字贸易协定的生效为分水岭，日本已开始规划实施下一轮战略，加快国内结构改革的步伐。首先，菅义伟组阁后将设置数字厅，围绕制定数字自由化规则和修改国内相关制度出台数字化政策，在政府机关实现行政审批的无纸化，推动向数字政府转型。其次，对数字领域的企业进行反垄断调查，加强企业竞争，大幅下调移动电话运营商的收费标准。本报告认为，菅政府的政策举措只是一个铺垫，可以为日本进行下一轮数字经济发展营造良好的制度环境。结合日本自身的产业特点，未来数字化政策的落实有利于构建“数字＋制造”的产业组合，推进高端制造业实现数字化，充分发挥日本制造业的竞争力优势。此举不但有利于日本应对少子老龄化社会带来的挑战，还可以让其结合产业优势进一步开拓海外市场。因此，数字化政策的出台是日本从“制造立国”转向“数字立国”的风向标。可以预期，日本将尝试通过参与主导构建高开放水平的大型自贸协定来充分发挥“数字＋制造”产业模式的竞争力优势，以便在下一轮全球经济增长中立于不败之地。

第二，“两难”抉择影响“三极产业链”布局。在战后推动“贸易立国”的过程中，外向型经济色彩浓厚的日本经历过多次贸易摩擦。1985年“广场协议”签订以后，日本开始在海外构建全球生产基地，较为成功地规避了贸易摩擦给本国经济带来的风险。其中，日本和东盟各国的自贸协定，对其进行海外产业链布局起到了很好的推动作用。近年来，日本通过推行自贸战略，已基本形成了以北美、欧洲和东亚三大消费市场为中心的“三极产业链”布局。围绕全球三大消费市场布局“三极产业链”有利于日本构筑“防火墙”，规避不必要的贸易摩擦风险，确保整体产业链安全。在东亚地区，由东盟主导签署的 RCEP 为推动区域经济一体化提供了制度保障。但是，TPP/CPTPP 与 RCEP 的不同开放标准今后将影响日本在该地区整体产业链的布局。特别是美国的“缺席”，在未来将使日本主导的 TPP/CPTPP 面临“市场缺失”的尴尬局面。另外，作为域外国家的英国表明以日英 EPA 为跳板加盟 CPTPP 的愿望。英国的加盟虽然对保持 CPTPP 规则的高标准以及提升数字贸易开放水平有一定的推动作用，但是从务实角度来看，英国的加盟对日本开拓东亚市场、优化区域产业链布局带来的好处有限。在 CPTPP 和 RCEP 两种不同的自贸机制下，日本菅政府将面临“两难”困境。为了打破这一困境，菅政府将有三个政策选项：一是继续引导美国和印度重返 TPP/CPTPP 和 RCEP，进一步开拓美国和印度市场；二是考虑在东亚地区扩容 CPTPP，并完成 CPTPP 和 RCEP 的对接，整合和优化东亚产业链布局，进一步开拓包括中国在内的亚太地区市场；三是维持现状，继续保持对两种不同自贸机制的参与。此举不但容易产生“通心粉效应”，也不利于日本推动与东盟及中韩经贸关系的健康发展，并影响其在亚太进行产业链布局的效率。①

第三，借助美国实现全球自贸区“联网”，高筑“防火墙”阻断中国与全球经济的融合。从长期来看，日本仍对美国重新发挥对全球经济的影响力、主导全球经贸规则制定寄予厚望，希望美国的“回归”能够促成“联网”欧盟、北美和东亚三大自贸区，帮助其遏制中国在全球投资和贸易中

① 在下一阶段，日本的最优选择应该是完成 RCEP 和 TPP/CPTPP 的对接，引导中美两国同时加入 TPP/CPTPP。这将使日本同时拥有全球第一大和第二大消费市场，可以充分发挥产业链布局的优势。但是，对于日本来说，为了规避中美竞争和由此带来的贸易摩擦风险，进行产业链安全防范、推动自贸协定“分而治之”也是无奈之举。

发挥更大的作用。在 WTO 改革受阻和功能不断被弱化的背景下，日本的“联网”战略意味着未来中国可能再次面临“入世”的格局。此次 RCEP 的签署为推进东亚经济一体化提供了制度保障。2020 年 11 月 20 日，中国国家主席习近平在北京以视频方式出席亚太经合组织第二十七次领导人非正式会议发表讲话时，表达了中国将积极考虑加入 CPTPP 的意愿。11 月 24 日，中国外长王毅访日，中日两国达成五点共识。日方承诺早日促成 RCEP 生效，推动中日韩自贸谈判和“区域合作进程”。中国的表态也为构建 RCEP 与 CPTPP 对接的贸易制度安排、域内 CPTPP 非成员国加盟 CPTPP 和引导日本推动中日韩自贸区建设明确了方向。

结　语

随着新冠肺炎疫情的蔓延，日本经济受到严重冲击。根据 2021 年 2 月 14 日日本内阁府发表的统计数据，2020 年，日本实际 GDP 同比下降 4.8%。日本经济自金融危机以来再次出现负增长。受“翘尾”因素影响，2020 年第四季度，日本实际 GDP 环比增长 3.0%，按年率计算增长 12.7%，实现了连续两个季度的正增长。疫情期间中国经济的逆势反弹，不但对拉动日本出口和提振日本经济起到了积极的作用，也为今后深化双边经济合作进一步开拓了空间。

随着党的十九届五中全会召开，中国提出“十四五”规划和 2035 年远景目标，将推动实施建设更高水平的开放型经济新体制。实现《北京纲领：构建融合、创新、互联的亚太——亚太经合组织第二十二次领导人非正式会议宣言》中的亚太自贸区目标是建设更高水平开放型经济新体制的重要举措之一。在 2020 年 11 月 15 日 RCEP 签署之后，中韩两国领导人都首次公开提及考虑加入 CPTPP。① 对此，日本首相菅义伟在公开表态中显示出了不

① 中国国家主席习近平在 11 月 20 日以视频方式出席亚太经合组织第二十七次领导人非正式会议时提出中国将积极考虑加入 CPTPP；12 月 8 日，韩国总统文在寅在韩国举行的贸易日纪念活动发表讲话时也提出，韩国将考虑加入 CPTPP。

同的态度。在 2020 年 12 月 11 日的网络节目中，菅义伟提及中韩要获得 11 个成员国的同意加入 CPTPP 绝非易事，表现出谨慎的态度。其后，在 2021 年 1 月 4 日公开接受采访时，他更表现出了消极抵制的态度，称从政治和经济体制上看，目前中国都不适合参加 CPTPP。笔者认为，日本菅政府的消极表态是其自贸战略对华保守思路的具体表现，未能体现疫情下中日双边经济合作的成果和发展趋势相向而行的理念，需要加以摒弃。中日两国需要继续深化落实十点共识，坚持多边主义和自由贸易主义，积极推动区域经济一体化和中日韩自贸区谈判，为早日建立亚太自贸区创造条件。

B.6

新冠肺炎疫情对日本制造业、服务业的冲击与新变化

蔡桂全*

摘　要：　2020年已经落下帷幕，但新冠肺炎疫情的影响仍在继续发酵，疫情下日本的制造业、服务业面临重大变革。基于此，本报告结合日本相关机构公布的数据，根据疫情发展的时间轴着重剖析日本制造业和服务业在疫情暴发前后发生的剧烈变化，并对疫情下日本制造业和服务业的新走向进行讨论。

关键词：　新冠肺炎疫情　日本经济　制造业与服务业　中日合作

2020 年突如其来的新冠肺炎疫情对日本制造业和服务业造成严重冲击，作为制造业、服务业晴雨表的工矿业指数、第三产业活动生产指数、服务业动态指数均出现了断崖式的下降，许多行业的营业额、营业利润出现大幅下降，疫情重灾区的住宿和餐饮行业甚至出现大量企业倒闭。同时，作为就业重地，制造业和服务业的经营环境急剧恶化，严重影响了从业人员的收入水平，提高了失业率。但值得注意的是，与过往出现的“黑天鹅事件”不同，由于新冠肺炎疫情的蔓延风险与传统的生产、消费等经

* 蔡桂全，日本东北大学经济学研究科经济学博士研究生，主要研究领域：家庭经济学。

济活动方式相悖[①]，因此，制造业与服务业在不同领域所受到的疫情影响不尽相同。另外，日本政府采取一系列经济救援政策，旨在帮助企业应对疫情的冲击，但事实上，诸如“Go To Travel”等经济刺激方案，虽然暂时地振兴了旅游等服务行业，但随后新冠肺炎确诊病例迅速飙升，经济刺激方案被迫中断。由此可见，仅依赖经济刺激方案难以令日本经济脱离疫情泥潭，需要制造业和服务业加快从行业内部进行广泛而深刻的调整，以实现经济持续发展。

本报告利用日本政府发布的官方数据以及其他民间数据，首先回顾日本制造业、服务业长期以来在国民经济中的地位与发展趋势，其次按照疫情发展的时间轴梳理其对日本制造业和服务业（主要聚焦生活关联服务业和生活娱乐关联服务业两个领域）的具体冲击，最后对疫情下日本制造业和服务业的发展方向进行讨论和展望。

一　疫情前日本制造业、服务业发展概观

制造业、服务业作为日本经济的根基，占据了日本国民经济 90% 以上的份额[②]。按照产业发展的一般规律，制造业的份额会逐步向服务业转移。日本也不例外，制造业在国民经济中的占比从 2005 年的 21.3% 下降至 2019 年的 20.5%（见表 1），而广义服务业承接了制造业缩小的份额，从 2005 年的 72.1% 增长至 2019 年的 73%。

---

① 森川正之「新型コロナ危機と経済政策」、『RIETI Policy Discussion Paper Serious 20 - P - 014』、2020。

② 根据日本内阁府的分类，服务业分为狭义服务业和广义服务业两类。狭义服务业包括餐饮住宿，专职、科技、业务支援服务业，政府服务，教育，保健卫生、社会事业以及其他服务业等六个领域，广义服务业则在狭义服务业的基础上增加批发零售、运输邮寄等服务业。此处的“90% 以上的份额”是由制造业和广义服务业的占比相加得到的。

表 1　日本制造业、服务业在国民经济中的占比情况

单位：%

行业	2005 年	2010 年	2015 年	2019 年
农林水产业	1.1	1.1	1.0	1.0
矿业	0.1	0.1	0.1	0.1
制造业	21.3	20.8	20.6	20.5
服务业	28.0	29.9	30.5	31.1
餐饮住宿	2.7	2.6	2.4	2.4
专职、科技、业务支援服务业	6.1	7.2	7.9	8.2
政府服务	5.0	5.1	4.9	5.0
教育	3.6	3.7	3.6	3.5
保健卫生、社会事业	5.7	6.7	7.5	8.0
其他服务业	4.9	4.6	4.2	4.0
电气、煤气、水道、废物处理	3.0	2.9	2.9	3.1
建设业	5.4	4.6	5.2	5.4
批发零售业	14.1	13.4	13.1	12.7
运输邮寄业	5.1	5.1	5.3	5.4
信息通信业	5.0	5.0	5.0	4.9
金融保险业	6.0	4.8	4.3	4.1
不动产业	11.0	12.3	12.1	11.8

资料来源：内閣府『国民経済計算（GDP 統計）』、https：//www. esri. cao. go. jp/jp/sna/data/data. html。

作为世界工业制造强国第一梯队的日本，其制造业虽然在向服务业过渡，但始终保持占据 20% 以上的份额，制造业依旧是日本重要的经济支柱之一。2012 年以后，在“安倍经济学”的影响下，日本制造业的经营环境发生积极变化，就业、收入环境不断改善，带动个人消费以及设备投资逐步回暖。从日本银行《全国企业短期经济观测调查》（简称“日银短观”）中的企业综合业绩判断指数来看，2013 年以后，日本制造业的业绩逐年增加，虽然 2018 年在中美贸易摩擦和原材料价格上升的叠加影响下，增长趋势受到一定程度的影响，但该指数处于整体趋好的态势没有改变。另外，日本制造业的营业利润在 2012 年第四季度以后开始好转，2013 年第三季度环比增长率更是高达 70%。除了 2014 年消费税增税和 2016 年英国脱欧公投等不确定因素的影响之外，制造业的营业利润基本保持增长趋势。2018 年以后，在中美贸易摩擦愈演愈烈的背景下，日本制造业营业利润持续下降，最终从 2017 年的 17.3 万亿日元大幅跌至 2019 年的 12.5 万亿日元。[①]

承接了制造业更多份额的服务业领域，在日本老龄化社会程度不断加剧的背景下也悄然发生改变。与老年人口息息相关的医疗保健、介护服务等需求持续增加，保健卫生、社会事业领域和专职、科技、业务支援服务业的占比分别从 2005 年的 5.7%、6.1% 增至 2019 年的 8.0%、8.2%，成为增速较快的两个领域。与此同时，传统消费行业中的批发零售业、餐饮住宿服务业在国民经济中所占的份额不断下降。除了人口结构的原因之外，日本银行实施的长年量化宽松政策导致银行存贷业务的收益减少，加之自然灾害频发导致出现保险理赔赤字，加剧了日本金融保险业的份额下降，最终从 2005 年的 6.0% 下降至 4.1%。由此可见，日本服务业的发展在极大程度上受到人口结构制约。为此，日本政府进一步放宽对服务贸易领域的限制，放宽签证办理要求，促进旅日游客的数量增长以带动消费。在日本政府的政策驱动下，2013 年才超过 1000 万人次的旅日游客数量增长至 2019 年的 3188 万人次，平均年增长率高达 31.3%，同时，年度旅日游客消费额也达到 4.8 万亿日元，大大减缓了在老龄人口结构下批发零售业、餐饮住宿服务业发展的下行压力。[②]

整体而言，日本制造业的综合业绩情况依旧比较乐观，但原材料匮乏的出口导向型盈利方式对国际环境的变化十分敏感，导致营业利润波动很大，在单边主义、保守主义不断抬头的国际环境下，日本制造业收益连年下降，尚未看到拐点。而服务业的发展虽然在老龄社会人口结构的变化中逐渐向医疗保健等领域倾斜，但日本政府通过吸引国外游客带动了旅游业等相关服务业的发展，使批发零售业、餐饮住宿等服务业在国民经济中的占比没有出现进一步缩小的趋势。

---

① 経済産業省『2020 年版ものづくり白書』、https://www.meti.go.jp/report/whitepaper/mono/2020/honbun_pdf/index.html。

② 参见日本政府観光局、https://www.jnto.go.jp/jpn/statistics/visitor_trends/；国土交通省、https://www.mlit.go.jp/kankocho/topics02_000182.html。

二　新冠肺炎疫情对日本制造业的冲击与影响

新冠肺炎疫情蔓延对日本制造业造成了沉重打击，但在日本央行的援助之下，大部分企业的资金链没有出现断裂。制造业生产情况虽然在“紧急事态宣言”解除以后逐步回暖，但仍没有恢复到疫情之前的水平。特别是在营商环境恶化、营业利润总额不断下降的背景下，出现了大批从业人员收入水平下降甚至失业的状况。

（一）对日本制造业生产的影响

2020 年 1 月，日本出现首例新冠肺炎确诊患者，随后疫情开始蔓延。刚开始，虽然日本制造业围绕产品的生产和库存做出策略调整，但疫情对制造业整体并未产生较大影响。从工矿业生产指数看，1 月，日本工矿业生产指数、出货指数、库存指数分别增长 1.0%、0.6%和 1.6%。由此可见，由于 2019 年 10 月消费税增税进而降低市场需求的负面影响已经开始淡化，制造业整体迎来上升的局面。值得注意的是，在出货和库存同时增加的情况下，库存率指数同比下降了 1.6%，表明该期间日本制造业产品整体上供不应求，库存率呈现下降趋势。进入 2 月，工矿业各项指数开始发生不同程度的背离。首先，生产指数和库存指数出现下降，但是出货指数继续增加 1.0%。与 1 月的指数不同，2 月的各项指数表明在疫情影响逐渐凸显的背景下，日本制造业已经转向减少生产和库存，在生产和库存减少的基础上加速出货，促使库存率进一步下降。随着疫情在日本国内进一步蔓延，3 月，工矿业生产指数和出货率指数双双跌入负增长，库存和库存率同时出现较大的上升。

制造业生产能力指数和利用率指数能够反映日本制造业综合生产能力和实际的开工情况。在日本出现疫情的 1 月，制造业生产能力指数同比上升 0.1%，达到 98.3，其中，电机行业和通用、商用机械行业同比上升 0.6%，生产机械行业同比上升 0.4%。另外，制造业利用率指数同比上升 1.1%，达到96.1，其中，运输机械行业和生产机械行业上升幅度较大，分别增加4.7%、7.1%。[①] 疫情开始蔓延以后，制造业生产能力指数在2月和3月均出现下滑，但幅度不大，仅有0.1%。制造业利用率指数的变化反映出日本制造业开始进行明显收缩生产的策略调整，2月，制造业利用率指数下降1.8%，3月继续下降3.6%。

疫情导致经营环境不确定性增加，制造业呈现收缩生产规模的趋势，由此对制造业的经营情况产生部分负面影响。从日本法务省《法人企业统计调查》的结果来看，日本制造业第一季度的营业额为98万亿日元，环比下降5.5%。其中，跌幅较大的是金属制品行业、生产机械行业以及钢铁行业，分别下降18.6%、15.3%、10.6%。此外，日本制造业的营业利润总额也下跌了31.1%，仅有2.9万亿日元。其中，石油、煤炭行业和钢铁行业的营业利润总额跌幅较大，第一季度环比跌幅分别为835.9%和91%。[②]

然而，这还只是疫情这场暴风雨对日本经济袭击的前奏。3月底以后，由于疫情扩散，欧美国家纷纷开始“闭关锁国”，全面减少了对日本工业制品的需求。同时，日本境内的本土确诊者急剧增加，由原来每天仅有零星的几例或十余例攀升至数百例，日本政府只能宣布进入全国紧急状态。如图1所示，工矿业生产和出货指数也应声大跌，分别从1月的98.3和97.3骤降至5月的78.7和76.8。日本制造业企业虽然在疫情出现初期已经开始进行收缩生产、加速出货的策略调整，但“紧急事态宣言”下，大部分经济活动突然停摆，国内市场需求骤降，导致库存率指数一度攀升至148.6。库存率过高导致制造业的生产利用率进一步下降。工矿业生产利用率指数在4月、5月分别大幅下降13.3%、11.6%，在短短四个月之内从96.1下降至

① 経済産業省『鉱工業指数（生産・出荷・在庫、生産能力・稼働率）、製造工業生産予測指数—製造業の動きから見る日本の景気—』、https：//www.meti.go.jp/statistics/tyo/iip/result/b2015_202001kj.html。

② 財務省『法人企業統計調査　調査の結果』、https：//www.mof.go.jp/pri/reference/ssc/results/data.htm#02。

70.6，跌幅高达26.5%。不仅如此，大量的库存还促使一部分制造业生产工厂加速撤出市场，导致工矿业生产能力指数下滑0.5%。

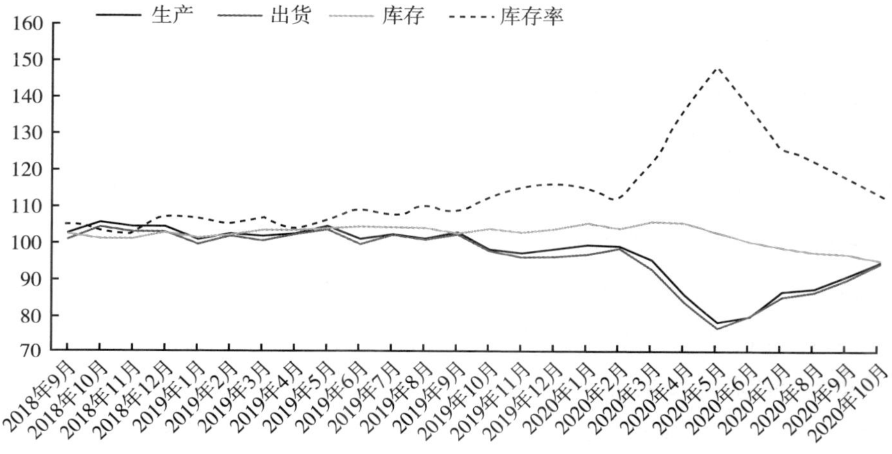

图1　日本工矿业指数的变化趋势

资料来源：経済産業省『鉱工業指数（生産・出荷・在庫、生産能力・稼働率）、製造工業生産予測指数—製造業の動きから見る日本の景気—』、https：//www.meti.go.jp/statistics/tyo/iip/result/b2015_202001kj.html。

（二）对日本制造业经营的影响

超过1/4的日本制造业工厂在“紧急事态宣言”下被迫停止生产，制造业产品库存率飙升，产品滞销等严峻情况对制造业的整体运营产生巨大的负面影响。根据统计，2020年第二季度，日本制造业行业的营业额为78万亿日元，环比下跌幅度高达20%。“紧急事态宣言”期间，由于日本民众大幅减少外出，运输机械行业经营情况受到巨大冲击，营业额环比下降37.2%，从第一季度的19万亿日元骤降至12万亿日元。同时，由于运输业以及制造工厂大部分停工降低了对石油、钢铁的需求，石油、煤炭行业和钢铁行业等重工业领域的营业额再次暴跌，第二季度环比分别下降24.0%、24.3%。更令人意想不到的是，对比第一季度的营业利润，第二季度制造业的营业利润总额跌至冰点，整个日本制造业的营业利润仅剩0.4万亿日元，仅石油、煤炭行业和钢铁行业的营业利润就分别环比下跌 545.5% 和 1803.0%，出现了严重的亏损。

值得庆幸的是，第一波疫情冲击在全国“紧急事态宣言”下逐渐平息。在此期间，日本制造业付出了血的代价，大部分生产活动被迫停止，经营情况严重恶化，营业额和营业利润双双出现严重下滑。对于企业而言，经营情况急剧恶化容易造成资金链断裂，若无法及时获得维持企业正常运作的流动性资金，企业将面临破产风险。一般情况下，日本企业主要的融资渠道由短期商业票据（CP）和中长期企业债券构成。疫情刚开始在日本蔓延时，日本央行于 3 月中旬宣布增购 CP、企业债券，此举反而加剧了市场投资者规避疫情下企业经营的不确定性的情绪，使日本企业发行的 CP 和企业债券风险出现了一定程度的增加，利率提高。4 月 27 日，日本央行决定再次加大购买 CP、企业债券力度，企业融资的成本开始回落。与 2008 年金融危机时期不同，疫情期间的企业融资成本并没有出现大幅度的提高。究其原因，最主要的是日本央行在 2008 年金融危机爆发之际尚未设置参与购买 CP、企业债券的相关政策规定，而此次日本央行迅速出台增购 CP 和企业债券降低了企业资金链断裂的风险。从日银短观的统计结果来看，疫情下日本制造业认为可以轻松获取融资的企业整体多于认为不容易获取融资的企业，表明日本制造业整体关于融资的态度是比较乐观的，仅纺织行业和木材、木制品行业的中小型企业面临融资相对困难的局势。①

随着“紧急事态宣言”解除，日本工矿业生产指数和出库指数开始止跌上涨，库存和库存率出现较大程度的下降，市场需求开始回暖。日本民众复工复产后，运输机械行业首先迎来大幅度反弹，运输机械行业利用率在 6 月恢复了 33.8%，7 月恢复了 28.7%，人员流动开始回到正轨。但好景不长，日本年轻一代放松警惕，因聚餐和派对等活动屡次出现群体感染事件，7 月，日本出现第二波疫情。基于日本经济已经在第一波疫情的时候受到重

---

① 日本銀行「全国企業短期経済観測調査」、2020、https：//www. boj. or. jp/statistics/tk/zenyo/2016/all2009. htm/。

创的客观处境，日本政府并没有立刻宣布“紧急事态宣言”，而是着手恢复经济，防疫抗疫的工作重点转移到服务行业。在此背景下，日本制造业没有再出现4月、5月那样急剧收缩的情况，工矿业的各项指数都连续增长，逐步恢复至接近疫情之前的水平，整个制造业的营业额和营业利润也收缩了跌幅。在国际原油价格暴跌的背景下，在第三季度，原本作为重灾区之一的石油、煤炭行业营业利润上涨了971.1%。但是，由于疫情反复不定，制造业对住宅、设备等的投资依旧比较悲观，生产机械行业在整个第三季度基本上处于下跌趋势，钢铁行业受到牵连，第三季度营业利润环比下降2266.3%，情势依旧严峻。

与钢铁行业的大萧条不同，日本半导体行业的营收情况则是喜忧参半。根据日媒报道，在日本主要的21家半导体企业中，有12家的业绩环比下降，其中营业规模排第一位的Macnica富士ELE控股的营业额同比下降0.6%，为5211.9亿日元；营业利润为144.5亿日元，同比下降5.7%。排第四位的丸文会社的营业额则大幅下降12%，降至2875亿日元；营业利润更是大跌53.1%，仅有23.7亿日元。营业规模排第二、第三位的加贺电子和莱斯特控股与上述两家企业形成了鲜明对比，营业额分别增长51.5%和84.5%，达到4436.2亿日元和3795.5亿日元；营业利润增幅虽然低于营业额，但是也分别增长了32.3%和47.2%，达到100.1亿日元和66.4亿日元。① 此外，作为日本制造业代表的汽车行业，也是几家欢喜几家愁。在三菱、马自达和日产汽车仍苦苦挣扎于消除营收赤字时，本田、丰田和SUBARU汽车在疫情冲击后迅速实现V字形反弹，上半年即实现营收黑字。财报显示，三菱汽车在2020年上半年结算的营收赤字规模达到2098亿日元，低于预期的3600亿日元，不得不扩大裁员规模以继续降低经营成本。而马自达和日产的赤字规模分别为930亿日元和1588亿日元。相比之下，本田的营业利润从预期的2000亿日元大幅修正至4200亿日元，而最早实现业绩恢复的丰田汽车公司在上半年的营业额达到11.4万亿日元，营业利润

① https：//eetimes. jp/ee/articles/2006/10/news044. html.

超过预期（5 月预期盈利为 5000 亿日元），达到 5199 亿日元，丰田旗下高端品牌雷克萨斯汽车的销售量也比预期的 830 万辆多出 30 万辆，实际销售 860 万辆。[①] 随着汽车行业的恢复，日本高精尖零部件行业也呈现 V 字形反弹，其中在日本电产、村田制作所、TDK、Alps Alpine 等零部件行业龙头企业经历了第二季度营业额断崖式下降后，营业额在第三季度都大幅改善，其中，日本电产从第二季度的环比增长 -6.6% 恢复至第三季度的环比增长 6.2%，村田制作所从第二季度的 -8.6% 恢复至 5.4%，TDK 和 Alps Alpine 虽然没有恢复正增长，但下降幅度大幅改善。

另外，由于中国较早控制住了疫情，并有序实现了安全复工复产，日本对华出口终于在 7 月重新回到正增长轨道，随后的 8 月、9 月也都保持了较大的增幅。在以中国为首的国际市场逐步恢复对日进口的背景下，日本半导体制造设备等生产机械行业也得到了一定程度的恢复。即便在 10 月底、11 月以后日本遭遇第三波疫情的挑战，工矿业各项指数也实现了连续五个月的正增长。虽然汽车行业在 11 月出现了 6 个月以来的首次下降，同比下降 4.7%，导致 11 月工矿业生产指数最终与 10 月持平，但是在中国对日进口持续扩大的背景下，日本半导体制造设备等生产机械行业的相关指数还是增长了 6.5%，锅炉等通用和商用机械行业的相关指数也增长了 4.8%。由此可见，当日本国内疫情防控常态化以后，制造业产品的供需情况并没有再次出现剧烈的波动，加上中国进口需求不断扩大以及欧美国家对日进口的恢复，日本制造业恐怕不太会出现 4 月、5 月“紧急事态宣言”期间那种急剧萎缩的状况，有可能实现逐渐温和复苏。

（三）对日本制造业就业的影响

疫情下日本制造业企业的生产销售情况剧烈波动，也给制造业从业人员蒙上了阴霾。2020 年 1 月，制造业就业人口与 2019 年同月相比增加了 5 万

---

① 「コロナ禍でも圧倒的に強いトヨタ、『下請けたたき』は本当か」、https://monoist.atmarkit.co.jp/mn/articles/2011/10/news048.html。

人，环比增长0.5%，达到1060万人，占总就业人口的15.9%。疫情蔓延后，制造业从业人数出现连续八个月下降，截至11月，制造业从业人数再次减少19万人。①

另外，虽然大多数劳动者保住了工作岗位，但由于企业业绩不断恶化，员工收入持续下降。根据厚生劳动省的统计，日本制造业整体的平均收入在1月约为31.5万日元，与2019年同月基本持平。疫情蔓延以后，制造业从业者的收入开始大幅下降，11月数据显示，制造业从业者收入环比下降3.7%。但需要注意的是，制造业从业者的收入水平发展趋势因就职形态不同而有所不同。1月，制造业全职从业者的收入为34.7万日元，环比下降0.5%；2月以后，一般从业者收入下降的趋势开始加剧②，2月环比下降0.9%，3月环比下降2.2%，5月和6月又分别下降4.7%和6.2%；直到11月，一般从业者的收入环比增幅仍是负数，为-3.6%。对比之下，兼职从业者的收入在1月处于较快上升的阶段，环比上涨5.2%，达到11.2万日元，其后涨幅开始有所下降，3月的环比涨幅仅有0.8%；到了4月和5月全国“紧急事态宣言”期间，兼职从业者的收入分别为11.8万日元和10.9万日元，环比下降1.5%和0.7%；6月以后，兼职从业人员的收入开始持续回升，11月环比增长1.6%。之所以出现这一现象，或是因为疫情期间非全职劳动力对疫情感染风险的谨慎态度导致劳动力供不应求，最终带动了工资水平上升。③ 由此可见，日本制造业企业的经营环境恶化不仅增加了从业人员的失业风险，还降低了相关从业人员的收入水平。如果超过1000万人的制造业从业人员的收入继续降低，就将继续减少对国内市场的需求，这将十分不利于日本经济的复苏，日本政府应该及早予以重视。

---

① 総務省「労働力調査」、https://www.stat.go.jp/data/roudou/rireki/gaiyou.html#ft_tsuki。

② 根据日本厚生劳动省的相关规定，一般从业者指兼职从业者以外的从业人员，其在一天或一周的时间单位内较兼职从业者的劳动时间更长。详情参见厚生労働省「主な用語の定義」、https://www.mhlw.go.jp/toukei/itiran/roudou/koyou/doukou/04-2/2.html。

③ 厚生労働省「毎月勤労統計調査」、https://www.mhlw.go.jp/toukei/list/30-1a.html。

三　新冠肺炎疫情对日本服务业的冲击与影响

日本70%以上的GDP由第三产业产出。2014年以后，日本第三产业活动指数保持了接近五年的上涨态势。2019年10月，由于消费税增税，第三产业活动指数出现暂时性下滑，但依然保持在100以上。总务省实施的《服务业动态调查》同样显示了疫情暴发以前日本服务行业的良好发展趋势，2019年12月，服务业营业额环比上涨0.3%，为33.7万亿日元。但是，2020年突如其来的新冠肺炎疫情主要通过人与人接触的过程进行传播，以人为主要服务对象的服务行业自然沦为疫情冲击最严重的领域。

新冠肺炎疫情蔓延之初，第三产业活动指数相对于2019年末仅有小幅下滑，但是日本政府宣布“紧急事态宣言”以后，许多餐饮业、娱乐业企业被迫休业，指数一度跌至87.9。从具体行业领域来看，跌幅最大的是生活关联服务业，该领域生产指数从2019年12月的97.4大幅下降至2020年5月的34.9，下跌幅度超过六成。其中，国内旅行生产指数从2019年12月的84下滑到2020年5月的3.6，国际旅行生产指数也从12月的84.1骤降到5月的0.2。换言之，“紧急事态宣言”期间，日本旅游服务业几乎完全瘫痪。

生活娱乐关联服务业也受到了沉重打击，其生产指数从2019年12月的103.6下跌至2020年4月的47.2。具体来看，涵盖旅馆和酒店的住宿行业从2019年12月的99.3下降至2020年5月的17.9，跌至谷底。由于疫情影响，酒店企业出现大额赤字。例如，日本大型连锁酒店帝国酒店的客房使用率大幅下降，其中东京地区的客房使用率从2019年同期的79%下降到8%，导致2020年4~9月的最终利润赤字达到75亿日元（2019年同期实现盈余15亿日元），成为同期历史上最大的赤字。[①]

“紧急事态宣言”解除后，第三产业活动指数在6月环比大幅反弹了

① 详情参见 https：//www.nikkei.com/article/DGXMZO65615910Z21C20A0DTB000。

9.0%。但是，由于出现在饮食店、居酒屋的新冠肺炎集体感染事件频发，日本政府继续要求餐饮娱乐等服务行业缩短营业时间。在此背景下，7月的指数显示第三产业活动没有得到进一步恢复，环比仅微增0.1%，几乎与6月持平。8月之后第三产业活动指数出现连续正向增长，10月恢复到了98.3，虽然与1月101.9的水平相比仍然较低，但已经从5月的冰点恢复了八成以上，超过了3月进入"紧急事态"以前的水平。在此背景下，服务业经营情况开始好转，10月，服务业营业额跌幅收缩至5.8%，达到29.2万亿日元。值得注意的是，住宿餐饮服务业和生活关联服务、娱乐业仍维持两位数的跌幅，情况依旧严峻。①

此外，"紧急事态宣言"解除以后，国内和国外旅游业的情况出现巨大分歧。在疫情全球化大流行愈演愈烈的背景下，日本依旧只能禁闭国门，国际旅游业形势依旧十分严峻。相比之下，国内旅游业逐渐回暖，特别是在日本政府动用了1.7万亿日元财政预算实施旅游振兴的"Go To Traval"等经济刺激方案的推动下，住宿行业和旅游行业得到了恢复，国内旅游业指数实现了连续五个月的增加。但是，人员移动频繁导致感染者激增②，12月14日"Go To Traval"经济刺激方案被迫喊停，日本经济再生担当长官西村康稔指出，只有在疫情防控降级至Stage 2以后才会重新考虑实施。③ 由此可见，在疫情尚未得到有效控制以前，住宿行业以及旅游行业这一对关系十分密切的服务业的发展前景依旧非常不明朗。④

资金链方面，疫情期间，日本服务业整体并没有出现融资困难的情况。日银短观显示，与制造业一样，日本服务业认为可以轻松获取融资的企业数整体多于认为不容易获取融资的企业数。但值得注意的是，作为疫情重灾区

① 総務省「サービス産業動向調査」、https://www.stat.go.jp/data/mssi/index.html。在财务省《法人企业统计调查》中，服务业不包括信息通信业、批发零售业、运输邮寄业、物品租赁业、房地产业、电气业等。

② 详情参见 https://www3.nhk.or.jp/news/special/coronavirus/medical/detail/detail_79.html。

③ 详情参见 https://www.tokyo-np.co.jp/article/82285。

④ 経済産業省「第3次産業（サービス産業）活動指数」、https://www.meti.go.jp/statistics/tyo/sanzi/result-2.html#menu01。

的住宿餐饮服务业的融资情况并不乐观。2019 年，该领域 CP 发行环境指数虽然也是负数，但在疫情冲击之下，融资的情况加剧恶化，CP 发行环境指数从 2019 年第四季度的 -4 下跌至 2020 年第一季度的 -28；在疫情全球性流行的背景下，住宿餐饮服务业经营陷入前所未有的危机，第二季度和第三季度的 CP 发行环境指数分别暴跌至 -61 和 -52，不少企业资金链出现严重断裂，甚至企业倒闭。截至 2021 年 1 月，饮食店倒闭了 136 家，酒店倒闭了 72 家，分别排在疫情下企业倒闭数量的第一位和第二位。①

服务业企业的倒闭破产也给从业人员带来了巨大的冲击。在疫情的影响下，住宿餐饮服务业的从业人员数量在 3 月环比下降 14%，"紧急事态宣言"期间的 4 月、5 月环比下跌幅度为 46% 和 38%。6 月以后，跌幅虽然有所收缩，但还保持两位数。在第二波疫情的影响下，住宿餐饮服务业从业人数跌幅再次扩大，9 月、10 月从业人员数量环比下降 48% 和 43%。②

住宿餐饮服务业就业人员不仅面临较高的失业风险，根据厚生劳动省的统计，在服务业各个领域中，住宿餐饮服务业从业人员的平均收入水平也是最低的，月平均仅有 12.2 万日元，远低于其他行业的收入水平。虽然这主要是由于受到大量低收入兼职员工拉低平均收入水平的影响，但从正式员工的收入水平来看，住宿餐饮行业从业人员的平均薪资为 28.4 万日元，仍是服务业里面薪资最低的，与排在倒数第二位的生活娱乐关联服务业的从业人员薪资水平相差不到 1 万日元。在疫情的冲击下，3 ~5 月的服务业从业人员收入出现严重的两极分化。具体表现为，金融保险服务业、信息通信服务业、学术研究服务业等高收入行业从业人员的薪资水平不降反增，而原本收入水平较低的住宿餐饮服务业和生活娱乐关联服务业的从业人员不仅大量失业，即便保住工作岗位的从业人员的收入也面临大幅削减的情况。根据三菱综合研究所的计算，3 ~5 月，住宿餐饮服务业和生活娱乐关联服务业从业

① 株式会社帝国データバンク「特別企画『新型コロナウイルス関連倒産』動向調査」、https://www.tdb.co.jp/tosan/covid19/pdf/tosan.pdf。

② 参见 https://eetimes.jp/ee/articles/2006/10/news044.html；総務省「労働力調査」、https://www.stat.go.jp/data/roudou/rireki/gaiyou.html#ft_tsuki。

人员的收入跌幅超过15%。[①] 在“紧急事态宣言”解除以后，住宿餐饮服务业和生活娱乐关联服务业的发展态势虽然有所回升，但好景不长，在第二、第三波疫情的冲击下再次下跌。

四 疫情下日本制造业、服务业的新变化

由于新冠肺炎疫情的蔓延与传统生产方式（主要是线下经济）形成悖论，因此在能够有效控制疫情的医药问世以前，线下生产方式将被加速替代。疫情期间，在限制外出活动的影响下，许多经济活动生产方式从线下转向线上，远程办公、线上购物、无人化服务等生活方式在日本加速普及。内阁府认为，今后日本将继续以灵活的财政政策和宽松的金融政策作为支撑，并以疫情为契机，进一步推广新消费模式，加大对数据化、环保创新等方面的投资力度。可以说，疫情大流行将倒逼传统生产方式快速改变，迎来新的发展机遇。

（一）促进远程办公、物联网应用普及

在疫情冲击之下，日本企业的办公形式发生了巨大的改变。日本经团联关于企业的调查结果显示，4 月全国进入“紧急事态”期间，有 97.8% 的企业为应对疫情采取了“线上办公和在家办公”方式。此外，选择“线上办公和在家办公”的从业人员数量占职工总数的 70% 以上，线上办公形式得到广泛应用。除了企业以外，医疗、教育等服务业领域也加速应用线上授课、问诊的进程。日本各大高校广泛应用谷歌课程、谷歌会议、谷歌云盘等线上服务系统完成教学计划，促进了无纸化课程的普及。

（二）无人化进程加快

生产工厂为了抑制疫情的进一步蔓延、减少工人之间的接触，加速应用

① 小寺信也「コロナ禍で誰の所得が減少するか」、みずほ研究レポート、2020、https：//www. mizuho－ri. co. jp/publication/research/pdf/insight/jp200721. pdf。

物联网技术，致力于创制一个可以远程执行生产活动的系统。日本系统软件（NSW）服务解决方案业务总部业务创新业务部数字技术部总经理羽入田聪指出，工厂的数字化转型（DX）已被许多客户采用。

另外，服务行业也加大创新力度。疫情促进大型旅游公司联合，加快了服务业跨领域投资的步伐。部分旅游公司加大开发线上购票系统的力度，充分利用二维码，在整个服务流程推广进行机械化处理。由于疫情，消费者减少出行计划，线上订餐促进了线上支付、线下无接触物流业务的快速发展。对5G、AI、IoT技术的应用进一步得到重视。

五 结语

疫情之下，日本制造业和服务业经历了巨大的波动。从各项统计数据来看，目前，日本的制造业和服务业整体上正逐步恢复到疫情之前的水平。但是，制造业中石油、煤炭行业以及钢铁行业等重工业领域，以及服务行业中的住宿和餐饮行业、旅游业还没有迎来黑暗后的黎明。日本政府正在保护这些行业，制定了许多纾困政策，通过大力购买企业债券、延长免息时间等，降低了企业资金断裂的风险。但从日本目前疫情继续蔓延的发展趋势来看，这些行业还无法扭转经营困境，恐怕难以按期偿还贷款。在此背景下，日本政府需要加强对系统性金融风险升高的警惕。在疫情防控常态化的背景下，日本各行业要加快对5G、IoT等技术的应用，通过利用科技满足市场需求。

B.7
新冠肺炎疫情对日本农业与农产品出口的冲击*

程永明**

摘　要： 日本近年来积极致力于整合自身在产品品质、先进技术和设备、先进的经营管理体系等方面的优势，采取官民并举的方式，积极发展农业经济并向海外推广农林水产品，构建全球食品价值链。但2020年，受新冠肺炎疫情影响，日本的农业经济以及农林水产品的出口受到了不同程度的影响。日本未能实现2019年农林水产品出口额达到1万亿日元的目标，到2030年达到5万亿日元的目标能否如期实现还有待时间的检验。

关键词： 农业经济　农林水产品　新冠肺炎疫情　日本

新冠肺炎疫情暴发后，日本经济受到沉重打击，日本农业经济也未能独善其身。出于对农政改革以及扩大日本农林水产品出口等因素的考量，近年来日本采取“主动进攻型”姿态，出台“组合型”政策，多领域、多层次支持日本农林水产品“走出去”。但是，在疫情的冲击下，日本扩大农产品出口的战略也被打乱，而且前途未卜。

---

* 本报告是国家社会科学基金社科学术社团主题学术活动资助项目“日本重大突发公共卫生事件应对体系的历史考察——兼论新冠肺炎疫情的应对”（编号：20STA007）的阶段性成果。

** 程永明，历史学博士，天津社会科学院日本研究所研究员，全国日本经济学会副秘书长、常务理事，主要研究领域：日本企业经营、日本企业海外发展战略、中日经贸关系史。

一　新冠肺炎疫情对日本农业经济的冲击

新冠肺炎疫情的蔓延，对日本的农业经济产生了深远的影响，而且这种影响呈现长期化、扩大化的特点。

据《日本农业经济新闻》于2020年9月进行的调查，回答新冠肺炎疫情对农业经营有“深刻影响”和“略有影响”的农户的比例达到了65%，较4月、5月的调查上升了5个百分点；回答疫情产生影响的农户，针对“肉用牛繁殖”的比例为100%，针对“肉用牛育肥”的比例为91%，针对“花卉”的比例为81%，都较4月、5月的调查有明显上升。另外，对水田农业的影响的比例达到了62%，较4月、5月的调查上升了13个百分点；对旱田农作物种植户和蔬菜种植户的影响也在加深，旱田种植户回答有影响的占62%，较4月、5月的调查上升了10个百分点，蔬菜种植户回答有影响的占60%，较4月、5月的调查上升了5个百分点。①

另外，由于新冠肺炎疫情的扩散，日本在外用餐、入境日本游客锐减，导致日本的餐饮业需求不振，进而直接影响农林渔业的生产和销售。

第一是由于应对新冠肺炎疫情，日本推出居家自肃、谨防“三密”等应对措施，日本餐饮业遭受重创，对农产品的需求减少。从日本酒的需求来看，2020年2~4月，日本酒的出货量每月较上年同期分别减少9%、12%和21%。② 从茶叶的需求来看，在茶叶主产地静冈县，受疫情影响，各地中止了新茶首次上市的庆祝仪式、品茶活动等，销售受限，新茶的生产量减少约1万吨，二次茶也较往年减少两成，约为7600吨。③

第二是随着需求的减少，有关农产品库存量增加，保管维护成本增加。

① 「『新型コロナ影響』5ポイント増、65%　肉用牛、花は長期化、米じわり　本紙調査」、『日本農業新聞』2020年10月27日、https://www.agrinews.co.jp/p52080.html。

② 「日本酒低迷、米産地を直撃　契約3割見直しか　需要回復いつ　兵庫」、『日本農業新聞』2020年6月14日、https://www.agrinews.co.jp/p51077.html。

③ 「二番茶諦め　苦渋の決断　相場低迷…コロナ追い打ち　静岡」、『日本農業新聞』2020年8月7日、https://www.agrinews.co.jp/p51563.html。

截至2020年6月末，日本牛肉库存量（含进口牛肉）接近15万吨，其中国产牛肉的库存量比上年增加12%，达10575吨，是自1990年开始进行该项统计以来的最高库存量。从大米的库存量来看，由于业务用米的需求减少近三成，大米的库存量也在增加。截至2020年6月末，大米的民间库存量为210万吨，四年来首次超过200万吨。而黄油的库存量，截至6月为3.9万吨，较上年增加49%，脱脂奶粉的库存量预计在8月末为8万吨以上，比往年增加近两成。[①] 此外，日本酒、圆木、水产品等的库存量也有不同程度的增加。

第三是导致部分农林水产品的价格下降。日本大米的产地与批发的相对交易价格六年来首次回落，2020年9月，大米的相对交易的全部股票平均价格为1.5143万日元，较2019年同月下降676日元。[②] 和牛肉的价格也有所下降，1千克和牛带骨腿肉在2020年3月第三周的加重平均价格为1665日元，比2019年同期下降了769日元。若按一头和牛的带骨腿肉为500千克计算，每头和牛的损失在35万日元以上。[③] 另外，随着需求量的减少，蔬菜、鱼类、水果、茶叶等产品的价格也出现不同程度的下降。

第四是对设施农业、观光农业产生不利影响。在以观光农业为特色的北海道，2018年的游客量达到5520万人次。但随着疫情的蔓延，当地的观光农业遭受不小的影响。以北海道仁木町为例，以樱桃、梅子、葡萄等观光农业为主，以游客采摘和零售店直销为两大经营渠道。6~8月正是樱桃的收获季节，受疫情影响，外国游客、修学旅行等团体锐减，销售额仅有往年的一半左右。而在以挤牛奶体验为主的北海道弟子屈町，受疫情影响，游客数

① 「緊急事態解除3カ月　牛肉、米、バター、脱粉　在庫積み上がる」、『日本農業新聞』2020年8月26日、https://www.agrinews.co.jp/p51725.html。

② 「『米需要の危機』（上）コロナ　外食直撃　需要『蒸発』　想定の倍」、『日本農業新聞』2020年10月21日、https://www.agrinews.co.jp/p52195.html。

③ 「和牛枝肉価格　前年比3割安」、『農業協同組合新聞』2020年3月18日、https://www.jacom.or.jp/nousei/closeup/2020/200318-40812.php。

量也下降近六成。[①]

第五是导致农林水产业从业人才不足。由于疫情影响，日本农业领域的外国从业人员无法入境，出现人才不足的状况，有些无法确保必要的劳动力和支撑农业生产的人才培养。《日本农业经济新闻》在2020年9月进行的调查显示，针对受疫情影响、限制外国人入境而造成的劳动力短缺，回答“对农业作业及农产品装卸作业产生影响”的农户的比例达29%。对于北海道仁木町的樱桃，由于缺乏足够的采摘人员，预计有30%放弃采摘。

但疫情的影响也在某些方面呈现正面的利好趋势。一方面是家庭用食材的需求增加。根据总务省2020年4月进行的家计（两人以上的家庭）统计，餐饮支出中家庭就餐用料的比例达到21.6%，是2000年以来的最高水平，其中用于家庭的大米、面类、生鲜蔬菜、肉类、奶制品等的比例大幅上升。2000~2019年，日本全国居家就餐的月平均比例为17%，但在疫情影响下，2020年1~4月的平均比例增至19.1%，上升了2.1个百分点。[②] 疫情对某些农林水产品的不利影响随着时间的推移逐步减少。根据《日本农业经济新闻》在2020年9月进行的调查，回答“有深刻影响”的比例较4月、5月的调查数据有所降低，如对“肉用牛繁殖”有影响的比例下降了34个百分点，对“肉用牛育肥”有影响的比例下降了38个百分点，对“花卉”有影响的比例下降了15个百分点，对“奶农”有影响的比例下降了28个百分点，对“设施园艺”有影响的比例下降了13个百分点。[③] 这表明部分农林水产品的销售情况在逐渐恢复和好转。

为应对疫情带来的不利影响，积极提振农林水产业，日本政府于2020年1月30日设置了“农林水产省关于新冠肺炎疫情对策本部”，并从补助

---

① 「コロナ禍で来客6割減、北海道観光に直撃　ピンチ打開へ『新様式』探る」、『日本農業新聞』2020年8月22日、https：//www. agrinews. co. jp/p52915. html。

② 「内食の比率過去最大　消費変化鮮明に　4月家計調査から」、『日本農業新聞』2020年6月30日、https：//www. agrinews. co. jp/p51216. html。

③ 「『新型コロナ影響』5ポイント増、65%　肉用牛、花は長期化、米じわり　本紙調査」、『日本農業新聞』2020年10月27日、https：//www. agrinews. co. jp/p52080. html。

金支持、促进家庭消费、促进国产农林水产品消费以及加强对库存产品的销售渠道拓展等方面制定了积极的应对政策。

二　疫情暴发前实施“主动进攻型”农业政策

由于长期以来受到日本政府各类保护性政策的支持，日本农业经济的国际竞争力处于弱势地位，在对外贸易和经济合作中一直处于“被动防守”的局面。近年来，伴随着“安倍经济学”的实施，日本开始实施“主动进攻型”的农业政策。

（一）实施“主动进攻型”农业政策的决策研判

所谓“主动进攻型”农业政策，实际上就是扩大农产品出口战略。做出如此政策转型，是基于对如下四个方面的研判。

1. 日本的农林水产品以国内消费为主，出口比例低

长期以来，日本的农林水产品基本以国内消费为主，出口比例低。以2015年为例，日本农林水产品的出口额为22亿美元，仅占全部生产额的4%。再从日本各产业出口额占世界同类产业出口总额的比重来看，日本农林水产品出口额的占比更低。以2016年为例，日本汽车产业的出口额占世界汽车出口总额的10.5%，钢铁产品占7.38%，化学制品占3.55%，而日本农林水产品的出口额仅占世界同类产品出口总额的0.4%。① 日本政府认为，有必要通过实施积极主动的鼓励政策，助推日本农林水产品扩大出口。

2. 农林水产品世界市场的庞大需求预期

有分析预测，世界食品市场规模将从2009年的340万亿日元增加至

① デロイトトーマツコンサルティング合同会社『（事業名）平成29年度海外農業・貿易投資環境調査分析委託事業（今後の我が国食産業の海外展開方策）』、2018年3月16日、http：//www.maff.go.jp/j/kokusai/kokkyo/food_value_chain/attach/pdf/haifu_chousa29－21.pdf。

2050 年的 1522 万亿日元。尤其是亚洲市场，随着人口规模的不断扩大，食品市场规模将从 2009 年的 82 万亿日元增加到 2020 年的 229 万亿日元，扩大近 2 倍。[①] 日本认为，随着发展中国家物流基础设施的不断完善和相关技术的提升，生鲜食品的出口机会将开始增加。有鉴于此，日本认为有必要抢占全球农林水产品的市场份额，以实现对日本相关产业的带动性增长。

3. 促进农业及地方经济振兴

在日本，农业历来是一个被高度保护的产业，一直以“高关税、高补贴”著称[②]，农业改革势在必行。以“主动进攻”的姿态积极“走出去”，改变以往“被动防守”的态势，推动农业改革。日本的食品产业以中小企业居多的地方性产业为主，日本食品产业及其产业链的海外发展，也可以促进地方经济的振兴以及中小企业的海外发展。此外，日本的农民及农业团体组织还关乎日本相当一部分国会议员的选票，是重要的“票田”。促进农业的发展、增加农民的收益也符合政府的政治诉求。

4. 日本农林水产品出口的既有优势

一是借助日本文化尤其是日本饮食文化的“海外热”，向海外推广日本的农林水产品品牌。尤其是以低油脂的“健康饮食”、精湛的料理技术、多样的食材应用等为特征的日本“食文化”在海外评价颇高。二是日本在农业机械、食品加工机械、包装乃至灌溉设施等硬件方面拥有制造优势。三是在信息通信技术（ICT）、节能环保、保鲜、品质管理、种植农场、品种开发、物流系统等软件方面拥有先进技术优势。实施“主动进攻型”农业政策，就在于通过必要的政策支持，推动上述优势和资源有效整合。

（二）“组合型”农林水产品出口支持政策

日本早在 2005 年就在对外农业政策中提出，为了促进农业经济的发

---

① 農林水産省『グローバル・フードバリューチェーン戦略—産学官連携による“Made WITH Japan”の推進—』、2014 年 6 月 6 日、http://www.maff.go.jp/j/kokusai/kokkyo/food_value_chain/pdf/senryaku_3.pdf。

② 张斌：《日本农业发展的困境及政策调整》，《日本问题研究》2016 年第 6 期，第 36 页。

展以及扩大农林水产品出口份额，实施“进攻的农政”，也即“转守为攻”的农林水产品贸易政策。[①] 近年来，日本更是频繁出台相关支持政策，以“组合型”政策支持体系积极推动农业经济发展以及农林水产品扩大出口。

1. 多领域的组合支持政策

日本支持农业经济发展与农林水产品扩大出口的相关政策，体现出多领域协同支持的特点。例如在基础设施建设领域，在日本政府于2013年5月出台的“基础设施出口战略”中，一方面支持与农林水产品出口相关的海外人才培养，另一方面强调要促进日本先进的农业基础设施、高端食品制造体系、高品质冷链物流体系等装备制造、运营管理体系进行海外业务拓展。2016年11月，日本启动了“农林水产品出口基础设施整备项目”，旨在最大限度地利用既有出口基地，从产地设施、批发市场、物流中心等基础设施方面进行战略性重点整备，以促进农林水产品出口。[②] 2019年10月11日，日本通过了《关于促进日本农林水产品及食品出口的法律案》，采取政府一体、各部门协同的方式构建有利于出口的支持体制。[③] 在ODA领域，2015年2月，日本内阁会议通过的《开发合作大纲》提出要通过构筑食品价值链的举措，促进对发展中国家农林水产业的支持，确保维持发展中国家经济增长的基础和原动力。在双边经济合作领域，日本积极同出口对象国开展农业合作计划，促进相关设备及产品出口，如日本与越南于2015年8月订立了“日越农业合作中长期计划”。

2. 全球战略与区域战略并重

作为宏观层面的支持政策，2014年6月，日本农林水产省制定了《全球食品价值链战略》，强调要形成以食品为基轴的全球食品价值链。2016年

---

① 陈戎杰：《转守为攻——日本农产品食品贸易政策新动向评析》，《国际贸易》2005年第8期，第28页。

② 農林水産省『農林水産物輸出インフラ整備プログラム』、2016年11月、www. kantei. go. jp/jp/singi/nousui/pdf/161129plan_ besshi5. pdf。

③ 農林水産省『農林水産物及び食品の輸出の促進に関する法律案の概要』、2019年11月27日、https：//www. maff. go. jp/j/law/bill/200/attach/pdf/index - 1. pdf。

5 月，日本出台“农林水产业的出口能力强化战略”，强调通过把握并深耕市场、农林渔业者和食品事业者海外发展、产品向海外的运输和销售、降低出口成本、确立推进体制确保战略实施等方面，强化日本农林水产业的出口能力。

除上述全球性战略外，日本还制定了国别及区域战略。2013 年 8 月，农林水产省制定了《农林水产品・食品的国别及类别出口战略》，以日本农林水产品的比较优势，确定有可能扩大出口的国家和地区，进行有针对性的政策支持。该战略将欧盟、俄罗斯、越南、巴西等国家和地区确定为重点国家和地区中的“新兴市场”，将中国（包括香港和台湾）、美国、韩国等作为“稳定市场”。此外，《全球食品价值链战略》还细分为东盟、中国、印度、中东、中南美、非洲、俄罗斯及中亚等七个地区战略，根据各地区或国家的具体情况，采取不同的食品价值链构筑措施。

3. “一揽子”政策与单一商品战略并举

日本近年来所提出的《全球食品价值链战略》是支持农林水产品进行“一揽子”出口的代表性政策。该战略涉及从生产到制造或加工、流通、消费等产业链的所有环节，旨在从整体上构建和提升价值。同时，该战略还涉及农业机械、食品加工机械、包装乃至灌溉设施等基础设施，ICT、节能环保、保鲜、品质管理、品种开发等技术的应用，以及销售终端信息管理（POS）、便利店、购物中心等流通体系。

进行“一揽子”出口，可以带动更多相关设备、产品、技术共同“走出去”，而且可以增强日本农林水产业及食品行业的整体竞争力。而制定具体的单一商品出口战略，则可突出重点出口商品的优势。日本农林水产省制定的《农林水产品・食品的国别及类别出口战略》针对大米及其加工品、加工食品、牛肉等八类产品制定了专门的出口战略。作为日本重点负责农林水产品出口的专门机构，日本贸易振兴机构（JETRO）于 2017 年 4 月设立了“日本食品海外宣传推广中心”（JFOODO），对首批确定的扇贝等水产品、和牛、日本茶、日本酒、米粉、日本葡萄酒、酿造啤酒等七类产品，开展重点宣传推广工作。

4. 中央政策与地方政策并行

日本的各地方自治体也制定了相应的农林水产品出口促进政策。千叶县从2009年起就启动了“千叶农林水产品出口促进项目”，从“软件支持”（包括海外出口环境调查、海外出口生产体制完善、海外出口环境完善、海外销售促进活动等）和“硬件支持”（以海外销路开拓及稳定化为目的的设施、机械等）两个层面予以支持。福冈县则成立了“县产农林水产品出口应援农商工合作基金”，该基金由福冈县出资16亿日元、地方金融机构等出资4亿日元共同设立，从资金层面支持本地农林水产品的出口。

5. 官民协同的合力支持措施

日本政府强调，对于农业经济的振兴以及农林水产品的出口，需要政府及相关部门、地方自治体、民间企业、大学及研究机构等协同合作，形成产学官一体，以合力的形式予以积极推进。

2015年3月，日本内阁出台的“食品・农业・农村基本计划”指出，需要通过官民并举的方式促进农林水产品、食品的出口，创造性地开拓国际市场，推进食品产业国际化；同时强调要官民协同，灵活运用双边政策对话机制，与民间投资相协调，推进全球食品价值链构建。作为主管省厅，农林水产省将扮演促进出口的“司令部”角色。

为了强化官民协同机制，日本于2013年2月1日设立了“农林渔业成长产业化支援机构”（简称“支援机构”）。设立时资本金为32亿日元（其中政府和民间出资各占50%），支持农业生产者与加工、流通业企业联手，增强农业竞争力。日本政府和民间企业还成立了“海外需要开拓支援机构”（也称“酷日本推进机构”，成立于2013年11月），利用日本的生活文化在海外销售商品，为访问日本的外国游客提供服务等。此外，日本还分别于2014年6月和2017年4月成立“推进全球食品价值链官民协议会”和“农林水产品等出口促进全国协议会”两个协调性组织，明确了各公共服务机构的具体支持内容，在个别洽谈、市场开拓支持、信息提供、资金支持（融资、出资、担保）、保险（贸易保险、融资保险、投资保险）、提供用人和人才信息、经济合作等方面给予全方位支持。日本政策金融公库、日本专业农业综合支援机构（J - PAO）、JETRO 等也通过不同的方式对日本农林水产品及食品的出口进行支持。

三 新冠肺炎疫情对日本农林水产品出口的影响

2019 年，日本农林水产品的总出口额为 9121 亿日元，虽未实现 1 万亿日元的预期目标，但从出口总额来看，仍实现了自 2012 年以来连续七年的增长。但受新冠肺炎疫情影响，2020 年，日本农林水产品的出口受到了不同程度的影响。

据有关统计，2020 年 1 ~ 4 月，日本农林水产品的出口额同比减少 9.4%；1 ~ 7 月的出口额为 4876 亿日元，同比减少 6.7%，其中农产品出口额为 3454 亿日元，同比增长 3.1%，林产品出口额为 206 亿日元，同比减少 6.8%，水产品出口额为 1216 亿日元，同比减少 26.5%。[①] 1 ~ 8 月，日本农林水产品出口额为 5613 亿日元，同比减少 276 亿日元，较上年同期减少 4.7%。[②] 从 4 月、7 月、8 月的统计数据来看，日本农林水产品的总体出口情况在逐渐好转。

从 2020 年 1 ~ 11 月日本农林水产品的总出口额来看（见表 1），降幅最大出现在 6 月（同比下降 12.4%），接着是 2 月（同比下降 10.7%），然后是 4 月（同比下降 10.4%）。从 7 月开始，日本的农林水产品出口逐渐恢复增长趋势，增幅最大的是 10 月。

再从具体的出口类别来看，农产品的出口额在 1 ~ 6 月波动较大，从 7 月开始同比实现正增长，增幅最大出现在 10 月，可见新冠肺炎疫情对日本农产品出口的影响较小。从林产品的出口额来看，疫情影响比较明显的情况出现在 1 ~ 6 月，3 月的同比降幅最大（下降 23.3%），但从 7 月开始实现同

① 農林水産省食料産業局『農林水産物・食品 輸出額の推移』、2020 年 9 月 1 日、https://www.maff.go.jp/j/shokusan/export/e_ info/attach/pdf/zisseki - 244.pdf。

② 農林水産省食料産業局『農林水産物・食品の輸出額』、2020 年 8 月、https://www.maff.go.jp/j/shokusan/export/e_ info/attach/pdf/zisseki - 248.pdf。

比增长。再从 1 ~ 11 月的水产品出口额来看，仅有 10 月实现了同比增长，其余月份都呈同比下降趋势，下降幅度超过 30% 的情况出现在 2 月、4 月、6 月。可见，疫情对水产品出口的影响最大，接着是农产品，然后是林产品。

表 1　2020 年 1 ~ 11 月日本农林水产品出口额

单位：亿日元

时间	农产品	林产品	水产品	农林水产品合计
1 月	383(↓3.3%)	21(↓3.6%)	134(↓12.4%)	538(↓5.8%)
2 月	490(↑6.9%)	26(↓17.0%)	166(↓39.4%)	683(↓10.7%)
3 月	523(↓3.4%)	28(↓23.3%)	181(↓22.7%)	732(↓9.9%)
4 月	545(↑2.0%)	33(↓9.5%)	160(↓36.7%)	739(↓10.4%)
5 月	463(↑10.1%)	28(↓6.5%)	180(↓10.0%)	671(↑3.1%)
6 月	513(0.0%)	34(↓1.9%)	210(↓33.6%)	757(↓12.4%)
7 月	537(↑10.6%)	34(↑19.7%)	185(↓18.0%)	756(↑2.2%)
8 月	528(↑18.7%)	30(↑4.3%)	179(↓5.5%)	737(↑11.2%)
9 月	588(↑22.8%)	32(↑29.1%)	178(↓29.5%)	799(↑5.5%)
10 月	657(↑30.3%)	40(↑30.7%)	216(↑0.2%)	914(↑21.7%)
11 月	623(↑20.6%)	34(↑6.0%)	232(↓19.7%)	889(↑6.1%)

注：“↑”表示较 2019 年同期的增长率，“↓”表示较 2019 年同期的降低率。

资料来源：農林水産省国際部国際経済課『農林水産物輸出入情報』、https://www.maff.go.jp/j/tokei/kouhyou/kokusai/index.html。

再从 2020 年 1 ~ 11 月日本农林水产品中具体产品的出口量来看，部分产品出口量出现不同程度的下降。出口量同比降幅较大的农产品为肉类、皮毛类、水果类、饮料类和油类等，其中皮毛、水果调制品、棕榈油、棉屑等产品同比降幅较大，有些产品的同比降幅在 90% 以上。在林产品中，出口量同比降幅较大的产品有合板、纤维板、刨花板以及建筑用材等产品，但降幅较小，最大的也未超过 30%。在水产品中，出口量同比降幅较大的产品有章鱼、冷冻虾、珍珠、冷冻秋刀鱼及调制鲍鱼等产品，且同比降幅都比较大。

即使受疫情影响，日本农林水产品中仍有不少产品呈现同比增长态势。

具体产品如蔬菜、金枪鱼及罐头、冷冻蟹、油粕、米粉、可可脂等产品，同比增长幅度都较大。其中可可脂、油粕的同比增长率都在1000%以上，4月，油粕的出口量的同比增幅高达2240.9%，可可脂的出口量的同比增幅也高达1600.5%。[①]

从2020年1～10月日本农林水产品的出口对象国或地区来看，较2019年同期下降幅度最大的是韩国（同比下降20%），接着是澳大利亚（同比下降6.7%），然后是美国（同比下降5.9%）。由于中国对疫情防控得力，1～11月，日本农林水产品出口中国的金额累计已实现同比增长5.2%。[②]另外，从2020年8月开始，日本农林水产品对中国香港和台湾地区以及对韩国的出口增速明显加快。

面对新冠肺炎疫情，日本出台诸多应对政策，积极支持农林水产品进行出口。依据2019年11月27日通过的《有关促进农林水产品及食品出口的法律》，日本于2020年4月1日设置了由农林水产大臣担任本部长的“农林水产品·食品出口本部”（简称“出口本部”），并于4月3日制定了《关于促进农林水产品及食品出口的基本方针》，在与出口对象国协调、出口便利化措施（出口洽谈窗口一元化、实现出口证明申请和交付的一站化）、事业者支援（减轻事业者负担）等方面制定了促进出口的基本方针。[③] 同时，还针对不同国家和地区设置了215项具体的实施计划（工程表），明确了实施对象国、具体实施项目、现状、对策进程、预计出口额度等事项。[④] 为实现农林水产品的出口额到2030年达到5万亿日元的目标，日本实施了“农林水产品出口扩大实行战略”，在2020年第三次补充预算中提供307.2亿日元

---

① 農林水産省国際部国際経済課『農林水産物輸出入情報　令和2年11月分』、https：//www.maff.go.jp/j/tokei/kouhyou/kokusai/attach/pdf/index－23.pdf。

② 農林水産省食料産業局『2020年の農林水産物・食品 輸出額 国・地域別』、https：//www.maff.go.jp/j/shokusan/export/e_ info/attach/pdf/zisseki－257.pdf。

③ 農林水産物・食品輸出本部『農林水産物及び食品の輸出の促進に関する基本方針』、https：//www.maff.go.jp/j/shokusan/hq/i－2/attach/pdf/index－3－12.pdf。

④ 農林水産物・食品輸出本部『農林水産物及び食品の 輸出の促進に関する実行計画』、https：//www.maff.go.jp/j/shokusan/hq/i－2/attach/pdf/index－3－32.pdf。

资金支持农林水产品出口。主要措施包括：在具体出口产品方面，强化官民一体的海外销售体系；支持农林渔业者以国际视野为导向开拓海外市场；积极与出口对象国协调、减少相关省厅间的壁垒，构建政府一体的出口支持机制；营造有利于出口的国内环境，增强国际竞争力等。①

四　结语

受新冠肺炎疫情影响，日本的农业经济及农林水产品出口都受到了不同程度的冲击。但日本近年来积极致力于整合自身在产品品质、先进技术和设备、先进的经营管理体系等多方面的优势，采取官民并举的方式，积极发展农业经济以及向海外拓展日本的农林水产品，而且构建全球食品价值链的政策和对策起到了较好的促进作用。不过，由于农林水产品及食品的出口涉及冷链物流、冷藏冷冻设备等，在部分相关基础设施尚不完善的国家和地区，食品价值链的形成与完善尚需时日，到 2030 年达到 5 万亿日元的目标能否如期实现还有待时间的检验。

① 農林水産省『2030 年輸出 5 兆円目標の実現に向けた「農林水産物・食品の輸出拡大実行戦略」の実施』、https：//www. maff. go. jp/j/budget/pdf/r2hosei3_ pr01. pdf。

中日经贸关系篇

China-Japan Economic and Trade Relations

B.8
中国视角下的中日经贸合作关系

吕克俭*

摘　要：本报告首先回顾2020年中日关系和经贸合作状况，指出：2020年是中日两国共克时艰、推动两国关系持续改善和发展的重要一年，也是中国全面建成小康社会的关键之年。在中日双方共同抗疫、两国人民守望相助的基础上，两国领导人为双边关系的下一步发展做出了规划、明确了方向。随着中日关系持续改善，两国多领域交流与务实合作不断深化，经贸合作克服疫情影响保持稳定发展的势头，中日关系进入稳步发展轨道，但依然面临内外诸多不确定的复杂环境和敏感因素。展望2021年，世界经济复苏的曙光初现，但仍面临诸多风险与挑战。2021年是中国实施“十四五”规划的开局之年，也是日本举办东京奥运会、

* 吕克俭，中华人民共和国商务部亚洲司原司长，全国日本经济学会副会长，主要研究领域：中日经贸合作、区域经济合作等。

走出疫情阴霾的经济复苏之年，两国关系将持续向好、稳步前行。中国将继续实行高水平对外开放，深化多双边经贸合作。两国经贸合作面临新的发展机遇，中日应落实好双方达成的五点重要共识和六项具体成果，维护全球供应链、产业链稳定，继续深化全方位、宽领域的互惠合作与交流，推动中日关系行稳致远，实现高水平互利共赢。

关键词：　中日关系　经贸合作　中日贸易　日本对华投资

2020 年是中日关系克服新冠肺炎疫情等外部因素冲击并持续保持改善和发展的重要一年。中日双方共同抗疫、两国人民守望相助，不仅拓展了两国的合作领域及互助空间，也有助于进一步推动两国经贸领域的长期稳定合作。尽管受疫情影响，习近平主席原定的访日行程延期，但两国成功举行新一轮中日高级别政治对话，双方就防止新冠肺炎疫情的蔓延、强化信息共享和深化在广阔领域的合作达成一致意见。9 月，日本菅义伟内阁启航后，习近平主席与菅义伟首相举行了 2018 年 5 月以来两国首脑首次电话磋商，为两国关系下一步发展做出了规划、明确了方向。11 月，中国国务委员兼外长王毅访日，双方达成了五点重要共识和六项具体成果，一致同意增进互信、正向互动、努力构建契合新时代要求的中日关系；同时就合作推进两国经济复苏，适时举行新一轮中日经济高层对话，继续加强在科技创新、节能环保、医疗康养、电子商务、第三方市场等重点领域的合作达成共识。11 月，“区域全面经济伙伴关系协定”（RCEP）正式签署，中日之间首次达成了双方关税减让安排，实现了历史性突破，有利于共同维护和强化以规则为基础的多边贸易体制，也为今后双方加强互利合作指明了方向。

一 2020年中日经贸关系回顾

（一）中日贸易逆势而上，实现稳步发展

中日两国一衣带水，2000多年来的友好交往始终是两国关系的主流，经贸往来也克服了各种困难，实现长足发展。在日本对华贸易方面，2007年，中国成为日本第一大贸易伙伴，并一直持续至2020年；在中国对日贸易方面，日本是中国第二大贸易伙伴；同时，日本还是中国重要的外资来源国。中日经贸关系的稳步发展，为促进两国经济发展和改善人民生活都带来了实实在在的利益。

2020年，在新冠肺炎疫情全球大流行等重大负面因素冲击下，全球经济增速下滑，加之贸易保护主义和单边主义盛行，全球贸易和人员往来受到严重影响。面对不利情势，中日两国政府基于2008年汶川地震及2011年东日本大地震期间共同应对突发重大事件的历史经验和合作传统，再次开启“互助”模式，守望相助，共同抗疫，成为国际社会开展公共卫生合作的成功典范。在此基础上，随着中国成功实现全面复工复产和两国务实合作的持续推进，中日双边贸易逆势而上，继续保持3000亿美元规模，且实现了难能可贵的正增长。

据中国海关统计，2020年，中日进出口贸易额为3175.3亿美元，较上年增长0.8%。其中中国对日本的出口额为1426.6亿美元，同比下降0.4%；中国自日本的进口额为1748.7亿美元，同比增长1.8%，中方逆差为322.1亿美元。按国别排名，日本是中国第二大贸易伙伴国、第二大出口对象国和第一大进口来源国。

日本财务省于2021年1月21日发布的2020年贸易统计速报显示，日本对中国的出口额达到15.0829万亿日元，增长2.7%，时隔两年中国再次成为日本最大的出口对象国，日本对中国的出口额在日本出口总额中的占比达22%，首次超过两成，也超过了对美出口的18.4%，位居第一。中国已

经是日本第一大贸易伙伴、第一大出口目的地和第一大进口来源地。

但应清醒看到，受当前新冠肺炎疫情在全球持续肆虐、贸易保护主义、中美贸易摩擦前景尚不明朗等不确定因素影响，世界经济和国际贸易受到严重负面冲击，中日贸易的持续稳步发展仍面临诸多风险和挑战。

（二）日本对华投资稳中有降，但前景可期

受新冠肺炎疫情等外部因素冲击，2020 年，日本对华直接投资稳中有降。据中国商务部统计，2020 年，日本企业对华投资实际使用金额为 33.8 亿美元，比上年下降 9.3%；在华新设企业 799 家，比上年下降 20.1%。截至 2020 年底，日本累计在华投资设立企业 53633 家，对华投资实际使用金额达 1190.8 亿美元，为中国第一大外资来源国。据日本财务省统计，2020 年前三季度，日本对华投资为 92 亿美元，同比下降 13.2%；截至 2020 年 9 月底，日本对华投资存量为 1395 亿美元，占比为 7.0%。

据日本贸易振兴机构（JETRO）基于日本财务省发表的统计数据计算，尽管受疫情影响，2020 年第一季度日本对外投资总额同比锐减五成，但对华投资只减少了不到两成，大幅低于总体水平。同时，从投资战略上看，大多数在华日企对在华投资持稳健态度，对中国市场抱有信心。这既归功于中国拥有巨大的消费市场、技术成熟的劳动力及门类齐全的产业链体系等因素，也归功于中国取得抗疫胜利后复产复工迅速、消费需求快速回暖所带来的积极影响。

作为世界第二和第三大经济体，中日两国互惠互补的经贸合作已使两国形成了深度融合的伙伴关系。特别是在新冠肺炎疫情肆虐全球、贸易保护主义盛行、全球经济发展遭遇困难的大背景下，中国进一步实施更高层次的对外开放，受到包括日本企业界在内的世界各国有识之士的广泛关注。战胜新冠肺炎疫情、加入 RCEP 后的中国，将进一步开放国内市场，经济将恢复高质量增长，并保持稳中向好发展势头。全面建成小康社会的目标的实现和“十四五”规划的制定与实施，将给包括日资企业在内的外资企业带来巨大商机。在新冠肺炎疫情的不利影响下，日本国际贸促协会、日中经济协会、

经济团体联合会、商工会议所等经贸团体克服困难，采取多种举措强化对华务实合作，展现出日本各界和企业重视并加强在华投资合作，特别是加强科技创新、节能环保、医疗康养、电子商务、第三方市场等重点领域的合作。

（三）中国企业对日投资前景看好

近年来，中国企业对日投资步伐加快，保持稳步增长。据中国商务部统计，2020 年，中国对日本全行业直接投资额为 3.6 亿美元，较 2019 年有一定增长；截至 2020 年底，累计直接投资额为 44.6 亿美元。2020 年，中国企业在日本承包工程营业额达 4.0 亿美元，截至 2020 年底，累计完成营业额 52.6 亿美元。特别值得指出的是，中国企业致力于在日本推广跨境电商、移动支付、共享经济等新经济模式。近期，“滴滴出行日本”获得滴滴出行与软银日本 5000 万美元投资，该公司在 2018 年 9 月登陆日本以来，已经与日本近 500 家企业建立合作关系，在东京、大阪、横滨、福冈、北海道等 14 个地区提供服务，并于 2020 年 4 月在大阪上线外卖服务。

另外，在日中国企业协会和日本中华总商会重视与日本各界进行交流，并热心为会员企业提供精准服务。在日中国企业重视履行企业社会责任，特别是在中日两国相继发生新冠肺炎疫情背景下，积极组织会员企业捐款捐物，倾力救援，充分体现了在日中国企业的社会责任感。在当前日本经济景气状况较为低迷的情况下，在日中国企业仍需苦练内功，克服困难，树立良好企业形象，为中日两国经贸关系稳步发展做出应有贡献。

（四）人员往来受到较大影响

在人员往来方面，为了严格防范新冠病毒的跨境传播，各国都对跨境人员的移动进行严格限制。2020 年，外国访日游客数量大幅锐减 87%，减少幅度仅次于发生东日本大地震的 2011 年，其中中国大陆访日游客数量仅为 106.9 万人次，下降 88.9%。

尽管在新冠肺炎疫情背景下两国人员往来受到很大影响，但两国在相关领域的合作潜力仍然乐观。随着中日两国政府就建立便利双边商务等必要人员往来的“快捷通道”及疫情之后全面恢复人员往来等重要议题达成共识，加之2021年东京奥运会、2022年北京冬奥会的相继举办，两国在旅游、人文等方面的交流前景可期。

（五）积极携手共同推进第三方市场合作

“一带一路”倡议提出以来，得到包括日本在内的国际社会的积极响应。尽管受疫情影响，原定在日本东京举行的“第二届中日第三方市场合作论坛”推迟举行，但双方正在加紧落实首届“第三方市场合作论坛”期间签署的52项合作协议，并在能源、石化等领域取得了一定进展。

近年来，中日两国企业在开展第三方市场合作方面已有基础，合作内容广泛。在日本住友商事和三菱重工承建的印尼火力发电项目中，中国通用技术集团提供辅机设备并负责安装工程；中国石油、丝路基金投资俄罗斯亚马尔天然气项目由日本和法国企业总承包，该项目已成功建成投产；中国进出口银行与日本国际协力银行签署合作备忘录，并为多个两国的第三方出口合作项目共同提供融资服务等。日本企业在技术、管理、国际化运营经验等方面较中国企业具有优势；中国企业在集成服务、成本控制、建设周期等方面具备自身优势。中日携手开展在第三方市场的互利多赢合作必将促进各国发展和全球经济的复苏。

（六）深化金融等服务贸易领域合作

金融等服务贸易领域的合作成为近年来中日经济合作的新亮点。目前，中日两国政府和金融机构密切合作，中国银行自2018年担任在日人民币清算行以来，与三菱日联金融集团等日本企业通力协作，为两国企业开拓本币合作新领域进行了积极尝试。日本欧力士集团不断加强在华投资合作，在第三届进博会上，欧力士国际与首钢基金、中建国际等签订共同发起成立中日产业合作链接平台的框架合作协议，未来三方将充分发挥在全球金融、产业、投资等方面的优势，推动中日产业合作链接平台落地使用。在2020年9月举行的中国国际服务贸易交易会上，佳能、理光、瑞穗金融集团、大和证券等日本企业踊跃参展，致力于在环保、医疗、金融、通信、教育等方面与中国企业寻求进行进一步的合作。

加强金融等服务贸易领域的合作既促进了两国经贸关系的良性发展，也有利于进一步拓展两国跨境投资，不断将两国的投资合作潜力转化为具体的合作成果。2020 年，成都、天津、大连、上海、苏州、青岛等六个中日地方发展合作示范区的设立，特别是 2020 年 12 月国家发改委批复同意设立北京“中日创新合作示范区”这一最新举措，都将为中日两国服务贸易领域合作带来新机遇。

（七）政府和地方及经济界等的交流稳步前行

2020 年，受新冠肺炎疫情影响，两国经济界主要团体大型交流互访等活动未能如期举行，但在两国政府和经济界有识之士的共同努力下，中日各层级经济交流活动稳步前行，特别是线上交流活动成为新亮点。11 月，中国商务部与日本外务省牵头举办的第 14 次中日经济伙伴关系磋商以视频会议的形式顺利举行，双方就疫情下宏观经济形势、中日双边经贸合作、多边及区域合作等议题深入交换意见，为推动中日经贸合作关系健康发展发挥了重要作用。

同时，中国商务部、贸促会等经贸机构以及各省区市与日本经贸团体和地方及友城间也积极克服因疫情带来的各种现实困难，广泛开展多种积极务实的交流与合作。11 月下旬，2020 年中日经济合作研讨会在上海召开，与会各界嘉宾及专家围绕新时代的中日地方合作等议题展开研讨，会上还以中日（苏州）地方发展合作示范区建设为重点，积极探索两国地方共创合作新模式。12 月，第十四届中日节能环保综合论坛成功举办，双方签署了涉及 10 余个合作项目的文件，彰显了两国各界携手推动绿色发展的信心和决心。

（八）抢抓 RCEP 签署机遇，推动中日韩自贸区谈判

2020 年 11 月 15 日，“区域全面经济伙伴关系协定”（RCEP）历经八年谈判磋商得以正式签署，全球最大自贸区诞生，对中日两国影响深远。通过

RCEP，中国与日本建立了自贸关系，是中国实施自由贸易区战略以来取得的重大突破。同时，RCEP 客观上使日本首次与主要贸易伙伴中国和韩国签署自贸协定，势必将极大地促进中日韩三国的经贸关系发展，在 RCEP 基础上共同加快推进中日韩自贸协定谈判，推动建立开放型区域经济一体化发展新格局。

多年来，中日两国在推进区域一体化进程和自贸安排方面有着广泛且共同的利益，一直保持密切沟通与协调。两国应抓住 RCEP 机遇，有效助推中、日、韩三国经贸合作再上新水平。目前，中国已是日、韩最大的贸易伙伴，日本是中国第二大贸易伙伴和第一大投资来源国，韩国是中国第三大贸易伙伴和第二大投资来源国。三国应与时俱进、顺势而为，在现有 16 轮谈判成果的基础上，加快中日韩自贸区谈判进程并尽早实现突破，助力东亚地区乃至整个亚洲和全球经济走出疫情阴霾，重回增长轨道，为增进三国人民福祉、促进世界和平与繁荣发挥积极作用。

这是两国合作共赢的结果，双方应当倍加珍惜。互惠互利的经贸合作既促进了中日两国的经济发展，给两国人民带来福祉，也推动了中日关系的改善和稳定发展，同时为东亚乃至世界经济的发展做出了积极贡献。

二　2021年前景展望

2021 年伊始，新冠肺炎疫情仍在全球肆虐，世界经济复苏曙光初现，但仍面临诸多风险与挑战。2021 年是中日关系稳健前行的重要一年，也是中国“十四五”规划的开局之年和日本举办东京奥运会、走出疫情阴霾的经济复苏之年。面对世界百年未有之大变局，战胜新冠肺炎疫情之后的中国，将加快构建以国内大循环为主体、国内国际双循环相互促进的新发展格局，在强化国家战略科技力量、增强产业链与供应链组织能力的基础上，将继续实行高水平对外开放，深化多双边经贸合作。这些都将为包括日本在内的各国工商界带来更多机遇。另外，日本将举办东京奥运会，进一步加快数字经济发展速度、力推“数字化”“绿色能源”等新经济增长战略，努力实现经济复苏。站在新的历史起点，中日两国都迎来了新的发展机遇。中日两国应积极把握 RCEP 签署等利好，落实好两国领导人达成的五点重要共识和六项具体成果，更加积极地加强在贸易投资、科技创新、公共卫生、节能环保等领域的务实合作，实现高水平互利共赢。中日两国应共同维护多边贸易体制，维护全球供应链和产业链稳定，继续为本地区和世界经济的发展做出积极贡献。同时，两国应发挥自身优势，携手推动以下领域的务实合作。

（一）加强应对公共卫生事件和防灾减灾方面的交流与合作，努力构建人类命运共同体

2020 年以来，中日两国相继遭遇新冠肺炎疫情，两国政府和人民守望相助，共同防疫抗疫，相互声援鼓励，及时交流信息，并共同推进对全球疾病的大流行进行防范应对，堪称国家间开展公共卫生合作的典范。突如其来的疫情使世界各国特别是中日两国人民深刻感受到人类是命运相连的共同体，也使两国人民的传统友好再次得以彰显。

中国的成功实践证明，对疫情的有效防控是实现经济重启和增长的重要前提。特别是在当前中国抗疫和复工复产取得重大胜利，并成为世界主要经济体中唯一实现正增长的国家，而日本疫情形势仍复杂严峻，中日两国应进一步加强在应对全球性风险特别是世界公共卫生事件及防灾减灾等方面的密切合作，为维护世界和地区公共卫生安全和构建人类命运共同体做出应有的贡献。实现新冠病毒疫苗在全球范围内的有效供给和公平分配；在世界卫生组织框架下推动国际社会抗疫合作，构建更有效的全球传染病防控机制；在亚太地区携手合作，在有效防控疫情的基础上积极恢复经济增长；维护供应链和产业链安全，更好地推动多边经济合作等：如此诸多议题，都是中日两国在应对疫情背景下针对全球变局所应共同肩负的重要责任，两国有着广泛的合作空间。

（二）加强科技创新特别是电子商务等领域的合作

多年来，中日两国在科技创新领域进行了卓有成效的合作，但仍有很大

潜力。在科技创新领域，两国互有优势，互补性强。在2020年中央经济工作会议明确提出“强化国家战略科技力量”“加强国际科技交流合作”背景下，进一步深化中日两国在科技创新领域的合作具有更为重要的现实和长远意义。特别是在5G、AI、区块链、大数据、机器人、新能源汽车等领域，中日两国应携手合作，充分发挥两国在新技术转化方面的优势，将新技术以最快的速度转化为新产品，推动两国经济发展。近期成立的北京“中日创新合作示范区”是国内首个也是唯一一个以科技创新为主题的中日地方合作示范区，旨在充分发挥中日两国科技资源优势，打造以科技创新为核心的国际创新创业生态体系，围绕创新链布局产业链，培育未来产业。

在中日科技创新合作中，电子商务领域的合作潜力巨大。近年来，世界各国都在利用大数据、物联网、AI等新技术驱动产业升级与跨界融合。而新冠肺炎疫情的全球大流行客观上倒逼人们改变传统的生产与生活方式，中国的数字经济在疫情背景下逆势而上实现爆发式增长，阿里巴巴、京东等电商龙头的闪亮业绩充分体现了电子商务在应对疫情等重大公共突发事件上的天然优势和自身商业模式的优越性。日本在数字经济、智慧城市等方面拥有强大的技术储备和丰富的创新资源，菅义伟首相上台后也提出大力发展数字经济。有鉴于此，中日两国在数字经济、电子商务、智慧城市等创新领域有着广泛的合作前景，双方应抓住机遇，努力推进这些领域的务实合作，将其打造为助推两国经贸合作的全新增长极。

（三）加大节能环保和新能源领域的合作力度

当前，中国正在实施资源高效利用、生态环境治理等创新发展战略，2020年中央经济工作会议明确提出“做好碳达峰、碳中和工作”。2020年9月30日，习近平主席在联合国生物多样性峰会上的讲话向全世界宣示了中国在节能减排方面的长期目标：“二氧化碳排放力争于2030年达到峰值，努力力争2060年前实现碳中和。”

中日两国都是化石能源进口与消费大国，两国在节能环保领域有着巨大的合作潜力和空间。日本在节能环保、绿色循环经济和氢能源等高科技领域具备先进技术和成熟经验，双方可在这些领域的技术创新和人员培训等方面开展合作。每年轮流举办的中日节能环保综合论坛已成为两国在节能环保领域加强互惠合作的重要平台和有效渠道。

特别值得指出的是，中日两国在氢能这一新能源领域的合作潜力巨大。作为21世纪最具发展潜力的高效清洁能源，中日两国近年来都投入巨资致力于进行氢能的开发利用。在氢能技术研发上，日本比中国的起步要早，已经积累了丰富的经验，中国可以借鉴日本的经验和做法，与日本共同推动氢能的开发利用，不断拓展中日在新能源领域合作的深度与广度。近期，中国巨化集团与日本丸红株式会社、日挥控股株式会社交换合作项目签约文本“利用巨化集团副产氢能实施工厂低碳化的实证项目”，三方还将共同设立氢能研究院，吸纳中日两国优秀人才，整合日本在氢能产业链上的优质技术和资源，最终实现对低碳工厂模式的复制与市场的推广与应用。

（四）拓展医疗康养等现代服务业领域合作

2020年中国人均GDP连续两年稳步站上1万美元台阶，尽管遭遇新冠肺炎疫情的冲击，但消费支出对经济增长的贡献率仍达54.4%，已成为经济增长的第一动力。随着中国经济持续稳定发展和人均收入水平不断提高，医疗康养、文化娱乐、旅游等多样性服务消费成了新的需求热点，特别是在医疗健康和养老产业方面，两国合作潜力巨大。中日两国都面临进入全面老龄化时代的相关问题，这是一种社会发展的重要趋势，与之相随的消费能力的提升和老龄产业也将得到蓬勃发展。目前，中国65岁以上老龄人口已达1.7亿人，占总人口的12%以上，将带来千亿元级的生产和消费市场，这为日本带来巨大的投资机会和潜在市场。日本已经进入深度老龄化社会，在医疗健康、养老产业、人才培训和管理等方面有着丰富的技术和经验，也出现很多优秀的企业，如果这些经验和技术被运用到中国庞大的老龄市场中，必将实现互利共赢。近期，“中日（天津）健康产业合作示范区”落户天津静海，已吸引13个项目近500亿元的投资，力争打造面向中日两国、服务京津冀高质量发展的新增长极。

同时，在金融服务业领域，中日双方合作仍有很大潜力。无论是培育债券市场，还是采取相互增持国债、本币结算等举措，都有助于稳定金融市场、维护储备资产的安全和规避风险，促进中日经贸关系的良性发展。近期，第二届中日资本市场论坛在线上成功举行，上交所与日交所签署中日ETF互通合作协议，为中日ETF互通、进一步扩大产品规模、增加产品类型和拓展互通范围奠定了基础。

（五）有效加强中日地方间的交流与合作

目前，中日两国友好省县和城市已有250余对，成为两国友好交往的重要渠道和平台。在新冠肺炎疫情突发之初，中日地方城市通过友城渠道进行了卓有成效的抗疫合作，两国人民携手共克时艰，用实际行动诠释了“与邻为善”的相处之道，为两国关系的改善与发展注入了新动力。尽管疫情打乱了中日地方间一些既定的双边交往安排，但在疫情常态化背景下，两国地方友城积极探索开展交流的新方式。四川省与和歌山县通过邮寄文本签署合作备忘录；爱媛县与陕西省通过线上形式开展纪念缔结友城5周年图片展；南昌市与高松市也分别在线下举行了结好30周年纪念活动。同时，上海、成都、苏州等城市结合中日地方发展合作示范区建设，采取线上与线下相结合的方式与日本友城开展多种形式的交流活动，深化了合作，增进了两国人民的相互理解和信任。可见，疫情虽然对两国人员往来造成了较大影响，但难以阻挡两国地方交流合作的良好势头。今后，应继续鼓励和支持中日地方间发挥各自优势，从地方层面助力两国关系行稳致远。

（六）抓住RCEP机遇，助推两国现代农业合作

中国致力于决胜全面脱贫攻坚和全面建成小康社会，并将其与实施乡村振兴战略有机结合起来。为此，中国在保障粮食安全的基础上，不断加大对现代农业的投入力度，发展高科技农业、生态农业，推动农业集约化、规模化经营，培育多层次的农产品市场。日本在乡村振兴和智慧农业发展方面有

着丰富的经验，并长期稳居我国最大农产品出口国地位。双方可探讨在农业领域进行多元化合作。

值得强调的是，RCEP 的达成，使两国历史上首次达成了双边关税减让安排。经谈判，日方承诺针对 63.3% 的农产品给予中国零关税待遇。从具体产品来看，中国对日本具有出口优势的大部分水产品、果蔬、坚果、花卉、加工食品等都将享受这一待遇，这对于未来进一步扩大中国对日农产品出口规模具有积极作用。同时，中国也承诺对日本 86.6% 的农产品逐步取消关税，日本的水产品、加工食品、特色酒类等也将享受零关税待遇。在 RCEP 框架下，两国还可携手合作，优势互补，共同加强在亚太区域的农业合作及进行农产品贸易，实现互利共赢。

（七）鼓励两国企业进行双向投资和拓展第三方市场

习近平主席在第三届进博会开幕式上宣布了中国全面扩大开放的新举措。中国将深化开展贸易和投资自由化改革创新，继续完善公开透明的涉外法律体系，强化知识产权保护，维护外资企业合法权益。尽管新冠肺炎疫情对中日相互投资产生了一定影响，但作为 2020 年全球唯一取得正增长的主要经济体，中国经济的高质量发展将不断增强对日本企业加大在华投资力度的吸引力。RCEP 的签署也将对中日两国供应链、产业链的进一步整合产生积极影响，从而带动两国企业特别是中小企业积极“走出去”，增加相互投资。双方应着眼长远，不断优化投资环境，进一步开放市场，努力促进中日企业增加相互投资。

在推进第三方市场合作方面，中日携手在“一带一路”框架下开展的第三方市场合作不仅能为两国企业开拓地区及国际市场创造更多机会，也成为日本间接参与“一带一路”建设的主要形式。双方应继续鼓励和支持两国企业本着互利共赢的精神协调合作，发挥各自优势，抓紧落实双方已签的合作项目，在强化基础设施、资源能源、产能和装备制造等传统领域合作的同时，顺应第四次工业革命发展趋势，在智能制造、5G、新能源等新兴领域互学互鉴，不断开辟两国在第三方市场进行合作的新前景。

（八）着眼后疫情时代全球经济治理，有效推动地区合作

当前，全球经济复苏曙光初现，但新冠肺炎疫情仍在全球蔓延，经济复苏动能减弱的潜在威胁仍不容低估。我们有理由相信，中国经济将继续领跑，成为全球经济复苏的主要引擎。中日作为世界第二和第三大经济体，经贸合作范围已超越双边，对提振地区发展信心、助推全球经济重回增长轨道具有重要影响。双方应着眼后疫情时代的全球经济治理，携手加强在区域和多边经贸问题上的沟通与合作，推动 RCEP 早日正式生效，推进中日韩自贸协定谈判尽早结束，有效提升东亚地区经济增长潜力，对冲疫情带来的全球贸易下行压力，实现地区经济长期稳定增长。

同时，中日两国作为本地区和世界负责任的国家，应继续围绕应对气候变化、实现可持续发展等课题保持沟通与协调，开展更紧密的国际合作，还应加强在世界贸易组织、亚太经合组织等多边机制下进行协调与合作，坚持多边主义、开放包容、互利合作、与时俱进，共同维护正常的国际贸易秩序和环境，在后疫情时代维持国际秩序和加强全球经济治理方面发挥更大的引领作用。

2021 年是中国实施“十四五”规划的开局之年，也是日本举办东京奥运会、走出疫情阴霾的经济复苏之年，两国关系将持续向好、稳步前行。在当下新冠肺炎疫情仍在全球蔓延，贸易保护主义、单边主义盛行，以及贸易摩擦、经济动荡等不确定因素和挑战叠加的大背景下，中日两国作为友好近邻和合作伙伴，应切实遵循“四个政治文件”精神，落实好两国政府达成的重要共识，携手共担应对后疫情时代全球变局的重要责任，不断拓展经贸等领域更高层次的务实合作，构建契合新时代要求的中日关系，实现中日两国和平友好和共同发展，为构建人类命运共同体贡献东方智慧，为全球经济繁荣增长和促进世界和平做出更大贡献。

B.9
日本视角下的日中经贸合作关系

〔日〕藤原智生*

摘　要： 2020年，日中贸易额较2019年略减0.2%为3400亿美元，延续上年的负增长势头，其中日本对华出口同比增长，自华进口则有所减少，日本对华贸易顺差进一步扩大。2020年1～9月，日本对华直接投资达到10067亿日元，较上年同期减少4.9%，其中制造业对华直接投资呈增势，且在投资总额中所占的比重超过八成，日本对华直接投资仍然以制造业为主。2020年，在华日资企业的业务经营虽然在一定程度上受到新冠肺炎疫情及中美贸易摩擦的影响，但相对全球其他国家和地方而言势头良好，日资企业希望中国政府进一步改善营商环境，助力实现供应链的多元化和和强韧化发展。

关键词： 日中贸易　日本对华投资　在华日资企业　新冠肺炎疫情　供应链

一　2020年日中贸易概况

依据日本财务省贸易统计和中国海关总署统计公布的进口数据，日本贸易振兴机构（JETRO）整理了2020年日中贸易的基本情况。本年

* 藤原智生，日本贸易振兴机构北京事务所经济信息部部长，主要研究领域：世界经济、国际贸易、国际投资。

度，日中贸易总额为3400亿美元，较上年略减0.2%，出现了连续两年的负增长。[①] 其中，日本对华出口贸易额（即中国自日进口贸易额，下同）为1760.89亿美元，同比增幅达到2.7%；日本自华进口贸易额同比减少了3.2%，跌至1639.60亿美元。日本对华贸易收支依然保持顺差状态，而且额度大幅扩张至121.29亿美元（见表1）。

表1　日中贸易的变化

单位：百万美元，%

	出口		进口		进出口		贸易收支
	金额	增长率	金额	增长率	金额	增长率	
2008年	150634	12.5	143657	12.4	294291	12.4	6977
2009年	130749	-13.2	122515	-14.7	253264	-13.9	8234
2010年	176304	34.8	153425	25.2	329729	30.2	22879
2011年	194410	10.3	184129	20.0	378539	14.8	10281
2012年	177727	-8.6	188450	2.4	366177	-3.3	-10723
2013年	162219	-8.7	180841	-4.0	343060	-6.3	-18622
2014年	162686	0.3	181039	0.1	343725	0.2	-18353
2015年	142716	-12.3	160625	-11.3	303341	-11.8	-17909
2016年	145238	1.8	156632	-2.5	301870	-0.5	-11394
2017年	165000	13.6	164542	5.1	329542	9.2	458
2018年	180234	9.2	173599	5.5	353833	7.4	6635
2019年	171515	-4.8	169303	-2.5	340818	-3.7	2212
2020年	176089	2.7	163960	-3.2	340049	-0.2	12129
2020年1月	11254	-18.1	15887	-5.9	27141	-11.4	-4633
2020年2月	11254	1.5	6123	-46.9	17377	-23.2	5131
2020年3月	14758	4.8	13309	-1.3	28067	1.8	1449
2020年4月	14712	-5.3	16114	15.9	30826	4.7	-1402
2020年5月	12465	-5.4	14102	0.5	26567	-2.3	-1637
2020年6月	15253	8.9	12917	1.3	28170	5.3	2336
2020年7月	15334	5.1	13656	-8.4	28990	-1.7	1678

① 在这一分析中，日本对华出口数据使用中国的进口统计数据，以形成以双方进口数据为基础的分析方式。这是因为，在进行贸易数据统计的时候，出口坚持到岸主义，进口坚持原产地主义，导致经中国香港的对华出口数据（目的地为中国香港的产品）在日本的贸易统计中不能计为对华出口数据。而中国对进口数据统计时将原产地为日本的所有产品均计入其中，所以以两国进口数据为基础进行统计更接近日中贸易的实际状态。

续表

	出口		进口		进出口		贸易收支
	金额	增长率	金额	增长率	金额	增长率	
2020 年 8 月	14236	-0.9	12451	-6.8	26687	-3.8	1785
2020 年 9 月	17187	13.4	13545	-10.1	30732	1.7	3642
2020 年 10 月	14914	5.5	14604	-0.9	29518	2.2	310
2020 年 11 月	16386	7.1	16138	11.3	32524	9.2	248
2020 年 12 月	18335	12.3	15114	7.0	33449	9.9	3221

注：(1) 增长率为上年同比和上年同月比；(2) 历年的数据为确定值，月份的数据为速报值；(3) 由于机器处理的关系，可能存在数据与其他统计不同的情况。

资料来源：Global Trade Atlas、海関統計よりジェトロ作成。

（一）日本对华出口

2020 年，日本对华出口较上年增长 2.7%，出口额为 1760.89 亿美元，在 2019 年一改连续三年增长之势转为减少后，再次重回增长轨道。其中，电气设备和机械类等产品出口势头良好，并带动日本对华出口整体呈增长之势。从月例出口额来看，在中国严格执行新冠肺炎疫情防控措施的 1 月，日本对华出口较上年同期大幅减少 18.1%，2～3 月即转为正增长，之后除了 4 月、5 月和 8 月，其他月份均呈现增长之势。

具体从不同种类产品的情况来看，首先是电气设备及其零部件（第 85 类）的出口额同比增长 9.0%，其中集成电路，二极管、晶体管以及其他类似的半导体器件、光电类半导体器件（包括光电池）以及电容器等主要产品的出口势头良好（见表 2）。核反应堆、锅炉及机械器具（第 84 类）的出口额同比小幅增长 0.7%。其中，尤其是用于制造半导体、集成电器和平板显示器等的机器的出口势头良好。车辆及其零件、附件（但铁道及电车道车辆除外）（第 87 类）的出口额同比减少 7.7%，主要是因为乘用车及其他汽车、汽车零部件及附件的出口均呈减少之势。精油及香膏、芳香料制品及化妆舆洗品（第 33 类）的出口额同比大幅增加了 31.6%，虽然增幅较上年（34.7%）缩小了 3.1 个百分点，但依然保持比较坚挺的增长势头。

2020 年日本对华出口情况见表 2。

表 2　2020 年日本对华出口情况

单位：百万美元，%

HS 编码	商品种类	金额	增长率	占比
第 85 类　电气设备及其零部件		47558	9.0	27.0
8542	集成电路	18621	7.7	39.2
8541	二极管、晶体管以及其他类似的半导体器件、光电类半导体器件(包括光电池)	4253	15.3	8.9
8532	电容器	4094	13.4	8.6
8536	用于电路的开关、保护和连接的机器	3757	1.4	7.9
第 84 类　核反应堆、锅炉及机械器具		36688	0.7	20.8
8486	用于制造半导体、集成电路和平板显示器等的机器	9647	8.0	26.3
8479	机械器具(仅限于有固定功能)	4129	11.5	11.3
8481	管道阀门、机器阀门	1,824	1.8	5.0
8443	印刷机、打印机、复印机和传真机	1791	–15.7	4.9
8407	活塞式火花点火内燃机	1449	–3.4	3.9
8408	活塞式压缩点火内燃机	1417	34.3	3.9
第 87 类　车辆及其零件、附件(但铁道及电车道车辆除外)		16538	–7.7	9.4
8703	乘用车及其他汽车	10147	–7.7	61.4
8708	汽车零部件及附件	6142	–9.2	37.1
第 90 类　光学、照相、电影、计量、检验、医疗或外科用仪器及设备、精密仪器及设备		16159	6.5	9.2
9013	液晶器件、激光器和其他光学仪器	3046	4.1	18.8
9001	光导纤维、光导纤维电缆、偏光板和测距仪	2551	1.1	15.8
第 39 类　塑料及其制品		10109	4.5	5.7
第 33 类　精油及香膏、芳香料制品及化妆盥洗品		4883	31.6	2.8
第 72 类　钢铁		4634	–1.7	2.6
第 29 类　有机化学品		4550	–30.1	2.6
第 74 类　铜及其制品		4178	34.5	2.4
第 38 类　杂项化学产品		3841	10.2	2.2

续表

HS 编码	商品种类	金额	增长率	占比
第 73 类	钢铁制品	2343	2.0	1.3
第 71 类	天然及养殖的珍珠、宝石、半宝石、贵金属和含有贵金属的金属以及相关制品，日常用制模货币以及货币	2094	32.0	1.2
合计		176089	2.7	100

注：（1）表中出口数据都出自日本财务省的贸易统计，以贸易数据库 Global Trade Atlas（美元计价）为基础进行计算；（2）表中选取的种类是按两位数分类占比在 1.0% 以上的产品，出口产品有 12 项，按照交易金额降序排列；（3）其中加粗项为排前五位的产品种类。

资料来源：Global Trade Atlas、海関統計よりジェトロ作成。

（二）日本自华进口

2020 年，日本自华进口额较上年减少 3.2%，为 1639.60 亿美元，连续两年表现出下降趋势。这主要是因为电气设备和服装类产品进口额减少，拉低了整体的增长率。从月例进口额来看，在中国实施最严格新冠肺炎疫情防控措施、全国各地停工停产的 2 月，日本自华进口较上年大幅减少 46.9%。之后，3～4 月中国开始复工复产，尤其是在通过实施各种新冠肺炎疫情对策缓解供给侧问题的 4 月，日本自华进口同比显现增长势头。但是，7～10 月又再次转为下降，主要是因为日本国内出现第二波新冠肺炎疫情，新增病例增加，导致日本方面的需求出现问题。

从具体的产品种类来看，电气设备及其零部件（第 85 类）的出口额同比减少 1.2%。尤其是以智能手机为代表的电话机及其他设备同比减少 0.8%，进一步拉低了整体增长率。核反应堆、锅炉及机械器具（第 84 类）的出口额同比增长 3.2%，主要是因为自动数据处理机及其构成组件同比大幅增长 20.8%。纺织用纤维及其他纺织制成品（第 63 类）的出口额同比大幅增长 126.9%，主要是因为作为主要产品的无纺布口罩的进口大幅增加。综上可见，2020 年，因为日本实施新冠肺炎疫情防控对策，为防止病毒传染需要大量口罩，积极推行居家办公模式导致对电脑的需求大增，结果是对相关品类产品的进口额大幅增加。

另外，针织或钩编的服装及衣着附件、非针织或非钩编的服装及衣着附件（第 61、62 类），皮革制品、手提包（第 42 类），鞋靴、护腿和类似品及其零件（第 64 类）等自华进口额同比均出现了下降趋势。另外，钢铁制品（第 73 类），有机化学品（第 29 类），无机化学品和贵金属、稀土类（第 28 类）以及铝及其制品（第 76 类）等与制造业原材料相关联的品类产品，由于受到新冠肺炎疫情在全球蔓延、需求减少的影响，日本自华进口减少的趋势也非常明显。

2020 年日本自华进口情况见表 3。

表 3　2020 年日本自华进口情况

单位：百万美元，%

HS 编码	商品种类	金额	增长率	占比
第 85 类	**电气设备及其零部件**	45757	-1.2	27.9
8517	电话机及其他设备	18022	-0.8	39.4
8528	监视器、录像投影机	2911	12.8	6.4
8541	类似于二极管、晶体管之类的半导体器件、光电类半导体器件（包括光电池）	2495	-3.1	5.5
8504	变压器、静止变频器和发电机	1988	3.8	4.3
8544	绝缘导线、电缆以及光导纤维电缆	1848	-10.1	4.0
8542	集成电路	1757	-4.4	3.8
第 84 类	**核反应堆、锅炉及机械器具**	32861	3.2	20.0
8471	自动数据处理机及其构成组件	15913	20.8	48.4
8443	印刷机、打印机、复印机和传真机以及零部件和附件	2010	-14.6	6.1
8415	空调机	1905	-1.4	5.8
8473	专用于或主要用于办公设备的零部件及附件	1627	-26.5	5.0
第 61 类	**针织或钩编的服装及衣着附件**	7004	-13.2	4.3
第 62 类	**非针织或非钩编的服装及衣着附件**	6334	-19.1	3.9
第 63 类	**纺织用纤维及其他纺织制成品**	6219	126.9	3.8
6307	其他纺织制成品	4656	340.8	74.9
第 39 类	塑料及其制品	5036	2.3	3.1
第 94 类	家具、寝具	5007	-0.3	3.1

续表

HS 编码	商品种类	金额	增长率	占比
第 90 类	光学设备、精密仪器及设备、医疗或外科用仪器及设备	4712	-4.9	2.9
第 95 类	玩具、游戏品、运动用品及其零件、附件	4526	-2.2	2.8
第 73 类	钢铁制品	3806	-9.1	2.3
第 87 类	车辆及其零件、附件，但铁道及电车道车辆除外	3665	-14.8	2.2
第 29 类	有机化学品	3345	-8.1	2.0
第 16 类	肉、鱼、甲壳动物、软体动物及其他水生无脊椎动物的制品	2136	-15.0	1.3
第 42 类	皮革制品、手提包	2074	-20.4	1.3
第 28 类	无机化学品和贵金属、稀土类	2051	-21.4	1.3
第 64 类	鞋靴、护腿和类似品及其零件	2023	-20.7	1.2
第 76 类	铝及其制品	1669	-17.7	1.0
合计		163960	-3.2	100.0

注：（1）表中的数据都出自日本财务省的贸易统计，以贸易数据库 Global Trade Atlas（美元计价）为基础进行计算；（2）表中选取的种类是按两位数分类占比在 1.0% 以上的产品，其中进口产品有 17 项，按照交易金额降序排列；（3）其中加粗项为排前五位的产品种类。

资料来源：Global Trade Atlas、海関統計よりジェトロ作成。

二　日本对华投资的概况

（一）日本对华直接投资的动向

2021 年 1 月 20 日，中国商务部发布了 2020 年中国利用外资情况，从中可以看出，2020 年，对于世界各国和地区的对华直接投资（不包括银行、证券和保险领域），实际利用资金较上年同期增长了 6.2%，达到 9999.8 亿元（折合为美元则是 1443.7 亿美元，同比增长 4.5%）。在新冠肺炎疫情肆虐且不断蔓延导致全球性跨境投资陷入低迷的背景下，中国吸引外来直接投资出现历史最高水平。

本报告以日本财务省的“国际收支统计”（按照不同产业、不同地区统计）为基础，对日本不同产业的对华直接状况进行考察发现，2020 年 1 ~9 月，日本对华直接投资达到 10067 亿日元，同比减少了 4.9%。[①] 其中，制造业对华直接投资较上年同期增长 8.3%，为 8226 亿日元，在投资总额中所占的比重达到 81.7%；非制造业同比减少 38.5%，为 1841 亿日元，占比为 18.3%（见表 4）。

表 4　日本对华直接投资的变化（以不同产业分类）

单位：亿日元，%

	2018 年			2019 年			2020 年 1 ~9 月		
	金额	占比	增长率	金额	占比	增长率	金额	占比	增长率
制造业（合计）	9924	77.1	4.0	10364	74.1	4.4	8226	81.7	8.3
食品	-606	n. a.	n. a.	442	3.2	n. a.	284	2.8	-19.4
纺织品	89	0.7	-35.4	105	0.8	18.3	21	0.2	-73.9
木材、木浆	102	0.8	n. a.	210	1.5	105.8	269	2.7	108.9
化学、医药	1118	8.7	n. a.	1083	7.7	-3.1	799	7.9	10.8
石油	72	0.6	145.5	25	0.2	-65.8	20	0.2	14.9
橡胶、皮革	110	0.9	25.2	-30	n. a.	n. a.	288	2.9	211.6
玻璃、土石	313	2.4	-35.3	194	1.4	-38.2	487	4.8	195.9
铁、有色金属、金属	681	5.3	121.2	624	4.5	-8.4	662	6.6	78.4
一般设备	2419	18.8	72.2	1882	13.5	-22.2	966	9.6	-15.2
电气设备	1477	11.5	-28.6	1526	10.9	3.3	1099	10.9	-8.7
运输设备	3708	28.8	8.9	4024	28.8	8.5	3247	32.3	3.2
精密仪器	199	1.5	355.7	95	0.7	-52.2	-28	n. a.	-146.6
非制造业（合计）	2942	22.9	-25.4	3628	25.9	23.3	1841	18.3	-38.5
农业、林业	12	0.1	n. a.	-3.8	n. a.	n. a.	n. a.	n. a.	n. a.
渔业、水产业	-17	n. a.	n. a.	*	n. a.	n. a.	n. a.	n. a.	n. a.
采矿业	-3	n. a.	n. a.	*	n. a.	n. a.	n. a.	n. a.	n. a.
建筑业	7	0.1	-40.3	38	0.3	448.3	20	0.2	76.5

① 日本和中国的相关投资统计数据之所以存在差异，很大原因是两国的统计范围和制表方法不同。从日本方面来看，“直接投资”包括：（1）“股票资本”（包括投资企业的股票、所持分公司的出资以及其他资本给付金）；（2）“再投资收益”（包括在投资企业未进行分配的收益中，与投资者出资比例相对应的部分以及未向投资者转账的分公司收益）；（3）“其他资本”（前述两项不包括的投资者与投资企业以及分公司之间的交易资本，比如母公司与分公司之间的借贷资金以及股票以外的证券买卖交易资金等）。而在中国方面，“股票资本”部分所占的比重有所上升。

续表

	2018年			2019年			2020年1~9月		
	金额	占比	增长率	金额	占比	增长率	金额	占比	增长率
运输业	-42	n. a.	n. a.	87	0.6	n. a.	112	1.1	38.2
通信业	4	0.0	-78.9	27	0.2	557.7	14	0.1	-70.9
批发零售业	2026	15.7	-43.7	1941	13.9	-4.2	1523	15.1	-19.1
金融保险业	973	7.6	170.4	1076	7.7	10.5	1163	11.5	82.6
房地产业	-80	n. a.	n. a.	185	1.3	n. a.	-960	n. a.	-655.1
服务业	187	1.5	118.6	312	2.2	67.3	-40	n. a.	-119.2
合计	12866	100.0	-4.6	13992	100.0	8.8	10067	100.0	-4.9

注：（1）基于保护个别数据的观点，对于报告件数不到三件的项目，用星号“*”表示；（2）当数据不存在时，用“n. a.”标记；（3）“制造业（合计）”和“非制造业（合计）”的数值包括表中各项、“*”项以及“其他制造业”和“其他非制造业”的数据，所以与表中各产业的合计数据不一定一致；（4）上述统计数据中，关联公司对母公司的投资计入母公司的投资回收（Directional Principle），所以，与“国际收支统计”等公布的直接投资数据［关联公司对母公司的投资不计为母公司的投资回收，而是计入投资总额（Asset and Liability Principle）］不一致；（5）对于金额为负数的情形，不计算增长率；（6）2018年和2019年的数据根据年度修订值计算，自然年度数值为年度修订值，所以季度值的合计有可能与年度值不一致。

资料来源：財務省「国際収支統計」を基に作成。

从基于国际收支统计的日本对华直接投资额中制造业所占比重的变化来看，2009年达到71.1%，之后的2010~2016年下降至60%左右，2017~2019年再次攀升到70%以上。2020年1~9月，日本对华直接投资额中制造业的占比继续上升，达到81.7%。综观全球对华直接投资，非制造业占了近七成，但日本的对华直接投资继续保持以制造业为主的倾向。

在制造业领域的日本对华直接投资中，占比最大的是汽车等运输设备及器件，同比增长3.2%，达3247亿日元，化学、医药则同比增长了10.8%，至799亿日元。另外，电气设备及器件同比减少8.7%，至1099亿日元；一般设备及器件减少15.2%，至966亿日元。至于非制造业领域，占比最大的是批发零售业，投资额为1523亿日元，较上年同期减少19.1%；金融保险业同比增加82.6%，至1163亿日元。

从日资企业的投资项目来看，据媒体报道，不少日资汽车企业着力建设电动汽车和新能源汽车的生产工厂，扩大工厂的生产能力。[①] 此外，还存在不少企业自身没有对外公布的投资项目。在与新能源汽车相关的研发领域，比亚迪汽车公司和丰田汽车公司共同设立了研究开发电动汽车的合资公司，并计划从2020年5月开始工作。在汽车零部件生产商中，针对面向新能源汽车的发动机等领域的生产工厂建设以及与自动驾驶相关的研究开发的投资，也频频被报道。[②] 如2020年12月，日本瑞萨电子集团与中国第一汽车股份有限公司宣布成立联合实验室以开展深度合作，共同开发自动驾驶、智能座舱、动力总成、车身控制等车载电控系统（ECU）解决方案，助力中国一汽打造智能驾驶自主开发平台。[③]

而在非制造业领域，以国民收入增加和消费升级为背景，日资企业积极在中国推进体验型消费等新形态的业务拓展活动。诸如，日本综合娱乐设施运营商ROUND1表示，2021年1月开设其在中国的第一家店铺。该店落地广州新塘永旺梦乐城，覆盖保龄球、卡拉OK、肆跑（Spo－cha）等多项娱乐活动。[④] 另外，日本网红"茑屋书店"也开始入驻中国，率先与砺玖弥新书店（杭州）签署连锁经营合同，并于2020年10月开设在中国的第一家"茑屋书店"——"杭州天目里茑屋书店"，12月二号店"上海上生新所茑屋书店"开始营业。书店里陈列着面向具有较高层次知识需求的消费者的书和杂货，并设立"生活提案顾问"为顾客推荐"梦寐以求的生活方式"。[⑤]

在金融领域，随着中国逐步放宽对外资出资比例的限制，在证券行业设

---

① 「トヨタ、中国・天津にEV工場検討　1300億円投資」、https：//www. nikkei. com/article/DGXMZO56223820Z20C20A2NNE000/。

② 「日本電産、中国にEVモーター開発拠点　日本級の規模」、https：//www. nikkei. com/article/DGXMZO59924040T00C20A6MM8000/。

③ 「ルネサスと中国第一汽車集団有限公司が共同研究所を設立、中国市場に向けた次世代スマートカーの開発を加速」、https：//www. renesas. com/jp/ja/about/press－room/renesas－and－faw－establish－joint－laboratory－accelerate－development－next－generation－smart－vehicles。

④ 「中華人民共和国第1号店出店に関するお知らせ」、https：//www. round1. co. jp/company/ir/pdf/saishin/2021/20210106_ news. pdf。

⑤ 「上海に『蔦屋書店』が初出店『上海上生新所 蔦屋書店』2020年12月24日OPEN」、https：//tsutaya－ltd. co. jp/news/2020/1224_ －20201224open. html。

立合资公司的案例也屡见不鲜。诸如，大和证券集团宣布，2020 年 12 月，该公司与北京国有资本经营管理中心、北京熙诚资本控股有限公司共同出资设立的合资公司大和证券（中国）有限公司已经完成登记注册。[①] 在中国政府自 2018 年 5 月放宽对外资出资比例的限制、2020 年 4 月进一步取消对证券公司外资出资比例限制的背景下，大和证券（中国）有限公司由大和证券集团出资 51%。[②]

此外，受新冠肺炎疫情肆虐的影响，中国国民卫生意识高涨，针对这些需求，在华日资企业也开始拓展相关业务。Panasonic 宣布，2020 年 8 月在广东省设立生产空气净化器等产品的新工厂，该公司全额出资设立的“广东松下环境系统有限公司”将在广东省佛山市顺德区建设“顺德第二工厂”，总投资额为 2.2 亿元，计划于 2021 年 7 月开工投产。[③]

综上，日资企业积极在华进行战略性投资。尤其是在证券业，如上所述，紧跟中国政府制定《外商投资法》及缓和市场准入规制等行动的步伐对华进行投资的案例也不断涌现。可以认为，中国重新修订《外商投资准入特别管理措施（负面清单）》，进一步缩减限制或禁止外商投资的领域，同时切实推进对相关规定的修订，让外资参与在实质上成为可能，使外资企业得以在华拓展业务范围。另外，在其他一些领域，还存在与《外商投资法》和《外商投资准入特别管理措施（负面清单）》相矛盾的低级别法令，导致外资企业实质上不能进入中国市场，这样的案例也是存在的。在华日本企业希望中国政府能够更加积极地对这些法令等进行进一步调整。

---

① 「大和証券（中国）有限責任公司の会社登記について」、https：//ssl4. eir - parts. net/doc/8601/tdnet/1914375/00. pdf。

② 「中国での合弁証券会社設立に関する許可について」、https：//ssl4. eir - parts. net/doc/8601/tdnet/1879581/00. pdf。

③ 《打造后疫情时代新日常 松下制冷展发布新动作》，松下电器（中国）有限公司网站，https：//panasonic. cn/about/news/all/news20200819/。据悉，“广东松下环境系统有限公司”（简称“松下环境”）二期投资扩产项目于 2020 年 6 月启动，于 2021 年 7 月正式开工投产，主要用于生产组合式调湿设备和净水设备等新产品，以及实现现有空气净化设备和新风设备类产品的增产扩能。建成后，其将成为松下环境继北京、顺德高新区生产网点之后的第三家工厂。

（二）在华日资企业的发展动向

依据日本贸易振兴机构（JETRO）实施的年度例行调查“亚洲、大洋洲日资企业实态调查”，2019 年，受中国去杠杆等国内改革的影响，加之中美贸易摩擦、全球性保护主义倾向带来的不确定性增加，日资企业在中国市场的销售额有所减少，同时出口也呈低迷态势。结果导致选择回答“扩大事业规模”的受访企业的占比较上年下降了 5.5 个百分点，为 43.2%，这是四年来首次出现负增长。2020 年，在新冠肺炎疫情蔓延及中美贸易摩擦激化的背景下，日资企业面临的不确定性进一步增加且没有得到消解，因此选择回答“扩大事业规模”的受访企业的占比进一步下滑，跌至 36.6%（见图 1）。

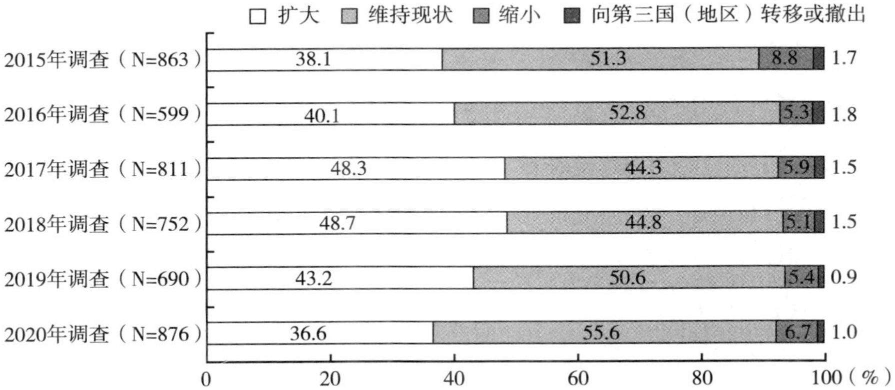

图 1 在中国开展事业的方向性情况

资料来源：JETRO『在アジア・オセアニア日系企業実態調査』、2005～2020。

但是，2020 年，选择回答“缩小事业规模”的受访企业只占 6.7%，选择回答“向第三国（地区）转移或撤出”的受访企业仅占 1.0%，并没有出现大幅增加的情况。占比有所增加的是选择回答“维持现状”的受访企业，较上年增加了 5.0 个百分点，这主要是基于对上述不确定性增加的担忧。而且，日资企业的这种事业拓展方向性，并不仅仅出现在中国。根据

2020 年的调查，日资企业对在主要国家扩大事业规模的意愿普遍低迷。[①]

虽然选择在中国“扩大事业规模”的受访日资企业占比仅为 36.6%，处于较低水平，但和上年相比也只是降低了 6.6 个百分点。可以认为，其背景是中国严格执行“城市封锁”和传染病例溯源等对策，中国经济迅速恢复正常状态。根据 JETRO 针对在华日资企业所做的调查，当被问及“预计经营活动何时恢复正常”时，大约三成的在华日资企业（29.1%）在 2020 年 8～9 月时即回答“已经恢复正常”。而在同时期的其他国家和地区，针对这一问题，只有 9.7% 的日资企业选择回答“已经恢复正常”，还在较低水平徘徊。由此可以看出，中国经济活动恢复正常状态是相当迅速的。

而且，从营业利益的预测值来看，和其他主要国家当地的日资企业相比，在华日资企业的经营状况明显向好。从主要国家当地日资企业 2020 年的营业利益预测值看，能够实现盈利的企业只占 48.0%，较上年的 65.0% 下降了 17 个百分点，甚至跌至历史最低水平 2009 年的 50.3% 以下。而在华日资企业中，能够实现盈利的企业的占比达到 63.5%，在主要国家中仅次于韩国，处于较高水平。

如上所述，对主要国家当地日资企业的经营状况进行比较可以发现，相对而言，在华日资企业受新冠肺炎疫情和世界经济增长钝化的影响是比较有限的，所以，对于在多个国家拓展事业的日资企业而言，基于对中国以外的国家和地区受新冠肺炎疫情扩散的影响将长期化的预期，母公司对在中国拓展事业规模并获利的期待日趋增强。

从企业经营活动所面临的课题来看，2020 年，最受日资企业关注的是“从业人员的工资上涨”（63.3%），但较 2019 年下降了 10.4 个百分点。排第二位的是“环境管制日趋严格”，占比达到 46.7%；排第三位的是“日益趋近极限的成本削减”，占比为 46.1%。[②]

2020 年，日资企业还直面由新冠肺炎疫情在全球蔓延及与此相关的预

① JETRO『在アジア・オセアニア日系企業実態調査』、2020。

② JETRO『在アジア・オセアニア日系企業実態調査』、2020。

防控制措施等所带来的新的经营课题。尤其是在2021年初，针对新一批赴任员工、派驻人员家属以及出差人士的邀请函发放受到限制，从日本很难去往海外的情况依然存在，这成为很大的问题。另外，中国国内时常出现疫情局部发生的情况，国内人员往来亦受限，因此在中国国内出差也面临困难，这都会对企业的经营活动造成影响。而且，在北京等地，当有确诊病例出现时，与此相关联的日资企业入驻办公场所的进出人员以及员工入驻公寓的居民都需要在家隔离数日。对这样的风险也是必须考虑的。

尤其是与日本之间的人员往来，已经成为亟须解决的课题。对此，中国日本商会于2020年12月向中国外交部、商务部以及相关省区市政府等提交申请书，其中提出了希望尽快明确“快捷通道”（商务通道）相关操作手续并使其合理化、尽早重开与日本之间的直航并增加已经重开航班的定期班次等五项要求。① 为了抑制新冠肺炎疫情在全球范围内进一步扩散，日中两国都需要通过实施科学的、合理的对策，在防控疫情的同时，实现双边人员的正常往来。

三　在华日资企业供应链的现状及课题

2020年，由于新冠肺炎疫情蔓延至世界各地，物资供给和人员往来的中断等风险显现。而且，中美贸易摩擦进一步扩展至各个领域，两国在物品、技术以及数据等相关产品的出口和跨境等方面加大了管理力度，日资企业不能不意识到被夹在日美两国规制之间的风险。

在如此环境变化中，企业想要继续维持稳定的业务经营活动，针对供应链的重新调整和分散布局进行讨论的时机已经成熟。日本政府在2020年度补充预算中，提出“作为供应链对策的促进国内投资事业补助金”（2200亿日元）和“供应链多元化等支援事业”（235亿日元）等支持措施。在这一

① 事实上这不全是中方的问题，原本“中日商务通道”计划在2020年底开通，但由于受到第三波疫情的影响，日本被迫“锁国”，2021年1月21日，日本宣布包括中国在内的所有国家的人员均不得入境。——译者注

系列政策被公开报道后，中国相关政府部门和媒体对日本企业是否会从中国大规模撤出有所关注。

另外，从申请“作为供应链对策的促进国内投资事业补助金”的要件来看，从特定国家和地区撤出或转移并不是成为补助对象的条件，而是以确保制成品及零部件等顺畅供给、使供应链更为强韧等为目的。至于后一项支持措施，也是以在日本和东盟构建更为强韧的供应链、在东盟等地实现制造据点多元化等为目的的。

而且，从日资企业关于生产地调整等相关意向的调查来看，并不会发生大规模的转移和撤出情况。在 JETRO 对日资企业的调查中，当被问及是否因为“新冠肺炎疫情扩散”和“通商环境变化”等因素“计划调整生产地”时，选择回答“有计划”的制造业受访企业，在中国只有 7.2%，还有 92.8% 的受访企业“没有调整计划”，与在东盟的日资企业的情况大体相当。①

截至目前，日资企业（制造业）在中国构建供应链的发展方向，还是以提升当地采购率为主。根据 JETRO 对日资企业的调查，从在华日资企业（制造业）的原材料和零部件采购对象来看，“当地（中国国内）”所占比重在 2010 年为 58.3%，2019 年已经上升至 69.5%。2020 年，新冠肺炎疫情和中美贸易摩擦对供应链造成负面影响，“当地采购率”与上年相比略有下滑，降至 67.6%，从日本国内采购所占比重出现微幅增加。

但是，2020 年的这种结果，应该不会导致日资企业在中国当地的采购率持续下滑。根据 JETRO 对日资企业的调查，在不同国家和地区，当被问及“未来 1~3 年是否计划扩大当地采购”时，在华日资企业中有 90.4% 的受访企业选择回答“扩大”，远远超过该地区的平均水平（74.8%）。

进一步而言，选择“扩大向当地企业采购”的在华受访企业占 89.1%，而选择“扩大向日资企业采购”的仅占 20.2%，存在较大差距。从这一结果来看，未来，在华日资企业在管理和构建供应链时，将积极朝着向当地企

① JETRO『在アジア・オセアニア日系企業実態調査』、2020。

业采购的方向发展。而且在东盟地区，除了中国大陆以外的其他地区，日资企业也不断拓宽视野，从选择“扩大向中国大陆采购”的受访企业占比来看，在韩日资企业的比例最高，为35.7%，之后依次是在中国台湾的日资企业（占比为26.9%）、在缅甸的日资企业（占比为26.7%）。[①] 这一区域内的采购路径变化动向，可能会因为RCEP生效以及对包含实务手续在内的协定本身的理解的进一步深化而发生变化，今后需要进一步关注其发展情况。

四　日资企业面临的课题以及改善建议

中国日本商会，从2010年开始出版《中国经济与日本企业白皮书》（简称“白皮书”），不仅对当年中国经济和日本企业的发展状况进行概述，而且作为“建议”提出了日资企业直面的课题。

2020年的白皮书指出，日资企业的主要诉求是“确保公平性”，并提出了一些具体建议。本报告将相关建议整理如下。

1. 对外开放

为顺应经济全球化的发展浪潮，希望中国进一步放开制造业以及服务业等领域的外资准入限制，进一步采用国际标准。

投资：希望主管《外商投资准入特别管理措施（负面清单）（2019年版）》的国家发展和改革委员会、商务部与主管《网络出版服务管理规定》的工业和信息化部对接，修订《网络出版服务管理规定》，以便外资企业能够参与提供网络音乐服务。

养老产业：关于成人纸尿裤，希望中国能够依据国际标准，针对辅助衬垫的配合使用制定统一的标准。

2. 行政规章的执行及程序

为建设法治政府、服务型政府，希望中国能够进一步简化行政手续，提

① JETRO『在アジア・オセアニア日系企業実態調査』、2020。

高办理速度，大幅取消审批和认证事项。同时，希望对制度的解释和执行坚持同一标准，为相关企业预留充足的准备时间。

投资：为了防止新冠肺炎疫情扩散，中国政府采取了一系列防控措施，希望能够明确各项措施的结束时间；另外，希望各级地方政府在发布通知的时候避免口头传达方式，而采取在网站上发布相应通知或正式文件的形式；同时，希望下级行政机关能够明确公示上级行政机关发布的有关通知，避免双方所发布的通知或指示相互矛盾。

空运：在防止新冠肺炎疫情蔓延方面，希望中国有关部门在下发某项通知时，能够预留足够的缓冲期；在发出通知的同时公开相关信息，以正式的书面通知为宜，进一步明确现场管理部门的执行责任。

3. 公平竞争

为建设竞争有序的市场体系，希望中国进一步对妨碍公平竞争的规定进行修订，让内外资企业能享受到平等待遇，并围绕知识产权制度进一步推动改革。

技术标准及认证：希望中国在制定《网络安全法》细则以及标准等的过程中，广泛听取相关方意见，同时在制度制定及执行方面不要歧视性对待外国产品；在各项制度的运用方面，强烈希望加以改进，以避免外资企业遭受不公平待遇，同时希望能够像《密码法》所规定的那样，确保外资企业不会被要求披露源代码等专有信息。

政府采购：希望中国公开“安可（安全可控）”或“信创（信息化应用创新）”制度相关名单，同时明确所适用的产品范围、要求内容和标准，保证市场准入的透明性和预见可能性；希望不将由中国企业开发、制造设定为信息安全的满足条件，开放外资企业产品的门户。

2020 年，中国开始施行《外商投资法》、《外商投资法实施细则》和《优化营商环境条例》等法律法规。尤其是在《外商投资法》中，在华日资企业一直倡导的公平参与政府采购、外汇自由汇兑等内容在条文中得到了体现，提高了在中国的外资企业对广义营商环境进一步改善的期待水平。但是，在中美贸易摩擦加剧的背景下，自 2020 年 8 月以来中国陆续发布一系列经济安全保障相关政策，加大了对物品、技术和数据的管理力度。而且，对象和细则等存在很多不确定性，导致业务经营方面的不确定性随之增加。

五　结语

2020 年，新冠肺炎疫情在全球肆虐以及中美贸易摩擦激化使各国均采取了强化经济安全保障政策的措施，世界范围内商业经营活动的不确定性进一步增加。相较于其他国家和地区，日资企业在中国受到的这种商业经营上的消极影响相对较少，因此，在中国拓展业务的重要性进一步提升。

在供应链方面，新冠肺炎疫情蔓延使各国看到了强化供应链的多元化和强韧化特征的契机。但也可以看到，不少外资企业通过强化与当地企业的合作以及推行地产地销型运营模式，进一步巩固了已经在中国形成的供应链。未来，为了借中国率先摆脱新冠肺炎疫情并恢复经济正常运营的发展势头，进一步促进日中之间的经贸活动，希望中国政府能够实施减少商业经营中的不确定性、确保可预见性的政策措施。

（叶琳译，张季风编校）

B.10 新冠肺炎疫情下中日经贸合作面临的机遇与挑战

金仁淑　杨博文*

摘　要： 2020年突如其来的新冠肺炎疫情极大地冲击了世界经济，不仅使中国和日本国内经济面临下行风险，也令2017年以来开始复苏的中日经贸合作遭到巨大挫折。新冠肺炎疫情一方面为中日经贸合作提供了重要机遇，即推进区域经济一体化、加强第三方市场及重点领域的合作，进一步强化中日在经济方面的相互依赖，有利于扭转中国对日贸易逆差的现状；另一方面，中日经贸合作也面临诸多挑战，即双方实力上的逆转加深了对亚洲经济竞争、制造业领域的冲突风险增加、价值链的竞争加剧以及中美博弈带来的影响。面对百年不遇的机遇与挑战，中日应该趋利避害，采取合作双赢的措施。

关键词： 新冠肺炎疫情　中日经贸合作　中日产业链

2020年，一场突如其来的新冠肺炎疫情席卷全球，不仅使世界经济遭受严重挫折，也使中国和日本的经济受到巨大影响。新冠肺炎疫情的冲击使

---

* 金仁淑，经济学博士，中国政法大学商学院教授，全国日本经济学会常务理事，主要研究领域：日本经济、中日经济合作。杨博文，经济学博士，中国政法大学商学院博士后，主要研究领域：日本经济、政治经济学。

2017年以来回暖的中日关系又面临新的挑战，同时也带来了新的发展机遇。中日两国应当推动区域经济一体化进程，加强两国的经济贸易往来，促进产业、公共事业、卫生医疗、政治互信方面的发展，为两国早日摆脱新冠肺炎疫情冲击的影响、构建更为和谐的关系做出努力。

一 新冠肺炎疫情对中日经济及经贸合作的影响

2020年突如其来的新冠疫情不断蔓延，不仅严重影响了中日两国国内经济的发展，而且也影响了开始回暖的中日经贸关系，造成了深远的影响。

（一）新冠肺炎疫情冲击了中日国内经济发展

受到新冠肺炎疫情影响，中日两国经济均面临经济增长率明显下滑、失业率显著上升、工业企业和服务业停工停产的风险，中日各项宏观经济指标下滑严重，但两国的表现不同。中国经济经过第一季度 -6.8% 的下滑后，从第二季度开始强劲复苏，全年实现了2.3%的增长，成为全球主要经济体中唯一实现经济正增长的国家。而日本在第一季度受影响较小，从第二季度开始疫情不断反复，明显影响经济表现，7月代表大型制造业企业景气度的景气判断指数（DI）为 -34，降至2009年金融危机以来的最低水平。[①] 加上东京奥运会延期，极大地削弱了日本经济的复苏和发展态势。根据日本内阁府2021年2月发表的初步统计，扣除物价因素后，日本2020年实际GDP比2019年下降4.8%。这是日本经济自2009年以来首次出现负增长。

（二）新冠肺炎疫情导致中日经贸合作再次陷入低迷状态

新冠肺炎疫情不仅影响中日两国国内的经济发展和生产活动，而且使2017年以来出现转机的中日经贸合作再度陷入谷底。

---

① 《日本大型制造业景气度降至11年来低点》，日经中文网，https：//cn.nikkei.com/politicsaeconomy/epolitics/41135 - 2020 - 07 - 01 - 16 - 18 - 16.html。

1. 双边贸易和投资大幅减少

新冠肺炎疫情暴发后，中国和日本封闭了许多城市，并且对海外人员实行严格的入境管理制度，使中日双边贸易投资无法顺利进行。2020 年1～9 月，中国对日进出口总额为 16103.7 亿元，其中出口比上年同期减少了 0.2%。而作为投资大国，日本 2020 年 4～6 月对中国的非制造业的投资出现逆差，其中不动产业和服务业的逆差分别达到 466 亿日元和 10 亿日元。2020 年 1～10 月日本对中国净出口和净投资变化见图 1。

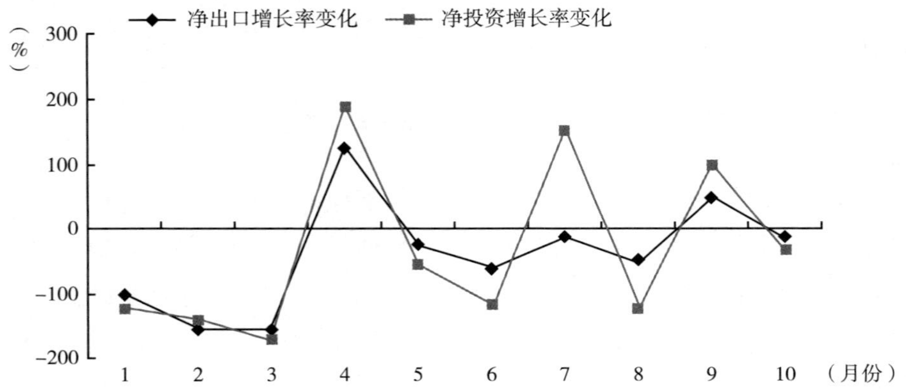

图 1　2020 年 1～10 月日本对中国净出口和净投资变化

资料来源：財務省、https：//www. mof. go. jp/international_ policy/reference/balance_ of_ payments/index. htm。

2. 旅游及相关产业严重受挫

中日为旅游业大国，但受疫情影响，中日双方的旅游贸易均大幅衰退。尤其是中国游客大幅减少，导致日本旅游收入严重下滑。2020 年 1～9 月，访日中国游客同比减少 86.1%。旅游业涵盖景区、客运、餐饮、住宿以及文化商品和表演等一系列产业，也是第三产业的重要组成部分，游客大幅减少导致中日航空公司失业员工增加、运输量减少，航空业萎缩。日本航空业预计，截至 2021 年 3 月底的会计账户损益约为 1000 亿日元赤字，[①] 创历史

① 「JTBが6500 人削減へ年収 3 割カット、店舗を縮小」、『毎日新聞』2020 年 11 月 20 日。

新高。显然，作为受冲击最严重的产业之一，旅游业的产业链可能会被打乱。[①]

3. 劳务输入骤减，引发“用工荒”

中国是日本劳动力供给的重要国家。2018 年，在日本的中国人达到 764720 人，仅次于越南，但中国的劳动力素质远高于越南劳动力，是日本海外高素质劳动力的重要来源。然而，2020 年的新冠肺炎疫情阻断了跨区域劳务流动，导致日本制造业和介护产业等出现严重的“用工荒”。根据日本厚生劳动省发布的数据，2020 年 9 月，日本的非正规就业职员同比减少 123 万人，而这部分务工人员在很大程度上来源于海外务工人员。在中国疫情严重的 3 月，日本为防控疫情传播限制中国技能实习生入境，这导致依赖海外员工和实习生的企业和产业，如大型护理企业 TSUKUI[②]、农业[③]等，不得不延缓或停止相关生产经营活动，[④] 这导致日本国内生产活动衰退。

（三）新冠肺炎疫情加剧了中日产业链断裂的风险

众所周知，中日企业之间融合度较高，在汽车、机械等领域构建了互利共赢的产业链关系。一方面，日本汽车和电子零部件对华依存度很高，而疫情导致武汉等的日本在华企业停工和物流中断，使整个产业链受损，凸显出“过度依赖中国”的困境；另一方面，中国在零部件、中间品领域对日本的依存度较高，因此日本疫情的大规模暴发和反复，在贸易和投资层面，对中

① 《2020～2025 年中国旅游行业市场前景及投资机会研究报告》，第 14 页，https://www.baidu.com/link? url = E_ Odt4ujxYgTSPiKMF_ WoyNx039P1_ Tz9oybN - iv2bO&wd = &eqid = e07d25cb00155c34000000025ff4a28b。

② 「海外エアライン、日本で雇用縮小　失職や契約更新見送り」、『朝日新闻』2020 年 11 月 19 日。

③ 另外，也严重影响正常的农业生产，如日本长野县以生产蔬菜闻名，但 3 月开始的限制入境政策导致其生产因缺少人手而无法顺利展开；青森县栽培、剪枝、摘果等一系列工作也面临无人可用的尴尬境地。

④ 「コロナ関連解雇、7 万 1 千人に 13 日時点」、『中日新闻』2020 年 11 月 17 日、https://www.chunichi.co.jp/article/155778? rct = economics。

国的高技术制造业带来一定的负面影响。对此，为了降低国内的汽车行业对中国的依存度，日本政府专门制定了企业撤回日本国内或者东南亚的补助政策，如日本政府在2020年4月7日的紧急经济对策中考虑将在中国的日本企业转移至东南亚，并给予中小企业设备搬迁费补助2/3、大企业补助1/2。7月18日，日本经济产业省公布了87家第一批可以获得政府补贴的企业，这些企业可以在政府的支持下有计划地向其他国家转移。可见，新冠肺炎疫情导致中日出现经济脱钩、产业链出现断裂的风险，不利于中国的零部件制造业和机械制造业发展。

二　新形势下中日经贸合作面临的机遇

新冠肺炎疫情虽然导致中日国内经济及经贸合作均面临严峻的挑战，但也为中日经贸合作带来了新的机遇。

（一）改善中日经贸关系的不平衡状态

传统的中日经贸关系存在较大的不平衡特征：中国对日贸易逆差严重，日本对华投资远超中国对日投资。新冠肺炎疫情暴发后，日本对华投资和出口不断下降，但2020年2月后中国对日投资和出口开始稳步增加，中日贸易逐渐接近平衡状态；日本对华投资有所起伏，中国对日本的投资在2020年下半年稳步增长，双方差距逐渐缩小。

（二）推进区域经济一体化发展

近年来，中日围绕中日韩FTA、RCEP等推进区域经济合作。在新冠肺炎疫情冲击全球经济、各国均面临经济严重衰退的风险背景下，推进区域经济合作意义尤为重要。疫情暴发后，中日两国共克时艰，加强了高层互信和民间交流，2020年7月29日，中国国务委员兼外长王毅同日本外务大臣茂木敏充通电话，两国领导人都表示对于中日合作以及自贸区建设的认可和信心。经过中日等国的不懈努力，2020年11月，由15个国家组成的

RCEP终于签署。这使中日关税实现了历史突破：86%的中日贸易商品将最终取消关税。中国对日出口的服装、冷冻食品、蘑菇、绍兴酒，以及日本对华出口的电动汽车电池材料、车轴、农用拖拉机、部分钢铁制品、扇贝、清酒等都将被取消关税，这将有助于实现区域内高水平的贸易自由化。与此同时，RCEP是第一个容纳中日韩三国的区域合作组织，将对未来中日韩FTA的签署具有重要的推进作用。而新冠肺炎疫情的冲击很可能会使中日韩自贸区协定达成提上日程，最终从设想变成现实。容纳超过15亿人的中日韩FTA，将增加中日韩三国整体福利，实现区域内经济共同繁荣，抵御逆全球化趋势。在新冠肺炎疫情来袭、全球经济低迷、逆全球化的背景下，中日韩FTA、RCEP对中日两国深化合作、推进区域经济一体化具有里程碑意义。

（三）推动第三方市场合作

2018年中日双方启动第三方市场合作以来，泰国、越南等东盟地区以及中亚和非洲等的共建“一带一路”国家，成为中国和日本开展第三方市场合作的主要区域。新冠肺炎疫情暴发后，为了防止零部件供应中断，日本欲转移对中国的投资，而东盟等国是日本推行海外转移的重要市场。因此，中日可以发挥比较优势，加快推进在第三方市场的合作。在东盟，中日投资总规模接近，但是中国把新东盟国家的采矿业、基础设施建设和重工业作为主要投资产业，而日本以对老东盟国家服务业、汽车制造业和高新技术产业进行投资为主。[①] 因此，中国和日本在东盟的第三方市场合作不仅具有坚实的基础，而且具有很强的互补性，双方有望进行强强联手。中亚五国也是中国和日本进行第三方合作具有潜力的市场。中亚五国都是上海合作组织的成员国，具有先天的地理优势和政治信任；日本虽然远离亚欧大陆内部，但是对于中亚五国的经济需求很大，中亚

---

① 金仁淑：《中日对东盟投资比较及中国的策略——“一带一路”倡议下的新考量》，《现代日本经济》2017年第6期，第34～44页。

五国是日本矿产、能源资源的主要来源国和重要的海外投资市场。[①] 中日可以合作开发中亚，实现优势互补，互利共赢。此外，中日在非洲的第三方合作方面具有很好的互补性：日本需要借助中国同非洲友好的政治关系和影响力加强与非洲的联系，使其投资持续稳定；而中国也要借鉴日本的一些关于风险评估的经验，以更好地服务于高质量的对非洲合作。[②]

（四）加快重点领域的合作

长期以来，日本先进的技术和中国廉价的资源和劳动力成为中日开展经贸合作的基础，然而随着中国经济实力的不断提升，中日比较优势发生升级，尤其是新冠肺炎疫情蔓延的背景下，中国提供有效的抗疫和防疫物资、疫苗等，在全球中的地位迅速提高，更加促进中日经贸进入高技术、多领域合作阶段。（1）高端制造业。日本为全球制造业强国，在机器人技术等领域具有世界一流水平。中国为“世界工厂”，是种类齐全的制造业大国。中日双方在提高制造业技术水平、实现向高端制造业转化、发展机器人产业方面具有很多合作机会。（2）应对人口老龄化。中国和日本都已经进入老龄化社会，在社会家庭合作、介护服务、社会保障制度等方面，两国具有同样的需求，而日本的经验要比中国丰富一些。（3）农业发展和乡村建设。日本人多地少，因此对土地精耕细作，种植的专业化、机械化及农产品的商品化程度高，尤其是衍生出了观光农业和旅游农业等相关农业模式，这些都对中国发展现代农业和进行乡村建设具有重要启示。（4）应对自然灾害的措施。中日两国均为地震多发的国家，对于如何应对自然灾害和进行灾后重建，日本具有丰富的经验，中日两国在对方发生地震时不仅提供救灾物资，而且都派出救援队参与营救。可见，在应

① 金仁淑：《中日对中亚五国经贸合作比较——略论“一带一路”构想与实践》，《日本学刊》2016 年第 3 期，第 97 ~ 114 页。

② 孙丽、张慧芳：《“一带一路”框架下中日第三方市场合作的可行性与模式选择》，《日本问题研究》2019 年第 2 期，第 13 ~ 22 页。

对自然灾害方面，双方不仅具有现实基础，也有历史渊源，是未来共同应对自然灾害、构建中日命运共同体的合作对象。（5）医疗行业。日本的医疗和器械水平均为世界一流，中国在防疫抗疫方面成效显著，中日可以共同研发抗疫药物和医疗器械，为人类尽快摆脱新冠病毒的伤害做出贡献。

（五）加深中日经济的相互依赖

客观上看，中国和日本的经贸往来已经非常深入，两国的经济联系也越发紧密，同时中国的市场潜力巨大，对日本商品需求较高，因此中日之间的来往不会中断。根据2019年的调查，日资企业在中国当地采购零部件比例达到69.5%，居被调查的11个国家之首。同时，从2010年到2013年、2016年、2019年，在华日企在中国当地采购的比例从58.3%逐步上升为64.2%、67.8%、69.5%，几乎达到七成。日本贸易振兴机构（JETRO）发布的调查数据显示，只有9.2%的受访企业愿意把工厂从中国撤离。实际上，虽然日本政府对撤离的企业提供补贴，但一个不争的事实是：选择从中国市场“缩小规模或转移、撤离”的受访日本企业占比已经降至五年来的最低点，比2015年下降了4.3个百分点。与此同时，中国也加强了对日本经济的需求，日本与中国的产业链关系密切，新冠肺炎疫情下的日本企业出于对自身利益的考虑，更倾向于留在抗疫效果显著的中国，而中国企业也需要与日本形成稳定的经贸合作。日本财务省的数据显示，2020年，虽然日本出口总额下降，但是对华出口额增长了2.7%，日本成为中国第二大进口国。两国前些年遇冷的经贸关系非但没有疏远，反而更加密切。

三　中日经贸合作面临的挑战

如前所述，2020年的新冠肺炎疫情为中日经贸合作提供了难得的机遇，但中日之间固有的结构性矛盾和日美同盟下中美地缘政治关系导致中日经贸合作依然面临不可预测的挑战。

（一）中日经济实力的逆转加剧了亚洲经济竞争

20 世纪 80 年代的中日“蜜月”期间，日本是亚洲第一、资本主义世界第二经济大国，经济规模是中国的五倍以上，曾为中国经济提供援助。但自从 20 世纪 90 年代初经济泡沫破灭后，日本经济进入了“失去的二十年”，而中国经济则在 1992 年确认市场经济体制改革目标后快速发展，并在 2010 年实现经济总量超过日本，而且亚投行的建立也提升了人民币在国际上的地位，中日之间的经贸关系出现逆转，亚洲经济的优势已经悄然从日本向中国倾斜。日本虽然在经济总规模及贸易总量上已经落后于中国，但是认为自身的经济发展质量依然远远超过中国，所以在某种程度上视中国为“威胁”，又不愿意承认中国取代自己成为亚洲经济的“领头羊”。

随着新冠肺炎疫情在全球蔓延，美国成为确诊人数最多、死亡人数最多的国家，加上政权更替，美国无暇顾及亚太区域经济一体化的发展情况，亚太地区的生产网络和消费市场的归属再次成为中日不得不面临的问题。显然，日本担心中国主导亚洲经济，而自身在其中无法发挥领导者的作用。目前，日本依然拥有传统制造业强国的优势，但新冠肺炎疫情暴发后中国率先摆脱疫情影响，成为主要经济体中唯一实现正增长的国家，更加巩固了其作为全球经济火车头的地位。反观日本，疫情反复，加上东京奥运会的延期，国内经济衰退严重，难以承担拉动亚太区域经济发展的重任，但又不想面对中国部分承担或者动摇日本地位的事实，由此感到焦虑和担忧。如 2019 年中国宝武钢铁集团钢产量跃居世界第一，引发日本企业不安，认为“随着中国企业的巨大化，出现与市场机制无关的行情大幅波动的风险会越来越大”①；针对在尖端领域日本企业与中国企业和研究机构进行合作及投资的反映，认为“应当减少”的回答占 46.2%，认为“应当增加”的仅占 18.4%②。

① 《宝武钢铁跃居世界第一引发日企担忧》，日经中文网，https://cn.nikkei.com/china/ccompany/40369-2020-04-29-04-52-56.html?start=1。

② 《日本商务人士 4 成对中日合作态度谨慎》，日经中文网，https://cn.nikkei.com/industry/management-strategy/41944-2020-09-04-10-43-55.html。

（二）中日制造业领域的竞争与冲突风险增大

随着中国经济多年的快速发展，中国的经贸实力与日本不断缩小，在中日经贸中最具代表性的制造业领域，中国开始追赶日本，并在一些领域实现超越，这导致中日经贸冲突进一步升级。众所周知，日本是传统的制造业强国，而中国在近些年成为制造业大国，自身种类齐全的工业体系在全球首屈一指。在传统的钢铁、化工、电力、机械、电子、纺织服装、采矿业等制造业领域，中日差距逐渐缩小，宝武钢铁、中国石油化工和一汽集团都入选2020 年世界 500 强企业。中国经过多年的发展，对于日本的优势地位形成了强有力的挑战。在高铁、核电技术和新能源汽车等方面，中国发展迅速，部分技术还向国外输出，已经基本追赶上了日本，与日本形成竞争关系；在移动通信行业，华为的 5G 通信业务遍布全球 170 多个国家和地区，中兴、小米等品牌的智能手机也已走向世界；在计算机产业上，联想早已成为全球出货量最大的厂商。与之相比，日本的通信行业和计算机行业都远远落在了中国的后面。因此，虽然两国的经济结构依然存在互补性和差异性，但不可避免地存在竞争与冲突的风险。

（三）中日价值链的竞争加剧

长期以来，中日在产业层面的互补性比较显著，即中国承接日本的产业转移，在中高端产业方面落后于日本，合作大于竞争。然而，2008 年金融危机后，随着高新技术产业的不断壮大，中国逐渐提升了在全球价值链中的地位，中日经贸开始进入合作与竞争并存且在有些领域竞争大于合作的新阶段。在国际分工上，中国和日本由过去的垂直型分工逐渐转变为水平型分工，中国企业由过去组装代工转变为独立制造一些产品的核心元件。同时，在分工模式上，中日合作方式也从单一的产业间分工转向产业内分工和产品内分工。这些都说明中国在产业链和价值链方面已经对日本形成冲击和带来挑战，尤其体现在缩小了与日本在价值链上的差距这一方面。在初级产品领域，日本在全球价值链中的分工地位高于中国，但是由于资源缺乏且严重依赖国外，因此对中国的优势不明显。在劳动密集型产品领域，中国的纺织品、原料和皮革制品的地位均高于日本，整体上两国互有优势、形成错位。在中低技术产品领域，中国在塑料、贵金属、纺织制品上都有优势，尤其塑料制品的地位明显高于日本。在日本具有传统优势的中高技术产品领域，如电机、电气设备、制造业零件和精密仪器等产品，中国在技术上取得了突破性发展，摆脱了完全依赖日本等发达国家的窘境，对日本产生强有力的挑战。但是，日本仍然在高端技术产业、汽车产业和电子产业方面具有优势，是中国提升在全球产业链中的地位的有力竞争者。[①] 如图 2 所示，日本的价值链位置度从 2000 年的 0.04 下降到 2014 年的 -0.01 左右，虽然中国在价值链方面还不能完全追赶上日本，但双方价值链已经开始交叉，中国在参与度与具体产业方面已经冲击了日本的地位。而在新冠肺炎疫情的冲击下，日本积极寻求新的发展方式，提升在全球产业链中的地位，这也形成了与中国进一步竞争的局面。

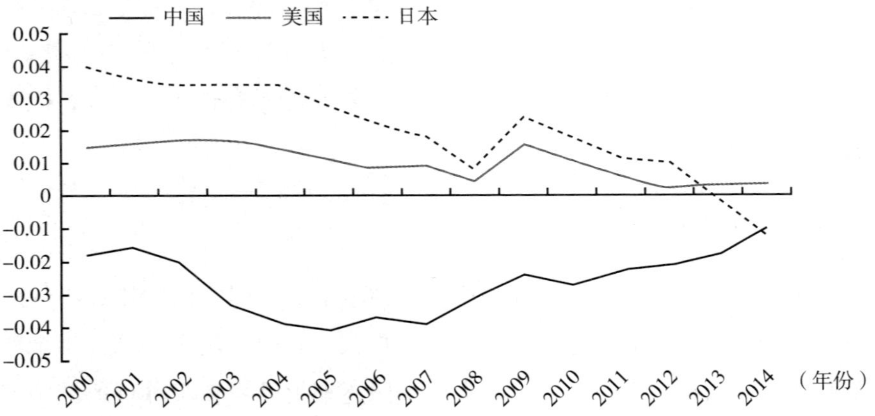

图 2　中美日三国全球价值链的位置度比较

资料来源：张彦《中美日制造业在全球价值链体系的国际竞争力变迁与博弈研究》，《经济问题探索》2019 年第 5 期，第 114 页，文中所有数据均来源于 WIOD（2000 ~ 2014）数据库。

① 馮君実「中日貿易の付加価値構造に関する一考察」、『岡山大学大学院社会文化科学研究科紀要』2019 年第 48 号。

（四）中美博弈下的地缘政治障碍不易消除

中日分别为世界第二、第三经济大国，经贸合作直接影响亚洲乃至全球经济的发展。反之，在日美同盟下，中美博弈等地缘政治经济关系严重影响中日经贸合作的进一步深化。

第一，日美同盟下日本采取“政治上依靠美国、经济上依靠中国”的双重战略，使中日关系深受国际地缘政治影响。目前，中日经贸合作进一步深化，不仅取决于中日关系自身的发展，而且受中美博弈走势的影响。国际政治学界认为，以往中美关系恶化加强了中日关系，但在目前中美博弈长期化的背景下，既保持良好的日美同盟，又加强与中国的关系和合作，是日本面临的挑战，中美博弈阻碍中日经贸合作进一步深化。

第二，日本长期以来追随美国以及“脱亚入欧”的历史传统阻碍中日经贸合作发展。二战后，日本最大的贸易伙伴和学习对象是美国和西欧各国。当下，美国退出 TPP，日本主导 CPTPP，并一直期待美国的回归，亦加强与欧盟的关系。而日本对中国倡导的“一带一路”倡议、中日韩 FTA 的态度犹豫不决，包括在 RCEP 达成之前，日本拉拢印度加入，希望制衡中国。在一定程度上，日本选择对华合作、加入东亚经济圈和“一带一路”倡议，实际上也是日本面对现实困境的被迫选择。毫无疑问，如果条件成熟，那么跟随美国和欧盟仍旧是日本的首选。

第三，中美博弈阻碍中日经贸合作的走势。特朗普上台以后，美国加强对中国的制裁和围堵，并试图在一些关键技术领域遏制中国，从而逐渐加剧了中美冲突。在此背景下，政治上右倾亲美的自民党政府和日本企业很可能会主动放弃与中国进行全方位的经贸合作，如在美国打压华为等高科技企业时，东芝公司追随美国暂停了一部分与华为合作的电子零部件出口。而针对美国的制裁，中方采取反制裁措施，一些参与制裁中国的日本企业也有可能遭遇中国进行的技术禁运和经济制裁。显然，在中美博弈长期化的背景下，日本已经很难在中美之间维持战略平衡，迫使右翼化的自民党政府很可能主动放弃与中国的全方位经贸合作，进而导致回暖不久的中日关系再次冷却。

毫无疑问，除中美博弈之外，中日自身的结构性矛盾也是两国经贸发展的障碍，包括钓鱼岛问题、历史问题和台湾问题上的日本右倾思潮、部分日本媒体对《中华人民共和国香港特别行政区维护国家安全法》的无端指责等，这些不和谐因素阻碍中日经贸合作的进一步发展。这些行为激发中日两国人民互相的反感甚至产生民族仇恨，使原本不稳定的经贸关系雪上加霜。近年来，日本朝野虽然对华态度相对缓和，但日方对中方的一些活动仍然表示怀疑。日本对于中国的一些经济规则、制度的了解仍然相对较少，并产生了一些不信任感，导致中日关系出现变数和不确定性。鉴于日本长期以来致力于谋求自身的政治大国地位，我们不能盲目乐观，更不能低估中日之间进行竞争和发生冲突的可能。

四 结语

综上所述，2020 年突如其来的新冠肺炎疫情，不仅严重冲击了中日两国经济增长、生产生活，而且使回暖的中日经贸合作再次陷入低潮。但与此同时，新冠肺炎疫情也为推进中日区域经济一体化、加强第三方市场合作和重点领域合作提供了有利条件和契机，为推进中日经贸合作创造了条件。然而，中日经贸合作依然面临结构性矛盾、地缘政治障碍以及不断增加的中日经贸冲突与风险等，这需要中日协同合作，共同推进中日经贸合作进一步深化。

首先，坚定不移地进一步强化双方的经贸合作。如上文所述，虽然疫情冲击下日本政府有计划地实施企业回迁和向东南亚国家转移政策，但一个相反的事实是：大多数日本企业非但不愿意从中国迁出，反而加强了留在中国的信心和意愿，而且中国也增加了对日本产品的进口。这说明中日两国的经贸往来具有较强的刚性和稳定性，在疫情肆虐背景下，促进中日经贸合作是大势所趋，不会简单地因为受到政治层面的影响而轻易改变。经济具有基础地位和先导性，中日两国作为东亚经济大国，在抗疫方面表现较好，国内复工复产较快，因而对经贸往来具有更大的需求。在未来一段时间里，我们不仅不会改变现有方针，反而应当继续促进双边进行经贸合作，以经济发展促进政治互信和文化交流。

其次，加深产业链中的优势互补。在短期内，中日之间的技术差距仍然存在，中日双方可以发挥各自的比较优势，利用自身的特色进行合作。以中国为例，建桥技术、5G 通信技术、航空航天技术、激光技术、电子技术享誉世界，成为如今中国走向世界的名片。日本的半导体材料、超高精度机床、工业机器人和精密机械、垃圾焚烧机等技术也具有领先多年的优势。因此，两国虽然在产业链方面存在竞争，但是仍然可以发挥各自的比较优势，趋利避害，共同发展，实现中国产业链的升级换代。

再次，合作应对中美贸易摩擦和地缘政治的不利影响。长期以来，日本实施追随美国的国家战略，但特朗普政府不分敌友、全面采取“美国第一”等贸易保护主义措施使日本经贸损失惨重。为了维护日本经济利益且有效应对美国的制裁，日本虽然坚持主导 CPTPP，但效果甚微，而 RCEP 的启动不仅加强了日本与中国的经贸合作，也是其联合中国应对贸易保护主义、振兴日本国内经济的重要战略选择。可见，虽然在政治和国家战略上，日本始终追随美国，但是在经济利益面前，日本和中国合作实现互利共赢是大势所趋。中日加强经贸往来，也有利于消除美国和地缘政治因素对中日关系的干扰。

最后，加快中日韩 FTA 和东北亚区域经济一体化进程。中日作为 RCEP 的主要成员国和主导国，打破了不在一个区域经济组织的先例，对未来缓解中日矛盾、进一步加强中日之间的贸易往来和在重点领域的合作意义重大，尤其是对加快久拖不决的中日韩 FTA 的进程的意义深远。不仅如此，传统上国际关系错综复杂、矛盾突出的东北亚各国也可以借助中日两国的区域经济合作，形成更为紧密的联系。因此，中日需要以两国经济合作为纽带和基础，维护东北亚的和平与稳定。

B.11

新冠肺炎疫情下的中日双边贸易

李清如*

摘　要： 2020年，受新冠肺炎疫情影响，日本对外贸易整体大幅下降。日本对华进出口贸易总额在2020年下半年稳步增长，对华出口额连续六个月保持同比正增长，进口额在最后两个月实现同比正增长；全年对华出口额增长率为2.7%，中国成为为数不多的维持正增长的日本出口对象；全年对华进口额增长率为-5.3%，与日本整体进口增长率相比，下降幅度更小；中国在日本对世界出口和进口总额中所占的份额均有所上升。从日本对华出口结构来看，塑料及其制品、钢铁和有色金属等按原料分类的制成品、半导体零部件及制造装置等机械设备、汽车等运输设备出口额的增长较为显著；从日本对华进口结构来看，纺织原料及纺织制品、计算机及周边设备和音像设备及零部件等的进口额也有所增长。

关键词： 新冠肺炎疫情　中日双边贸易　商品贸易　机械设备出口

2020年，在新冠肺炎疫情的冲击下，世界经济受到重创。根据国际货币基金组织（IMF）于2020年10月发布的《世界经济展望报告》，2020年全球实际国内生产总值（GDP）增长率预计为-4.4%，与2009年全球金融危机时的实际GDP增长率-0.1%相比，经济形势更加恶劣；其中，美国实

* 李清如，经济学博士，中国社会科学院日本研究所副研究员，全国日本经济学会理事，主要研究领域：日本经济、日本对外经济关系、区域经济学。

际 GDP 增长率预计为 -4.3%，日本预计为 -5.3%，中国则是为数不多的能够保持正增长的国家。[①] 按照中国国家统计局 GDP 核算数据，2020 年中国 GDP 达 101.6 万亿元，按可比价格计算比上年增长 2.3%。[②]

在世界经济严重下滑的背景下，2020 年，日本对外贸易整体大幅下降，对大多数贸易对象的出口和进口有不同程度的减少，而对华出口呈现正增长，对华进口较日本整体进口增长率的下降幅度更小，中国对日本的出口额和进口额在世界出口和进口总额中所占的份额均有所上升。2020 年，日本对华出口额超过对美出口额，中国时隔两年再次成为日本第一大出口对象国，并继续保持日本第一大进口对象国的位置。

一 2020年中日双边贸易整体状况

（一）日本对华出口呈现正增长

由于中国和日本的统计口径不同，双方对于中日贸易的统计结果存在一定差异。在此，我们将双方统计的商品贸易数据分别列示在图 1 和图 2 中，以便比照分析。如图 1 所示，根据日本的统计数据，2020 年，日本对华商品贸易出口额为 150829.4 亿日元，较上年增加 2.7%；对华商品贸易进口额为 174766.2 亿日元，较上年减少 5.3%；日方贸易逆差为 23936.8 亿日元。如图 2 所示，根据中国的统计数据，2020 年中国对日商品贸易出口额为 1426.6 亿美元，较上年减少 0.4%；对日商品贸易进口额为 1748.7 亿美元，较上年增加 1.8%；中方贸易逆差额为 322.1 亿美元。因此，可以看出，无论哪一方的统计，变动方向都是一致的，日本对华出口与中国对日进口均为正增长，日本对华进口与中国对日出口均为负增长。

① IMF, "World Economic Outlook," October 2020, https://www.imf.org/external/datamapper/datasets/WEO.

② 《2020 年四季度和全年国内生产总值（GDP）初步核算结果》，中华人民共和国国家统计局网站，http://www.stats.gov.cn/tjsj/zxfb/202101/t20210119_1812514.html。

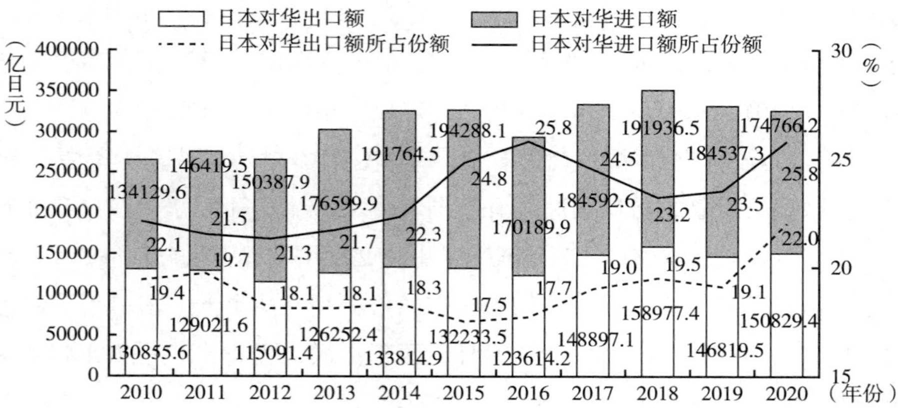

图 1　日本对华贸易整体情况

注：份额为日本对华出口额或进口额在日本对外贸易出口总额或进口总额中所占的份额。

资料来源：2010 ~ 2019 年数据参见財務省「財務省貿易統計　普通貿易統計　国別総額表」、https：//www. customs. go. jp/toukei/srch/index. htm？ M = 23&P = 0；2020 年数据参见財務省「財務省貿易統計　報道発表　令和 2 年分（速報）（令和 3 年 1 月 21 日）」、https：//www. customs. go. jp/toukei/shinbun/trade - st/2020/202028c. xml。

从更长时间段来看，近十年来，中日双边贸易波动比较大。如图 1 所示，根据日本按日元计价的商品贸易统计数据，2010 ~ 2015 年，日本对华出口额最低为 115091. 4 亿日元（2012 年），最高为 133814. 9 亿日元（2014 年）；对华进口额最低为 134129. 6 亿日元（2010 年），最高为 194288. 1 亿日元（2015 年）；进出口贸易总额最低为 264985. 2 亿日元（2010 年），最高为 326521. 6 亿日元（2015 年）。2016 ~ 2018 年，日本对华贸易额呈现逐渐上升趋势，出口额由 123614. 2 亿日元增至 158977. 4 亿日元，进口额由 170189. 9 亿日元增至 191936. 5 亿日元，进出口总额由 293804. 1 亿日元增至 350913. 9 亿日元。2019 年和 2020 年，受中美贸易摩擦和新冠肺炎疫情影响，日中贸易额有所下降，但基本保持了 2017 年的水平。

如图 2 所示，根据中国按美元计价的商品贸易统计数据，2010 ~ 2015 年，中国对日出口额最低为 1210. 4 亿美元（2010 年），最高为 1516. 2 亿美元（2012 年）；对日进口额最低为 1429. 0 亿美元（2015 年），最高为 1945. 6 亿美元（2011 年）；进出口贸易总额最低为 2785. 2 亿美元（2015

年），最高为 3428. 3 亿美元（2011 年）。2016 ~ 2018 年，中国对日贸易额呈现逐渐上升趋势，出口额由 1294. 1 亿美元增至 1470. 5 亿美元，进口额由 1456. 7 亿美元增至 1806. 6 亿美元，进出口总额由 2750. 8 亿美元增至 3277. 1 亿美元。2019 年和 2020 年，受中美贸易摩擦和新冠肺炎疫情影响，中日贸易额有所下降，但仍然超过 2017 年的水平。

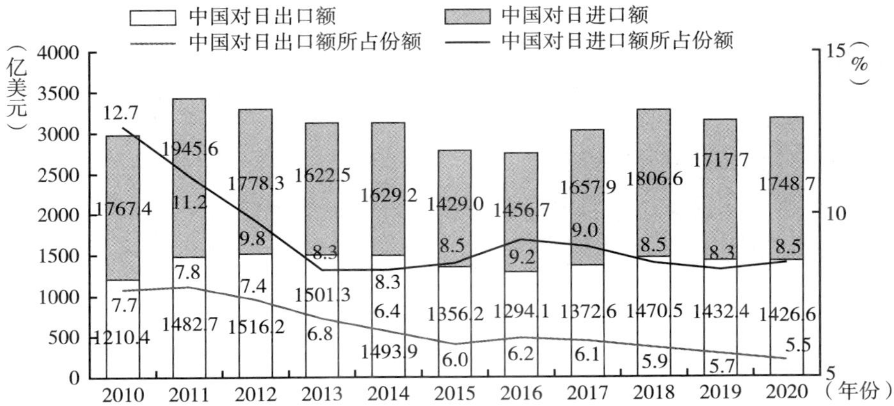

图 2　中国对日贸易整体情况

注：份额为中国对日本出口额或进口额在中国对外贸易出口总额或进口总额中所占的份额。

资料来源：2010 ~ 2019 年数据参见《年度数据　对外经济贸易》，中华人民共和国国家统计局网站，http：//data. stats. gov. cn/easyquery. htm？ cn = C01；2020 年数据参见《（1）2020 年 12 月全国进出口总值表（美元值）》，中华人民共和国海关总署网站，http：//www. customs. gov. cn/customs/302249/zfxxgk/2799825/302274/302275/3511730/index. html。

（二）中国在日本对外贸易总额中所占的份额上升

2020 年，受新冠肺炎疫情影响，日本对外贸易出口总额和进口总额均大幅减少，与 2019 年相比，增长率分别为 - 11. 1% 和 - 13. 8%。其中，日本对美国出口和进口增长率分别为 - 17. 3% 和 - 14. 0%，对欧盟出口和进口增长率分别为 - 14. 6% 和 - 12. 6%，对东盟出口和进口增长率分别为 - 15. 0% 和 - 9. 4%，双边贸易额均明显下降。[①] 在这样的趋势

① 財務省「財務省貿易統計　報道発表　令和 2 年分（速報）（令和 3 年 1 月 21 日）」、https：//www. customs. go. jp/toukei/shinbun/trade - st/2020/202028c. xml。

下，日本对华出口逆势增长，对华进口较日本对外贸易进口总额的下降幅度也小得多。

如图 1 所示，在出口方面，2020 年，中国在日本出口总额中所占的份额上升至 22.0%。这是日本对华出口占比首次超过两成，说明在新冠肺炎疫情蔓延、日本对欧美等国家出口停滞的状态下，面对经济迅速恢复的中国，日本出口明显增加。① 在日本出口对象排名中，中国时隔两年再次取代美国成为日本第一大出口对象国。在进口方面，2020 年，中国在日本进口总额中所占的份额达到 25.8%，超过绝大多数年份，继续保持自 2002 年以来的日本第一大进口对象国地位。

与此相对，日本在中国出口总额中所占的份额继续下降。如图 2 所示，2010～2012 年，日本所占份额为 7%～8%；2013～2017 年，日本所占份额降为 6%～7%；2018 年以后，日本所占份额降至 6% 以下，并逐渐由 2018 年的 5.9% 降到 2019 年的 5.7%，再到 2020 年的 5.5%。日本在中国进口总额中所占的份额在 2012 年以前接近或超过 10%，此后除个别年份在 9% 以上外，其余年份大多为 8%～9%，2020 年为 8.5%。

二　2020年中日双边贸易变化趋势

在新冠肺炎疫情下，2020 年各月中日双边贸易随疫情状况发生变化。如图 3 所示，2020 年 1～3 月，受供应链阻断、人员和货物往来限制、中国国内生产减少等因素影响，日本对华出口和进口同比均出现明显下降，同比增长率显著为负。特别是 2020 年 2 月，日本对华进口与上年同月相比大幅减少 47.1%。2020 年 4～6 月，中国国内疫情已经基本得到控制，生产得到恢复，但全球范围内疫情仍在蔓延，日本政府在 4 月发布“新冠肺炎疫情紧急事态宣言”，呼吁市民减少外出，尽量减少人与人的接触机会。在这三

① 「輸出、中国向け2 割超す　昨年、コロナで米欧停滞」、『日本経済新聞』、https://www.nikkei.com/article/DGKKZO68402520S1A120C2EA1000/。

个月中，日本对华出口虽然仍为同比负增长，但增长率绝对值较前三个月已经有所降低，出口在逐渐恢复；对华进口在4月和6月出现同比正增长，5月则仍为同比负增长。

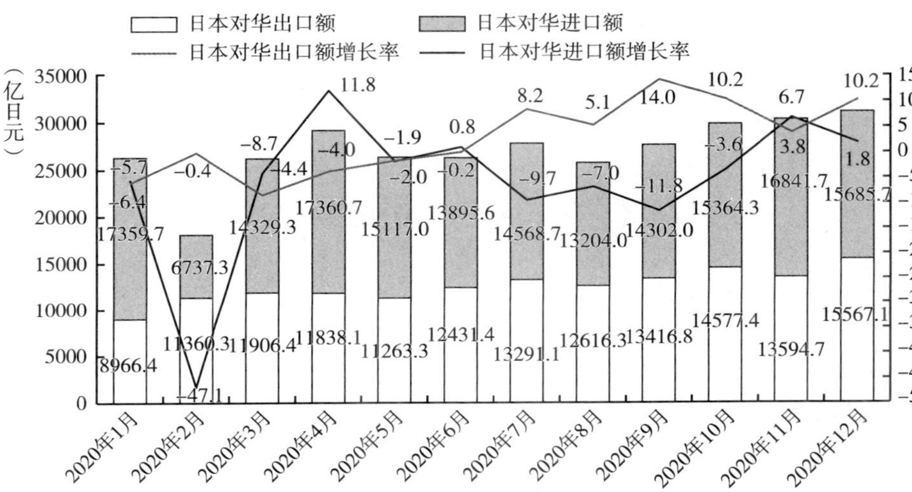

图3　2020年1～12月日本对华贸易情况

注：增长率为与上年同期相比的增长率。

资料来源：2020年1～11月数据参见财務省「財務省貿易統計　普通貿易統計　国別総額表」、https：//www.customs.go.jp/toukei/srch/index.htm？M＝23&P＝0；12月数据参见財務省「財務省貿易統計　報道発表　令和2年12月分貿易統計（速報）（令和3年1月21日）」、https：//www.customs.go.jp/toukei/shinbun/trade－st/2020/202012c.xml。

进入2020年下半年，日本国内单日感染人数不断突破新高，欧美等国家疫情扩散的情况也更加严重。截至2020年12月31日，日本累计感染人数达到23.6万人，美国累计感染人数达到2006.1万人，英国、德国和法国累计感染人数分别达到248.9万人、176.1万人和261.7万人。[①] 与此相对，中国疫情得到良好控制，经济率先恢复增长，市场需求扩大，日本对华出口的汽车等产品增加，对华出口额在2020年下半年一直保持同比正增长。如图3所示，日本对华出口在7～12月连续六个月保持同比正增长，其中在9

① NHK「特設サイト　新型コロナウイルス」、https：//www3.nhk.or.jp/news/special/coronavirus/chronology/#mokuji11。

月、10 月和 12 月，同比增长率均超过 10%，增长非常显著。在进口方面，日本对华进口在 7~10 月仍为同比负增长，11 月和 12 月连续两个月为同比正增长。在进出口贸易总额方面，自 2020 年 8 月起，日本对华进出口总额呈现稳步增长趋势，从 8 月的 25820.3 亿日元（出口额 12616.3 亿日元与进口额 13204.0 亿日元之和，下同），到 9 月的 27718.8 亿日元，10 月的 29941.7 亿日元，11 月的 30436.4 亿日元，最后到 12 月的 31252.8 亿日元。

三 2020年中日双边贸易结构

（一）日本对华出口结构

从日本对华出口结构来看，2020 年，塑料及其制品、钢铁和有色金属等按原料分类的制成品、半导体零部件及制造装置等机械设备、汽车等运输设备出口额的增长较为显著。由于中国和日本的分类和统计口径不同，在此，我们将日方统计的对华出口结构和中方统计的对日进口结构分别列示在表 1 和表 2 中，以便比照分析。

表 1 2020 年日本对华出口结构

单位：亿日元，%

	出口额	增长率	份额
出口总额	150829.4	2.7	100.0
1. 食品	1293.3	9.3	0.9
2. 原料	2364.5	-5.4	1.6
3. 矿物燃料	1008.0	-33.9	0.7
4. 化学制品	25352.1	-0.3	16.8
5. 按原料分类的制成品	17806.2	6.8	11.8
6. 一般机械	34098.9	0.4	22.6
7. 电气设备	32015.6	5.3	21.2
8. 运输设备	15962.6	6.0	10.6
9. 其他	20928.3	4.1	13.9

资料来源：財務省「財務省貿易統計　報道発表　令和 2 年分（速報）（令和 3 年 1 月 21 日）」、https://www.customs.go.jp/toukei/shinbun/trade-st/2020/202028c.xml。

表 2　2020 年中国对日进口结构

单位：亿美元，%

	进口额	增长率	份额
进口总额	1748.7	1.8	100.0
第 1 类　活动物；动物产品	2.3	-34.6	0.1
第 2 类　植物产品	1.7	11.1	0.1
第 4 类　食品；饮料、酒及醋；烟草及制品	8.4	15.2	0.5
第 5 类　矿产品	14.0	-22.8	0.8
第 6 类　化学工业及其相关工业的产品	204.8	-1.1	11.7
第 7 类　塑料及其制品；橡胶及其制品	114.5	2.5	6.5
第 9 类　木及制品；木炭；软木；编织品	1.8	8.9	0.1
第 10 类　纤维素浆；废纸；纸、纸板及其制品	11.5	-0.3	0.7
第 11 类　纺织原料及纺织制品	22.0	-14.1	1.3
第 13 类　矿物材料制品；陶瓷品；玻璃及制品	19.3	-8.9	1.1
第 14 类　珠宝、贵金属及制品；仿首饰；硬币	19.8	25.0	1.1
第 15 类　贱金属及其制品	138.9	8.0	7.9
第 16 类　机电、音像设备及其零件、附件	832.3	4.0	47.6
第 17 类　车辆、航空器、船舶及运输设备	169.7	-7.4	9.7
第 18 类　光学、医疗等仪器；钟表；乐器	166.8	5.4	9.5
第 20 类　杂项制品	16.1	-14.5	0.9
第 22 类　特殊交易品及未分类商品	3.2	155.2	0.2

注：受篇幅所限，贸易额在 1 亿美元以下的大类没有在表中列示。

资料来源：《(15) 2020 年 12 月对部分国家（地区）出口商品类章金额表（美元值)》，中华人民共和国海关总署网站，http://dzs.customs.gov.cn/customs/302249/zfxxgk/2799825/302274/302277/302276/3516054/index.html；《(16) 2020 年 12 月自部分国家（地区）进口商品类章金额表（美元值)》，中华人民共和国海关总署网站，http://fxs.customs.gov.cn/customs/302249/zfxxgk/2799825/302274/302277/302276/3516072/index.html；《(15) 2019 年 12 月对部分国家（地区）出口商品类章金额表（美元值)》，中华人民共和国海关总署网站，http://www.customs.gov.cn/customs/302249/zfxxgk/2799825/302274/302277/302276/2851466/index.html；《(16) 2019 年 12 月自部分国家（地区）进口商品类章金额表（美元值)》，中华人民共和国海关总署网站，http://www.customs.gov.cn/customs/302249/zfxxgk/2799825/302274/302277/302276/2851472/index.html。

如表 1 所示，2020 年，日本对华化学制品的出口额为 25352.1 亿日元，在日本对华出口总额中占 16.8%；按原料分类的制成品的出口额为 17806.2 亿日元，在日本对华出口总额中占 11.8%；一般机械的出口额为 34098.9 亿日元，占比为 22.6%；电气设备的出口额为 32015.6 亿日元，占比为

21.2%；运输设备的出口额为15962.6亿日元，占比为10.6%。这些均为日本对华出口的主要行业。再进一步细分，化学制品类别下，塑料及其制品在日本对华出口总额中占5.9%；按原料分类的制成品类别下，钢铁和有色金属在日本对华出口总额中分别占3.3%和3.6%；一般机械类别下，发动机和半导体等制造装置分别占3.2%和6.4%；电气设备类别下，半导体等电子部件和电路设备分别占6.7%和3.6%；运输设备类别下，汽车和汽车部件分别占6.0%和4.3%。这些均为日本对华出口的主要产品。[①]

如表2所示，中国对日化学工业及其相关工业产品的进口额为204.8亿美元，在中国对日进口总额中占11.7%；“塑料及其制品；橡胶及其制品”的进口额为114.5亿美元，在中国对日进口总额中占6.5%；贱金属及其制品的进口额为138.9亿美元，占7.9%；机电、音像设备及其零件、附件的进口额为832.3亿美元，占47.6%；车辆、航空器、船舶及运输设备的进口额为169.7亿美元，占9.7%；“光学、医疗等仪器；钟表；乐器”的进口额为166.8亿美元，占9.5%。这些均为中国对日进口的主要产品。

从表1可以看出，2020年，在日本对华出口主要行业中，化学制品的出口增长率为-0.3%，但是，其中，塑料及其制品的出口增长率达到8.7%；按原料分类的制成品的出口增长率为6.8%，其中，钢铁的出口增长率为1.6%，有色金属的出口增长率则高达41.1%；一般机械的出口增长率为0.4%，其中，发动机的出口增长率为3.4%，半导体等制造装置的出口增长率为6.4%；电气设备的出口增长率为5.3%，其中，半导体等电子部件的出口增长率为2.4%，电路设备的出口增长率为5.1%；运输设备的出口增长率为6.0%，其中，汽车的出口增长率为15.8%，汽车部件的出口增长率为-5.9%。从增长率来看，塑料及其制品、有色金属、半导体等制造装置、电路设备、汽车等是日本对华出口增长较多的产品。

---

① 受篇幅所限，进一步细分的主要出口产品数据没有在表中列示。

从表2可以看出，在中国对日进口主要产品中，“塑料及其制品；橡胶及其制品”，“贱金属及其制品”，“机电、音像设备及其零件、附件”，“光学、医疗等仪器；钟表；乐器”等的进口额为正增长；“化学工业及其相关工业的产品”，“车辆、航空器、船舶及运输设备”等的进口额为负增长。

（二）日本对华进口结构

从日本对华进口结构来看，虽然日本对华进口总额较上年有所下降，但是纺织原料及纺织制品、计算机及周边设备和音像设备及零附件等的进口额仍然保持增长。与出口结构类似，在此，将日方统计的对华进口结构和中方统计的对日出口结构分别列示在表3和表4中，以便比照分析。

表3　2020年日本对华进口结构

单位：亿日元，%

	进口额	增长率	份额
进口总额	174766.2	-5.3	100.0
1. 食品	8199.9	-8.8	4.7
2. 原料	2031.6	-13.4	1.2
3. 矿物燃料	729.4	-36.9	0.4
4. 化学制品	10782.7	-9.8	6.2
5. 按原料分类的制成品	22887.9	3.6	13.1
6. 一般机械	34082.8	0.7	19.5
7. 电气设备	50990.9	-3.7	29.2
8. 运输设备	4146.7	-14.9	2.4
9. 其他	40914.4	-11.7	23.4

资料来源：財務省「財務省貿易統計　報道発表　令和2年分（速報）（令和3年1月21日）」、https://www.customs.go.jp/toukei/shinbun/trade-st/2020/202028c.xml。

表4　2020年中国对日出口结构

单位：亿美元，%

	出口额	增长率	份额
出口总额	1426.6	-0.4	100.0
第1类　活动物；动物产品	20.2	-13.6	1.4

续表

	出口额	增长率	份额
第 2 类　植物产品	22.2	-4.8	1.6
第 4 类　食品;饮料、酒及醋;烟草及制品	52.5	-4.6	3.7
第 5 类　矿产品	22.9	-22.6	1.6
第 6 类　化学工业及其相关工业的产品	76.0	-9.0	5.3
第 7 类　塑料及其制品;橡胶及其制品	58.9	11.9	4.1
第 8 类　革、毛皮及制品;箱包;肠线制品	20.3	-5.2	1.4
第 9 类　木及制品;木炭;软木;编织品	12.8	-9.2	0.9
第 10 类　纤维素浆;废纸;纸、纸板及其制品	13.7	-11.6	1.0
第 11 类　纺织原料及纺织制品	207.8	7.8	14.6
第 12 类　鞋帽伞等;羽毛品;人造花;人发品	23.8	-14.4	1.7
第 13 类　矿物材料制品;陶瓷品;玻璃及制品	19.0	-2.1	1.3
第 14 类　珠宝、贵金属及制品;仿首饰;硬币	1.4	4.1	0.1
第 15 类　贱金属及其制品	80.3	-11.1	5.6
第 16 类　机电、音像设备及其零件、附件	590.6	0.7	41.4
第 17 类　车辆、航空器、船舶及运输设备	45.8	-3.3	3.2
第 18 类　光学、医疗等仪器;钟表;乐器	46.2	-6.6	3.2
第 20 类　杂项制品	102.1	13.1	7.2
第 22 类　特殊交易品及未分类商品	9.7	18.9	0.7

注：受篇幅所限，贸易额在 1 亿美元以下的大类没有在表中列示。

资料来源：《(15) 2020 年 12 月对部分国家（地区）出口商品类章金额表（美元值)》，中华人民共和国海关总署网站，http://dzs.customs.gov.cn/customs/302249/zfxxgk/2799825/302274/302277/302276/3516054/index.html；《(16) 2020 年 12 月自部分国家（地区）进口商品类章金额表（美元值)》，中华人民共和国海关总署网站，http://fxs.customs.gov.cn/customs/302249/zfxxgk/2799825/302274/302277/302276/3516072/index.html；《(15) 2019 年 12 月对部分国家（地区）出口商品类章金额表（美元值)》，中华人民共和国海关总署网站，http://www.customs.gov.cn/customs/302249/zfxxgk/2799825/302274/302277/302276/2851466/index.html；《(16) 2019 年 12 月自部分国家（地区）进口商品类章金额表（美元值)》，中华人民共和国海关总署网站，http://www.customs.gov.cn/customs/302249/zfxxgk/2799825/302274/302277/302276/2851472/index.html。

如表 3 所示，2020 年，日本对华化学制品的进口额为 10782.7 亿日元，在日本对华进口总额中占 6.2%；按原料分类的制成品的进口额为 22887.9 亿日元，在日本对华进口总额中占 13.1%；一般机械的进口额为 34082.8 亿日元，占比为 19.5%；电气设备的进口额为 50990.9 亿日元，占比为

29.2%。这些均为日本对华进口的主要产品。再进一步细分，按原料分类的制成品类别下，金属制品和纺织原料及纺织制品在日本对华进口总额中分别占3.5%和4.9%；一般机械类别下，计算机及周边设备在日本对华进口总额中占10.8%；电气设备类别下，音像设备及零附件和通信器械分别占4.3%和11.2%。这些均为日本对华进口的主要产品。[①]

如表4所示，中国对日化学工业及其相关工业产品的出口额为76.0亿美元，在中国对日出口总额中占5.3%；“塑料及其制品；橡胶及其制品”的出口额为58.9亿美元，在中国对日出口总额中占4.1%；纺织原料及纺织制品的出口额为207.8亿美元，占比为14.6%；贱金属及其制品的出口额为80.3亿美元，占比为5.6%；“机电、音像设备及其零件、附件”的出口额为590.6亿美元，占比为41.4%。这些均为中国对日出口的主要产品。

从表3可以看出，2020年，在日本对华进口主要行业中，化学制品的进口增长率为-9.8%；按原料分类的制成品的进口增长率为3.6%，其中，金属制品的进口增长率为-9.1%，纺织原料及纺织制品的进口增长率高达67.6%；一般机械的进口增长率为0.7%，其中，计算机及周边设备的进口增长率为14.8%；电气设备的进口增长率为-3.7%，其中，音像设备及零附件的进口增长率为3.6%，通信器械的进口增长率为-3.3%。从增长率来看，化学制品、金属制品、通信器械等是日本自华进口下降比较明显的产品，纺织原料及纺织制品、计算机及周边设备、音像设备及零附件等则是日本自华进口增长比较明显的产品。从表4可以看出，在中国对日出口主要产品中，化学工业及其相关工业产品、贱金属及其制品等的出口额为负增长；“塑料及其制品；橡胶及其制品”“纺织原料及纺织制品”“机电、音像设备及其零件、附件”等的出口额为正增长。

2020年，新冠肺炎疫情对日本国内经济和对外贸易均造成严重冲击。在此背景下，日本对华出口在2020年7~12月连续六个月保持同比正增长，

① 受篇幅所限，进一步细分的主要进口产品数据没有在表中列示。

全年对华出口增长率为2.7%；中国在日本对外贸易出口总额中占比超过两成，在进口总额中占比达到25.8%，显示出中国在日本对外贸易中的重要地位。与此相对的是，日本在中国出口总额中所占的份额逐渐下降，到2020年仅有5.5%，在中国进口总额中所占的份额也只有8.5%，说明中日贸易仍有潜力可挖掘。加强中日经贸联系，适当提高日本在中国对外贸易总额中的比重，不仅有利于日本经济发展，对中国降低对美贸易依赖程度、稳固区域供应链和产业链，也具有一定的积极意义。进入2021年之后，全球新冠肺炎疫情依然严峻，日本国内感染人数仍在不断增加，经济复苏和增长面临较大压力。在国际经济形势和日本国内经济形势均面临较大不确定性的情况下，中日经贸合作的重要性将更加凸显。

B.12
新冠肺炎疫情背景下的日本对华直接投资趋势分析

邓美薇*

摘　要：新冠肺炎疫情使全球经济陷入深度衰退，叠加复杂的国际局势背景，中国吸引外国投资面临严峻挑战。但是，日本对华直接投资的下降有限，在华日企的经营前景也较为乐观，基于中国巨大的市场规模与发展潜力，在华日企"脱中国化"实际难以达成。当然，也需要注意到，未来日企对华投资将随着动机变化而转变，市场寻求型投资动机依然占据主导地位，在华日企的生产型投资动机在不同行业可能有不同体现，未来，在华日企对华投资的战略资源寻求型投资动机或进一步凸显。

关键词：新冠肺炎疫情　对华直接投资　投资动机　日本

2020年初，新冠肺炎疫情暴发并在全球蔓延，严重冲击国际经济秩序，新冠肺炎疫情大流行加速了世界经济体及社会运作模式的重大转变，全球化重塑、世界经济结构性调整已成定局，投资新秩序逐渐浮现。新冠肺炎疫情暴露了全球产业链、供应链痛点，即基于资本经营效率最优的生产跨国链条化，在受到重大意外冲击下难以避免产业链、供应链中断风险。当前，新冠

* 邓美薇，经济学博士，中国社会科学院日本研究所助理研究员，主要研究领域：日本经济。

肺炎疫情导致世界经济深度衰退，叠加一些国家保护主义与单边主义盛行、地缘政治风险上升，国际循环出现不确定性变化的可能性被放大，全球产业链、供应链的思维范式正在从成本竞争力转向风险竞争力，对于各国来说，重组相关产业生产网络显得尤为重要。[①] 在此背景下，日本借机启动"供应链革命"，同时，积极拉拢印度、澳大利亚，日、印、澳三国于2020年9月1日共同发表了关于"供应链强韧化倡议"（RSCI）的联合声明[②]，意图重塑本国产业体系与海外生产网络布局，摆脱对中国的依赖。日本对产业链、供应链的调整以及在对外经贸领域的重要举措体现出不同的投资动机，这将深刻影响对华投资。日本对华直接投资的发展动向值得关注。

一　日本对华直接投资的动向

（一）日本对华直接投资的历程

伴随着中日经贸合作关系经历合作规模扩大、全面经贸合作、合作深化、经贸关系转型等四个主要时期，日本对华直接投资也从全面启动期（1979～2000年）到合作深化期（2001～2009年），再到调整转型期（2010年至今）[③]。迄今为止，日本对华直接投资出现四个高潮。第一次是发生在"广场协议"后日元升值的1985～1987年。当时，主要投资动机是追求廉价、优秀的劳动力，以纺织、杂货、食品加工等在日本有着较深历史渊源的轻工业为主，并且以拥有较多日语人才、距离较近的大连为中心进行投资。第二次热潮发生在1991～1995年，主要背景是邓小平"南方谈话"后，中国进入社会主义市场经济轨道，经济发展迅速，以华南地区为中心加速引入

① 李旭章：《以双循环格局促产业链供应链升级》，《人民论坛》2020年第23期，第92页。

② 経済産業省『サプライチェーン強靱性に係る日豪印経済閣僚共同声明（仮訳）』、https://www.meti.go.jp/press/2020/09/20200901008/20200901008－2.pdf。

③ 田正：《日本对华直接投资对中国经济发展影响研究》，《日本问题研究》2018年第3期，第54页。

外资。伴随中国基础设施的发展，日本也将电力、电子产业和机械产业的生产基地向中国转移。1997 年亚洲金融风暴席卷泰国，波及东盟、日本、韩国与中国等，日本对华投资下降。但是，中国在亚洲金融危机中仍然保持了相对坚挺的经济增长，加之在全球 IT 热潮背景下，欧美等的 IT 相关企业进军中国市场，加大了零部件产业的对华投资力度，形成了市场规模，零部件、原材料的当地采购更加便捷，促进了在华日资企业的进一步发展。第三次热潮发生在 2000 ~2005 年，以中国加入 WTO 为契机。这次日企对华投资热潮与之前两次不同，主要是基于已形成的生产基地规模，以抢占中国市场而设立销售据点、以利用优秀且低成本的当地人才而设立研发中心等为目的的投资增加，集中于以广东省为中心的珠江三角洲、以上海为中心的长江三角洲，以及以北京、天津为中心的环渤海经济区。① 第四次热潮发生在 2011 ~2012 年，一方面，2008 年全球金融危机之后，在世界经济衰退背景下，中国经济迅速恢复，2010 年，中国名义 GDP 超过日本，排名世界第二，相对日本人口减少导致国内市场收缩的状况，中国经济高速增长与扩大内需的发展潜力令日企非常期待；另一方面，日企经营面临“六重苦”，即日元升值、高法人税、严格的劳动法规、自由贸易协定进展缓慢、二氧化碳排放削减规制与电力不足，企业在国内的经营成本上升，推动日本制造业企业将生产、销售据点向中国转移。② 中国经济增长由数量型向质量型转变，对汽车等耐用消费品的需求旺盛，拉动了日企对中国汽车、建筑、机械以及服务行业的投资。2012 年之后，随着中日关系恶化，日本对华直接投资趋冷并进一步调整转型。但是，近年来，日本对华直接投资依然较为活跃，根据《中国外资统计公报 2020》，截至 2019 年 12 月，日本对中国内地的累计实际投入金额约为 1157 亿美元，排在中国香港、英属维尔京群岛之后，列国别分类首位。2019 年，日本在华投资金额排在前五位的行业分别是制造

---

① 柴生田敦夫「日本企業の対中投資」、『RIETI Policy Discussion Paper Series 09 - P - 004』、https：//www. rieti. go. jp/jp/publications/pdp/09p004. pdf。

② 岩崎薫里「転換期にある日本の対中直接投資—アメリカとの比較を交えて—」、『環太平洋ビジネス情報』、https：//www. jri. co. jp/MediaLibrary/file/report/rim/pdf/7711. pdf。

业、租赁和商务服务业、批发和零售业、房地产业、科学研究和技术服务业，五个行业中新设企业数占比达 80.3%，实际投入外资金额占比为 90.2%。[①] 根据日本外务省统计，截至 2019 年 10 月 1 日，日本在华企业网点为 32887 家，占其海外企业网点的 44.4%，除去分类不明企业网点，制造业企业网点数量最多，为 5808 家，接着是批发和零售业、其他服务业、科学研究和技术服务业等。[②]

（二）新冠肺炎疫情背景下日本对华直接投资的变化

2020 年初，新冠肺炎疫情的暴发使世界经济陷入深度衰退，全球产业链、供应链一度中断，凸显了日本对华某些领域产业链、供应链的依赖程度较大，构筑灵活、强韧的产业链、供应链网络在日本海外投资布局中的重要性凸显。例如，日本的医疗防护服几乎全部来自中越美三国，超过 90% 的人工呼吸机依赖欧美，半数以上的原料药品来源于韩中意三国。[③] 另外，口罩、生产口罩的无纺布、笔记本电脑、路由设备等产品的国内自给率也较低，对中国的依赖度较高。2020 年 3 月 5 日，日本首相安倍晋三在探讨新冠肺炎疫情对日本经济影响的“未来投资会议”上呼吁日本将对一国生产依存度高且具有高附加值的产品的生产基地迁回国内，而附加值不高的则向东南亚等地区进行转移。4 月 7 日，日本政府出台“新型冠状病毒感染症紧急经济对策”，其中第二章第四部分“构筑强韧的经济结构”的“供应链改革”一节中，提出新冠肺炎疫情的扩散暴露了日本口罩等卫生用品供应链的脆弱性，日本将利用数年时间，通过支援生产据点的国内回归与生产多元化构筑强韧的供应链体系。尽管日本政府在官方文件中并未指出此举针对中国，但是媒体的过度解读与炒作确实产生了“在华日资企业撤资”风波。

① 《中国外资统计公报 2020》，中华人民共和国商务部网站，http://images.mofcom.gov.cn/wzs/202012/20201230152644144.pdf。

② 外務省「海外進出日系企業拠点数調査」、https://www.mofa.go.jp/mofaj/ecm/ec/page22_003410.html。

③ 刘瑞、李清如、田正、邓美薇：《新形势下日本对华投资变化影响分析》，《东北亚学刊》2020 年第 5 期，第 48 页。

实际上，早在2005年，日本便提出“China +1”战略，鼓励日企向中国以外的东南亚投资，2011年东日本大地震发生后，日本也曾拿出约2000亿日元资金鼓励制造业企业回归本土。新冠肺炎疫情凸显了各国产业链、供应链存在的风险，日本以此为契机进行产业链多元化、坚韧化的改革符合常理。而且，受疫情影响，日本对华直接投资缩减也是客观现实，但日企对华投资布局还是取决于自身利益，短期内可以取代中国市场的地区并不存在。根据日本财务省公布的数据，2020年1～11月，日本海外直接投资净额同比下降31.22%，为169064亿日元，日本对华直接投资净额为11367亿日元，较2019年同期仅减少6.89%。另外，2020年前三季度的日本对华投资占据日本对亚洲地区投资流量总额的27%左右，高于2019年5个百分点。[①] 也就是说，整体来看，在新冠肺炎疫情背景下，日本对华直接投资的减少有限，凸显了中国市场对日本的重要性，当然，未来，对于不同行业，日本对华直接投资情况也必然会出现分化。

进一步分析，根据日本银行的季度统计数据（见表1），从日本对华直接投资的流量来看，非制造业领域的对华投资变动相对较大，2020年第一、第二季度，日本对华非制造业领域的直接投资流量分别为294亿日元与－33亿日元，同比下降42%与103%，而制造业领域的对华直接投资流量反而震荡增加，2020年第一季度为3055亿日元，同比增加5%左右，第二季度再创新高，达到3492亿日元，同比增加38%以上。但是，2020年第三季度的趋势正好相反，日本在机械领域的对华直接投资大幅下降，受此影响，制造业领域的对华投资仅为1680亿日元，同比减少20%以上，环比减少50%以上。不过，受日本在批发和零售业、金融保险业对华直接投资大幅增加的拉动，2020年第三季度，日本在非制造业领域的对华直接投资达到1580亿日元，同比增加17%。

① 张季风：《后疫情·后安倍时代基于相互投资视角的中日经济关系》，《现代日本经济》2021年第1期，第8～10页。

表1　日本对华直接投资流量金额

单位：亿日元

		2019年第一季度	2019年第二季度	2019年第三季度	2019年第四季度	2020年第一季度	2020年第二季度	2020年第三季度
制造业	总额	2911	2520	2163	2444	3055	3492	1680
	食品	165	50	137	90	109	104	71
	纤维	22	42	17	20	0	6	15
	木材、纸	20	33	75	64	52	150	67
	化学、医药	345	210	166	358	289	177	333
	石油	8	6	3	7	7	6	6
	橡胶、皮革	26	50	16	-122	45	214	29
	玻璃、陶瓷	150	-17	31	29	168	167	153
	铁、非铁、金属	141	166	64	253	344	232	86
	一般机械	558	213	369	403	467	447	52
	电气机械	157	646	400	321	455	369	276
	运输机械	1228	1056	861	918	1135	1565	547
	精密机械	20	13	27	37	-50	7	15
非制造业	总额	507	1147	1341	727	294	-33	1580
	农林		-1					
	渔、水产							
	矿业							
	建筑业	6	3	2	27	7	5	8
	运输业	1	9	71	6	67	37	9
	通信业	18	5	26	7	6	1	7
	批发零售	568	420	894	119	38	167	1318
	金融保险	-189	479	346	439	162	229	771
	房地产	23	153	-3	12	-44	-466	-450
	服务业	91	90	29	106	58	-10	-88

资料来源：日本銀行、https://www.boj.or.jp/statistics/br/bop_06/index.htm/。

根据日本银行统计的对华直接投资收益（见表2），日本对华制造业领域的直接投资收益在2400亿~4900亿日元波动，而非制造业领域的对华直接投资收益相对浮动较大，2019年第三季度为2869亿日元，第四季度即下降为869亿日元。2020年以来，日本对华制造业领域的直接投资收益相对来说波动不大，并且在第二季度取得阶段性峰值，达 4822 亿日元，主要得益于电气机械、运输机械的投资收益增加，第三季度同比下滑 9% 以上，为 4003 亿日元。实际上，在疫情下能够获得如此收益已属难得。另外，日本对华非制造业领域的直接投资收益在第一、第二季度分别为 969 亿日元、909 亿日元，同比分别下降 20%、40%，而第三季度则达到 2681 亿日元，仅次于 2019 年第三季度。

表 2　日本对华直接投资收益

单位：亿日元

		2019 年第一季度	2019 年第二季度	2019 年第三季度	2019 年第四季度	2020 年第一季度	2020 年第二季度	2020 年第三季度
制造业	总额	4746	4820	4414	2470	3374	4822	4003
	食品	84	147	225	73	82	152	242
	纤维	52	21	27	33	27	13	22
	木材、纸	28	36	106	58	58	62	75
	化学、医药	208	318	248	125	138	212	343
	石油	6	7	7	24	7	7	7
	橡胶、皮革	24	182	42	18	16	144	29
	玻璃、陶瓷	18	90	63	62	62	82	96
	铁、非铁、金属	136	250	223	187	159	222	276
	一般机械	870	605	736	418	956	481	571
	电气机械	511	905	718	537	413	1177	582
	运输机械	2711	2139	1824	854	1393	2131	1632
	精密机械	8	18	52	26	10	14	20
非制造业	总额	1205	1510	2869	869	969	909	2681
	农林							
	渔、水产		1	1				2
	矿业							
	建筑业	7	7	18	2	6	9	-3
	运输业	8	35	32	28	9	11	43
	通信业	14	17	18	6	6	8	11
	批发零售	1014	1239	2553	547	681	480	2070
	金融保险	128	124	163	267	250	256	297
	房地产	14	15	42	-31	-20	57	58
	服务业	16	66	37	48	36	84	193

资料来源：日本銀行、https：//www. boj. or. jp/statistics/br/bop_ 06/index. htm/。

二 新冠肺炎疫情背景下日资企业的投资动向

（一）在华日企的整体情况

从进入中国的日企情况来看，根据日本帝国数据库公司的调查报告，截至2020年1月，日本进入中国大陆的企业为13646家，较2019年减少了39家，有持续减少趋势。分行业类别来看，制造业企业为5559家，占比在四成左右；接着是批发业企业，为4505家，占三成左右，较2019年的4495家增加了0.2%；最后，零售业企业有所减少，为443家。从地域来看，进军中国的日企更倾向于在中国东部沿海地区投资，主要是基于出口与降低成本目的，构筑与日本国内的生产、物流体系相配合的生产销售网络。其中，如表3所示，首先，在华东地区的日企最多（9054家），其中在上海市的就有6300家，上海市是中国大陆聚集最多日企的地方，另外江苏省也有1900家。接着是中南地区，有2252家，由于拥有大规模港口的广州市与聚集众多高科技产业的深圳市吸引了大批日企入驻，进入广东省的日企数量仅次于上海市，为2036家。然后是华北地区与东北地区，分别以北京市与辽宁省为中心。相对来说，日企对中国内陆地区如西南、西北地区的投资热情较低。结合行业类别与地域分布情况来看，进入华东地区的日本企业以制造业与批发业为主，服务业企业占比较低；另外，由于上海市是世界性的金融中心，因此金融、保险业日企所占比例也较高。在进入中南地区的日企中，制造业企业的占比更高，汽车等运输机械、钢铁、橡胶制品等领域的制造业企业数量较多，工业用电气机械批发企业也较多，以电子设备零部件制造、汽车零部件制造、工业用塑料制品制造为主。在进入华北地区的日企中，制造业企业所占比例并不十分突出，以化学工业、造纸、与机械相关的制造业企业为主，服务业日企进入华北地区的数量较多。在进入东北地区的日企中，制造业企业依然最多，但是以木材制品、纸制品、家具类、食品类为主；批发业企业占到三成左右，服务业企业占比高于整体。同样地，在进入西南、西北地区的日企中，制造业企业的数量都是最多的，然后是批发业、服务业。从企业规模来看，年销售额在 10 亿 ~ 100 亿日元的企业最多，为 5264 家，年销售额在 1 亿 ~ 10 亿日元的企业有 4256 家，年销售额不满 100 亿日元的企业的占比共计七成左右。2020 年，进军中国大陆的中小企业有所增加，而大企业则相对减少。

表 3　日企进军中国的地域分布情况

单位：家，%

	数量	占比
华东地区	9054	73.1
上海市	6300	50.9
江苏省	1900	15.3
山东省	916	7.4
中南地区	2252	18.2
广东省	2036	16.4
湖北省	242	2.0
华北地区	1802	14.6
北京市	1134	9.2
天津市	616	5.0
东北地区	1483	12.0
辽宁省	1376	11.1
西南地区	271	2.2
西北地区	81	0.7

资料来源：帝国データバンク「日本企業の中国進出動向（2020 年）」、https://www.tdb.co.jp/report/watching/press/p200208.html。

（二）新冠肺炎疫情背景下日企进入中国的情况

从 2020 年日企进入中国大陆的情况来看，根据 ABT 网站的统计①，即使受新冠肺炎疫情的负面影响，日企在华投资也相对积极，在北京、上海、

① ABT 网址为 http://amr-net.jp/abt/area/area_ index.htm。

江苏、浙江、广东等地的投资行为依然活跃；同时，受日本“供应链革命”影响，部分日资企业将生产基地撤离中国，广东省及周边的日资企业主要撤离至越南、泰国。

在华北地区，金融保险类企业投资更加聚焦北京，如 SMBC 日兴证券在北京设立代表处并正式营业，合资大和证券落地北京，瑞穗银行与清华大学旗下的启迪控股签署战略合作协议，上田八木短资筹建独资货币经纪（中国）公司等。

在华东地区，上海、江苏、浙江仍是日企投资的首要地域，江苏、浙江吸引制造业、服务业日企投资，而上海除了吸引制造业、批发业、服务业在华日企加大生产销售投资力度之外，也继续吸引日企设立中国总部或者研发中心，如寿司郎、参天制药、JINS Holdings 等将中国总部落户上海，资生堂、日置电机等新设研发中心，罗姆与 UAES、臻驱科技分别成立碳化硅技术联合实验室等。另外，受人工成本上涨影响，山喜服装将生产基地迁往江苏。

在中南地区，尽管受疫情影响，2020 年初，日资企业在湖北省经营计划被迫延迟，如伊藤忠丸红钢铁的新工厂延期运营。但是得益于中国对疫情的快速、有效控制，之后，一些日资企业仍然看好湖北市场，如尼普洛设立营业网点，日通开设新仓库，JCU 表面处理药品工厂在 2021 年初开始运转等。另外，相较 2019 年，日资企业在广东省的投资热度有所下降，如 JCU 关闭深圳子公司，安川电机解散两家合资公司，京瓷分公司预计将复合机生产转移至越南，田村制作所转移生产据点进行业务重组等。但是，有一些日资企业在化工医药、材料领域继续进行生产销售布局，如盐野义制药与中国平安保险公司（深圳市）成立合资公司并在上海设立研发中心，松下电子材料新增第四家工厂，主要提供 5G 电子材料等。

整体来看，受新冠肺炎疫情影响，相较 2019 年，日资企业在中国大陆的投资热度有所降低，在北京、上海、江苏、浙江、广东的投资依然相对活跃，但是随着日本对海外供应链的调整，其投资格局出现一定变化，例如金融保险类日企加速进入北京，制造业、服务业等企业更倾向于在上海、广州等地设立研发中心，部分日资企业将生产据点从广东转移至越南、泰国，江苏、浙江进一步承接化工与机械零部件生产制造功能，辽宁、吉林等地则承接了部分汽车零部件生产功能，生产结构有所升级。

（三）日资企业对华投资的态度变化

新冠肺炎疫情凸显了各国产业链、供应链存在的风险，日本以此为契机，进行了产业链多元化、坚韧化的改革，一度产生了“在华日资企业撤资”风波。但是，根据日本国际协力银行的调查，2020年，中国超越印度再度成为日本制造业企业未来最希望开展事业的目标国家，主要理由就是看好中国当前与未来的市场规模。①

根据日本贸易振兴机构于2020年12月发布的调查报告，关于缩小事业规模或者撤出中国的理由，认为“当地市场销售减少”“成本增加”“出口减少”等的占比较高。相较2019年来说，2020年，认为受“规制强化”“与客户关系”“调整生产与销售网络”“对高附加值制品与服务的接受度低”影响的日资企业占比提升，尽管认为受“成本增加”“劳动力保证困难”影响的日资企业占比下降，但与东南亚相比，举出此类理由的日资企业的比例仍然分别高出7.8个与10.9个百分点，也就是说，市场规模、经营成本、人工等仍是日企对华投资的主要影响因素。另外，根据调查，在华缩小事业规模或撤出中国的制造业日资企业中，纺织、服装类企业占比最高，达到25%，即此类劳动密集型产业的日资企业或将生产环节向外迁出；运输机械零部件企业占比最低，仅为6.6%，这一类型的日资企业在华经营利益通常也较高，对中国市场的依赖程度较大，不易撤离中国。在非制造业中，信息通信类企业占比最高，为10%；接着是金融保险类企业，占8.1%。

---

① 株式会社国際協力銀行「わが国製造業企業の海外事業展開に関する調査報告—2020年度海外直接投資アンケート結果（第32回）—」、https://www.jbic.go.jp/ja/information/press/press-2020/pdf/0115-014188_3.pdf。

三 基于异质性投资动机的日本对华直接投资的趋势分析

投资动机是企业进行对外直接投资的驱动因素，是企业希望通过对外直接投资实现的意图体现。关于投资动机，不同学者有不同的类别划分。小岛清将对外直接投资动机划分为自然资源导向型、市场导向型和生产要素导向型。[①] 莱科罗认为对外直接投资动机可分为出口加强型与经营扩大型。[②] 邓宁将对外直接投资动机划分为资源寻求型、市场寻求型、效率寻求型与战略资产寻求型。[③] 邓宁提出的对外直接投资动机类型被之后的研究广泛引用。

对于日本来说，对外直接投资起步较早，投资行业遵循“资源行业—制造业—非制造业、新兴产业”的路径发展，投资对象始终集中于北美、亚洲、欧洲地区。结合上文提到的日本对华直接投资历程以及投资动机的分类，可以发现，当前，日本对华直接投资已经步入调整转型期，投资动机也更为多元化，不再是过去较为单一地寻求资源或者市场，而是在不同领域具有不同投资需求，交织着生产、市场与信息需求的综合型投资动机，特别是市场寻求型与战略资源寻求型投资动机在未来可能更为明显。

第一，市场寻求型投资动机仍是日企对华投资的直接驱动力。自日本对华直接投资进入全面深化时期以来，市场寻求型投资动机便表现得非常明显。尽管当前中国经济面临转型升级，中美贸易摩擦带来不确定性，但是对于日本企业来说，中国市场仍然不可替代，中产阶级不断扩大，市场发展前景广阔，市场容量也越来越大，市场寻求型投资动机依然占据主导地位。根

---

① K. Kojima, *Direct Foreign Investment: A Japanese Model of Multinational Business Operations* (Taylor & Francis, 1978).

② D. J. Lecraw, “Outward Direct Investment by Indonesian Firms: Motivation and Effects,” *Journal of International Business Studies*, 1993.

③ Dunning J. H. “Location and the Multinational Enterprise: A Neglected Factor,” *Journal of International Business Studies*, 1998.

据日本财务省公布的数据，2020 年，尽管受新冠肺炎疫情影响，日本对华出口仍然达到15.08 万亿日元，相较2019 年反而增加了2.7%。另外，根据日本经济产业省于2020 年12 月公布的第三季度日本企业在海外主要地区的经营状况，海外日系企业仅在中国地区实现了经营收入的正增长，除在新冠肺炎疫情最为严重的2020 年第一季度日企在华经营收入同比下滑21.6%之外，第二、第三季度分别为648 亿美元与724 亿美元，同比增长2.6%与15.2%[①]。根据日本贸易振兴机构的调查，受新冠肺炎疫情影响，海外日资企业的景气判断指数（DI）大幅下跌40.7%至有记录以来的最低水平，但是在华日资企业相较其他国家与地区，跌幅较为温和，为23.4%。除此之外，绝大部分在华日资企业认为2021 年中期前后将恢复正常经营状态。根据上文分析可以发现，即使受新冠肺炎疫情影响，日本在华的直接投资收益下降相对有限，在华日企的投资行为相对活跃。由此可见，日本企业对中国市场的依赖性依然很强，对中国经济的预期也依然看好。

第二，在华日企的生产型、效率型投资动机在不同行业可能有不同体现。一方面，劳动密集型或产品生产技术复杂度较低的日资企业在华生产的投资动机或减弱，其生产网络或向东南亚转移，例如服装、鞋帽等轻工业产品，这主要是因为中国人工费用、经营成本上涨明显。根据日本贸易振兴机构的统计，在华制造业日系企业职工的基本工资最高，平均工资为493 美元，是印度的1.8 倍、越南的2.1 倍。[②] 越南、泰国与中国的出口结构相似度指数较高，也被视为在华日企生产据点转移的首要目的地。另一方面，资本密集型、生产技术复杂度较高的日资企业在华生产的投资动机相对稳定，“地产地销”型产业日企对华投资或增加。这主要是因为中国已深度融入全球产业链和供应链，其供应链和产业配套能力在全球已形成不可替代的竞争优势。另外，在产品供应商中，级别越低的供应商生产越专门化，必须依赖

① 経済産業省「海外現地法人四半期調査（2020 年7 ~9 月期）」、https：//www. meti. go. jp/statistics/tyo/genntihou/result -1. html。

② 日本貿易振興機構（JETRO）「アジアの労務コスト比較、意外に大きい賃金水準の地域差」、https：//www. jetro. go. jp/biz/areareports/2020/cbdf0cefc691ae25. html。

庞大的供应链网络。对于在华日企来说，容易迁走的往往是负责最后组装的工厂。另外，“地产地销”型日资企业对华投资将稳步增加，尤以汽车及其零部件日资企业最为明显。根据日本贸易振兴机构的调查，2020 年，在汽车零部件领域，70% 以上的在华日资企业保持黑字经营。[①] 同时，中国的汽车市场规模与发展潜力巨大，根据国际汽车工业联合会（OICA）的统计，2019 年，中国汽车市场销售额约占世界总额的 28.2%，是日本的 5 倍左右。中国城市家庭的汽车普及率相对发达国家较低，2019 年为每百户家庭 43.16 辆。日系汽车在中国市场的占有份额较高，根据中国海关总署统计，2019 年中国进口的汽车总量中 1/3 左右为日系汽车。鉴于中国市场的重要性，日本车企更倾向于在华实现更高比例的本土化生产配套，尽可能垂直整合当地供应链，未来对华投资或稳步增加。

第三，日企在华投资的战略资源寻求型投资动机或进一步凸显。以往的研究通常认为，发展中国家对发达国家的直接投资大多基于战略资源寻求型动机，中国对日进行直接投资大多基于获取日本先进技术与管理经验的目的。尽管如此，中国在网络平台建设以及通过网络平台实现的“店铺 × EC × 物流”的新生行业（如共享单车、外卖平台等）方面较日本更为领先，中国企业在新一代信息技术、在线娱乐、共享单车、移动支付、电子商务等领域成为国际标准设定者。[②] 在人工智能、智能制造、新能源、医疗健康等领域，尽管在部分技术与管理环节，中日仍存在差距，但是这种差距随着中国科技实力的增强将逐渐缩小。2019 年，中国 PCT 专利申请量首次跃居全球第一。[③] 根据世界知识产权组织等发布的全球创新指数（Global Innovation Index，GII），自 2019 年起，中国超过日本排第 14 位，2020 年中

---

① 日本貿易振興機構（ジェトロ）「2020 年度海外進出日系企業実態調査（アジア・オセアニア編）—新型コロナで景況感悪化、通商環境の変化による影響が広範囲に—」、https：//www. jetro. go. jp/ext_ images/_ Reports/01/b5dea9948c30e474/20200017. pdf。

② 《在这些科技领域，中国不是世界第一就是全球领跑》，新华网，http：//www. news. cn/tech/topic/zhuanti/20181/665. html。

③ 《2019 年中国 PCT 国际专利申请量首次跃居全球第一位 中国专利“含金量”越来越高》，新华网，http：//www. xinhuanet. com/2020 - 04/24/c_ 1125898246. htm。

国依然排第14位，而日本则下滑至第16位。在科技创新集群前100名中，中国有17个，其中“深圳—香港—广州”排第2位，反观日本，尽管“东京—横滨”科技创新集群蝉联榜首，但是日本所拥有的数量仅为5个，不及中国的1/3。① 由上文可知，在华日企积极在北京、上海、广州等地设立研究中心，或者与中国企业共建技术联合实验室，可见日企在华的战略寻求型投资动机将不断增加。

需要注意的是，日企在华投资同样受中国经济政策、制度环境变化的影响，例如随着中国环境规制趋严，部分不符合中国发展方向的高污染、高耗能日资企业必须做出调整。另外，受中美关系不确定性影响，将中国作为生产基地、把产品出口至美国的日资企业也倾向于将生产网络向外转移。这些企业原本已经实施或正在计划重新布局，因此，新冠肺炎疫情对其的影响顶多起到了助推器作用。

四　结语

新冠肺炎疫情使全球经济陷入深度衰退，叠加复杂的国际局势背景，中国吸引外国投资面临严峻挑战。但是，日本对华直接投资的下降有限，在华日企的经营前景也较为乐观，基于中国巨大的市场规模与发展潜力，在华日企“脱中国化”实际难以达成。当然，也需要注意到，未来日企对华投资将随着动机变化而转变，市场寻求型投资动机依然占主导地位，生产型投资动机在不同行业可能有不同体现，一方面，劳动密集型或产品生产技术复杂度较低的日资企业在华生产的投资动机或下降，其生产网络或向东南亚转移；另一方面，资本密集型或产品生产技术复杂度较高的日资企业在华生产的投资动机依然稳定，“地产地销”型日企对华投资或增加。除此之外，近年来，在华日资企业也积极在上海、广州成立独立或共同的研发中心。未

① WIPO，“Global Innovation Index 2020，” https：//www. wipo. int/global_ innovation_ index/en/2020/.

来，日企在华投资的战略资源寻求型投资动机或进一步凸显。有鉴于此，中国应在稳步推进双循环新发展格局过程中，积极引导日资企业更好地参与双循环新发展格局的构建，扩大外资市场准入，并加速补齐要素、资源、营商环境等方面短板，发挥政策、资本、市场容量的巨大优势，以吸引日企对华投资，增强日企长期在华经营的信心。随着日企对华投资动机的转变，需要有序引导中日企业在高科技领域加强研发与合作，引导日资企业加强供应链在华纵深布局，加强双方在规则、标准等领域的对接与合作等。

B.13
新冠肺炎疫情与中国企业对日直接投资：现状与展望*

刘 红　郑晨笛**

摘　要： 新冠肺炎疫情的暴发和蔓延，对中日两国经济，乃至全球经济都产生了严重冲击。在此背景下，中国企业对日直接投资在投资规模、投资结构和投资方式上均出现了新变化。产生这些新变化既与疫情下日本宏观经济低迷、企业经营环境恶化以及引资方式面临转型相关，又与中国受到疫情冲击、政府强化对外直接投资的政策管理，以及推动中国产业链转型升级等因素相关，同时还受到中美贸易摩擦等国际因素的影响。展望前景，中国企业对日直接投资在短期内仍将在低谷徘徊，中长期有望重回疫情前的增长轨道，但受中美关系、中日关系走向等不确定因素影响，未来中国对日投资依然存在变数。

关键词： 对日直接投资　新冠肺炎疫情　中美贸易摩擦　中日外交关系

新冠肺炎疫情的暴发和蔓延，对中日两国经济，乃至全球经济都产生了严重冲击。疫情直接导致各国间人员、商品、资金流动受限，使全球跨境直

* 本报告为2017年国家社会科学基金项目“日本新一轮引资政策调整与中国对日直接投资增长研究”（编号：17BGJ068）、2020年辽宁大学亚洲研究中心资助项目（编号：Y202006）的阶段性成果。

** 刘红，经济学博士，辽宁大学国际经济政治学院教授，博士生导师，全国日本经济学会常务理事，主要研究领域：日本经济。郑晨笛，辽宁大学国际经济政治学院博士研究生，主要研究领域：日本经济、国际投资。

接投资表现低迷。据联合国贸发会议的预测，2020 年，全球 FDI 将减少 40%，2021 年将进一步减少 5% ~10%，最早到 2022 年才开始复苏反弹。[①] 在上述背景下，2020 年，中国企业对日直接投资发生了哪些变化？其发展前景如何？本报告将在考察疫情以来中国企业对日直接投资新变化的基础上，重点分析产生这些新变化的原因及相关影响因素，并对中国企业对日直接投资的前景做出展望。

一 中国企业对日直接投资：疫情下的变化

在新冠肺炎疫情暴发之前，中国企业对日直接投资大体呈现稳步增长的态势。根据中国对外直接投资统计公报的统计，从投资流量看，2019 年中国对日直接投资流量是 2005 年的 39 倍，投资规模稳步扩大。[②] 从投资存量看，截至 2019 年底，中国企业对日直接投资累计达到 41 亿美元[③]，这一存量规模在中国对外投资中的占比为 0.19%，在日本吸引外资中的占比为 1.57%。中国对日投资产业以通信、批发零售、房地产和服务业等非制造业为主，在国际金融危机发生后，对日制造业直接投资增长迅速。近年来，跨境电商、移动支付、共享经济等新兴业态的对日投资增长较快。然而，突如其来的新冠肺炎疫情的暴发及蔓延，对中日两国经济造成不同程度的冲击，由此也为中国对日直接投资按下了“减速键”。

（一）对日直接投资规模急剧缩小

根据日本贸易振兴机构的统计，中国对日直接投资流量在 2020 年前三季度累计为 2.10 亿美元，尤其是第三季度出现了对日直接投资净流出现象

① 《联合国：今年全球 FDI 将下降近 40%》，新浪网，http://finance.sina.com.cn/world/gjcj/2020-06-17/doc-iirczymk7406137.shtml。

② 《中国对外直接投资统计公报》（2015~2019 年），中华人民共和国商务部网站，http://fec.mofcom.gov.cn/article/tjsj/tjgb/。

③ 《2019 年中国对外直接投资统计公报》，中华人民共和国商务部网站，http://images.mofcom.gov.cn/hzs/202010/20201029172027652.pdf，第 23 页。

（见表1）。受第四季度中国对日直接投资大幅回升影响，2020年，中国对日直接投资流量达到10.86亿美元。这一规模虽然超过2017年（9.97亿美元）和2018年（7.98亿美元）的投资水平，但仅相当于2019年中国对日直接投资规模（19.12亿美元）的56.8%，投资规模可谓出现了断崖式下跌。由于2020年日本对华直接投资规模近乎2019年日本对华直接投资规模的96.8%[①]，因此，相比日本对华直接投资，中国对日直接投资呈现大幅下跌的态势。随着中国对日直接投资规模的缩小，中国对日直接投资在亚洲对日直接投资中的占比由2019年的20%急跌至2020年的11.4%。

表1　日本吸引中国直接投资的流量及占比变化

单位：百万美元，%

	2017年	2018年	2019年	2020年				2020年
				1~3月	4~6月	7~9月	10~12月	
中国	997	798	1912	105	193	-88	877	1086
亚洲	5635	4794	9558	2847	2323	1510	2863	9544
世界	18805	26119	36279	2079	47890	9182	9158	68309
占亚洲的比重	17.69	16.64	20.00	3.69	8.31	—	30.6	11.4
占世界的比重	5.30	3.05	5.27	5.05	0.40	—	9.57	1.58

资料来源："Japanese Trade and Investment Statistics, FDI Flow," JETRO, https://www.jetro.go.jp/world/japan/stats/fdi.html。

（二）对日非制造业直接投资波幅较大

从投资结构看，中国企业对日直接投资依然以非制造业投资为主，但是，疫情以来，中国对日非制造业直接投资一度严重下滑。根据日本银行的统计，中国对日制造业、非制造业直接投资合计总额在2020年第一、第二季度较上年同期均出现下降，降幅分别为21.8%和35.5%，但从第三季度开始较上年同期上升，后两个季度增幅分别为18.8%和43.2%（见表2）。其中，对日非

① 根据日本贸易振兴机构的直接投资统计数据计算，参见JETRO，https://www.jetro.go.jp/world/japan/stats/fdi.html。

制造业直接投资在前两个季度同比降幅较大，分别下降 53.26% 和 39.29%。这主要是因为，在疫情背景下，日本国内实体经济低迷、人员外出交流受限，对日本的零售业、服务业冲击巨大，导致中国对日非制造业直接投资下滑。进入第三季度，受日本经济阶段性复苏影响，对日非制造业直接投资止跌回升，并且出现了同比 32.2%、环比 205.9% 的增长，第四季度环比下降，但同比依然增长 12.3%。相对而言，中国对日制造业直接投资所受影响相对较小，2020 年前两个季度对日制造业直接投资同比上升，第三季度虽然同比下降 32%，但投资额大体恢复到第一季度的水平，第四季度出现显著回升，同比增长 147%。

表 2　中国对日直接投资的行业结构

单位：亿日元

时间	制造业	非制造业	合计
2019 年第一季度	-5	92	87
2019 年第二季度	6	84	90
2019 年第三季度	31	118	149
2019 年第四季度	17	57	74
2020 年第一季度	25	43	68
2020 年第二季度	7	51	58
2020 年第三季度	21	156	177
2020 年第四季度	42	64	106

注：表中数据为流量。

资料来源：日本銀行「国際収支統計　直接投資フロー」、https://www.boj.or.jp/statistics/br/bop_06/index.htm/。

（三）对日并购件数大幅减少

长期以来，中国企业对日投资方式以并购投资为主，绿地投资较少。然而，疫情暴发以来，中国对日投资方式的结构略有变化。如表 3 所示，2020 年，中国企业对日并购投资和绿地投资分别为 3 例和 7 例，而 2019 年，中国企业对日并购投资和绿地投资均为 10 例。[①] 显然，疫情以来，中国企业对

① JETRO『ジェトロ対日投資報告（2020）』、https://www.jetro.go.jp/ext_images/invest/ijre/report2020/pdf/ijre_2020jp.pdf。

日并购投资数量急剧萎缩，而绿地投资（建立子公司或科研中心）数量减少相对有限。疫情背景下，对日绿地投资方式似乎更受到中国企业的青睐。

表 3　中国企业对日并购投资和绿地投资情况（2020 年）

	时间	中方	日方	行业	性质
并购投资（3 例）	4 月 23 日	万兴科技	株式会社万兴软件	IT 服务业	非制造业
	6 月 19 日	赛腾股份	Optima 株式会社	半导体及电子设备	制造业
	11 月 25 日	阿尔特	阿尔特日本	汽车	制造业
绿地投资（建立子公司或科研中心）（7 例）	3 月 10 日	珠海丹德	埼玉	AI 技术	非制造业
	6 月 9 日	柔宇科技	东京	柔性面板技术	制造业
	6 月 17 日	七印信息科技	东京	区块链技术	非制造业
	6 月 25 日	Insta360 影石	东京	VR 相机软件	非制造业
	9 月 24 日	新时达电气	福冈 北九州	机器人制造	制造业
	9 月 29 日	埃伏斯智能科技	爱知县 名古屋市	机器人系统制造	制造业
	9 月 30 日	蜂巢能源科技	神奈川 横滨市	锂电池技术	制造业

资料来源：根据清科研究和 JETRO 相关信息整理得到，参见清科研究数据库，https://ma.pedata.cn/list_1_1117_0_0_0.html；JETRO，https://www.jetro.go.jp/en/invest/newsroom/2020.html。

二　中国企业对日直接投资：疫情下新变化的影响因素分析

新冠肺炎疫情的暴发对中日两国经济发展造成巨大冲击。疫情背景下，中国企业对日直接投资在投资规模、投资结构和投资方式等方面都发生了一定变化，这些变化由以下多个因素综合影响所致。

（一）日方因素

日本自 2020 年 1 月 16 日出现首例新冠病毒确诊病例，到 12 月 31 日已累计确诊 233785 人。[①] 其间，日本经历了三波疫情，日本政府一直在控制

① 厚生労働省「新型コロナウイルス感染症について」、https://www.mhlw.go.jp/stf/covid-19/open-data.html。

疫情与恢复经济之间挣扎。疫情的反复给日本经济和社会带来了沉重负担，更对中国对日直接投资产生波及效应。

1. 日本宏观经济低迷

2020 年新冠肺炎疫情的全球性蔓延加速了日本经济的衰退。日本内阁府的经济报告显示，2020 年第一季度，日本实际 GDP 环比下降 0.5%，同比下降 2%；第二季度环比下降 8.3%，同比下降 10.3%，创二战以来最差的季度经济表现。在日本政府经济恢复举措的刺激下；第三季度，GDP 迎来触底反弹，环比增加 5.3%，但同比依然下降 5.8%；第四季度，GDP 继续保持增长，环比增加 3.0%，但同比依然下降 1.4%。[①] 第三、四季度，日本国内经济出现好转，主要依靠个人消费和出口拉动，随着年底第三波疫情的暴发，日本经济复苏之路充满变数。

新冠肺炎疫情从供给和需求两方面对日本经济形成冲击，由此对中国企业赴日直接投资产生负面波及效应。从需求方面看，随着疫情在全球的快速蔓延，国际贸易环境显著恶化，日本外需大幅度减少。2020 年四个季度，日本的商品和服务出口同比分别下降 6.9%、22.0%、15.4%、6.2%，进口同比分别下降 4.0%、3.9%、12.9%、6.3%。[②] 与此同时，疫情防控导致民众外出受限，日本的民间消费需求显著下降。根据日本内阁府的统计，日本民间最终消费支出在 2020 年四个季度同比分别下降 2.7%、11.1%、7.3%、2.4%。市场环境的恶化影响到国内投资，民间设备投资不断下滑，2020 年四个季度同比分别下降 2.0%、8.0%、10.8%、3.1%。[③] 从第三季度开始，日本民间消费和出口降幅的收窄，在一定程度上阻止了 GDP 的进一步下滑，但随着年底新一波疫情愈演愈烈，日本宏观经济前景不容乐观。经济整体需求的疲软，大大降低了日本市场的投资魅力，也打击了中国企业

① Cabinet Office, "Government of Japan," https://www5.cao.go.jp/keizai3/getsurei-e/index-e.html.

② Cabinet Office, "Quarterly Estimates of GDP for Oct. - Dec. 2020," https://www.esri.cao.go.jp/en/sna/data/sokuhou/files.

③ Cabinet Office, "Quarterly Estimates of GDP for Oct. - Dec. 2020," https://www.esri.cao.go.jp/en/sna/data/sokuhou/files.

对日进行“地产地销”型投资的积极性。

从供给方面看，新冠肺炎疫情背景下，日本的产业发展受到严重冲击。受全球部分地域停工停产、国际航运暂停等因素影响，日本国内部分制造业生产出现供应链断裂现象，由此影响日本制造业的产出。根据日本经济产业省统计，2020 年前三个季度日本工业生产指数分别同比下降 4.5%、19.8%、12.8%，第四季度下滑趋势虽有所缓解，但状况依然不乐观。[①] 更为严峻的是，日本的住宿、餐饮、批发零售、观光旅游、航空运输等产业因疫情缩短营业时间甚至全部停业，非制造业产出大幅度下降。而这些产业恰恰是以往中国对日直接投资的热点领域。日本非制造业的不景气在相当大程度上延缓了中国对日非制造业直接投资的步伐。

2. 企业微观经营环境恶化

新冠肺炎疫情的蔓延对日本的生产、消费形成巨大冲击，企业收益普遍下滑，企业破产数量明显增加。日本商工调查公司的统计显示，从 2020 年 2 月至 12 月底，新冠肺炎疫情导致的日本企业破产数量（负债在 1000 万日元以上）累计达 843 件，其中 7 月、8 月分别为 80 件、67 件，其余每月大都在 100 件左右。从破产行业的主要分布看，餐饮业破产 141 件，住宿业为 60 件，服装业为 82 件。[②] 企业破产数量的增加带来失业人数的攀升。截至 2021 年 1 月 6 日，日本因新冠肺炎疫情被解雇的人数累计超过 8 万人。[③] 企业经营状况的恶化还直接导致员工收入减少，2020 年四个季度雇佣者薪酬同比增长率分别为 1.8%、-2.3%、-2.3%、-2.6%。[④]

在日外资企业的经营状况同样不容乐观。日本贸易振兴机构分别于 2020 年 4 月和 7 月对在日外资企业进行问卷调查，调查结果显示，绝大多

---

① 経済産業省「生産・出荷・在庫・在庫率指数速報」、https://www.meti.go.jp/statistics/tyo/iip/result-1.html。

② 「新型コロナウイルス関連破たん」、https://www.tsr-net.co.jp/news/analysis/20201229_02.html。

③《疫情持续近整年　日本新冠解雇累计超 8 万人》，网易，https://www.163.com/dy/article/FVSQ36NO0528OEQ2.html。

④ 内閣府「国民経済計算」、https://www.esri.cao.go.jp/jp/sna/menu.html。

数外国投资公司对于在日本国内开展业务充满担忧。在4月的调查中，93.4%的公司认为疫情对其在日经营产生消极影响；随着第一波疫情结束，7月的调查中回答有消极影响的公司占比有所下降，为92.2%，[①] 对日本企业经营环境的担忧影响了在日外国投资公司的正常经营。在两次调查中，中国企业的占比分别为18.9%和25.4%，同样反映了在日中资企业经营的窘境。日本企业整体经营环境的恶化降低了中国企业新增赴日直接投资的意愿，影响了中国对日直接投资的增长速度。

3. 原有引资方式受阻

以往日本企业吸引外资，主要是通过在海外设立办事处或举办投资说明会等方式进行宣传，然后邀请对对日投资感兴趣的外资企业赴日实地考察，并通过与日本相关团体或企业进行面谈的方式来促进对日投资。然而，疫情使国家间人员的移动、交往受限。日本自2020年2月便出台边境管控措施，限制高风险地区人员入境，11月底才恢复与中国的商务往来。随着日本第三波疫情暴发，日本政府于12月26日宣布再次限制部分国家的人员入境。可以预见，在新冠病毒疫苗或特效药发挥效用以前，外国企业对日投资的差旅频次都将降到最低限度，并且这种状况或将持续相当长时间。为此，日本吸引外资的方式亟待转型，应广泛利用VR虚拟现实技术，将更多的引资环节搬到线上进行，使外资企业在初步了解并确定投资意向的基础上，再去日本进行实地投资。在疫情蔓延背景下，完善线上引资的各个环节，采用线上与线下相结合的形式，将是未来相当长时间内日本吸引外资的重要方式。然而，引资方式转型需要一定的时间，这在一定程度上也会对中国企业对日直接投资产生不利影响。

（二）中方因素

疫情蔓延背景下中国对日直接投资的急速下滑，既有疫情冲击的现实因素影响，又有中国强化对外直接投资管理的政策因素影响。

1. 从现实因素看，中国最早受到新冠肺炎疫情的大规模冲击，受疫情

① JETRO Survey，https：//www.jetro.go.jp/en/invest/newsroom/2020/32b845aed40f48f4.html.

下中国停工停产等因素影响，2020 年第一季度，中国 GDP 同比下降 6.8%。得益于中国政府强有力的疫情应对举措，4 月以后随着复工、复产的有序推进，中国国内经济开始好转，第二季度 GDP 同比上升 3.2%，第三季度 GDP 同比上升 4.9%，在第二、第三季度良好的复苏势头带动下，前三季度 GDP 同比上升 0.7%，第四季度 GDP 同比增长 6.5%，全年实现 2.3% 的正增长，中国成为世界主要经济体中唯一一个实现全年经济正增长的国家。① 但 2020 年上半年，中国企业总体自顾不暇，赴日投资的愿望和能力都受到制约，随着中国经济的快速复苏，中国企业对日投资的能力也将逐步得以恢复。

2. 从政策因素看，自 2017 年以来，中国政府进一步强化对中国企业对外直接投资的制度管理，出台了一系列规范企业境外投资行为的法规。其中较为重要的变化是，限制中国企业对海外房地产、娱乐体育设施等领域投资，与此同时，积极鼓励中国企业对共建“一带一路”国家、海外高新技术以及先进制造业的投资。受此影响，中国企业对共建“一带一路”国家的直接投资增长迅速。即便在疫情蔓延背景下，2020 年，中国企业对共建“一带一路”的 58 个国家的非金融类直接投资同比增长 18.3%，占同期总额的 16.2%。② 中国企业对外投资向共建“一带一路”国家的倾斜，从资金层面对中国企业对日直接投资形成部分分流效应。

在疫情带来 2020 年中国对日投资整体下滑的背景下，在前两个季度，中国对日制造业投资同比增长，第三季度较第二季度环比大幅上升，反映出中国对日本制造业投资的重视。众所周知，随着中国融入全球经济，中国在全球产业链中的地位不断提升，逐步成为全球产业链枢纽和世界工厂。但中国在全球产业链中大多处于低端，利润微薄且发展受限，很多关键零部件、装备制造的核心环节的产品都严重依赖进口，亟须向产业链的

① 《2020 年我国企业对“一带一路”沿线非金融类直接投资 177.9 亿美元》，中华人民共和国商务部网站，http://www.mofcom.gov.cn/article/i/jyjl/e/202101/20210103033348.shtml。

② 《2020 年我对“一带一路”沿线国家投资合作情况》，中华人民共和国商务部对外投资和经济合作司网站，http://hzs.mofcom.gov.cn/article/date/202101/20210103033292.shtml。

中高端攀升。而推动中国产业链的升级，除依靠中国自主研发和科技创新以外，更需要加强与中国产业链具有高度互补性的日韩等国家的投资合作，促进中国制造业的转型升级。日本在技术创新方面长期位居全球前列，根据世界经济论坛发布的《2019 年全球竞争力报告》，日本综合创新能力排名世界第七，同时日本还具有世界一流的研发经费投入和研发人员数量，国际专利申请项目也常年排名全球第一，[①] 日本市场是中国企业促进制造业升级的理想投资地。此外，新冠肺炎疫情暴发以来，全球产业链的调整步伐明显加速，产业链的区域化成为大势所趋。加大对日制造业投资力度，对于促进东亚产业链一体化、依托东亚小循环促进中国经济的外循环发展也具有重要的现实意义。

（三）美方因素

自 2018 年美国特朗普政府对华发动贸易摩擦，中美关系便处于紧张状态。新冠肺炎疫情暴发后，美国更是枉顾事实，极力“甩锅”中国，中美冲突加剧。中美经贸摩擦表象的背后是美国欲维护其在世界的领先地位和技术优势。美国基于对中国前沿技术发展对其产生安全威胁的认知，将中国视为其在全球科技外交中的竞争者[②]，通过对华“脱钩”“封锁”等一系列手段，打压中国高技术产业。并且，美国对华的科技遏制并不会因拜登上台执政而回转。在面对中美“脱钩”、科技博弈加剧等问题上，日本处于尴尬境地。一方面，中国高技术产业的快速发展将分化发达国家在高端产品上的垄断利益，威胁日本在世界高端产业中的地位；另一方面，由于中日企业合作不断加深，中美之间的对立同样会波及大批日本企业。尽管日本不愿意“选边站”，但受制于日美同盟等因素，日本企业不得不遵守美国的对华出口技术管制，不得不追随美欧加强对来自中国外商投资的安全审

① 《2019 全球竞争力报告》，世界经济论坛网站，https：//cn. weforum. org/reports? year = 2019#filter。

② 李峥：《美国推动中美科技“脱钩”的深层动因及长期趋势》，《现代国际关系》2020 年第 1 期。

查，由此大大打击了中国企业赴日投资的积极性，同时也降低了日本企业接受中国资本进入的热情，在相当大程度上制约了中国企业对日直接投资的增长。

三　中国企业对日直接投资前景展望

2020 年新冠肺炎疫情在全球蔓延给世界各国经济带来剧烈冲击，根据国际货币基金组织在 2020 年 10 月发布的《世界经济展望报告》，2020 年全球经济增长率预计为 -4.4%，尽管低于 6 月 -4.9% 的预测，但全球经济发展状况依然不容乐观。为了应对疫情，各国纷纷出台相关刺激政策，减缓疫情对经济的冲击。随着疫苗接种在全球的大规模推开，可以预见，在不远的将来，全球紧张的疫情形势将趋于缓和，全球经济也有望恢复到疫情暴发前水平。而中国企业对日直接投资的增长前景既取决于中日经济从疫情中恢复的速度，又取决于外部国际环境的变化。

（一）短期视角

短期来看，入冬以来，尽管疫情在中国多地散发，但总体平稳可控，加之新冠病毒疫苗接种的逐步普及，疫情对中国内需的影响比较有限。相比之下，日本的疫情防控形势依然严峻。菅义伟上台后将应对疫情和提振经济作为首要任务，并力求在二者之间寻求平衡，但事实上出现了疫情失控的后果。为推动日本经济复苏，菅内阁以旅游业为突破口，力推“Go To Travel”的全国旅游补贴项目[①]，以带动旅游业、餐饮业回暖。即便在疫情出现反弹苗头的情况下，该项目也依然没有被中止，直到 2020 年 12 月 14 日，日本政府才宣布临时停止。[②] 尽管并没有直接的证据表明是旅游业补贴政策带来了日本疫情的反弹，但在旅游业补贴政策激励下人员的全国性大规模移动、

① 政府向参加该活动的国民提供旅行费用减免等大幅度优惠。

② 朱清秀：《疫情压力下的菅义伟内阁何去何从》，《工人日报》2021 年 1 月 9 日。

聚集显然不利于疫情的防控。受抗疫不力影响，菅内阁的支持率也从组阁初期的65%下降到12月末的39%。进入2021年1月，新冠肺炎疫情在日本多地大规模扩散，单日新增感染人数连创新高，迫使日本政府于1月7日再次启动“紧急事态宣言”。不同于2020年4月的“紧急事态宣言”，此次日本政府并未要求歇业，仅针对餐饮业、百货商场等个别行业提出缩短营业时间的要求，且实施范围最初仅限于东京、神奈川、埼玉和千叶等1都3县，1月13日又追加大阪、京都等7个府县，共计11个都府县。“紧急事态宣言”并非在全国范围内实施，折射出日本政府欲将疫情防控给经济带来的成本最小化的意图。据测算，如果11个都府县在2月7日之前一直实施“紧急事态宣言”，则损失的个人消费估计为2.3万亿日元[①]，虽然低于2020年4月的10.7万亿日元、5月的11.2万亿日元的个人消费减少额[②]，但仍将对个人消费形成重创，令稍有起色的日本经济重回低迷状态。很多经济学家依然认为，2021年1～3月的日本经济将自2020年4～6月以来再次负增长[③]。日本政府对新冠肺炎疫情防控不力的相关后果，将在很大程度上制约2021年中国对日本直接投资的情况，特别是对日非制造业的直接投资。因此，短期内中国企业对日本的直接投资仍将在低谷徘徊。

（二）中长期视角

从中长期看，中日经济从疫情中的复苏、日本引资政策的延续、东亚区域合作的深化以及数字经济领域的合作都有利于促进中国对日本直接投资的增长，中国对日本直接投资有望重回疫情暴发前的增长轨道。但中日关系的摇摆不定、中日敏感产业竞争的加剧以及民意基础的脆弱也将对中国对日直接投资增长形成挑战。

---

① 木内登英「緊急事態宣言の対象拡大と特措法改正の論点」、野村総合研究所、https://www.nri.com/jp/knowledge/blog/lst/2021/fis/kiuchi/0113_2。

② 木内登英「緊急事態宣言の再発令で厳しい年明けに」、野村総合研究所、https://www.nri.com/jp/journal/2021/0108。

③《经济学家预测日本1～3月GDP重回负增长》，日经中文网，https://weibo.com/ttarticle/p/show?id=2309404591045127307330#_0。

从有利因素看，第一，吸引外资仍将是日本增长战略的重要组成部分。2013 年 6 月，日本政府推出“日本再兴战略”，其中的一个目标是将日本吸引的海外直接投资从 2012 年末的 19.2 万亿日元增加到 2020 年的 35 万亿日元，并为此出台了一系列吸引外资的政策。截至 2019 年末，日本吸引的外资存量达到 33.9 万亿日元，已经非常接近设定目标。但新冠肺炎疫情的暴发，使 2020 年日本如期实现这一引资目标变得几乎不大可能。尽管如此，自泡沫经济崩溃、日本积极吸引外商直接投资以来，日本深切感受到外资进入给本国带来的诸多好处，在未来相当长时间内，日本仍将继续完善营商环境，加大吸引外资的力度，这构成了中国对日直接投资增长的重要基础。特别是日本地方政府基于重振地方经济活力的目的，出台各种优惠举措，积极吸引外资进入。日本地方企业在诸如观光资源、掌握一定先进技术等方面具有独特的优势，中国企业可以充分利用日本地方经济的比较优势，加大对东京都等大都市圈以外地域的投资力度。

第二，东亚区域合作深化有利于推动对日本投资增长。中国企业对日本直接投资尽管潜力巨大，但是欧美国家依然是对日本进行投资的主力。在亚洲范围内，中国日渐成为日本重要的外资来源国，特别是从疫情后国际产业链调整的角度看，加强与地理位置临近的国家合作，有利于实现区域供应链效率性与安全性的平衡。2020 年 11 月 15 日，中国、日本等 15 国签署了“区域全面经济伙伴关系协定”（RCEP），在东亚区域合作中迈出了重要一步。RCEP 有利于区域内的人员流动、服务贸易以及投资发展，特别在区域投资方面，各国将采用负面清单方式对非服务业领域投资做出较高水平的开放承诺，提高政策的透明度。[①] RCEP 框架下的中日经贸合作将进一步深化，协定中有关投资自由化、投资保护、投资促进和投资便利化等条款将成为促进中国企业对日本直接投资增长的利好因素。

第三，数字经济领域的对日投资合作潜力巨大。新冠肺炎疫情使各国经

---

① 《〈区域全面经济伙伴关系协定〉（RCEP）》，中国自由贸易区服务网，http：//fta.mofcom.gov.cn/rcep/rcep_ new.shtml。

济发展面临前所未有的挑战，但同时也带来了意想不到的机遇。在疫情导致人们自由移动受限的背景下，电子商务、在线教育、远程医疗、远程办公等数字经济新业态、新模式快速发展，产业的数字化转型已成为疫情后各国经济发展的重要趋势。近年来，中国数字经济发展迅速，2019 年，中国数字经济规模为 5.2 万亿美元，体量居全球第二，增速居全球第一，高达 15.6%，[①] 尤其在 5G 通信、互联网应用等领域居于全球领先地位。而日本虽然在数字经济领域深耕多年，但此次疫情暴露出信息科技在市民服务、政府服务、无现金服务等应用上存在较大滞后性。[②] 为提升日本的数字化水平，未来无论是日本政府还是日本企业，都将加大对数字经济领域的投资力度，这无疑为在数字经济领域拥有一定比较优势的中国企业对日本进行投资提供了难得的机遇。

从不利因素看，第一，中日经济关系常常受到两国自身及外部政治外交关系的影响。在中日关系中，姑且不论固有的历史、领土等问题悬而未决，近年来，中日在亚洲范围内的竞争也日益加剧。为了遏制中国快速发展，日本积极参与“印太”战略，在疫情背景下主动发起并推进“印度—日本—澳大利亚供应链”联盟，意在制衡中国在亚洲的影响力。此外，随着中美贸易摩擦、科技博弈的持续，美国将长期对华进行多维度打压，而作为盟友的日本，也将紧跟美国步伐，美国因素可能上升为阻碍中日关系发展的重要因素。在上述因素的综合作用下，中日关系的发展前景变得愈加不明朗，这也将在一定程度上影响中国企业对日直接投资的增长。

第二，对日投资中的部分产业可能进一步受限。中国将依托“双循环”新发展格局，进一步优化产业链的区域布局，积极深化同日方的产业合作。但在复杂的国际环境下，特别是中美科技博弈持续以及中日在敏感产业竞争加剧的背景下，中国对日本部分产业的投资将受到限制。除以往的投资安全

---

① 《全球数字经济新图景（2020 年）——大变局下的可持续发展新动能》，搜狐网，https://www.sohu.com/a/424961686_999210632。

② 《发力数字化转型！菅义伟内阁首设数字厅，日企盼新商机》，搜狐网，https://www.sohu.com/a/418814481_114986。

审查以外，2019 年 5 月，日本追随美国，新增了与信息技术及通信相关的 20 个业种的投资事前申请要求，对这些产业的赴日投资可能会变得更加困难，但在制药、人工智能、机器人制造、新能源等相关产业，中国对日本的投资有望进一步增长。

第三，中日间的民意基础依然脆弱。由中国外文局和日本言论 NPO 共同实施的“北京—东京论坛”中日关系舆论调查结果反映了中日两国间的民意基础。2020 年的调查结果显示，面对日益复杂的国际形势，两国民众对中日关系的认知差距较大。在对两国相互印象的调查统计中，中方有 45.2% 的受访者对日印象好或相对较好，而日方只有 10% 的受访者对华印象持正面观点。① 日本民众对华好感度总体不高，这表明中日关系发展的民意基础仍不牢固。日本对华社会舆论基础的脆弱性不仅制约日本政府未来的对华政策取向，而且会增加中资企业赴日投资的阻力，提高中国企业对日本进行并购投资后资源整合的难度，不利于中日投资合作的深化。

综上所述，在世界局势深刻变化之际，加强中日经济合作、促进中国企业对日直接投资，符合中日两国经济发展的根本利益，对双方均具有利好效果。但不可否认的是，中国对日本的投资也受到中日关系不稳定、美国对华遏制、中日民意基础脆弱等因素影响，从中长期看，中国对日本的直接投资还存在诸多变数。相信中日双方一定会努力寻找促进两国经济发展的良方，共同应对挑战，把握机遇。

① 《最新中日关系民调结果出炉！特殊时期有何特别之处?》，人民画报网，http://www.rmhb.com.cn/gd/202011/t20201117_800227212.html。

B.14

新冠肺炎疫情下的中日健康产业合作*

——以中日（天津）健康产业合作示范区为例

葛建华　马　兰　朱奎元　王永威　孟铭辉**

摘　要： 新冠肺炎疫情仍在全球肆虐，国际社会面临自第二次世界大战以来从未有过的公共卫生和全球经济的双重危机。这场疫情使人们更加关注医疗、健康、康养问题，从而为中日两国在健康产业方面的合作提供机遇。随着新冠肺炎疫情在中国得到有效控制，中国人民的生产生活有序有效恢复，中日健康产业存在深化合作的可能和动力。本报告通过梳理日本健康产业对外合作的方式，并以中日（天津）健康产业合作示范区为例，探索中日健康产业合作的有效方式和模式，以为中日两国健康产业持续发展提供可以借鉴的经验和做法，从而助力中日健康产业的深度合作，使其成为稳定中日关系、推动两国经济社会向前发展的重要力量。

关键词： 新冠肺炎疫情　健康产业　中日合作　天津示范区

* 本报告是天津社会科学院重点委托课题（高端智库研究专项）“京津冀国际友好城市建设与东北亚地区人文交流合作研究”（课题号：21YWT－06）的阶段性成果。

** 葛建华，法学博士，天津社会科学院东北亚研究所研究员，全国日本经济学会理事，主要研究领域：东北亚国际关系、区域合作。马兰，天津社会科学院东北亚研究所所长，研究员，全国日本经济学会常务理事，主要研究领域：东北亚国际关系。朱奎元，天津健康产业国际合作示范区管委会主任。王永威，天津健康产业国际合作示范区管委会副主任。孟铭辉，天津大学经济与管理学部硕士研究生。

健康产业是日本国民经济的重要支撑之一，发展健康产业是日本经济发展战略布局中的关键环节，健康产业也是日本促进经济增长和对外合作的重要领域和力量。日本健康产业是一个大健康产业概念，指的是公费保险以外的服务产业，涉及预防、诊断、治疗、康复等产品制造和服务，通常包括医药工业、医药商业、医疗服务、保健品、健康保健服务等领域。突如其来的新冠肺炎疫情给中日健康产业合作带来了挑战，也带来了新的机遇。新冠肺炎疫情造成的冲击或许会成为世界历史的转折点，尽管疫情的蔓延是一个意外事件，却导致世界事务的发展轨迹发生重大改变。[①] 在百年未有之大变局的背景下，中日两国健康产业存在深化合作的空间、动力和潜能。

一　新冠肺炎疫情的发生为中日健康产业合作提供的契机

早在疫情暴发前，中日韩已在加强健康合作方面达成共识。2019 年 12 月 25 日，中日韩三方发表《中日韩积极健康老龄化合作联合宣言》，倡议三国加强政策对话和国际合作，就积极健康老龄化相关问题开展合作研究，在本地区打造应对人口老龄化成功模式，并通过分享最佳实践等方式，促进在全球范围内与其他国家和地区的合作。新冠肺炎疫情暴发后，中日之间、中日韩之间以及中日韩与东盟（10 +3）之间启动了不同形式的政治对话机制，加强了中日之间在东亚地区卫生医疗等领域的合作。如通过“中日高级别政治对话”、中日韩三国外交部门不同级别的视频特别会议以及中日韩与东盟领导人在“10 +3”机制下举办特别视频会议等方式，建立了联防联控、信息共享、政策沟通机制，为东亚地区相对于其他地区较好地控制疫情以及加强中日合作奠定了政治基础。[②]

---

① 鈴木一人「ポストニュークラウン時代の地政学」、『日本のコロン』2020 年第 6 号。

② 葛建华、马兰：《中日韩合作抗疫：构建卫生健康共同体》，《东北亚学刊》2020 年第 3 期。

新冠肺炎疫情的暴发为中日健康合作带来契机。中国的健康产业目前仍处于起步初期，产业规模在国内生产总值（GDP）中所占比重不足5%，而西方发达国家一般超过15%，可见在健康产业规模、产业链方面，中国与之存在差距。但随着新一代信息技术、物联网、云计算、大数据和人工智能应用到健康产业，中国的智慧健康产业进入快速增长期。2020年中国健康产业市场规模已经达到8.7万亿元，预计2030年将突破16万亿元。[①] 随着中国城市环境和生活方式的改变，重大疾病、亚健康和慢性病人群基数逐年增长。未来十年，各种慢性病将以爆发式的速度迅速扩展到每一个家庭，健康消费需求将不断增长。与此同时，中国面临老年人口持续快速增长态势，从而带来了巨大的医疗健康和养老服务需求。2020年，中国60岁及以上人口达到26402万人，占总人口的18.7%左右[②]；2030年，60岁以上人口占比预计将达到25%。[③] 中国在健康产业方面具有很大的发展空间。

进入21世纪以来，日本成为东亚地区人口老龄化程度最高的国家。据统计，2020年，日本65岁以上的老人总数比2019年同期增加30万人，达到3617万人，占总人数的比例达到28.7%。随着65岁以上人口增至人口的近1/3，90岁以上的人口将增至300多万人，到2025年，这方面的财政支出将达到2980亿美元。除了医疗和福祉产业外，多数产业的劳动者将减少。据日本劳动政策研究和研修机构预测，医疗和福祉产业的就业者在2040年将达到974万人，占就业人口总数的16%。[④] 日益老龄化催生了日本在老年护理方面的科技创新。据统计，在日本92家估值在10亿美元以上的初创企业中，有25家致力于医疗保健。人口老龄化加剧了日本国民对医疗卫生、健康保健以及养老服务的消费需求，从而成为推动日本健康产业快速发展的

---

① 《国家科技部原副部长吴忠泽：健康产业市场规模将超过16万亿元》，《健康时报》2021年5月4日。

② 《第七次全国人口普查公报（第五号）》，中华人民共和国国家统计局网站，http://www.stats.gov.cn/ztjc/zdtjgz/zgrkpc/dqcrkpc/ggl/202105/T20210519_1817698.html。

③ 《起步期的健康产业亟须补上“科技”这一课》，《科技日报》2019年8月15日。

④ 經濟產業省「次世代ヘルスケ產業協議會の今後の方向性について」、2018年4月18日、https：www.mhlw.go.jp/Seidel unitsute/bunya/0000173202－00002.html。

动因之一。

根据日本经济产业省的估算，2020 年日本健康产业市场规模为 26. 6 万亿日元，到 2025 年将进一步扩大到 33. 1 万亿日元，其中医疗保健及长期护理领域的市场规模由 15. 8 万亿日元增长到 20. 6 万亿日元。[①] 2018 年，日本医药出口额达到 1891. 85 亿日元，出口前三名国家分别为美国、韩国和中国；医疗器械进口额为 16205. 83 亿日元，中国在其进口对象中排名第四。而到 2020 年，日本医疗器械出口额达到 1 万亿日元，中国排名第二。[②] 中国已经成为日本医药的主要出口国和医疗器械的主要进口国之一。而且，日本已连续多年在世界卫生组织全球医疗水平评比中位居第一，相较欧美发达国家，日本健康服务的理念、技术手段、习惯和标准等多方面比较符合中国城乡居民的健康服务消费习惯和偏好。疫情暴发前，日本已经成为中国居民境外购买健康服务的重要市场之一。可以预见，今后中日两国在健康产业上的合作将更加紧密。在此背景下，中日健康服务业的互补性将成为两国深化产业合作的重要条件，加快建设中日健康产业具有巨大的合作潜力。

二　日本对外健康产业合作的现状和方式

在人口深度老龄化的压力下，日本一直非常重视健康产业的发展，并且为推动健康产业发展和海外扩张制定实施了一系列产业政策。2014 年制定《健康医疗产业战略》，2019 年出台《医疗器械产业海外发展计划》，2020 年内阁府制定的《成长战略》中也专门就日本健康产业的开发、商业化和国际推广等方面提出相关政策。这一系列政策旨在通过先进的医疗技术和服务构建健康长寿的社会，实现经济发展和对外合作。

日本以应对老龄化发展起来的健康产业，将医疗保健作为核心，以营养

① 經濟產業省「次世代ヘルスケ產業協議會の今後の方向性について」、2018 年 4 月 18 日、https：www. mhlw. go. jp/Seidel unitsute/bunya/0000173202 －00002. html。

② 厚生勞動省「平成 30 年藥事工業生產動態統計年報の概要」、2018、http：www. mhlw. go. jp/topic/Yakutia/2018/nenpo。

品保健为辅助，在加强进行国民健康管理的同时积极推进健康产业发展。在社会、经济和政策因素的共同作用下，健康产业成为推动日本经济社会持续发展的重要力量。① 根据日本健康产业的发展路径，归纳起来看，日本健康产业的对外合作主要体现为四种方式和途径。

（一）政府牵头，健康产业集群集体出海

2020 年，日本内阁府在《成长战略》中制定了医药、医疗器械的国际推广战略，由内阁府牵头构建了协同发展体系。在促进健康产业发展上，日本注重各省厅协同作战、政策扶持。2019 年成立了日本医疗研究开发机构（AMED），目的是促进生命科学领域的产官学融合发展。2020 年创设了医工联合创新推进事业机构，注重进行医疗器械开发和海外推广，同时构建了各相关政府部门的协同机制。2020 年 7 月 14 日，健康医疗战略推进总部制定了《亚洲药品及医疗器械规制协调实施战略》，计划 2021 年在“亚洲健康构想”和“非洲健康构想”的基础上，成立“环球健康联盟”，致力于进行相关健康产业的国际合作与发展。

在协同机制内，内阁总理大臣牵头负责协调，文部科学省进行基础研究，厚生劳动省负责进行临床研究，经济产业省负责进行健康产业的推广和实施。2021 年，健康产业发展的重点领域是护理机器人、特效药品开发、基因工程、医疗器械、医疗支援、智能手术室开发、人工组织器官开发、人工心脏等，除此之外还包括微创、可移动设备等。同时根据对外合作需求，加强在预防、健康经营、健康保险等领域的国际合作。

在运营方式上，在经济产业省的产业集群政策和文部科学省的知识产权集群创建项目带动下，日本国内创建了众多医疗器械集群，比较突出的是由栃木县、福岛县和茨城县组成的日本最大的医疗器械产业集群。日本有许多掌握着关键核心技术的从事健康产业的中小企业，它们与从事健康产业的大

① 内閣府「成長戦略フォローアップ」、2020 年 7 月 17 日、https://www.kantei.go.jp/jp/singi/keizaisaisei/portal/follow_up/。

企业一起形成了健康产业的生态链，互相支持，在政府主导下，在国家产业政策和科技政策推动下，大企业与中小企业之间形成了健康企业产业集群，集中体现为医疗器械产业集群。日本在打造持久的产业集群方面开展了一系列活动。[①] 日本的半官方机构日本贸易振兴机构牵头，推动这些医疗机构的产业集群集体出海设立分支机构，成为扩展产业集群业务的一个重要方式。通过与当地政府合作举办各种推介博览会推广医疗技术与设备、为当地培养医疗护理专业人士，参与制定医疗护理标准等多种方式和渠道，扩大日本医疗设备及医疗技术服务出口。以松下为代表的日本大型企业及相关配套的中小企业以日本贸易振兴机构为依托，努力开拓中国健康市场就是这种模式的成功案例。

据统计，日本医疗器械市场规模现已突破 3 万亿日元，2009～2018 年，医疗器械出口额年均增长率在 5% 以上。2018 年，出口额为 6700 余亿日元，健康产业产值在第三产业产值乃至 GDP 中所占比值越来越高。但在 2017～2018 年，日本医疗器械产业的国内市场逐渐缩小，2019 年，日本医疗器械产值为 516.2 亿日元，较 2018 年减少 5.79 亿日元，同比下降 1.1%。[②] 日本是全球第三大医药市场，也是医疗器械设备严重依赖进口的国家，每年进口 51% 医疗器械设备，为解决医疗器械的对外出口，日本逐渐重视国际市场，提高国际市场的占有率。而中国市场巨大的需求成为日本的主要关注点，将中国市场作为主攻目标，以中国中高收入人群为目标客户开发健康产品，如附带人工智能技术，安装可以检测到使用者的心跳、血压和体脂肪率装置，根据身体情况推荐食谱和运动方案，甚至坐便器、洗脸池等产品都受到中国消费者的追捧。未来，与官方、半官方主导型健康产业集群整体合作将是中日健康产业合作的可选择模式。

---

① 刘兵、崔岩：《日本健康产业的发展经验及启示》，载张季风主编《日本经济与中日经贸关系研究报告（2020）》，社会科学文献出版社，2020。

② 内閣府「成長戦略フォローアップ」、2020 年 7 月 17 日、https://www.kantei.go.jp/jp/singi/keizaisaisei/portal/follow_up/。

（二）以成熟健康产业园区为样板的“模式输出”

这种合作方式以“神户医疗产业城”为代表。神户作为日本的一个著名港口城市，1995 年的阪神·淡路大地震对其造成了巨大的经济损失，市内死亡人数约为 4600 人，经济损失达到 6.9 万亿日元（相当于全市一年的总产值），市民人均 GDP 低于全国人均水平。通过市民会议员和产业界的协商规划，确定发挥神户机场作为关西交通枢纽的优势，脱离原先的重工业发展方式，引进医疗器械厂家落户；在产学联手的基础上，以人工岛港岛 2 期为中心，打造以高精尖医疗技术的研究和开发为重点的日本首个医疗创新系统集群。这里聚集了 350 多家知名医疗医药企业、研究机构和大学，集中开展医疗器械、医药用品和再生医疗的研究开发。经过 20 年的发展，神户医疗产业都市成为日本高新医疗产业中心。其运营模式是成立神户医疗产业都市推进机构（包括尖端医疗研究中心、医疗革新推进中心、细胞疗法研究开发中心、集群推进中心），神户医疗产业都市推进机构公益财团——神户生物医学研究与创新基金会作为核心支援机构，建立产政学医一体的平台，由产业创新带头人担任理事长，打造多个产业平台，促进产政学医之间的相互联系，构建从基础研究到临床应用以及产业化的一体结构。同时政府部门相继出台各种辅助制度和补助金，实现各种服务平台的互联互通，形成产业平台集群，其成为神户医疗产业都市的核心体系。①

神户医疗产业城作为日本比较成功的医疗产业组团发展模式之一，主要表现为以医疗开发为核心、通过医疗配套促进区域产业聚集的发展模式。相对于独立的医疗研发机构，形成从产品研发到应用临床及至最后投入市场的全产业链条，节省了时间和距离，将有关联的产业整合成一个中心，以一个整体为医疗市场提供服务。同时神户医疗产业城从一开始就树立了“为提高亚洲各国医疗水平做出国际贡献”的理念，致力于将发展模式整体向亚洲其他国家输出。

---

① 具体内容参见神户医疗产业都市 20 周年纪念特设网，https：//www. kbic20th. jp/。

其输出的主要方式如下。一是由文部科学省主导设立“世界一流的区域研究开发·实证中心”项目，以神户模式为标杆，建立医疗保健领域的生态网，打造日本创新医疗集群，通过向亚洲相关国家输出，希望建立亚洲模式和标准，增强日本健康产业在亚洲的影响力。二是2013年日本国会通过《国家特别战略区域法》，设立国际医疗区，对在国际上处于先进水平的医生、药物和治疗手段放松管制，同时通过设计接收海外患者一站式窗口，增强模式的吸引力和影响力。三是通过召开各类国际医疗交流研讨会推广神户模式，从而促进神户模式的对外输出。

（三）智慧医疗与智慧城市协同发展

日本智慧城市建设更加重视能源、康养、社区医疗等领域的协同发展，实行全面智慧化运营。选择这种模式充分体现了日本的国情。日本社会老龄化程度严重，对国家、经济发展造成巨大的影响。同时，日本是一个资源相对匮乏的国家，对资源、能源的使用需要进行精细化管理。从某种意义来说，这也是任何一个国家发展到一定程度必然要进行的。此外，频繁遭受自然灾害的侵袭也使日本对弹性城市建设具有强烈的需求。以上这些促进了日本政府积极建设资源节约型社会。

发展智慧医疗是日本建立智慧城市的重要组成部分。日本政府和民间积极推进e健康的发展。从2011年开始，日本政府依托索尼、富士通、松下、欧姆龙等公司，借助网络平台，推出大批线上居家医疗、照护产品，发展高品质数字生活理念下的“家庭移动医疗护理”模式，服务内容涉及视频医疗，对慢性病以及老幼病患进行远程照护，对智障、残疾、传染病患者等特殊人群进行健康监测以及建立智能服药系统等。2016年，日本政府提出“超智能社会5.0”战略，推进大数据与人工智能在疾病预防、健康管理、远程医疗领域的应用。日本电子业巨头纷纷转型智慧医疗产业，积极开发与老年疾病有关的智慧医疗产品。

与此同时，日本全面参与海外如东南亚智慧城市建设，将智慧医疗嵌入智慧城市的建设中。日本大约有200家企业参与东南亚国家26个城市的智慧城市建设项目，涵盖菲律宾新克拉克城（New Clark）、越南河内岘港、缅甸第二大城市曼德勒（Mandalay）、马来西亚亚庇（Kota kinablu）、印度尼西亚雅加达等。松下公司在横滨市进行利用 IT 创建宜居城市的尝试，包括智慧能源管理、交通系统、安全管理、教室系统、智慧经济、智慧医疗和智能生活，事实上将智慧医疗嵌入智慧城市的建设中。之后，日本将在全世界推广此模式。

（四）以健康产业协会为主导的跨界协作

日本各地方政府与医疗服务机构设置“次世代健康产业协会”，目的是为跨越行业壁垒，将制药、批发、食品等民营企业聚集起来，共同推动健康产业发展。通过创建健康产业协会，旨在推进构建多产业纵向联合、跨界经营的新型健康产业合作模式，集中多种优势资源，形成合力促进健康产业融合发展，同时通过协会向企业提供合作信息，推广促进健康产业发展的先进经验。目前，日本已经有 18 个府县、15 个城市设置了“次世代健康产业协会”，在全国主要地区形成了健康产业集群发展网络。①

其中以 2015 年创建的日本健康关爱协会尤为突出。这是以未病先治和预防为主为主要理念成立的一般财团法人协会，第一任会长是日本连锁药妆店排名第一的松本清集团会长松本南海雄先生，现任会长是东京药科大学附属健康关爱研究所理事长西信幸先生。这个协会的主要理念是归纳总结健康关爱产业的理论和环境、促进相关产业的协同发展，从而形成从疾病产业向未病先治、以预防为主的健康产业转移。通过健康产业协会的推动，日本连锁药妆店实现多角度的跨界经营，总销售额达到 7.2 万亿日元（4500 亿元），最终目标是到 2025 年达到 10 万亿日元（6250 亿元）的产业化规模。②该协会还计划推动与厚生劳动省、经济产业省和农林水产省等政府部门的合作，将把依赖医药品和处方配药的药局打造成可以购物、预防、治疗和进行

① 刑鸥、张建：《人口老龄化背景下日本健康产业发展现状、政策及启示》，《中国卫生经济》2020 年第 3 期。

② 〔日〕山本武道：《将新健康产业从日本推向亚洲》，《中国药店》2019 年第 10 期。

介护咨询的药局，实现药局向药店功能转移，即实现跨界发展。目前，日本健康产业协会的这种运营模式不仅立足于日本，其还打算将此合作模式向亚洲其他国家进行推广。由健康产业协会主导，实现跨界组合，未来也可以成为中日健康产业合作的主要借鉴模式。

（五）中日健康产业发展模式的相似性

中国的健康产业发展与日本的发展方式具有相似性，体现了政府推动、市场运作的顶层设计理念。2017 年以来，习近平主席与日本前首相安倍晋三进行了多次会谈，有力推动了两国关系的健康发展。2019 年 5 月，李克强总理与安倍首相达成加强中日地方发展合作等多项共识。8 月，国家发改委何立峰主任与日本内阁府特命担当大臣片山皋月签署《关于推进地方发展合作备忘录》，正式建立中日地方发展合作机制。2020 年 4 月 27 日，国家发改委批复设立六个中日地方发展合作示范区，其中，中日（天津）健康产业合作示范区设在天津静海，聚焦健康产业。8 月 5 日，国家发改委联合日中经济协会召开示范区线上推介会，组织 100 余家日方企业和机构参加，各示范区分别做推介发言，国家发改委领导线上答疑，对六个合作示范区优势、特色与发展前景做了有力宣传，进一步巩固了对日合作基础。同时，国家发改委正在和日本内阁府加强对接，以充分发挥中国对日合作机制的作用，为六个示范区的建设发展提供强有力的支撑。

三　中日（天津）健康产业合作示范区的合作案例分析

（一）中日（天津）健康产业合作示范区的成立与宗旨

疫情期间，中日地方城市之间互相驰援，合作抗疫交流成为中日民间外交一大特点，特别是中日友城之间的合作呈现多点开花的局面。其中，中日（天津）健康产业合作示范区（简称“天津示范区”）就是一个典型事例，也是中日健康产业合作的先行试验区。

该示范区包括天津健康产业园建成区和拓展区，产业园于2010年经天津市委批准成立，累计投资500亿元，形成了涵盖教育、医疗、康养、体育四大板块的特色健康产业。产业园在起步建设阶段借鉴日本的发展经验。2008年5月，在时任国家主席胡锦涛与日本时任首相福田康夫共同见证下，天津市与北九州市签署“中日循环型城市合作备忘录”，就子牙循环经济产业区的循环经济发展开展广泛合作。2019年6月，产业园所在地静海区与北九州市签署了《关于开展循环低碳经济领域合作的框架协议》，进一步深化循环低碳经济领域合作。产业园经过十年的发展，教育科研实力雄厚，体育康养产业发达。当了解到中央有加强中日地方健康产业合作的战略考虑时，天津市政府认为这是天津健康产业提质增效的机遇，于2020年启动示范区申报工作，4月获得国家发改委批复，设立中日地方发展合作示范区。可以说，示范区是在中日两国政府对地方合作的高度重视、子牙开发区的成熟典范以及示范区内中日两国医学领域的高校紧密合作与交流的基础上建立起来的。

天津示范区作为两国政府推动的中日地方合作发展项目，在合作方式上进行了先行先试的探索，其宗旨与目的是通过聚焦健康产业，强化创新要素集聚、高端生产制造、健康生活示范，引进培育优质企业，创新国际化医疗康养机构合作模式，从而带动京津冀健康产业高质量发展。

（二）天津示范区在中日合作方式上的探索

天津示范区借鉴日本健康产业对外合作的四种方式，针对地方合作这一层次，在合作方式上采取了以政府牵头为先导、以“神户模式为主的2＋方式”为基础，并在示范区建设和引进培育优质企业过程中借鉴日本的智慧城市和智慧医疗协同发展方式以及由健康产业协会主导的跨界协作方式，根据天津特色走出一条中日健康产业合作的创新之路。

天津借鉴“神户医疗产业城”经验，开展对日健康产业合作具有优势和条件。神户是日本最先开放的港口城市之一，国际化程度较高，与日本各大城市之间形成立体交通网络，与大阪、京都一起构成日本西部经济的核心地区。神户是日本医疗市场的中心，聚焦诸多核心医疗机构。天津在区位优势、产业特点以及医教资源方面与神户具有相似性和互补性，未来有望在借鉴神户发展模式的基础上，结合自身特点走出一条独特的发展道路。

1. 天津与神户的友城历史悠久，合作基础牢固

在周恩来总理的亲切关怀下，天津与神户于 1973 年 6 月 24 日正式结为友好城市。在结成友好城市后，在友好城市框架下，双方在民间与政府层面开展了广泛的交流与合作，成为中日城市间交流的示范，在健康医疗领域的合作同样成效卓著。2001 年 9 月，天津市第一中心医院资产管理办公室主任作为海外技术研修员访问神户，围绕医疗产业城构想、尖端医疗领域研究、神户市立中央市民医院等神户市的医疗设施运营进行了为期半年的研修。[①] 日本政府无偿援助 5 亿日元兴建的天津医科大学代谢病医院，于 1998 年 7 月 7 日正式对外开诊。这是国内首家以防治糖尿病及并发症为特色的糖尿病专科医院。[②] 天津医科大学还与神户大学有固定的交流合作机制，共同举办相关医疗国际会议，合作培养介护人员。此外，全国首个健康照护师学院落户天津。天津与神户之间依托友好城市这个平台，在医学领域的合作为示范区的建设打下了良好的基础。

2. “天津示范区”与“神户医疗产业城”的经济发展相似度高

“神户医疗产业城”能够发展壮大的原因之一，是利用了人工岛的资源优势，充分利用交通便利、生态环境优良、空间资源充足的条件。神户医疗产业都市距离神户市中心只有约 12 分钟的车程，到神户空港约 5 分钟，距离羽田空港有 70 分钟的车程，乘坐新干线到东京只需要 3 个小时左右。可以说，神户医疗产业城处于对外交流的黄金地带，这种交通优势所带来的不仅是快捷而大量的人流运输，而且更重要的是有利于医疗产品面向日本市场乃至世界市场推广。

---

① 平力群、葛建华：《天津神户友好城市交流的背景、活动与成果》，《东北亚学刊》2019 年第 1 期。

② 耿建华编著《友谊长存——纪念天津神户缔结友城关系 30 周年》，天津人民出版社，2003，第 101 页。

同样，天津示范区也处于交通枢纽地位。位于京津冀中部核心功能区，背靠京津两大都市，连接雄安新区、滨海新区两大国家级新区的重要生态节点、产业节点、交通节点。距北京 150 公里、天津中心城区 10 公里、雄安新区 80 公里、天津机场 30 公里。毗邻被列入“中国湿地自然保护区名录”的团泊水库，这是天津市三大生态环境建设和保护区之一。团泊新城地热资源丰富，被国土资源部（现为自然资源部）授予“中国温泉之城”称号。独特优越的生态环境为发展大健康产业提供了重要支撑，也成为吸引京津冀区域康养需求人群的优势条件。充足的土地资源为大健康产业发展提供了物质载体，加上土地价格、人力成本等比较优势，有利于企业降低发展成本，推进大健康产业发展。

3. “天津示范区”与“神户医疗产业城”的医教资源优势互补

神户医疗产业都市聚集了大量的研究机构、专门医院，以及涉及医药、医疗器械的相关产业。神户医疗产业城内有世界首次用 IPS 细胞进行的临床研究和包括超级计算机“京”在内的 IT 医药发明的研究，形成了以医疗尖端开发为核心、以其他相关产业为配套的发展方式。神户对于医疗相关人才的引进与培养也独具特色。利用两位诺贝尔生理医学奖获奖者山中伸弥和本庶佑的带动影响，一大批顶尖的医疗学院在神户医疗产业城内落户，港湾人工岛目前拥有神户大学先端融合研究院、神户大学、甲南大学、神户学院大学、兵库医疗大学等诸多优质医疗教育资源。

天津示范区的医教资源同样雄厚。目前已有天津医科大学、天津中医药大学、天津体育学院以及中国医学科学院血液病医院入驻，其中三所大学的综合实力和专业实力在全国均非常突出，血液病医院也是国家卫健委直属三级甲等专科医院，在专科声誉（血液病）和医院科技影响力方面位居全国榜首。这些大学与日本大阪大学、早稻田大学、神户大学等多所高校建立了交流合作关系。天津中医药大学张伯礼院士、中国医学科学院王辰院士在新冠肺炎疫情防控、推进医学科技发展等方面贡献卓越。天津示范区依托优质医教资源及其附属综合医院的规划建设，借鉴神户医疗产业都市运营方式，推动示范区利用高端创新平台及人才培养的带动效应，吸引中日等国内外卫生医疗资源及产业资源聚集，形成中西医临床医学人才、健康护理人才、运动康复人才等大健康专业人才培训基地，通过产学研多方联手，构建集科研、预防、医疗、康复、养老、培训于一体的健康管理与医疗康复产业链。

（三）天津示范区与日本合作的具体设想

1. 在产官研融合发展方面借鉴神户医疗产业都市的发展理念

神户市在定位发展医疗产业城时，抓住大地震带来的机遇，以规划新的医疗机构为契机，抓住当时关西地区众多的优质医疗科研资源未被充分利用的机遇，对极具潜力的医疗产业做了前瞻性的规划与实施方案策略，造就了如今医疗产业发达完善的神户医疗产业城，并且极大地促进了神户经济发展。神户产官研融合发展方面的经验颇值得天津示范区借鉴。

2. 在建设过程中借鉴日本的智慧城市内嵌智慧医疗方式

天津示范区在建设过程中，注重智慧城市内嵌智慧医疗发展，加强了与株式会社日本综合研究所、工场网等日本高端智库和产业平台之间的合作。委托株式会社日本综合研究所编制了《天津市静海区中日循环产业园区开发战略规划》《天津市静海区中日健康产业园区发展规划》，将健康生活示范和智慧生活示范内嵌其中，形成了以“互联网+”为依托的智慧门诊、区域智慧医疗、新型医疗健康等应用场景。

3. 加强与日本企业及民间的交流和合作，形成具有特色的健康产业结构

天津与日本的日立集团、工场网等加强对接与合作，推进中日合作国际诊疗中心、护理学院等项目发展。在合作过程中，结合自身特点形成了“3+2+2”产业结构，即由健康科研、高端医疗康养、智慧健康产品制造三大主导产业构成，以体育运动与健康、精准健康管理服务为两大特色，建设健康培训与会展服务业、健康金融服务以打造数字经济引领的产业链条，打造医、康、养、体、健深度融合的全生命周期健康产业体系，从而成为国际化的健康产业创新交流中心、健康生活的示范样板区。

结合中国大健康产业政策导向和技术创新趋势，天津示范区重点对标日本的优势领域为：专科体检及健康管理、高端医疗康复、健康科研、体育运

动和健康指导、养老服务、与健康相关 IT 服务业、健康产品制造（保健品、诊断和护理医疗器械）等。具体措施包括：聚焦日本药品和医疗器械的准入；聚焦金融，探索特色商业健康保险服务（特药险）、中医药的传承创新发展、日本专业人才的引育、前沿医疗技术研究，建设国际化研究型医院。未来在对日合作上，探索一条符合自身特色的模式，如依托“国家健康医疗旅游示范基地”“团泊国家体育产业示范基地”等特色，在主动健康、运动健康、健康管理、医疗健康等方面探索新的途径和方法。

根据天津具有的特点，未来中日之间采取的合作方式为以健康产业园区为基础，以医教资源为特色，以进行医学医疗产品和服务的开发为核心，以政府搭建医疗建设平台为先导，形成区域健康产业聚集发展模式。前期以政府为引导，通过顶层设计，调动多种社会力量，对标天津和日本的优势健康领域。目前，中日健康产业园区的合作仍处于起步阶段，合作方式还处于探讨中。由于对健康产业的认识多停留在概念阶段，对健康产业的认识和理解还存在一些认知偏差，在建设过程中存在政策体系不是很完善、基础设施和公共服务配套不充分、产业导入和融合协同尚待突破、高校科研成果转化能力有待提升等问题，因此还需在今后的合作中不断摸索，寻找解决的途径和方法。

四　结语

新冠肺炎疫情的暴发，使国际经济政治形势复杂多变。为了促进全球经济复苏和发展，中国积极探索加强与日本经济合作的契合点。从日本经济发展的过程来看，健康产业的发展对日本经济起到了重要的作用。日本成熟的健康产业政策、运营体系、服务保障系统等值得中国借鉴和学习。新冠肺炎疫情暴发促使两国民众对健康的关注程度更高、需求更多，对相应的健康产品和服务的需求也将增加。中日健康服务业的互补性将成为两国深化产业合作的重要领域。中日两国以健康产业合作为引导，通过顶层设计，在促进两国地方之间合作的同时，为增强两国经济发展的新动能以实现多区域共同发展打下基础。

地区产业链构筑与区域合作篇

Regional Supply Chain Construction and Regional Cooperation

B.15

新冠肺炎疫情后全球价值链重塑与东亚区域经济合作*

张玉来**

摘　要：突如其来的新冠肺炎疫情让2020年的世界经济遭受重创，比经济下滑更糟糕的是经济全球化面临前所未有的逆流，全球价值链重塑暗流涌动。社会分裂现象导致“本国第一主义”在欧美各国蔓延，甚嚣尘上的“脱钩论”更让跨国企业陷入战略迷失。在此背景下，区域化成为对冲逆全球化的新趋势，久拖未决的RCEP终得一锤定音便是明证，作为全球价值链体系重要组成部分的“东亚生产网络”有望快速发展并不断完善。作为东亚经济四大主体的中日韩以及东盟，彼此之

* 本报告是国家社会科学基金社科学术社团主题学术活动资助项目“日本重大突发公共卫生事件应对体系的历史考察——兼论新冠肺炎疫情的应对”（编号:20STA007）的阶段性成果。

** 张玉来，历史学博士，南开大学世界近现代史研究中心教授、日本研究院副院长，全国日本经济学会常务理事，主要研究领域：日本经济、日本经济史。

间早就形成了紧密的经济关联与产业协作格局，从维护经济全球化和多边框架体系的共同立场出发，推动企业携手打造具有区域特征的价值链体系或可以成为产业合作的新突破口，这既符合各方切身利益，也有利于地区发展。

关键词：经济全球化 脱钩论 全球价值链 东亚生产网络 区域价值链

一 全球价值链体系的形成与东亚崛起

（一）基于国际分工体系的全球价值链

首先，经济全球化带来了国际分工体系，该体系又成为形成全球价值链的基本条件。在这一过程中，美国曾经扮演至关重要的角色，是全球价值链形成的主要推手和真正的领导者。当时，美国国内产业升级导致劳动密集型产业向海外转移，这主要得益于美元在全世界的自由流动以及技术进步，但产业转移推动形成了横跨各国的生产分工体系，催生了相关产业的全球价值链（GVC）。此后，欧美各国普遍掀起新自由主义改革，推动全球资本账户自由化。在此背景下，以美国企业为代表的跨国公司加速在全球扩张。冷战结束带来了更加稳定的国际政治环境，助推了这一趋势。①

其次，几乎在同一时期，生产方式也经历了巨大变革，技术革命推动的新生产模式在全球蔓延，逐渐成为全球价值链的直接推动力量。模块化革命是生产方式变革中最具代表性的，从 20 世纪 60 年代 IBM 启动计算机领域模块化革命之后，到 90 年代，这种生产方式便向汽车等其他产业迅速普及，

① Matias Braun，Claudio Raddatz，“The Politics of Financial Development：Evidence from Trade Liberalization，” *Journal of Finance*，Vol. 63，No. 3，2008，pp. 1469 – 1472.

形成了一股席卷全球的模块化浪潮，它通过跨国制造巨头在全球投资而迅速扩展到新兴市场国家，迅速推进了国际分工体系发展，导致单一国家生产逐渐走向所谓“碎片化”的状况——形成各产业生产链的跨国特性。

再次，这里当然也少不了技术进步的因素，特别是 IT 发展堪称构建国际水平分工体系的必要技术因素，成为所谓横跨各国的“全球制造模式”（Made in the World）的重要技术支撑。此外，计算机辅助设计、人工智能、大数据以及物联网等新技术开始出现，它们让相关产业生产加工过程可以不断细分并加速演进。如半导体领域，形成了美国企业以设计为主导趋势的“无工厂化”特征，而东亚地区的中国台湾、韩国的企业等则成为全球半导体的主要代工厂商，日本企业则纷纷转向以提供半导体原料及生产设备为主。

最后，各国的政治改革也是重要条件，特别是东亚各国采取了积极融入全球价值链的一系列改革开放措施，这是东亚地区迅速崛起的关键，该地区在欧盟（EU）、北美自贸区（NAFTA）之后发展成世界三大生产网络之一。所谓“雁型模式”就概括了东亚崛起过程的历史演进特征：先是“亚洲四小龙”发展，这是最早因承接美国等发达国家的产业转移而创造的经济增长奇迹；紧随其后的是，1967 年，印度尼西亚和马来西亚等东南亚五国联手组建的东南亚联盟，它们强调以经济发展为核心目标，最终是要走向东南亚共同体；作为“世界工厂”的中国，依靠改革开放而积极融入全球生产体系，这成为推动整个东亚生产网络形成的最强动力。正是因为东亚各国积极融入全球价值链体系，该地区形成东亚生产网络，成为全球价值链体系的重要构成部分。

简言之，基于国际分工体系的全球价值链的形成，得益于如下主要因素：二战后美国主导构建的全球金融贸易框架、冷战结束带来的国际政治环境变化、生产方式革命、技术进步以及新兴市场国家的改革开放举措。

（二）融入全球价值链推动东亚经济崛起

二战后直到冷战结束之前，美、欧、日等发达国家所组成的“西方”

一直占据世界经济的重心地位。冷战结束成为世界经济重心转移的重要分水岭。伴随着国际政治环境舒缓，经济全球化开始加速，世界经济格局发生快速巨变。世纪之交的2000年，北美三国组成的NAFTA是世界经济占比最高的地区，三国国内生产总值（GDP）超过11万亿美元，占世界GDP的35%；作为传统工业地区的欧盟各国的GDP为8.5万亿美元，占比远低于NAFTA；而当时东亚地区仍然是日本“一枝独秀”，在整个地区GDP仅为8万亿美元中，日本一国GDP就达5.3万亿美元。2019年，上述全球三大经济圈的经济占比发生了巨变，美加墨协定（USMCA）GDP为24.4万亿美元，世界占比为27%；欧盟（包括英国在内）GDP为18.45万亿美元，世界占比为21%；东亚（中日韩和东盟）GDP为24.5万亿美元，世界占比为28%。[①]

中国经济的迅速发展强有力地带动了东亚经济发展。毋庸置疑，打开国门、融入世界经济体系是中国经济迅速发展并成为世界经济格局最大变量的真正原因。中国积极融入全球价值链体系，显然也促进了东亚经济迅速发展，并推动世界经济重心东移。中国经济发展的历程显然印证了这一点。中国融入全球价值链体系的重要标志是加入WTO，它成为中国经济的一个新起点，加入之初，中国经济总量尚不及日本的1/4（2000年中国名义GDP为1.2万亿美元，日本为4.9万亿美元），但到2019年，中国经济总量扩大12倍，已经是日本GDP的2.9倍（中国名义GDP为14.73万亿美元，日本为5.08万亿美元）。

（三）作为全球价值链重要构成部分的东亚生产网络

可以说，在世界金融危机前后，东亚生产网络已经基本形成，该地区也发展成世界三大经济圈之一。主要表现包括如下几点：一是东亚区域内贸易规模达到1.9万亿美元，从规模上超过了NAFTA，成为位居EU之后的全球第二大经济圈；二是与EU和NAFTA相比，早在2000年前后，东亚地区就形成了以中间品贸易为主的区域经济特征，区域内贸易中六成以上为中间品

---

① 「世界経済のネタ帳」、https://ecodb.net/area/。

贸易，反观 NAFTA 和 EU 的中间品贸易，占比为五成；三是东亚已经成为北美及欧盟等两大经济圈的商品供给中心，2008 年，东亚地区对美国的消费品出口额为 2500 亿美元，对欧盟 27 国的消费品出口额达 2200 亿美元，占东亚出口总额的比重分别为 29% 和 26% 。

如上所述，东亚已经发展为全球生产制造中心，被称为“东亚生产网络”。世界 500 强企业纷纷把东亚定位为生产加工基地，企业层面的战略布局让东亚逐步发展成世界贸易中心，同时也成为全球价值链体系的重要一环。由于东亚地区各国经济发展水平参差不齐，这种产业差异化特征反而有利于形成区域内分工体系。

于是，东亚地区对“圈外”贸易形成了“出口消费品、进口中间品”的显著特征。以中国为例，其对“圈外”欧盟及北美的中间品进口占比在四成以上，对“圈内”日本及东盟（ASEAN）的中间品进口占比更是超过六成，近年来还出现从韩国进口中间品规模扩大的趋势，占比甚至超过七成。相反，日本则成为中间品的“供给中心”，它对韩国及东盟的中间品的出口占比在七成以上。[①]

从区域一体化建设主体来看，欧盟及北美自贸区属于政府主导型，相反在东亚，各国之间形成的生产分工体系成为推动区域一体化建设的重要力量。在欧盟及北美各国政府之间，政治协调发挥了重要作用。然而，在东亚地区，由于历史以及政治形态等原因，各国政府间的协调显得非常乏力，唯有东盟各国政府发挥了较大的协调能力。这种状况就导致东亚区域一体化进程显得滞后，中日韩等地区大国政府的协调缺位。不过，各国普遍采取开放的经济政策，加之各国产业发展水平具有互补特征，形成了关联紧密的生产网络体系。

其实，这种趋势也符合小岛清等提出的所谓东亚“雁型模式”特征。作为东亚唯一的发达工业国家，日本对东亚其他国家几乎都进行了投资，这些投资还呈现不断升级的特征，出现从劳动密集型向资本密集型以及资本技

---

① 経済産業省『通商白書 2013 年版』、2013、57 頁。

术密集型等不断演进的阶段。[①] 毋庸置疑，日本直接投资对东亚其他国家的产业发展产生了很大影响。

二　东亚地区的“四极体制”与中日韩“三核”

中国、日本、韩国和东盟构成了东亚经济的“四极体制”，而分别居世界经济总量第二、第三和第十二位的中日韩则成为该地区经济发展的三个核心力量。从国际货币基金组织的统计数据来看，2019 年中国国内生产总值（GDP）为 147318 亿美元，日本的 GDP 为 50799 亿美元，两国经济之和为 198117 亿美元，再加上韩国 GDP 的 16467 亿美元之后，三国 GDP 为 214584 亿美元，这已经超过美国的 GDP（214332 亿美元）。[②]

（一）东亚生产网络的“四极体制”

紧密的国际分工体系是东亚生产网络的重要特征，这也是该地区形成以中间品贸易为主的区域内贸易的背景原因，所占比例一直在 60% 以上。作为东亚生产网络的四大主体——中国、日本、韩国以及东盟，从经济总量及贸易规模来看，在该“四极体制”中，中国、日本和韩国显然是支撑东亚生产网络运行发展的三大核心。

中国在东亚生产网络中具有核心地位是以加入 WTO 为分水岭的。2000 年，东亚地区的中间品贸易规模为 2358 亿美元，其中，与中国相关联的贸易额仅为 962 亿美元（包括进出口），占东亚总额的 41%。具体来看，中国当时从“圈内”其他主体进口中间品总额不及东盟地区（中国进口额为 660 亿美元，东盟为 721 亿美元），这表明当时中国生产加工能力尚不及东盟。但是，在加入 WTO 后的 2009 年，中国从“圈内”其他主体进口中间品总额就

---

① 小島清「雁行型経済発展論・再検討」、『駿河台経済論集』第 9 巻第 2 号、2000、102 ~ 111 頁。

② 「世界の名目 GDP 国別ランキング・推移」、2020 年 10 月 14 日、https：//www. globalnote. jp/post－1409. html。

攀升至2266亿美元，几乎是东盟进口额（1243亿美元）的2倍，证明中国已经成为东亚“世界工厂”的核心。

日本则成为另一个“核心”，它不仅对中国、韩国以及东盟进行大量投资，大量日本企业以“本地化生产”参与到东亚的生产过程，而且扮演中间品“供应商”的角色。早在2000年，日本对“圈内”的中间品出口总额就高达1018亿美元，其中东盟最多（493亿美元），中国和韩国紧随其后（分别为302亿、223亿美元）。到2009年，日本对上述三大主体中间品出口规模更是达到1776亿美元，其中对中国的出口额攀升至881亿美元，较2000年的规模扩大了近2倍。这些数字显然证明了日本在东亚价值链体系中的上游位置。

东亚生产网络的形成促进了东亚地区经济的进一步发展。如前所述，2019年，中日韩三国的经济总量已经赶超了美国，而且东亚经济增长仍被世界看好，东亚正在成长为世界经济的中心。纵向比较来看，这种增长趋势更加显著。如相比2008年“中日韩三国领导人会议”机制设立之初，三国的经济总量在10余年间已经实现了倍增，2008年，三国经济总量为10.67万亿美元，2019年达到21.46万亿美元，特别是中国经济规模扩大了3.2倍，增幅达到222%。

作为世界经济三大中心之一的东亚地区，其经济特征是成为“世界制造中心”，在世界贸易体系中也占据越来越重要的地位。以2019年为例，东亚地区出口额达到5.4万亿美元，占世界出口总额的比重将近30%，进口额占比也约为26%。其中，中、日、韩三国在世界各国出口额中分别排第一、第五和第七位，规模分别达到了2.5万亿、0.71万亿和0.54万亿美元，三国出口总额为3.75万亿美元，占世界出口总额的20%以上。若再加上东盟六国①的出口额1.38万亿美元，东亚生产网络的出口额占比达28%。②

---

① 此处的东盟六国包括新加坡、泰国、马来西亚、越南、印度尼西亚和菲律宾。

② JETRO『ジェトロ世界貿易投資報告2020』、2020年8月、9頁。

作为世界加工制造中心，东亚地区形成了非常显著的以中间品为主的区域内贸易特征。从区域内贸易总量来看，1984～2012 年的不到 30 年间，东亚区域内贸易规模扩大了 23 倍，从仅为 1000 亿美元一路上扬至 2.4 万亿美元的峰值。[①] 之后，区域内贸易规模出现回调，到 2016 年回落到 2.2 万亿美元。再从区域内的中间品贸易占比来看，东亚区域内的中间品贸易占比从起初的 48.4% 不断攀升，到 2008 年一度达到 66%，此后处于平稳发展状态，2016 年继续保持在 65% 左右，远远高于北美和欧盟两大经济圈。全球三大区域贸易关系（2019 年）见图 1。

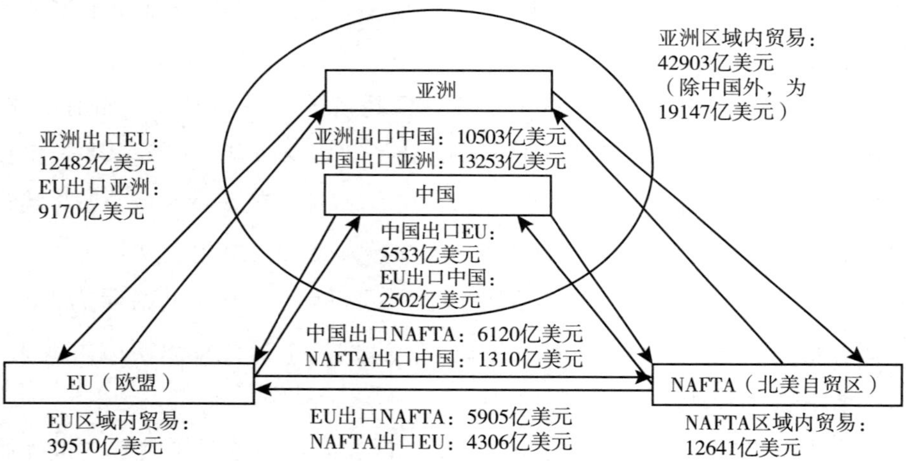

图 1　全球三大区域贸易关系（2019 年）

资料来源：International Trade Centre，https：//www. intracen. org。

另外，从未来发展趋势来看，东亚地区依然保持较为强劲的增长势头，特别是以中国和东盟为代表，而且，以印度为代表的南亚地区的表现逐渐向好。2019 年，中国经济增长率为 6.1%，印度为 4.2%，东盟五国为 4.9%。IMF 的预测数据显示，2020 年，世界经济受到新冠肺炎疫情的沉重打击，将出现 4.4% 的负增长，但中国将成为罕见的正增长经济体，增长率为

① 経済産業省『通商白書 2019 年版』、2019 年 7 月、281 頁。

1.9%。而且，整个新兴市场国家状况也要好于世界平均状态，平均增长率为 -3.3%，远远低于发达国家的 -5.8%。[①]

（二）中日韩经济关系紧密且相互依赖

以中间品为主是东亚地区贸易的显著特征，尤其体现在产业关联紧密的中日韩三国之间。先以中日双边贸易为例，两国贸易总量一度因岛屿争端而在 2013 年出现下滑，但 2015 年之后就迅速回升，2018 年创下 3175 亿美元的较高水平，这充分体现了两国之间紧密的经济关联特征。从双边贸易的构成情况来看，日本对华出口以电子设备及零部件为主，对华进口则以制成品为主。

中韩贸易额曾因中日关系下滑而迅速攀升，发挥了一定程度的替代作用。2018 年，双边贸易额增长至 3134 亿美元，但显然以韩国对华出口为主，高达 2046 亿美元，韩国也因此而跃居中国的第一大进口国。

日韩之间的贸易规模要小得多，远远比不上它们各自与中国之间的贸易规模，甚至仅相当于中日贸易规模和中韩贸易规模的 1/4 左右。另外，仅就日韩双边贸易特征而言，表现为以日本对韩国出口为主，即日本处于顺差状况，其对韩出口以半导体及相关装置为主，每年的贸易盈余规模约为 200 亿美元。

中日韩之间的相互投资关系非常紧密，特别是日本和韩国对中国的投资较为显著，全球价值链特征也非常显著。以智能手机为代表，全球大部分厂商把中国作为生产加工基地，这就带动中国大陆从日、韩以及中国台湾等大量进口半导体产品及相关电子部件，如美国苹果公司、韩国三星电子以及中国的华为、小米等手机厂商，它们的生产活动不仅拉动了三国之间的中间品贸易，也大幅拉升了三国间的相互投资。事实上，从中国加入 WTO 以来，各产业的跨国企业巨头纷纷投资中国，尤其是日韩企业将中国作为全球生产

① JETRO「IMF 2020の世界経済見通しを上方修正」、2020 年 10 月 14 日、https://www.jetro.go.jp/biznews/2020/10/b62705765930b6f0.html。

加工基地，这极大地密切了三国之间的经济关联。

截至2019年底，日本对华直接投资余额已经突破1200亿美元，2018年，韩国对华直接投资余额已攀升至770亿美元。不过，中国对日韩两国的直接投资规模却显得非常小，如中国对日直接投资余额仅为27亿美元（2017年）；对韩直接投资余额略高，为76亿美元（2018年）。再从日韩双边情况来看，2018年，日本对韩国的投资余额为391亿美元，大概是韩国对日本投资规模的10倍。另从全球范围来看，日本如今已跻身世界第一大对外直接投资国家，2019年对外直接投资高达2266亿美元，几乎是第二位美国的2倍；而韩国也属于对外直接投资大国，年投资规模达355亿美元，与法国相差不大。

中日韩市场紧密关联，尤其中国需求是日韩经济增长的重要支撑。伴随中国中产阶层的不断壮大，日韩两国企业对华投资战略定位已不再局限于生产基地，而逐步将重心转向开拓新的市场需求。以日韩两国汽车品牌为例，其在华销量均超过本国市场，尤其丰田、本田等日系品牌汽车在华销量快速增长。以在华日企为例，如图2所示，2018年总销售额已达53.96万亿日元（约合5149亿美元），其中面向中国本地销售额为33.69万亿日元（约合3215亿美元），出口日本为6.93万亿日元（约合576亿美元），出口第三方市场为13.33万亿日元（约合1273亿美元）。从经常利润来看，在华日企经常利润总额为2.98万亿日元（约合284亿美元），占全部海外日企利润13.73万亿日元（约合1310亿美元）的22%，[①] 参考日本对华投资余额占其对外总投资额的比例7.5%来看，中国显然是日本企业海外盈利最高的市场。

此外，日韩两国的服务贸易也越加依赖中国。诸如，2018年，到访韩国的中国游客达1293万人次，占其海外入境人数的比例为27%；2019年，到访日本的中国游客也已逼近千万规模（959万人次），占其入境外国人的

① 経済産業省『第49回海外事業活動基本調査概要—2018年度（平成30年度）実績—』、2020年5月27日、https://www.meti.go.jp/statistics/tyo/kaigaizi/。

约三成。而且，日本政府统计显示，访日外国人在 2019 年的消费总额为 4.8 万亿日元（约合 459 亿美元），其中，中国游客的消费额为 1.77 万亿日元（约合 169 亿美元），占比达 37%。[①] 此外，与入境游密切关联，日韩面向中国的跨境电商也在同步发展壮大。以日本为例，其对中国跨境电商的规模已突破 2 万亿日元（约合 190 亿美元）。

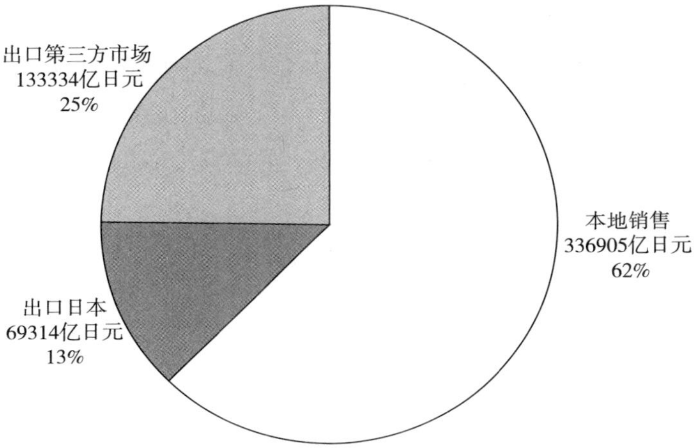

图 2　在华日本企业销售总额及其结构（2018 年）

资料来源：経済産業省『第 49 回海外事業活動基本調査概要—2018 年度（平成 30 年度）実績—』、2020 年 5 月 27 日、https：//www.meti.go.jp/statistics/tyo/kaigaizi/。

新冠肺炎疫情暴发以来，世界经济遭受重创，但中国经济最早走出低谷，2020 年经济增长率为 2.3%，进口量也已经转为增加。日本财务省在 2020 年 10 月 19 日公布的 2020 年 4～9 月贸易统计数据显示，该国整体出口下滑 19.2%，但对华出口增长 3.5%，9 月更是实现两位数增长。因此，《日本经济新闻》报道称“全球有望分享中国经济复苏蛋糕”。[②]

① 日本政府（JNTO 観光庁）網站、https：//www.jnto.go.jp/jpn/statistics/data_info_listing/index.html。

② 《全球有望分享中国经济复苏蛋糕》，日经中文网，https：//cn.nikkei.com/china/ceconomy/42421－2020－10－20－09－18－57.html。

（三）价值链互补型的东亚产业关联

从产业链参与度来看，日本产业具有向其他国家产业提供零部件等中间品的特征，因此其前方参加度（Forward Participation Index，FPI）特征显著，从各国进口中间品的后方参与度（Backward Participation Index，BPI）相对较低。中国大陆则恰好与日本相反，BPI 特征非常明显（见表 1），对从日本进口的部件的依赖程度最高。这也印证了中国大陆是东亚最大加工生产中心。韩国 FPI 虽然明显高于中国大陆，但 BPI 更高，这证明韩国也是东亚重要的加工生产基地，尽管其向中国大陆供给的中间品的规模也很大。

表 1　中日韩在全球价值链（GVC）中的前后方参与度（2010 年）

单位：%

	中国大陆	日本	韩国	中国台湾	东盟	美国	合计
中国 FPI	—	0.5	1.0	0.6	1.3	0.7	4.2
中国 BPI	—	1.6	1.3	0.9	1.5	1.0	6.3
日本 FPI	3.0	—	1.8	1.7	3.0	0.5	10.1
日本 BPI	1.0	—	0.4	0.2	1.0	1.1	3.7
韩国 FPI	4.4	0.6	—	1.1	2.3	0.4	9.4
韩国 BPI	3.3	3.1	—	0.8	2.2	1.9	11.3

资料来源：田村千治「東アジア諸国の供給・調達網への参加度の実態とアセアン課題」、https：//www. asia – u. ac. jp/uploads/files/20200624163048. pdf。

三　转型升级的东亚经济合作与产业创新

美国特朗普政府强调“美国第一主义”，甚至提出所谓“脱钩论”的战略目标。这显然是要重塑全球价值链体系。作为东亚生产网络的重要构成部分，中、日、韩以及东盟各国都将因此面对大变局带来的巨大压力。如今，新冠肺炎疫情蔓延，进一步打击世界经济，对经济全球化形成新一轮冲击。在此背景下，推进东亚经济合作显然具有重要价值，也具备广阔的空间与可能性。

（一）东亚各国对经济全球化立场基本一致

如今，置身全球价值链体系的东亚各国已经面临严峻考验，特朗普政府掀起了全球价值链重塑的大幕。特朗普政府首先改造了与美国利益息息相关的北美自由贸易协定（NAFTA），它不仅强行加入诸多限制条件，还附加所谓“毒丸条款”，甚至把名称都变成了“美墨加协定”（USMCA），在北美投资经营的各国企业被迫进行战略调整。这些调整通过全球价值链体系传导到“东亚生产网络”，当然，由于在全球价值链体系的位置不同，各国所承受的压力也有所差异。中美贸易谈判甚至日美贸易谈判等都将成为这场博弈的角力场。

首先，中国将面临巨大挑战。经过长期改革开放实践，中国逐步创建起了一个开放型的市场体系，并成长为全球最大的贸易国。而且，中国企业也开始走出国门，成为与日美英等比肩的对外直接投资大国。中国开放型经济体系自身就形成了对经济全球化的深度依赖。

同样，作为域内经济发达的两个国家，日本和韩国也积极致力于走国际化道路，企业实施全球化经营战略，形成了庞大的海外利益体系，对中国和东盟等新兴市场形成较大依赖。所以，在维护经济全球化发展趋势上，东亚各国拥有基本一致的立场。日本在第二届安倍内阁时期（2012 年 12 月至 2020 年 9 月）的贸易政策发生实质性转变，2013 年，日本明确宣布加入美国主导的 TPP 谈判，在美国退出 TPP 之后主动担纲，领导了新的 CPTPP。面对全球保护主义抬头的压力，2017 年，安倍又明确提出日本要做世界“自由贸易的旗手”，旗帜鲜明地维护多边自由贸易框架，使日本与美国特朗普政府在贸易领域形成了事实上的“路线之争”。

韩国本身经济结构就呈现更深的对外依赖特征。从韩国贸易协会、韩国统计厅以及国际货币基金组织发布的数据来看，韩国对外贸易依存度已经高达 68.8%（2017 年），该数据比日本的数据（28.1%）高 40.7 个百分点。从出口依存度（一国出口总额占该国 GDP 的比重）来看，2018 年，韩国的出口依存度达 42.8%。新冠肺炎疫情暴发以来，韩国政府出台相关措施，对本国企业从海外回归国内给予税收等政策支持，但韩国企业似乎并不认同。韩国中小企业中央会调查显示，在越南拥有生产基地的韩国企业中有超过九成表示不会回归国内。另外，大韩商工会议所（KCCI）的调查也显示，94.4%的韩国企业表示不会撤回国内。[①]

（二）转型升级的需求增长推动产业创新

在作为全球最具增长潜力的东亚地区，经济发展与需求升级的互动不断吸引更多企业扩大投资规模，并推动产业创新。例如中国经济增长与需求仍然充满魅力，特别是在新冠肺炎疫情蔓延的2020年，中国成为全球少有的经济实现正增长的国家。经济发展推动中产阶层不断扩大，形成巨大的消费需求。以汽车产业为例，继以电动车为主攻方向的科技企业特斯拉抢滩中国市场之后（2019年动工建厂，不到一年就投产的“二倍速”投资现象），深耕中国市场多年的大众汽车也高调宣布将在未来五年向中国纯电动汽车市场投资150亿欧元。日本企业也在加速调整中国战略，尽管出现部分供应链调整现象，但主体趋势仍然是高度重视中国市场，如日本电产、资生堂等日企正在大举进军中国市场，据JETRO的调查，2019年，日本对华投资再度攀升至143亿美元。韩国企业也表现出重视中国的姿态，如三星电子在西安建立的半导体工厂也已经开始运行。

进入2020年10月，伴随中国披露第三季度GDP增长4.9%，日本经济界开始紧盯中国市场状况，《日本经济新闻》以“全球有望分享中国经济复苏蛋糕”以及“中国在拉动日本出口复苏”等醒目标题报道中国经济状况。市场表现也出现同步特征，东京股票市场“中国概念股50指数”上涨至1767.81点，日本股市资金正在流向日产汽车、神户制钢所以及大隈机床等。日本企业继续看好投资中国，2020年上半年对华投资已达64.6亿美元，[②] 继续保持

① JETRO『韓国の製造業、「リショアリング」に関心なし』、2020年7月3日、https://www.jetro.go.jp/biznews/2020/07/3928faa8c1a0666f.html。

② JETRO「日本の国・地域別直接投資（国際収支ベース、ネット、フロー）」、2020年10月16日。

高位增长趋势。具体案例包括，日野宣布与比亚迪设立合资公司开发电动商用车，本田出资宁德时代，日本电产进军大连兴建驱动马达研发基地等。

（三）优势互补产业有望走向联合创新

近年来，中国企业的技术创新势头也非常迅猛，这得益于中国在人才储备上的世界领先水平。而且，东亚各国也出现了相关领域进行创新合作的可能与趋势。以中日韩产业合作为例，近年来，中国的国际专利申请数量增长迅猛，但日本在专利质量上仍然更胜一筹，而韩国则在半导体等相关领域具有领先优势。因此中日韩合作将产生共赢效果。此外，中国技术优势更多集中在 IT 产业领域，相反，在生产设备、计测技术、发动机、汽车以及机器人等传统制造领域却落后于日本，由于存在优势差异，这也可以为中日经济未来合作提供更多可能。也就是说，联合创新可以成为中日企业合作的新机遇和新挑战。

最近，日本经济界变得更加关注中国科创企业，甚至出现所谓“全球创新中心正向中国等亚洲地区转移”的共识。包括一些传统大企业在内的日本企业非常重视中国涌现出的一大批科创企业，甚至寻求与这些中国企业进行联合创新活动。以日本第一大企业丰田汽车为例，它不仅与深圳物联网设备支援企业“硬蛋”开展了技术合作，还与清华大学所属的北京亿华通科技公司以及北汽集团等五家中国企业共同开发燃料电池。当然，日本不少商务人士对中日合作持谨慎态度，特别是对于高科技尖端领域的合作，其中既有对技术流失的担心，又有对来自美国制裁威胁的忧虑，还有对相关技术可能被转为军用的疑虑，以及对中国法律体系对于相关合作保护的顾虑等。

作为地区大国，中、日、韩显然还面对区域安全以及环境等一些共同课题，如可以携手应对人类共同课题，三国联手合作显然是具有可能性的，甚至是必要的，如灾害共同应对以及相关资源共同开发等。另外，联合国提出的可持续发展目标对三国特别是三国企业的发展提出了新的要求，中日韩在相关领域进行携手合作将有更多可能。

一般而言，对于发达国家来说，全球价值链转移可以促进成本下降和生产效率提高，但同时也会导致国内产业空洞化，甚至造成失业人口增加以及收入差距扩大等。但是，以日本企业为对象的实证研究显示，企业进军海外并未对国内就业产生太大影响，相反，国内生产部门中劳动者的工资还出现了上涨的情况。这被认为是低附加值、劳动密集型产业转移至海外，在一定意义上推升了国内生产效率，从而推动工资上涨。而且，东亚 GVC 关联紧密及不断升级，也能减少地缘政治风险。因此，中日韩共同维护和推动东亚 GVC 发展不仅有利于维护自身利益，也能促进地区和平发展。

2013 年中国提出“一带一路”倡议以来，日韩两国政府的态度首先表现为警惕和担心，但随着“共商、共享、共建”等“一带一路”原则的推广与实践，以及亚投行（AIIB）等高水平新平台的运行与实践，日韩政府的态度悄然发生变化，改变了原有的立场，特别是韩国早已加入亚投行。日韩经济界更是表现出积极欢迎的态度，很多企业甚至已经深度参与其中。事实上，日本企业早就抓住了“一带一路”带来的商机，例如日本通运公司早就采取了行动，已经开始利用中欧班列带来的便利。该公司利用在欧洲基地网点众多的优势，通过船舶和飞机将日本与中国连接，进而接驳到中欧班列，实现了日欧之间一条龙运输服务。无独有偶，日本邮船物流公司也利用其在德国杜伊斯堡的最大仓库，开始为在中国生产零部件的欧美日中企业服务，极大地提升了物流效率。

B.16

新冠肺炎疫情后多因素叠加下日本跨国公司东亚生产网络的调整*

平力群**

摘　要：　在亚洲各国经济发展水平持续提升、颠覆性技术涌现、贸易保护主义抬头的大背景下，新冠肺炎疫情的世界性流行及RCEP的签署成为影响日本跨国公司对外直接投资决策的重要因素。在新冠肺炎疫情对东亚生产网络形成冲击的同时，RCEP的签署不仅发挥稳定东亚生产网络的作用，还发挥推动日本跨国公司调整东亚生产网络的制度支撑作用。新冠肺炎疫情暴发后，为应对多重因素的叠加压力，日本跨国公司调整东亚生产网络已成为一种趋势。

关键词：　生产重视型直接投资　市场重视型直接投资　东亚生产网络　新冠肺炎疫情　RCEP

一　引言

对外直接投资（Foreign Direct Investment，FDI）是一种企业经营活动的

---

* 本报告为天津社会科学院东北亚区域合作研究中心2021年度项目“后疫情时代日本调整东亚生产网络研究”（编号：DBYLW2103）的成果。

** 平力群，经济学博士，天津社会科学院日本研究所、东北亚区域合作研究中心研究员，全国日本经济学会常务理事，主要研究领域：日本经济。

国际化。特别是生产型直接投资，通过资本的跨境移动，在海外成立当地法人或扩大当地法人的规模，组织生产与销售，以充分利用本企业资源，实现资源优化配置与企业利益的最大化。FDI 可以将一区域内发达国家（地区）与发展中国家（地区）产业结构之间的关联由“贸易联系”上升为“生产联系”。[①] 所以，FDI 被认为是构建跨区域生产网络的有效手段与基础。

东亚生产网络形成的契机，正是日本企业以直接投资为手段实施海外经营战略遇上东盟各国采取利用外资的出口战略与中国实施改革开放政策。日本跨国公司对东亚的直接投资是支撑东亚生产网络的重要力量。因此，影响直接投资决策的因素，会直接影响日本跨国公司对东亚的 FDI 决策，进而影响东亚生产网络的布局。投资回报率是影响日本跨国公司对东亚直接投资决策的主要因素。为提升投资回报率，日本跨国公司依据东亚与世界政治经济形势的变动、国家间经济发展水平的动态变化、要素价格对比、贸易协定签署所改变的交易成本、汇率变动与技术进步等政治、经济、技术因素，以及包括自然灾害、突发公共卫生事件等在内的突发事件冲击的风险预期，通过及时改变直接投资决策来调整东亚生产网络。日本跨国公司通过调整对东亚各国（地区）的直接投资影响东亚生产网络布局，是一个持续的动态过程。在亚洲各国经济发展水平持续提升、颠覆性技术涌现、贸易保护主义抬头的大背景下，新冠肺炎疫情的世界性流行及“区域全面经济伙伴关系协定”（RCEP）的签署成为影响日本跨国公司直接投资决策的重要因素，进而加速了日本跨国公司对东亚生产网络的调整。新冠肺炎疫情暴发后，为应对多重因素的叠加压力，日本跨国公司调整东亚生产网络已成为一种趋势。

日本跨国公司对中国的直接投资是其构建东亚生产网络的重要组成部分。日本跨国公司对东亚生产网络布局的调整，必然影响到其对华直接投资的行业类别与规模。因此，研究影响日本跨国公司调整东亚生产网络布局的因素是一个重要的议题。本报告主要分析直接投资动因、贸易环境、技术进步、突发事件等对日本跨国公司调整东亚生产网络布局的影响。

---

① 戴晓芙、郭定平主编《东亚发展模式与区域合作》，复旦大学出版社，2005，第 210 页。

二　投资动因变化下日本跨国公司对东亚生产网络的调整

“广场协议”后，日本跨国公司加速开展直接投资的动因与目标是降低生产成本，对冲日元升值，增强产品竞争力，在减轻贸易摩擦压力的同时，扩大市场份额。因此，工资低、市场规模大、投资风险低的国家（地区）就成为日本跨国公司理想的投资目标国（地区）。①而具有低要素价格优势、巨大的市场规模与潜力、政局相对稳定的东亚就成为日本跨国公司理想的投资目标国（地区）之一。

日本跨国公司初期对东亚其他国家和地区的投资可以归类为重视生产型的垂直直接投资。随着科学技术进步，亚洲各国经济快速发展，特别是中国经济水平提升及其他亚洲国家富裕人群增加，日本跨国公司对东亚的直接投资逐渐从单纯的重视生产型向既重视生产又重视市场的混合型转变，逐渐将生产功能网络扩展为兼具生产和销售功能的生产网络，并不断强化销售网络。影响日本跨国公司对东亚其他国家（地区）直接投资的决定因素，也从单纯地利用东道国的低要素价格转变为对要素价格优势或市场规模与潜力的综合考虑，并据此来决定 FDI 布局。这样，日本跨国公司对亚洲的 FDI 呈现随着投资目标国经济水平的提升，依据生产成本优势、劳动力成本优势从“亚洲四小龙”（NIES）渐次向东盟、中国以及南亚转移的特征。这一 FDI 转移的过程推动了东亚生产网络的扩大与深化。

“广场协议”后，继“亚洲四小龙”、东盟之后，刚刚打开国门的具有要素价格优势及巨大市场潜力的中国，成为日本跨国公司理想的投资目标国。此后，随着中国经济发展，在要素价格优势逐渐消失、市场规模不断扩大的背景下，日本跨国公司对中国 FDI 的动因也逐渐发生转变，即从重视生产型转向重视市场型。在这一调整过程中，利用中国的低要素价格优势，将

① 清田耕造『拡大する直接投資と日本企業』、NTT 出版株式会社、2016、84 頁。

中国作为出口生产基地的日本跨国公司逐渐缩小对华 FDI，并向其他国家与地区转移，与此同时，中国巨大的市场吸引日本跨国公司开始加大 FDI 力度。进入 21 世纪的第二个十年，日本跨国公司对中国 FDI 的动因越发表现出重视生产型与重视市场型的混合型特征。

根据 2019 年日本国际协力银行开展的对日本制造业海外经营情况的调查，对华直接投资的动因主要是市场规模、市场潜力与配套企业，影响直接投资的主要因素是劳动成本的上升、与其他企业竞争的加剧及法律实施的不透明性。[①] 日本跨国公司中劳动密集型产业基本上已完成向亚洲其他国家的转移，而保留在中国的出口基地型投资主要涉及一些在其他国家缺少配套及人力资源不足的高技术产品的生产。正如亚历山大·格申克龙所指出的那样，“如果从已经切断了与土地联系的脐带，从可以适应现代工厂使用的稳定、可靠以及训练有素的劳动群体这种意义上来考察，那么后发国家的工业劳动并不是富裕了，而是严重的短缺。培养出真正名副其实的工业劳动力是一个最困难的任务，它将会拖延工业化的进程”。[②] 日本跨国公司拥有的产业核心技术与中国经济发展背景下产业集聚的形成、人才素质的普遍提升及具有潜力的规模巨大的市场，为日本跨国企业通过对华直接投资构建东亚网络化的生产分工体系创造了条件与动力。

以日本对中国的出口贸易结构为例，2016 年，中间品在日本对中国出口产品中所占的比例超过 60%，这是由日本向中国出口中间品，在中国加工，然后向日本、美国等消费市场出口或在中国市场销售形成的生产分工体系决定的。[③] 由于在中国制造高技术产品的成本较低，2018 年，在向中国出口的产品中，电气机械与一般机械的比例超过 50%，电气机械中智能手机及与智能手机相关的零部件所占的份额较高，而一般机械中占有较高份额的

---

① 国際協力銀行『わが国製造業企業の海外事業展開に関する調査報告 2019 年度海外直接投資アンケート調査結果（第 31 回）』、2019 年 11 月 27 日、https：//www. jbic. go. jp/ja/information/press/press－2019/pdf/1127－012855_ 4. pdf。

② 〔美〕亚历山大·格申克龙：《经济落后的历史透视》，张凤林译，商务印书馆，2009，第 12 页。

③ 経済産業省『令和元年版通商白書』、2019 年 7 月、https：//www. meti. go. jp/report/tsuhaku2019/pdf/2019_ zentai. pdf。

包括计算机及计算机周边零部件（见表1）。[①] 另外，根据日本国际协力银行的调查，针对开放创新对日本企业与海外大学、风险企业（包括海外企业扩大）合作预想的结果，作为“合作的场”，日本对上海的关注程度超过硅谷。[②] 从这点也可以看出，日本企业对中国投资的期待正在发生质的转变。

表1　日本对中国出口主要产品的情况（2018年）

单位：%，10亿日元

类别	增幅	金额
钢铁	1.8	561.6
一般机械	17.3	3885.2
半导体等制造装置	46.8	1079.7
工作机械	11.4	263.7
电气机械	0.7	3399.6
运输机械	10.2	1538.0
汽车	14.0	637.7
汽车及其零部件	7.1	868.9
总额	6.8	15897.7

资料来源：根据財務省「貿易統計」制作而成，转引自経済産業省『令和元年版通商白書』、2019年7月、https：//www.meti.go.jp/report/tsuhaku2019/pdf/2019_ zentai.pdf。

跨国企业在选择生产基地时重视该国（地区）对其产品需求的市场规模与成长性。从表2可以观察到，中国巨大的市场及其成长性越来越成为驱动日本跨国公司对华FDI的重要动力，“In China，For China”战略的作用会越发突出。也正是在这一战略支撑下，在高度不确定的国际环境中，在中美贸易摩擦的负面影响中，日本在2019年对中国的投资不减反增，直接投资总额从2018年的119.99亿美元，增加至143.71亿美元，增幅达到19.8%。[③]

---

① 経済産業省『令和元年版通商白書』、2019年7月、https：//www.meti.go.jp/report/tsuhaku2019/pdf/2019_ zentai.pdf。

② 国際協力銀行『わが国製造業企業の海外事業展開に関する調査報告2019年度海外直接投資アンケート調査結果（第31回）』、2019年11月27日、https：//www.jbic.go.jp/ja/information/press/press－2019/1127－012855.html。

③ 「ジェトロ世界貿易投資報告2020年版」、2020年7月30日、https：//www.jetro.go.jp/ext_images/world/gtir/2020/no2.pdf。

表 2　2013～2019 年度中国魅力与优势变化比较（多选回答）

单位：%

顺序	魅力与优势	2013 年度（N＝1841）	2017 年度（N＝1879）	2019 年度（N＝2040）	2013～2019 年度的变化
1	市场规模与成长性	85.8	89.8	91.1	5.3
2	供应商的集聚	27.3	27.4	28.5	1.2
3	容易实现当地采购	19.1	21.8	20.9	1.8
4	人工费与劳动力	16.9	13.6	13.3	－3.6
5	基础设施	13.6	12.8	11.3	－2.3
6	沟通交流	7.5	10.1	10.4	2.9
7	人才素质	5.4	9.0	10.3	4.9
8	技术能力	—	6.1	5.9	—
9	生活环境	4.5	4.2	4.5	0.0
10	土地与事务所	2.9	3.2	4.4	1.5

资料来源：日本貿易振興機構（ジェトロ）海外調査部国際経済課『2019 年度日本企業の海外事業展開に関するアンケート調査』、2020 年 2 月 27 日、https：//www.jetro.go.jp/ext_images/_Reports/01/1057c5cfeec3a1ee/20190037_outline.pdf。

在投资动因发生变化的背景下，日本跨国公司对中国直接投资的调整直接影响其在东亚生产网络的布局，而这一影响将继续下去。

三　贸易环境变化对日本调整东亚生产网络的影响

主要国家的对外贸易政策、贸易协定的签署直接影响贸易环境。2017 年就任的美国总统特朗普实施的贸易保护主义政策引发中美贸易摩擦。日本跨国企业为了规避风险，开始将向欧美出口的中国生产基地向其他国家转移。2020 年 RCEP 的签署标志着将结束东亚地区长期处于“活跃的区域内贸易”与“经济性合作制度安排长期缺失”的不平衡状态，降低由制度缺失引致的贸易、投资的不通畅及高成本，有利于跨国公司依据成员国的比较优势布局生产网络。① 同时，在全球贸易保护主义、孤立主义、逆全球化思

① 平力群：《亚太区域经济一体化的步伐——以 RCEP 为中心》，《亚太安全与海洋研究》2020 年第 6 期，第 112 页。

潮抬头，世界经济下行风险加剧的背景下，RCEP 的签署传递出这样的信息：坚持多边主义、推动经济一体化是东亚区域国家的广泛共识。[①] 在新冠肺炎疫情对东亚生产网络形成冲击的同时，RCEP 的签署不仅发挥稳定东亚生产网络的作用，还发挥推动日本跨国公司调整东亚生产网络的制度支撑作用，也将有利于抵消贸易保护主义对扩大与深化东亚生产网络的不利影响。

（一）东亚生产网络支撑下的三角贸易

开始采用通过对外直接投资开展国际化经营战略的日本企业恰恰遇上采取利用外资型出口工业化战略的东盟各国，成为东亚生产网络构建的起点。为降低“广场协议”后日元升值的压力，缓解日本与欧美各国的贸易摩擦，日本跨国公司开始采用国际化经营战略，加大对亚洲其他国家的 FDI 力度。东盟由于实施限制外资的进口替代工业化战略没能实现预期目标，从 1987 年开始转向利用外资型出口工业化战略。利用外资型出口工业化战略为跨国公司在东盟构建生产、流通网络提供了支持。[②] 中国的改革开放政策的实施，进一步支持东亚生产网络的发展，也推动了三角贸易结构的形成。所谓三角贸易结构，就是日本、“亚洲四小龙”生产高附加值的半成品、关键零部件，东盟生产通用性零部件，然后将半成品、零部件出口到东盟与中国进行加工与组装，最后将这些成品销售到作为最终产品消费市场的欧美国家。

随着东亚生产网络的不断成熟，东亚区域内部分工模式呈现以垂直一体化为主、以水平一体化为辅的网络化特征。企业通过对生产流程的分割，在东亚区域内形成最适合的工程配置。在东亚生产网络支撑下，中间品贸易已经成为东亚区域内贸易最重要的组成部分。在日本向中国、东盟的出口贸易额中，中间品所占比例分别超过 60% 与 70%，大量材料、零部件与半成品在日本、中国、韩国与东盟之间流通，主要在中国与东盟完成最后组装后被出

① 《RCEP 呼之欲出　东亚共同体更进一步》，中华人民共和国中央人民政府网，http：//www. gov. cn/xinwen/2019－11/05/content_ 5448682. htm。

② 馬田啓一「TPPとRCEP—ASEANの遠心力と求心力—」、『国際貿易と投資』2013 年春季号、29 頁、http：//www. iti. or. jp/kikan91/91umada. pdf。

口到北美与欧盟。以电子产业为例，日本跨国公司在日本国内保留、投资具有研发、生产高端产品的母工厂，在马来西亚、菲律宾投资兴建生产通用性零部件的工厂，在中国投资兴建组装工厂，从而形成了以通过直接投资构建的生产网络为支撑的，从日本进口核心零部件，从马来西亚、菲律宾进口普通零部件，在中国组装后，出口到美国与欧洲的三角贸易。从图 1 可以看出，中国与欧盟（EU）、北美自贸区（NAFTA）的贸易额中的中间品占比大大低于中国与东亚其他国家贸易额中的中间品占比（见图 1）。

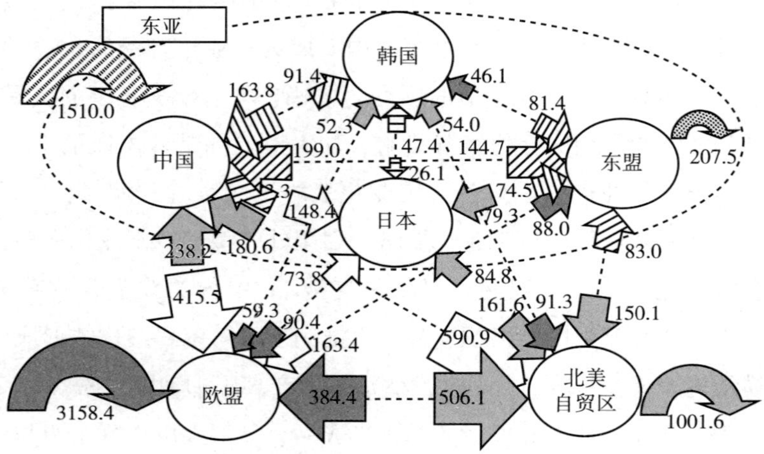

图 1　东亚产业链支撑下的贸易往来（2017 年）

注：图中数据表示贸易额，单位为 10 亿美元；图中用箭头粗细表示贸易额多少，贸易额越多，箭头越粗，贸易额越少，箭头越细；图中用不同的箭头代表中间品占比情况，➪表示中间品占比为 30% ~40%，➪表示中间品占比为 40% ~50%，➪表示中间品占比为 50% ~60%，➪表示中间品占比为 60% ~70%；➪表示中间品占比为 70% 以上。

资料来源：経済産業省『通商白書 2020 年版』、2020 年 7 月 7 日、https：//www. meti. go. jp/report/tsuhaku2020/pdf/2020_ zentai. pdf。

（二）三角贸易结构下，中美贸易摩擦对日本跨国公司调整东亚生产网络的影响

如上所述，东亚生产网络的构筑支撑了三角贸易结构的形成。三角贸易结构使亚洲区域的产品出口对欧美等外部最终产品市场需求高度依赖。这也导致

欧美市场的需求直接影响东亚中间品贸易。因此，日本跨国公司对欧美市场需求变动的预期会影响直接投资的决策，进而影响其在东亚生产网络的布局。

2017 年特朗普当选美国总统后，提出美国利益第一，实施贸易保护主义与单边主义政策，并表示将通过强化贸易救济措施与贸易法的执行以减少贸易赤字，导致中美贸易摩擦不断加剧。不确定的贸易环境，削弱了日本跨国公司将中国作为对美出口基地的对华直接投资的激励。

进入 2018 年，日本跨国公司面临在中国生产、加工的产品向美国出口时会被征收高额关税的局面。面对贸易限制措施的压力，为规避中美贸易摩擦对企业造成的不良影响，出现了将中国作为向欧美出口产品的生产基地的日本企业撤回本土或向其他东亚国家转移部分生产能力的现象。日本跨国公司进一步重视开展“中国 +1” FDI 战略，推动海外生产基地分散化，进而影响了东亚生产网络的布局。

（三）RCEP 推动东亚生产网络在重构中扩大与深化

在美国贸易保护主义导致的中美贸易摩擦引发的全球贸易投资具有不确定性预期这一背景下，RCEP 于 2020 年 11 月如期签署，为日本跨国企业依据东亚各国和地区的比较优势，以收益最大化为目标重构生产网络提供了制度支撑。

日本跨国公司为了规避中美贸易摩擦风险，决定将在中国组装、将产品出口至美国的生产基地转移至 RCEP 其他成员国。由于这些产业在中国已形成集群，而新的投资目标国缺乏相应的产业配套，因此被转移至 RCEP 其他成员国进行组装的产品基地仍然需要从中国进口零部件。这样，从中国进口零部件的通关成本增加可能使日本跨国公司把在中国的生产基地转移到其他 RCEP 国家，并考虑转移基地后是否继续从中国进口零部件。

另外，RCEP 不仅有利于日本跨国企业规避贸易摩擦风险，还有利于资源有效配置，降低生产成本，增强产品竞争力。随着中国经济发展，东盟某些国家的生产要素价格优势增加。日本跨国公司为利用东盟各国低成本生产要素降低生产成本、增强产品竞争力、提高市场占有率，计划到东盟投资建厂，并从日本进口高附加值原材料和零部件，然后在东盟组装后，再将产品出口到中国。在 RCEP 生效前，为利用中国—东盟 FTA 的关税优惠，东盟向中国出口的产品需要满足在中国与东盟采购的原材料、零部件的合计附加值超过 40% 的原产地规则的要求。而从日本采购的具有高附加值的原材料、零部件的价值一般会超过 60%。这样就无法达到中国—东盟 FTA 原产地规定的要求，也就无法利用中国—东盟 FTA 的关税优惠。日本跨国企业在计算包含关税、通关成本及生产要素价格的综合成本后，可能会重新考虑对直接投资目标国的选择，这无疑会影响市场对资源的有效配置。

RCEP 通过整合和优化五个“东盟 +1（2）”FTA，使成员国之间在 RCEP 框架下形成统一的贸易、投资规则。区域内统一的规则体系的形成带来的最直接变化是关税的降低、通关手续的简化、二重关税的避免、原产地规则的统一与非关税壁垒的减少，从而有利于实现贸易自由化与贸易便利化，促进成员国之间的贸易往来、投资及地区产业和价值链的融合。这将大大降低日本跨国公司从中国与日本采购零部件的成本，不仅支持日本跨国公司从中国向其他 RCEP 成员国进行投资转移，也支持日本跨国公司依据中国市场需求的变化，加大与调整对中国的 FDI 力度，加深中日产业间合作，推动东亚生产网络在重构的过程中实现扩大与深化。

同时，RCEP 的签署与生效，将促进跨境电商发展。RCEP 中特设“电子商务”一章（第十二章），该章第二条“原则和目标”中明确指出，“缔约方认识到电子商务提供的经济增长和机会、建立框架以促进消费者明白对电子商务有信心的重要性，以及电子商务发展和使用的重要性”，并强调，本章的目标为：“（一）促进缔约方之间的电子商务发展，以及全球范围内电子商务被广泛使用；（二）致力于为电子商务的使用创造一个可信任和有信心的环境；（三）加强缔约方在电子商务发展方面的合作。”这为区域内各国开展电子商务合作提供了明确的支持。跨境电商的发展减少了在消费地直接投资建厂的需要，从而有利于日本企业以收益最大化为原则，按照产业与生产工序的不同特征（劳动密集型、资本密集型与知识密集型），结合东亚各国和地区的不同比较优势，布局生产网络。

RCEP 生效后，RCEP 统一、透明的制度环境有利于成员国之间形成统一的巨大市场，为跨国企业依据比较优势配置资源、优化区域内分工体制和完善产业链提供制度支撑，在支持东亚生产网络重构的同时不断推动东亚生产网络扩大与深化。

四　技术进步支撑日本跨国公司对东亚生产网络的调整

依据鲍德温（Baldwin）对分拆（unbunding）概念的解释，分拆是通过技术创新对距离问题的克服。在技术进步的推动下，在过去一百年间，世界实现了三次分拆。

19 世纪前期，蒸汽船、铁路的出现引发运输革命。随着运输技术水平的提高，在支持运输成本降低与速度提升的同时，也支持生产地与消费地分离的“第一次分拆”（the first unbunding）。“第一次分拆”的出现，支持了以比较优势为基础的生产与消费的跨国境分离，进而推动了以产业为单位的国际分工的兴起。

进入 20 世纪 80 年代，在运输成本进一步降低及进行信息通信技术（ICT）革命的支持下，生产活动断片化，出现了以生产工序（任务）为单位的国际分工，即“第二次分拆”（the second undunding）。产品的生产流程一般可以分为劳动密集型工序、资本密集型工序与知识密集型工序。“第二次分拆”在国际范围内展开的过程中，支持先进国家的技术与发展中国家的生产要素结合，推动国内生产流程按照劳动密集型、资本密集型与知识密集型分割，并向具有不同比较优势的多个国家转移、分散，使产业与贸易发生革命性的转变，进而使分工模式从两个国家之间的垂直分工向多个国家间的水平分工转变。也正是生产流程在各自独立的领域内被细分且相互承接，从而有利于生产扩散到全球范围。[①] 东亚生产网络的不断深化，正是对“第

① 木村福成「第 2 のアンバンドリングと市場の高質化」、2012 年 12 月、https://ies.keio.ac.jp/old_project/old/gcoe-econbus/old_pdf/newsletter_1/NewsLetter_16.pdf。

二次分拆”的充分而有效的利用。日本跨国公司利用区位优势以及先进国家与新兴国家、发展中国家的差距，依据不同国家与地区的投资条件、要素价格，通过 FDI，开展生产流程、任务的国际分工，在亚洲地区构建了生产网络。

模块化、工序间的细分化，加上网络通信技术的支撑以及全球、区域、双边经济合作协定的支持，大幅降低了连接各工序、生产基地间的服务成本，已经没有必要必须在同一地方开展零部件的生产与最终产品的组装，而是可以依据要素价格对生产工序进行分拆，并将其设置在最适宜的地点，以建立高效率的分工体制。① 如上所述，随着东亚经济的发展、市场规模的扩大、消费者偏好的改变、东亚各国要素价格优势的相对变化、基础设施的完善及人力资源水平的提升等东道国市场经济条件的变化，日本跨国公司为了提升分工体制效率就会优化生产工序，调整 FDI，从而促进东亚区域内生产网络布局的调整，其中就包括将失去要素价格比较优势国家的生产过程内的劳动密集型工序分离出来，并把其转移到劳动成本相对低的国家（地区）。

信息技术与通信技术的快速发展，对利用“第二次分拆”的日本跨国公司的生产网络布局形成了两股相反的力量。一是在代表 IT 的人工智能、机器人、大数据、演算能力的快速提升及机器学习能力不断增强的条件下，机器不断代替人类的工作，使制造业对低成本劳动力的依赖程度降低，推动制造业对先进国家的本土回归。二是以第四次产业革命背景下涌现出的大量颠覆性创新为基础，数字技术的快速进步使人们在网络环境下可以利用视频实现面对面的交流，从而降低了人们直接进行面对面交流的成本，支持 2015 年左右出现的“第三次分拆”（the third undunding）。“第三次分拆”使虚拟的人可以跨国境移动，不仅使以“人”为单位的工作可以与“人”分离，② 也使在不同地方的人可以共同完成同一项任务。在国家和地区间存

① 〔日〕大桥英夫：《日中两国的经济贸易结构与双边经济关系——基于全球价值链（GVC）视角的分析》，刘兵译，《日本研究》2016 年第 4 期，第 4 页。

② 経済産業省『通商白書 2020 年版』、2020 年 7 月 7 日、https：//www. meti. go. jp/report/tsuhaku2020/pdf/2020_ zentai. pdf。

在工资差异的情况下，这可能会加速国际分工。①

技术进步在推动日本跨国公司构筑与调整东亚生产网络的同时，也是日本跨国公司构筑与调整东亚生产网络的基础。

五 新冠肺炎疫情对日本调整东亚生产网络的影响

新冠肺炎疫情的世界性流行，是震惊世界的公共卫生危机，其不仅冲击了消费，还阻断了供给，对世界政治经济社会生活产生了广泛而深远的影响。基于公共卫生理论，在疫苗没有被成功研制出来之前，阻断传染、防止疫情加剧的最有效手段就是限制人们的移动（包括“封国”“封城”“断航”“禁足”等）与减少人们直接进行面对面的交流。从供给面考虑，上述限制对生产造成的影响之一就是供应链的断裂。新冠肺炎疫情加深了对供应链断裂风险的再认识，降低了人们对全球供应链的信任程度，推动了构建供应链的原则从依据“生产效率（成本最低）”原则向“以安全为前提的生产效率（成本最低）”原则转变。所以，可以说，新冠病毒不仅让人类感染，而且压缩了人类生存空间，挑战了全球供应链，改变了依据成本最低原则的全球配置，退而寻求本土化、近岸化、区域化的多地区的分散风险的次优配置，推动全球供应链的缩短与多元化的重构。东亚生产网络是全球供应链的重要组成部分，新冠肺炎疫情的发生与持续必然会影响日本跨国公司对东亚的投资布局，从而推动东亚生产网络调整。

为提升日本供应链的抗风险能力，日本政府出台影响日本跨国公司调整东亚生产网络布局的政策。为提高供应链的灵活性与强韧性，日本内阁于2020年4月7日通过的“新型冠状病毒感染症紧急经济对策”提出供应链改革计划，在借疫情出台的巨额经济刺激计划中就包括推动日本企业将海外

① 木村福成「生産ネットワークとアンバンドリング—概念枠組みの再整理と理論・実証・政策論—」、財務省財務総悟政策研究所「フィナンシャル・レビュー」平成30年第3号、2018年11月、https：//www.mof.go.jp/pri/publication/financial_review/fr_list7/r135/r135_02.pdf。

生产据点撤回日本国内或向多国分散投资的预算，指出经过几年的努力，通过支持产业回归及多元化，构建强固的供应链。具体政策包括：对于严重依赖一个国家供应的商品、零部件及材料的工厂转移所需费用，政府为中小企业分担2/3，为大企业分担1/2；尤其要加大对生产口罩、酒精等消毒用品、防护服、人工呼吸机、氧合器（人工肺）等关系国民健康的重要物资企业回迁的支援力度，对于这类企业转移经费的支持，中小企业提升至3/4，大企业为2/3；规定由经济产业省负责“产业链对策的国内投资促进事业补贴”、“海外供应链多元化等支持事业”、“实现供应链强固、坚韧的技术开发”与“实证及东亚经济合作研究（供应链强固坚韧与风险管理等）”。[①]

为防止应对新冠肺炎疫情扩散采取的各种措施阻碍人与人之间真实的面对面的直接交流，技术进步使人与人之间即使不进行面对面直接交流，也可以实现充分的信息传递与商务洽谈，从而降低了疫情对东亚生产网络的破坏程度。新冠肺炎疫情加速了数字革命成果在社会中的应用，并正在支持远程工作形成世界规模。创新将支持日本跨国公司为实现分散风险前提下的投资回报率最大化而调整在东亚的生产网络布局。

新冠肺炎疫情引致日本跨国公司从依据效率（成本最低化）进行全球布局向寻求本土化、多地区的分散风险的次优布局（以安全为前提的效率）转变，将强化自2018年开始的日本跨国公司对中国FDI的新一轮调整，即在扩大与维持对中国FDI的同时，加大对亚洲其他国家的FDI力度，并将其在中国的部分产能向其他亚洲国家转移，加强在日本国内的投资以完善日本本土的生产体系。

简言之，在第四次产业革命、中国经济发展、贸易保护主义抬头及新冠肺炎疫情等因素综合影响下，日本跨国公司对亚洲的直接投资呈现本地化、近岸化、区域化的多元化趋势，在后疫情时期，其对华FDI将出现增加、维持与撤出等复合动向，从而对东亚生产网络产生影响。

---

① 「新型コロナウイルス感染症緊急経済対策—国民の命と生活を守り抜き、経済再生—」、2020年4月7日、https://www5.cao.go.jp/keizai1/keizaitaisaku/2020/20200407_taisaku.pdf。

B.17

新冠肺炎疫情后日本重塑中日供应链的趋向及动因

陈友骏　赵 磊*

摘　要：新冠肺炎疫情冲击全球本已脆弱的经济、政治格局，全球供应链网络重塑已成定局。作为世界第二、第三大经济体的中日两国，在加强疾病防控、推进复工复产、产业分工合作等方面有着广阔的合作前景。疫情凸显了中日进行经济合作的必要性，也带来了更多的不确定性和复杂性。中日两国长期产业分工合作形成的供应链体系面临威胁，正在遭受来自新冠肺炎疫情、中美战略博弈以及技术民族主义等因素的多重冲击。面对中美战略博弈与经济科技竞争考量，日本将考虑重组供应链网络，提升供应链弹性，推进核心产业的本土回迁与进行多元分散供应。对此，中国应从优化产业结构、明确竞争政策、加大核心产业研发投入力度、推行区域融合发展等层面入手，应对日本供应链政策调整。

关键词：新冠肺炎疫情　中日经济合作　中日供应链　新工业革命

2020年伊始，世界大流行的新冠肺炎疫情来势汹汹，对全球经济、政

* 陈友骏，经济学博士，上海国际问题研究院世界经济研究所区域经济研究室主任、研究员，全国日本经济学会常务理事，主要研究领域：日本问题、亚太政经关系。赵磊，上海国际问题研究院硕士研究生，主要研究领域：日本问题。

治格局产生巨大冲击。疫情对中日双方的经贸往来也产生一定影响，日本政府与产业界主张提升供应链弹性、构建以东盟为核心的多元供应体系的呼声日益高涨。加之中美贸易摩擦和美国对华高科技领域的“脱钩”政策，作为“盟友”的日本开始收紧对华涉及高科技领域的合作交流政策，转而选择在疫情防控、高端制造等领域加速实现供应链的“本土化、多元化”，摆脱对单一特定国家的依赖。另外，中日两国面对前所未有的疫情危机，携手合作、共克时艰。双方在加强疾病防控、推进复工复产、产业分工合作、签订区域经济贸易协定等方面有着广阔的合作前景。中国的巨大市场前景、完善的基础设施以及较高素质的劳动力等商业要素，始终是日本对华进行贸易投资的主要考量因素。

中国是世界上最早实现疫情可防可控的主要经济大国，在部署“疫情防控常态化”与有序推进复工复产政策后，展现了强劲的经济复苏潜力与市场扩张活力。作为日本主要产业之一的汽车产业，在全球市场受到疫情冲击不断萎缩的背景下，唯独在华销售额保持稳定甚至略有增长，这反映出中国市场在日本对外贸易投资中的重要地位。以贸易立国与“自由贸易的旗手”自居的日本，在面对中美战略博弈时，选择与美国同流，对华实施“脱钩”战略，构筑“去中国化”的全球供应链体系，还是与中国一道继续维系原有供应链的完整与紧密衔接，维护多边自由贸易规则与开放市场原则，共同反对“去全球化”，共建东亚地区经贸命运共同体，这是日本对外战略面临的重大课题与挑战。

一　中日供应链体系的分工模式及特征

长期以来，中日两国间的贸易往来与投资流动在中日之间形成了以中国负责加工组装和出售较低附加值的中间品、日本更多提供高附加值的精密零部件与高技术产品为主的供应链体系分工模式。以 1992 年确立社会主义市场经济体制为界，凭借较低的土地价格、高性价比的劳动力资源以及包容的经济政治制度和较为完备的基础设施等各方面优势，中国逐渐成为全球供应网络中的重要一员乃至“世界制造业中心”。而日本作为高度发达的世界主要经济体，在技术密集型和知识密集型产品、高质量服务、现代化管理经验及风险管控等领域独树一帜。在具体的工业制成品领域，仅就东亚供应网络而言，中国是中间品的主要供应者和零部件制造加工中心，日本则主要负责供应高技术、高附加值零部件，是一些重要科技产业及核心技术的关键掌控者。

这种分工模式在中日之间有关半导体产业领域的合作中体现得尤为明显。仅2018年，中国高技术产品进口额达6655.21亿美元，占当年对外进口总额的31%以上，远远超过对石油、天然气等传统能源的进口额，是对外贸易逆差的最主要来源之一。其中对以芯片为核心的电子器件技术、计算机通信技术与计算机集成制造技术等领域的进口额占高技术进口总额的比重接近80%，[①] 对外依存度极高。日本在芯片的制造设备、原材料等领域处于领先地位，在全球芯片产业的潜在增长点——汽车自动化芯片和物联网相关芯片中，日本也有特殊的技术积淀和创新优势。[②] 2019年，中日双边贸易额达3039.08亿美元，其中包含芯片制造设备、元器件以及原材料在内的机电产品和化工产品领域的出口额占日本对华出口总额的53.2%，[③] 足见中日双方在芯片领域的贸易联系的紧密程度。

具体来看，中日之间的供应链体系特征如下。其一，中日两国位于全球供应链体系的不同层级。从宏观视角分析中日贸易与供应链分工发现，中日两国形成了中国负责加工和组装中间品和终端产品，而日本控制高技术、高附加值的重要零部件生产供给的特征。中国处于供应链网络中加工制造的中端环节，日本则在核心零部件、电子元器件等高附加值产品的供应环节具有较大的优势。中日分属整个供应链体系中的不同层级。

① 中国经济社会大数据研究平台，https://data.cnki.net/NewHome/Index。

② 冯昭奎：《日本半导体产业发展的赶超与创新——兼谈对加快中国芯片技术发展的思考》，《日本学刊》2018年第6期，第22~23页。

③《国别贸易报告：2019年日本货物贸易及中日双边贸易概况》，中华人民共和国商务部网站，https://countryreport.mofcom.gov.cn/record/qikan110209.asp?id=11950。

其二，中日之间的供应链体系相互嵌合、互补性强。中日两国优势互补、分工明确细化，在不同层面有着各自的优势。中国在基础设施建设、资金与劳动力成本等生产要素上占据一定优势，而日本则在高技术产品及零部件、高质量服务业以及现代化管理和风险管控等领域居于领先位置。从2019年中日双边贸易数据来看，机电产品，纺织品及原料，家具、玩具、杂项制品排在中国对日出口占比的前三位，合计约占64.6%，又以机电产品所占比重最大，仅此一项的进口额就占日本自华进口总额的近一半。其中，有很大一部分是日本供应的精密电子零部件与核心元器件，经在华日企利用中国的高性价比劳动力、相对较低的土地价格以及宽松的政策优势，加工制造后返销日本或全球市场。而日本对华出口商品的前四位分别是机电产品、化工产品、运输设备以及光学医疗设备，机电产品占比同样位居首位，四项占比合计约为72.1%。[①] 这四项产品分类也体现了日本对外贸易的产业优势所在，对应的是日本强势的汽车、精密仪器、电子器件以及化工原料等产业。从海关统计数据来看，中国自日进口半导体、集成电路以及光学设备零部件的金额在2019年达264.78亿美元，约占日本对华出口额的1/5，车辆及其零部件进口额约为180.39亿美元，[②] 半导体及车辆相关部件两者合计进口额占日本对华出口额的1/3。日本对华出口以汽车及其配件、半导体相关器件、精密机床等高技术附加值产品为主，中国对日出口则以生产组装机电等中间品和较低附加值的纺织品、家具、玩具等为主。由此可见，中日之间的产业结构高度互补，供应体系深度嵌合。

其三，中日之间长期形成的供应链体系有一定的稳定性。联合国贸易数据库统计，2009~2019年，日本对华出口总额与包含汽车及其配件、部分半导体产品及精密机床在内的机械及运输设备类商品出口额保持了较为固定的比值关系，机械及运输设备出口额始终占日本对华出口总额的一半以上。长期的产业分工在东亚地区形成了以中国、东盟为主的生产加工组装中心和

---

① 《国别贸易报告：2019年日本货物贸易及中日双边贸易概况》，中华人民共和国商务部网站，https://countryreport.mofcom.gov.cn/record/qikan110209.asp?id=11950。

② 中华人民共和国海关统计数据在线查询平台，http://43.248.49.97/。

日本、韩国提供高技术和高附加值的零部件、中间品供给的“四极模式”。[①]其中作为世界第二、第三大经济体的中日两国，分别主导区域乃至全球供应链的生产加工和高技术零部件的供给网络，这种供给网络结构较为稳定，短期内难以改变。另外，日本通过对外直接投资，将国内处于竞争劣势的边际产业和高耗能、低附加值产业对外进行转移，把资本和资源集中于发展高技术和高附加值产业。同时，海外日本企业所得的丰厚利润也可以再次投资到相关技术研发领域，提升生产效率和经济效应，[②] 维持技术代际优势。长期以来，中国是日本对外投资与产业转移的重点区域，利用中国的生产要素优势和地缘便利性，在布局供应链网络和推动中日间形成稳定供应链体系的同时，在华日企的高回报也反哺日本技术研发，进而促进日本保持科技研发的前沿性。

其四，中国在全球供应链体系中地位和塑造能力的提升，对日本产生了一定的“挤压效应”。经过 40 多年的改革开放，中国经济规模已接近 15 万亿美元，形成了超大规模的消费市场和门类齐全的制造能力，从几乎游离于全球产业链、价值链之外，到如今的“世界工厂”“中国智造”，中国在全球供应链体系中地位的提升，一方面使日本从中大为获益，另一方面也使日本开始担心中国经济科技发展会对其产生“挤出效应”，过度依赖中国市场和供应链会对其造成不利影响。有鉴于此，日本希望借疫情加速调整供应链布局，进而构筑以东盟为核心的多元供应体系，并推进核心产业回归本土化生产。

二　日本重塑中日供应链的政策动向

新冠肺炎疫情重创日本经济，但得益于采取果断的防疫措施与大规模

① 张玉来：《全球价值链重塑与东亚——中日合作的空间与潜力》，《东北亚论坛》2019 年第 3 期，第 48 页。

② 陈志恒、高婷婷：《日本对外直接投资的产业升级效应》，《现代日本经济》2020 年第 2 期，第 55 页。

财政货币刺激计划，日本的经济发展情况略好于美欧等发达国家。尽管如此，随着全球经济的衰退与国内疫情的加重，日本的对外贸易、医疗物资及生活必需品供应均出现了一定困难。为此，日本政府确立了提升供应链弹性，摆脱对特定国家的高依存状态，推进供应产地的多元化、分散化的供应链重组政策。针对核心科技产业，日本政府旨在提升本土化生产水平与加大补贴力度，支持相关企业回流日本，促进国内就业与经济发展。具体而言，东南亚国家是日本推行多元化供应体系的重点区域，医疗卫生、科技产业是提升本土化生产水平的主要抓手，将供应链的集中视为经营风险，推进对华高度依赖的制成品与零部件生产回迁日本本土或者进行分散化供应。

（一）疫情期间日本供应链重组的政策梳理

2020 年初，在安倍政府出台的第一轮应对疫情的紧急经济政策中，就有针对企业供应链受损发放补贴的内容，[①] 用于提升生产效率与促进设备投资。2020 年 4 月 7 日，安倍政府面对疫情快速蔓延和经济的断崖式衰退，出台“新型冠状病毒感染症紧急经济对策”，表示对于那些对某一国依存度高的制成品和零部件生产商，支持其回归日本国内，并鼓励向东南亚分散生产基地，谋求产地多元化。为此，政府设立专项支援供应链重组的预算资金，为不同类型的大企业与中小企业供应链分散到东盟国家或回迁国内提供 1/2～3/4 的搬迁费用补助。[②] 这是日本政府第一个有关供应链分散回迁的具体政策，主要交由经济产业省负责落实。在官方出台有关供应链重组政策的同时，日本产业界也开始审视供应链集中的经营风险。作为日本最大汽车公司的丰田也受到了“超过雷曼危机时”的冲击，开始重新审视供应网，推进生产和采购的分散化，以及利用日本政府的国内生产回归支

① 《日本设 5 千亿日元紧急担保额度支援中小企业》，中国贸易投资网，http：//www.tradeinvest.cn/information/5255/detail。

② 内閣府「『新型コロナウイルス感染症緊急経済対策』について」、2020 年 4 月 7 日、30～31 頁、https：//www5.cao.go.jp/keizai1/keizaitaisaku/2020/20200407_taisaku.pdf。

援政策的可能性。[①]

生活必需品与抗疫物资的供应安全是日本政府关注的重点。在疫情持续蔓延的5月，经济产业省就着手建立“紧急事态”时可随时掌握各公司库存状况的系统，通过分析库存量和需求，来实行重要战略物资的增产计划或进行地区间调配。[②] 在安倍晋三宣布辞去首相一职后，当时作为首相候选人的菅义伟在接受日本媒体采访时也表示：为降低供应链集中经营风险，生产基地最好分散，依赖特定国家的供应链急需调整。[③] 随着疫情继续蔓延，日本担心新冠肺炎疫情影响国际供应链，遂在10月16日继续追加860亿日元的补贴用于扶持口罩及医药品等企业回归国内生产。其中，涉及的产品与材料，满足以下两个条件中的任意一个即可：（1）生产基地集中在特定国家；（2）对国民健康至关重要。[④]

通过梳理日本官方与产业界对供应链重组的政策动向与正式表态（见表1），可以发现如下内容。

其一，疫情是加速推动日本构筑多元化供应链体系的催化剂。为应对疫情，日本政府早在2020年4月追加补充预算，设立约2200亿日元的专项支出用于支持海外日企回迁，其中对于医药卫生、防疫口罩等关乎国民健康的重要战略物资生产基地回迁，提供1/2～3/4的搬迁补助，高于其他产业、产品供应链转移提供1/2～2/3的补贴。[⑤] 一些战略医药物资与生活必需品的供应安全与集中依赖问题在疫情期间有所放大，直接影响日本政府重组供应链的政治决心。

---

① 《丰田2020年全球销量预计下滑15%》，日经中文网，https：//cn. nikkei. com/industry/icar/40533 - 2020 - 05 - 13 - 08 - 54 - 13. html。

② 《日本将建立新系统掌握口罩等生活必需品库存》，日经中文网，http：//cn. nikkei. com/politicsaeconomy/politicsasociety/40739 - 2020 - 05 - 29 - 08 - 37 - 21. html。

③ 《菅义伟谈供应链》，日经中文网，https：//cn. nikkei. com/politicsaeconomy/politicsasociety/41956 - 2020 - 09 - 07 - 02 - 09 - 55. html。

④ 《日本追加860亿日元生产回归补贴》，日经中文网，https：//cn. nikkei. com/politicsaeconomy/economic - policy/42385 - 2020 - 10 - 16 - 09 - 20 - 38. html。

⑤ 経済産業省「令和2年度補正予算の事業概要（PR資料）」、2020年4月、24頁、https：//www. meti. go. jp/main/yosan/yosan_ fy2020/hosei/pdf/hosei_ yosan_ pr. pdf。

其二，东南亚地区是日本谋求产地多元化、生产基地分散化的重要支点。立足于采购与生产的分散以及应对潜在的供应链集中经营风险，近年来经济发展迅速、在劳动力和土地等生产要素方面占据较大优势的东南亚国家成为日本分散供应链、构筑多元化供应体系的首选之地，加之地理上的邻近性与基础设施日渐完善，将在华的一些产业转移布局到东南亚地区也逐渐成为趋势。基于此，日本政府在 2020 年 4 月的补充预算案中，专门设立了以东盟为主要供应链调整分散对象的搬迁补助 235 亿日元。①

其三，促进重要抗疫医疗产品和战略科技产业回归日本生产，实行本土化供应战略。在具体操作过程中，日本政府将回迁本土的海外日企分为预防供应链中断、集中经营企业与对国民健康、生活至关重要的企业。2020 年 11 月 20 日，经济产业省公布了自 5 月以来获得政府政策补助的 146 家海外日企，其中属于医药健康、生活必需品类企业共计 90 家，其余 56 家企业中的 48 家的经营范围主要分布在航空制造、半导体、化学工业、生物医学、新能源、电子通信产品与汽车电池及配件等高技术产业领域。② 在日本贸易振兴机构（JETRO）统计的 2020 年 7 月 17 日到 12 月 2 日三次面向海外日企供应链多元化支援项目的筛选中：第一次即有 124 家企业提出申请文件，通过 30 件；第二次共计 64 件申请，21 件符合条件；第三次共计 155 件申请，采纳 30 件，③ 整体通过率不足 1/4。这也反映了海外日企对疫情期间供应链安全的担忧有所放大，以及日本政府应对供应链政策调整预算仍有所不足的问题。值得一提的是，在通过的 81 家海外日企中，医疗卫生、防疫设备、电子通信、半导体与汽车零部件厂商占了绝大部分。疫情期间，日本半导体企业罗姆（ROHM）和液晶面板企业日本显示器（JDI）计划将集中于

---

① 経済産業省「令和 2 年度補正予算の事業概要（PR 資料）」、2020 年 4 月、25 頁、https：//www. meti. go. jp/main/yosan/yosan_ fy2020/hosei/pdf/hosei_ yosan_ pr. pdf。

② 経済産業省「サプライチェーン対策のための国内投資促進事業費補助金」、2020 年 11 月 20 日、https：//www. meti. go. jp/information/publicoffer/saitaku/2020/downloadfiles/s201120001. pdf。

③ 参见日本貿易振興機構「第一回公募」、「第二回公募」、「第三回公募」、https：//www. jetro. go. jp/services/supplychain/kekka – 1. html、https：//www. jetro. go. jp/services/supplychain/kekka – 2. html、https：//www. jetro. go. jp/services/supplychain/kekka – 3. html。

中国和东南亚的部分工序迁回日本国内,① 也反映出数字经济革命与自动化工序进步、运输成本的降低以及疫情造成的冲击等因素的综合效应，促使日本重组相关产业链、推进供应生产的本土化成为可能。

其四，日本的供应链重组计划有着官方与经济界协同的特点。不仅日本政府出台了一系列针对疫情的供应链调整政策，经济界和海外日企也大多对此持支持态度。日本经济研究中心和《日本经济新闻》的调查显示，对日本政府鼓励企业回归本土的政策表示赞成的受访日本商务人士有近六成，超过四成的受访者认为“未来中国作为生产基地的重要性将会降低”。② 面对疫情冲击和中国产业升级带来的结构性压力，日本产业界部分企业基于经济因素驱动，认为将供应链迁出中国也是重要选项之一。

表 1　疫情期间日本供应链变动趋向与具体政策（2020 年）

时间	具体政策	决策者
2 月 13 日	出台紧急对策方案支持企业应对供应链受损	政府对策本部
4 月 7 日	对某一国依存度高的制成品生产回归日本国内，向东南亚分散生产基地	日本内阁
4 月	约 2200 亿日元支持海外日企回迁，根据企业类型提供 1/2 ~ 3/4 的搬迁补助	经济产业省
4 月 13 日	支持海外日企的供应链多元化，并提供一定补助	经济产业省
5 月 13 日	重新审视供应网，推进生产和采购的分散	丰田公司
6 月 16 日	讨论将位于海外的制造工序迁回国内	罗姆公司
7 月	支持日本汽车、电子设备等重要行业建立多元化的供应链体系，加大对敏感技术、新兴技术的安全审查力度	经济产业省
9 月 5 日	为降低风险，生产基地最好分散	菅义伟（首相候选人）

① 《日本电子零部件制造工序出现回归动向》，日经中文网，https：//cn. nikkei. com/industry/itelectric - appliance/40856 - 2020 - 06 - 16 - 05 - 00 - 00. html。

② 《调查显示日本商务人士对中国很纠结》，日经中文网，https：//cn. nikkei. com/industry/management - strategy/41940 - 2020 - 09 - 04 - 01 - 54 - 53. html。

续表

时间	具体政策	决策者
10月15日	改变日企对中国的依赖,向东南亚分散,计划大幅增加补贴	首相、日本内阁
10月16日	追加860亿日元补贴用于扶持口罩及医药品等企业回归国内生产	经济产业省

资料来源：笔者根据日本政府对策本部、经济产业省等及丰田公司、罗姆公司的公开资料整理而成。

（二）后疫情时代日本在华供应链产业调整趋向

日本着眼于提升供应链弹性与构筑多元化供应链体系的供应链调整战略，主要是受到疫情冲击、技术民族主义驱动与美国因素三者叠加的影响。中国拥有在全球供应链分工体系中的完整性和可塑性优势，日本则要努力维护其在全球价值链中既定的高层级地位。就这一角度而言，选择对华在特定科技供应链领域的“脱钩”政策，符合日本保守型政治势力的战略利益。另外，促进海外日企供应基地多元布局，降低相关产业海外经营的成本，是日本政府供应链调整政策的关键。实际上，2015年，日本制造业海外生产比例已突破25%，[①] 海外子公司销售额及利润是日本经济发展的核心和重要推动力，贴近供应需求市场的“地产地销”策略成为日本海外企业的主要经营手段和关键战略措施。[②] 在疫情冲击之下，日本政府认为必须加速化解海外日企供应网络与生产基地集中于某一特定国家的经营风险。对日本而言，在后疫情时代选择构建面向以东南亚为重点的多元化供应链网络，减少部分产业对华供应链网络的高度依赖，助力核心科技产业与关键生活必需品物资的生产基地回归本土，成为重要政策取向。在构筑更加多元分散的供应体系的同时，也可以促进日本国内就业和带动相关产业繁荣发展。具体来

① 経済産業省「第46回海外事業活動基本調査概要」、2017年4月25日、7頁、https://www.meti.go.jp/press/2017/04/20170425001/20170425001-1.pdf。

② 张玉来：《日本制造业新特征及其转型之痛》，《现代日本经济》2018年第4期，第39~40页。

看，劳动密集型企业、疫情防控与关键医疗设备供应商以及高端制造业和重要科技公司这三类在华企业供应网络的重塑与调整，将成为今后日本构筑多元分散的供应链安全体系的主要落脚点。

第一，日本供应链调整政策不仅受到疫情冲击以及经济成本考量的影响，而且更重要的是试图借助疫情，构建分散化、多元化的供应体系格局和推进核心产业回流本土，促进数字经济发展与前沿科技产业的供应安全。日本选择在华撤离的企业将主要集中于劳动密集型企业、疫情防控与关键医疗设备供应商以及高端制造业和重要科技企业。除了受到市场竞争原则与生产要素变化等原因的影响外，更多着眼于维护日本自身重要供应链网络自主性、多元性和核心产业供应的本土化，以及提前布局新工业革命前沿领域的供应链安全。

第二，日本政府支持迁出的三类在华日企中，劳动密集型企业、疫情防控与关键医疗设备供应商的转移对中国经济发展与供应链体系影响有限，但需要重点关注在华高端制造业和重要科技日企生产基地的回流。早在 2020 年 4 月 7 日安倍内阁通过的紧急经济对策中，就有专门鼓励海外新能源企业回迁日本、支持本土 5G 基础设施通信产业发展的内容。① 2020 年 7 月，经济产业省发布的《通商白皮书》中也提到，支持日本的重要行业，如汽车、电气和电子设备、高性能材料等建立多元化的供应链体系，同时加大对包含敏感技术、新兴技术在内的供应链项目的安全审查力度，与盟国合作构筑国内经济安全体系。② 从计划在华撤离的劳动密集型企业、疫情防控与关键医疗设备供应商以及高端制造业和重要科技公司等三类企业来看，劳动密集型企业的转移主要受到成本—收益的市场竞争原则驱动，新冠肺炎疫情只是加速了这一进程。这些企业的离开，对于中国优化产业结构、促进供应链升级也有一定的正面意义。有关疫情防控与关键医疗设备供应商的本土化生产策

---

① 内閣府「『新型コロナウイルス感染症緊急経済対策』について」、2020 年 4 月 7 日、31 頁、43 頁。

② 経済産業省『通商白書』（令和 2 年版）、2020 年 7 月、307 頁、https://www.meti.go.jp/report/tsuhaku2020/pdf/2020_zentai.pdf。

略，更多的是日本政府针对当前疫情肆虐的一种补救措施。个人防护设备制造工序较为简单、原料易于获取、利润空间有限，日本推进个人医疗防护设备的国产化没有遇到大的障碍。真正会对中国产生较大供应链安全影响的是日本高端制造业和重要科技公司的撤离，这一类企业不仅生产的产品附加值高、科技水平先进，而且是数字经济与新工业变革的“领头企业”，可以带动相关产业进行结构升级与实现技术更新迭代。

第三，中美经贸科技领域“脱钩”影响日本供应链重塑战略，可能促使日本增加对华科技产业发展的限制措施。随着中美战略博弈日趋激烈、美国对华单方面“硬脱钩”尤其是科技领域脱钩战略的实行，全球主要的两个经济体可能强行分离双方既有的经贸关系和供应链体系，进而对现有的国际体系和全球生产链、供应链造成冲击。受其影响，全球供应链格局调整已成定局，存在为了打压对手并保持在全球供应网络体系中技术优势、层级地位的“主动型脱钩”，同时也有为了规避“脱钩”而事实上加快“脱钩进程”的“被动型脱钩”，由于“主观”与“客观”脱钩力量的发挥，加之疫情冲击，全球供应链体系的改变将围绕中美两国展开。① 而且，中美之间结构性矛盾的存在以及美国对中国的战略竞争政策已经是美国民主、共和两党的共识，即使新任总统拜登上台之后也难以改观，美国仍将奉行对华科技“脱钩”与联合盟友遏制中国的既定路线。② 与此同时，在全球经贸和生产链、供应链结构中仅次于中美经贸关系的中日经贸关系，将成为重要议题。日本对于供应链网络过度依赖中国早有忧虑，疫情加速了日本对在华供应链网络的调整。而且作为美国“盟友”的日本，已在一些关键的科技产业领域，例如5G、人工智能等方面追随美国：事实上对中国的一些产品与贸易投资施加歧视性政策条款，酝酿限制在日中国留学生对敏感技术的学习。③ 此外，日本利

① 张宇燕等：《新冠疫情与国际关系》，《世界经济与政治》2020 年第 4 期，第 6 页。

② 《聚焦：日本期待拜登政府回归国际协调路线》，共同网，https://china.kyodonews.net/news/2020/11/9c58029d5ad6.html。

③ 「留学生ビザの審査厳格化へ…中国念頭、安保技術を流出防止」、『読売新聞』2020 年 10 月 5 日、https://www.yomiuri.co.jp/politics/20201005-OYT1T50013/。

用技术优势，对贸易伙伴进行制裁也有实例。[①] 例如，2019 年以来，日本收紧对韩国半导体原材料的出口政策，“精准狙击”韩国的半导体产业，韩国相关科技企业的原材料供给受阻，日韩关系陷入低谷。长远观之，日本对华出口的关键零部件和精密仪器设备等产品也存在人为设限的风险。

三　日本驱动供应链重塑的动因

（一）基于市场原则的收益—成本考量

2001 年正式加入世界贸易组织是中国融入全球价值链和跻身世界制造业大国的重要事件。同时，多年来致力于深化社会主义市场经济体制改革的努力，加之低成本的劳动力、土地价格及税收政策优势，使跨国公司投资和把供应链布局中国，其通常可以获得远高于多数国家的投资回报率。跨国资本和海外企业纷纷在华投资建厂，促进了中国制造业实力提升和在全球供应链网络中核心地位的形成。随着中国经济实力地位和科技水平的提升，劳动力、土地等生产要素价格在 2008 年金融危机后快速上升，中国的相对成本优势发生变化，对海外资本、跨国公司的吸引力有所下降。同时，人口红利的逐步消失、市场竞争的日趋激烈、人民币的不断升值以及国内企业的发展壮大，均对日企在华供应链投资布局产生了一定的不利影响。后疫情时代，中国作为第一个摆脱疫情严重冲击的主要经济体，仍将为日本海外投资企业所青睐和重视。疫情过后，劳动力、土地及物价的长期上涨趋势可能会进一步削弱日企在华投资动力，一些由中国供应的产品会丧失对日本的吸引力，日企选择布局劳动力、土地价格更加低廉的东南亚等地区，加速劳动密集型和低端高能耗产业的外迁。2020 年 10 月 18 日，日本首相菅义伟在上任刚满一个月时就打破惯例对越南、印度尼西亚展开为期四天的正式访问（没

① 林丽敏：《日本制造业：“回归”抑或“从未失去”》，《现代日本经济》2019 年第 5 期，第 78 页。

有选择首访美国)。将越南、印尼这两个东南亚国家作为首访目的地，有强化与东盟国家关系、助力本国经济复苏等多重考虑。[①] 但不能忽视的一点是，近年来，越南、印尼等国经济发展迅速，是国际金融机构极为看好的新兴经济体，劳动力、土地租金、原材料价格相对较低，将一些在华劳动密集型和高能耗产业转移到这些东南亚国家对日本而言是生产采购分散化、构筑多元化供应链体系网络的重要战略举措。

（二）对疫情防控与关键医疗防护设备供应的本土化考量

疫情期间，中国强大的医药防护产品制造实力为全球抗疫事业做出了突出贡献，但也引发一些国家对关键的医疗防护设备过度依赖中国的担忧。在日本医用口罩进口中，中国产口罩所占的比例一度达到96%。[②] 重要医药抗疫物资采购过度集中于中国，引发日本对供应安全的极大忧虑。2020 年 12 月 21 日，日本经济产业省更新了在 4 月 13 日出台的“支持海外日企供应链多元化尤其是保障医药产业供应安全”的政策文件，继续加大对相关企业的补助力度。[③] 随着疫情在全球范围内蔓延和日本国内疫情的日趋严重，日本决心加强医疗卫生等关键物资产品供应的多元化、本土化。日本政府为减少关键医疗设备对华依赖，将和约 400 家企业合作，推进医疗用品的国产化。[④] 医药健康和疫苗研发是日本传统的优势产业，但疫情的大规模扩散和新冠病毒的传播特性使日本在个人防护设备方面严重依赖在防控疫情中积累了足够经验和建立充沛产能的中国。个人抗疫防护设备（如口罩、防护服等）的制造并不困难，且附加值也有限，日本构筑相关的医疗防护设备的

---

① 《菅义伟首访为何选择越南和印尼》，新华网，http：//www.xinhuanet.com/world/2020－10/18/c_1126626212.htm。

② 《全球医用防护用品对中国依赖增至 8 成》，日经中文网，https：//cn.nikkei.com/politicsaeconomy/investtrade/41780－2020－08－25－04－30－00.html。

③ 経済産業省「新型コロナウイルス感染症で影響を受ける事業者の皆様へ」、2020 年 12 月 21 日、38～39 頁、https：//www.meti.go.jp/covid－19/pdf/pamphlet.pdf。

④ 《日本医疗用品海外依存度高，推进国产》，日经中文网，https：//cn.nikkei.com/industry/management－strategy/40521－2020－05－13－04－54－22.html。

国产化体系并非难事，更多的是要考虑如何在市场竞争原则、收益—成本最优策略和本土化战略之间实现平衡与取舍。抗疫防护设备的本土化生产措施，更多的是考虑应对当前全球肆虐的新冠肺炎疫情的临时性举措，以及解决相关物资集中采购带来的风险。

（三）科技战略竞争与借助疫情加速布局新工业革命前瞻产业

每逢全球性的国际大危机，科技发展总是推动一国走出经济泥潭、抢占世界格局变动制高点的关键。2008 年金融危机后，以美国、德国为首的发达国家力推“高端制造业”回归战略和“工业制造 4.0”宏图就是一大例证，目的就是重振经济和抢占新科技革命机遇的“先手棋”。[①] 新冠肺炎疫情对国际体系、全球经贸分工结构的冲击甚至要大于 2008 年经济危机，直接影响全球供应链体系安全。在新工业革命机遇呼之欲出的背景下，以贸易、科技立国的日本，对中美近年来在数字经济、人工智能领域的发展以及初创独角兽企业的崛起有所担忧，不甘心落后，寄希望于借助疫情推进相关供应链重塑与关键产业本土化，支持为解决疫情所引起的各种问题的产业发展，其中包括云服务、电子商务、治疗药物和疫苗等“新冠科技”企业。[②] 中美关系近期陷入低谷，美国对中国在人工智能、数字经济和 5G 领域取得进展保持警惕，并施加一系列的贸易禁令与制裁措施。在这一点上，日本选择紧跟美国，事实上排除了在全球通信服务市场中占据主导地位的中国华为公司在日本 5G 领域的市场竞争地位，同时加速研发日本的 5G 甚至 6G 技术，意图抢占数字经济时代的主导权。

2020 年 6 月 29 日，日本时任官房长官菅义伟在记者会上强调政府将支援企业进行技术开发，研发 5G 移动通信系统。经济产业省也宣布，将向国内电机厂商和通信公司等提供规模达 700 亿日元（约合 46 亿元）的

① 王庭东：《东亚产业链重构影响因素辨析：一个政治经济学视角》，《经济学家》2013 年第 7 期，第 87 ~ 88 页。

② 《疫情催生中美科技独角兽企业》，日经中文网，https://cn.nikkei.com/china/ccompany/41369-2020-07-22-05-00-01.html。

资金支持。[①] 日本对5G产业的野心不止如此，在着手推进5G技术的商用化、国产化的基础上，还瞄准了新一代的“6G”网络通信标准与技术研发。日本总务省在2020年4月8日发布了至2025年日本国内确立“6G”主要技术的战略目标，以国立研究开发法人“信息通信研究机构”为中心，成立产官学（即企业、政府和高校）展开合作的新组织，计划到2030年实现6G技术的市场推广。[②] 在英国因中国香港问题迁怒华为、将华为排除在5G设备供应商名单外的背景下，日英在5G领域的合作有所加强。英国政府已向日本提出在新一代通信标准“5G”通信网络建设方面提供协助，日本通信技术巨头NEC和富士通公司成为取代华为为英国提供技术服务支撑的重要潜在供应企业，[③] 在5G技术与成本竞争力方面，日本相关企业具有一定优势，受疫情冲击和相关国际事件的推动，日本加快构建5G乃至6G标准战略，提前谋划与推动相关产业链发展。

此外，以量子技术、芯片、新一代通信技术以及3D打印技术和人工智能为代表的新工业革命优势产业，酝酿着新的经济发展机遇，也是大国通过竞争抢占科技发展前沿制高点的核心领域。以科技立国，始终将先进技术视为立国之本、经济根基的日本，对新科技革命、数字经济和绿色经济的发展保持高度的敏感性，一些技术水平居世界前列。后疫情时代，促进新工业革命前瞻产业的发展与供应安全，将是日本重塑供应链，促进相关产业、核心技术供应链网络本土化的重要动力。

（四）国内保守势力和美国因素

近十年来，中日政治关系出现波折，2017年之前，中日关系在一段时间内处于“政冷经凉”的尴尬状态，这绕不开日本政治的保守化倾向和对

① 《日官房长官称要官民携手开发下一代通信技术》，共同网，https：//china. kyodonews. net/news/2020/06/8db24fe49c1f. html。

② 《日本发布战略目标：2025年确立6G技术》，日经中文网，http：//cn. nikkei. com/industry/scienceatechnology/40128 -2020 -04 -09 -11 -29 -05. html。

③ 《英国向日本提出5G领域协助希望》，日经中文网，https：//cn. nikkei. com/industry/itelectric - appliance/41343 -2020 -07 -20 -08 -44 -23. html。

美国的“跟随外交”。2010 年，中国经济总量超过日本，成为世界第二大经济体，日本始终难以在心理上接受中国快速发展的事实，在“中国机遇论”与“中国威胁论”之间选择后者，挑起历史、领土等问题，恶化两国关系，在政治右倾化道路上越走越远，对华脱钩、撤离在华日企等也成为日本保守政治势力的重要政策主张。安倍政府在执政后期主动缓和对华关系，两国关系有所回温。疫情初期，日本对华援助也进一步拉近了中日两国民众的距离。但刚刚创下日本战后首相任期纪录的安倍，在 2020 年 8 月 28 日突然宣布由于身体健康原因即将辞职，[①] 加之日本政府在中国香港问题、南海问题上的表态，以及日本前防卫大臣河野太郎有关“六眼联盟”的言论，也为中日关系带来更多的不确定因素。

另外，在对美国奉行“跟随外交”，始终坚持“日美同盟”处于日本对外战略核心基石地位的情况下，美国对日本的影响不言而喻。在全球供应链体系中，供应网络中的尖端企业、核心技术以及高附加值产品被发达国家尤其是美国所垄断。[②] 新冠肺炎疫情严重影响了供应链的完整性与全球性，近年来的逆全球化浪潮与贸易保护主义已使全球供应链分工体系“遇挫”，加之美国的经济单边主义以及对华“硬脱钩”政策，导致全球供应链体系呈现“两极化、分散化”趋势。美国对华高科技领域的“脱钩”战略，不仅意在破坏供应链的完整性与全球性、可塑性，而且更深层次的目的在于维护和巩固原有的供应链网络层级性，阻止中国在全球供应链网络中的地位与关键程度进一步提升，以免威胁其技术霸权的垄断地位。

由于经济上与中国具有紧密联系，安全防务关系又与美国不可分割，日本在中美战略博弈之间的回旋余地越发狭小。美日同盟是日本对外政策的“安全基石”，这一军事同盟框架也会影响中日之间正常的经贸联系。随着美国民主党总统上台，日本对于日美关系的改善以及拜登政府重回 CPTPP

---

① 《安倍突然宣布辞职冲击日本政坛》，新华网，http：//www. xinhuanet. com/2020 - 08/28/c_ 1126425599. htm。

② 李盛竹：《美国跨国公司国际竞争战略研究——基于新“政治 - 技术霸权”背景》，《国际经贸探索》2010 年第 7 期，第 50 页。

(全面与进步跨太平洋伙伴关系协定)持积极态度,[①] 以此为基点,构筑区域内多元供应链体系的政策呼之欲出。日本政府在美国的影响下,进一步调整在华供应链,为两国正常的经贸往来、技术引进乃至人员来往设置一些行政障碍的可能性大增。政治保守因素和美国的压力以及技术民族主义的泛滥将影响日本对华经济战略,加速其推进多元化供应链战略,使供应网络迁移分散到东南亚地区等,以及促进核心产业回流本土,这样可能增加对华科技产业实施限定性脱钩、主动设置合作交流障碍的风险。

四 结语

后疫情背景下的中日两国在供应链合作领域潜力巨大。中国巨量市场优势和长期增长趋向是吸引日企投资与布局的核心要素,加之疫情冲击了本已脆弱的日本经济,宣示“安倍经济学”的多年成就幻灭,日本主动选择对华经济“硬脱钩”的可能性微乎其微。但针对疫情后的供应链网络重组和关键产业本土化生产,将是日本经济战略的重点之一。对此,中国应有清醒的认识,并提前考虑应对措施。

展望未来,同时面临中美战略博弈加剧与疫情冲击的日本进退维谷,更大的可能性是既不选择跟随美国,进行对华经贸供应链“硬脱钩”,也不接受中国维系原有供应链的完整与紧密衔接、共建东亚地区经贸命运共同体的倡议。在分享中国经济发展机遇和巨量市场带来的经贸好处的同时,选择重构关键产业供应链,支持供应地多元化和核心供应网本土化,优化生产结构,提前布局新工业发展的前沿领域,更符合日本的战略利益。自由贸易原则与科技立国战略是日本的繁荣基石,维护多边自由贸易规则与开放市场原则、共同反对“去全球化”是中日两国利益的交汇点。后疫情时代,全球供应链网络重塑已成定局。对于日本选择重组供应链网络,中国应从产业结

① 《聚焦:日专家认为美中对立难消 影响日本经济》,共同网,https://china.kyodonews.net/news/2020/11/f768561b90e5 - -.html。

构优化升级、协调市场与政府角色、加大对基础核心产业的研发投入力度、推动区域融合发展以及实现特定产品供应链国产化和多元化等层面入手，破解对日技术依赖困局。对于在世界生产供应网络中占据重要地位的中日两国，在经济上进行常态合作，在区域内进行融合发展，在战略上进行深度博弈将是后疫情时代的新常态。

B.18

新冠肺炎疫情与中美博弈双重压力下的中日产业链合作

苏 杭*

摘 要： 新冠肺炎疫情的大暴发以及中美博弈的长期化，在冲击和改变全球产业链的同时，也给中日产业链合作带来新的机遇和挑战。面对中美战略博弈长期化的发展态势，与美国以及中国都保持紧密而广泛产业链联系的日本也在不断调整自身的产业链布局和政策。疫情后，在一个重构的全球产业链网络中，无论是出于拉动经济的考虑还是拓展产业链的考虑，中日两国都需要深化产业链合作。然而，美国因素的牵制加上日本对华政策的摇摆，都给中日产业链合作增添了不确定因素。中国经济在疫情后迅速企稳，让苦于经济低迷的日本不得不借力中国市场走出经济低迷。未来，无论是中日双边产业链合作，还是中日双方在第三方市场的产业链合作，都会进入新的发展时期。

关键词： 新冠肺炎疫情 中美博弈 中日产业链

2020年初，新冠肺炎疫情在全球大暴发，这场被视为自20世纪西班牙大流感以来最严重的公共卫生危机深刻改变着世界，给全球经济带来重

* 苏杭，经济学博士，东北财经大学国际经济贸易学院副院长、教授，博士生导师，全国日本经济学会常务理事，主要研究领域：日本经济、国际投资与全球生产网络。

创。疫情暴发后，各国为防控疫情采取的封锁措施限制了货物和人员的流动，一度造成全球产业链、供应链“断裂”，暴露出现有国际生产布局以及远距离贸易所蕴含的风险，重构全球产业链被提上日程。为规避远距离运输的风险，世界主要经济体开始缩短产业链，全球产业链、供应链区域化、本地化渐成趋势。中国与日本同属东亚国家，并深度参与东亚生产网络，全球产业链的区域化发展无疑将给中日两国的产业链合作提供更多的发展空间。

另外，特朗普执政后，中美战略博弈的加强对全球产业链的冲击也引人关注。2017 年美国《国家安全战略报告》提出“加速崛起的中国是美国最大的长期性的威胁”，指责中国是美国的战略竞争者和经济侵略者。2018 年初，特朗普在“国情咨文”中把中国定位为“对手”（rival），这一表述反映出美国对华政策定位的大转向。从 2018 年开始，特朗普政府蓄意在贸易、技术等领域强化与中国的竞争，推动美国经济与中国经济“脱钩”，将中美关系拖入战略竞争的新阶段。考虑到中美博弈涉及制度以及价值观等领域，两国间的博弈将呈现长期化的趋势。在中美博弈长期化背景下，美国刻意与中国拉开“经济距离”的结果是，中美长期建立起来的产业链合作形态将被迫发生改变，不仅中美间的产业链合作将“瘦身”，而且会对全球产业链中的其他参与主体产生影响，形成“第三方”乃至“第四方”效应。日本不仅与中国有紧密的产业联系，同时也是美国重要的产业链合作伙伴，中美博弈长期化会沿着中日产业链和日美产业链两个方向同时对日本造成冲击。

在新冠肺炎疫情与中美博弈的双重压力下，日本不得不重新审视产业链在全球及地区的布局，既要应对好中美产业链重构带来的调整，又要谋求深化与中国的产业链合作以拉动国内经济复苏，这必将给日本的产业链合作政策增添压力，但同时也将把中日产业链合作带入一个新的发展阶段。基于此，本报告试图刻画新冠肺炎疫情以及中美战略博弈对全球产业链重构的影响，分析中日产业链合作面临的新机遇和挑战，并结合中日产业链合作现状对两国产业链合作前景进行展望。

一　新冠肺炎疫情与中美博弈双重压力对全球产业链的冲击和影响

随着美国对华贸易摩擦的推进，美国政府对华施压的领域逐渐超越贸易平衡问题，在价值观、舆论、规则制定等方面挑起与中国的全面竞争。2020年新冠肺炎疫情暴发后，特朗普政府出于选举的考虑，不断“甩锅”并妖魔化中国以逃避“战疫”不力的责任，极大地破坏了中美关系的社会基础。受此影响，美国新政府短期内改善双边关系的概率很小，中美战略博弈与竞争将呈长期化发展态势。新冠肺炎疫情的持续以及中美战略博弈不仅波及双边经贸合作，而且给全球经济发展以及全球产业链布局带来深远影响，既对全球产业链构成短期冲击，又影响到全球产业链长期发展趋势。

（一）导致全球产业链萎缩

新冠肺炎疫情暴发后，各国采取的“封城”措施限制了要素跨境流动，给建立在价值链贸易基础上的全球产业布局造成重创，部分产业链的停摆和减产削弱了全球经济的基础，导致全球产业链出现萎缩。疫情还导致中美战略博弈更趋复杂化，两国的博弈一方面削弱了两国间的经贸关系，另一方面进一步加剧了全球经贸秩序紧张，增加了全球经贸合作的不确定性，进而导致国际经济活动放缓，冲击全球经济。以中国所在的亚洲地区为例，2018年，美国单方面升级中美贸易摩擦，直接恶化了亚洲国家的贸易环境，进而冲击亚洲经济体的经济复苏进程。2019年，亚洲经济体经济增速普遍出现下滑，47个经济体中有29个经济体的国内生产总值（GDP）实际增速较2018年有所下降，占亚洲经济体总数的61.7%。[①] 2020年，新冠肺炎疫情在全球蔓延，进一步减缓了亚洲经济体经济复苏的步伐。2020年10月，国际货币基金组织（IMF）发布的《世界经济展望报告》已经将2020年亚洲

① 《亚洲经济前景及一体化进程2020年度报告》，博鳌亚洲论坛网站，第55页，http://www.boaoforum.org/bgythjc/49280.jhtml。

新兴和发展中经济体的实际 GDP 增长率预期值调至 -1.7%。[①] 经济活动的放缓会减弱亚洲区域内经济体之间的产业链联系，对亚洲区域内中间品流动的网络分析显示，2018 年，亚洲区域内大多数经济体的中间品贸易增长率已从上一年的 16.9% 降至 10.1%。[②] 由于中间品贸易是产品内分工的产物、全球产业链合作深化的结果，因此中间品贸易增长率的下滑表明亚洲产业链合作发展态势出现逆转，产业链由扩张期进入收缩期。

鉴于全球产业网络是在对外直接投资（FDI）全球扩张的过程中形成的，国际经济活动放缓导致的对外直接投资下降会造成全球供应链收缩。在 2017 年和 2018 年大幅下降后，2019 年，全球 FDI 流量小幅上升 3.0%，回升至 1.54 万亿美元。然而，新冠肺炎疫情的大暴发给各国经济带来不同程度的冲击，经济复苏进程缓慢再次放缓了全球对外直接投资复苏的步伐。联合国贸易和发展会议（UNCTAD）于 2020 年 6 月 16 日发布的报告预计，2020 年，全球 FDI 将自 2005 年以来首次低于 1 万亿美元。[③] 对外直接投资的放缓源于全球经济的低迷，美国、日本、澳大利亚、瑞典等发达国家第二季度的 GDP 降幅都创下了几十年来的纪录，发展中经济体的经济增长亦不乐观。美国对中国的防范和压制导致国际社会失去联合抗击疫情、推动经济复苏的基础，这将大幅延缓全球经济复苏的步伐，进一步弱化全球产业链发展的经济基础，造成全球产业链大幅萎缩。

（二）推动全球产业链重构

美国单方面挑起的中美经贸争端以及新冠肺炎疫情的全球蔓延，冲击现有全球制造业价值链的空间布局，加速部分制造业企业由中国向外迁移的进程，引发有关中美“脱钩”以及产业链“迁移”的讨论。

---

① IMF, *World Economic Outlook*, October 2020, https://www.imf.org/-/media/Files/Publications/WEO/2020/October/English/Ch1.ashx.

② 《亚洲经济前景及一体化进程 2020 年度报告》，博鳌亚洲论坛网站，第 56 页，http://www.boaoforum.org/bgythjc/49280.jhtml。

③ UNCTAD, *World Investment Report 2020*, June 2020, https://worldinvestmentreport.unctad.org.

中美战略博弈的持续进一步加剧了国际社会对“逆全球化”的担忧，实际上，早在此前，全球价值链就已经开始调整。出现这一变化的原因在于全球需求的地理结构发生了大调整，换言之，全球价值链正由“长”变“短”，集中在靠近市场需求的区域。中美贸易摩擦升级后，出于对中美贸易摩擦久拖不决的担忧，那些把美国市场作为出口对象的日本制造业企业开始采取行动，将生产基地从中国撤出，以规避美国单方面加征关税带来的交易成本上升以及供应链秩序波动所导致的不确定性,[①] 例如，小松公司在美国生产液压挖掘机，但是液压挖掘机中的焊接零部件在中国生产，中美贸易摩擦升级后，小松公司决定将零部件生产基地从中国转移至美国、日本或墨西哥等地的工厂；电产公司将在华部分汽车零部件的生产基地转移至墨西哥工厂；等等。全球价值链重构在改变全球产业空间布局演化轨迹的同时，也将给各经济体参与全球产业链的方式和范围带来深远影响。

在亚洲生产网络，近年来，部分东南亚和南亚国家的产能扩张加快，在一定程度上降低了中国在亚洲生产网络中的生产占比。由日本国际协力银行所写的 2019 年《日本制造业企业海外业务发展调查报告》显示，印度已超过中国占据“中期（今后三年左右）有潜力业务发展所在国家和地区”排行榜的首位。[②] 受中美贸易争端长期化的影响，东南亚和南亚国家成为中国产业链外迁的重要目的地。其中，尤以越南的表现最为抢眼。在衡量生产网络发展程度的中间品贸易领域，越南的中间品贸易增长强劲，2017 年，越南的中间品贸易增长 23.3%，这种增长势头在 2018 年进一步得到加强，达到 35.0%。[③] 在中美战略博弈长期化背景下，亚洲生产网络将进入一个新的发展时期，中国作为亚洲生产网络枢纽的角色将进一步强化，与此同时，部分产业链将从中国外迁至东南亚和南亚国家，进而提升这些国家的产业链参

---

① 苏杭：《中美贸易摩擦对日本制造业发展与转型的影响及应对》，《现代日本经济》2020 年第 4 期，第 24 ~ 33 页。

② 国際協力銀行『2019 年度海外直接投資アンケート調査結果（第 31 回）』、2019 年 11 月 27 日、https://www.jbic.go.jp/ja/information/press/press-2019/1127-012855.html。

③ 《亚洲经济前景及一体化进程 2020 年度报告》，博鳌亚洲论坛网站，第 57 页，http://boaoforum.org/bgythjc/49280.jhtml。

与度，而部分产业链出于服务中国市场的考虑又将进入中国市场。与全球产业链收缩呈相反态势，亚洲产业链网络将变得更加紧密，区域内的产业链合作有望进一步加强。

与此同时，新冠肺炎疫情后，全球产业链、供应链区域化渐成趋势，原本布局在区域外的部分产业链出于规避风险、降低成本的考虑会迁回亚洲区域内，充实并完善亚洲区域内的产业布局，进一步扩大亚洲区域内产业合作的规模。中日两国都是亚洲生产网络重要的参与者，区域内产业链合作的升温必将给中日双边产业链合作创造新的发展机遇。

二　中日产业链合作的推动因素

产业合作是中日经贸合作的重要组成部分，新冠肺炎疫情和中美战略博弈的叠加在推动全球产业链、供应链重构的同时，也将中日两国在产业链领域的合作带入一个新阶段。出于对经济复苏以及拓展产业链的考虑，新冠肺炎疫情结束后，两国的产业链合作有望持续深化，并成为未来双边经贸合作的强大动力。

（一）双方经济发展的现实考量

新冠肺炎疫情与中美战略博弈相叠加，减少了中美关系中合作的成分，增添了竞争乃至对立的成分。而新冠肺炎疫情后特朗普政府的“甩锅”政策导致双边关系进一步恶化，中美冲突领域不断延伸，从经贸领域扩散到金融、技术、产业、外交、安全等领域，由现实利益分歧扩展至社会制度以及价值观层面的全面对抗。出于制衡中国的考虑，美国阻挠并干预中国企业对美国的投资，制裁并打压中国高科技企业，在高技术领域压缩中国企业的发展空间。中国经济发展所面临的外部环境十分严峻，贸易环境的恶化和经济不确定性的上升导致外需萎缩，对中国经济增长的拉动作用也相应降低。面对中美博弈长期化的外部约束，中国需要将超大规模的国内市场和强劲的内需转化为新的比较优势，为中国经济发展开辟新的方向。为此，2020 年 5

月 14 日，中央政治局常委会议首次提出，“充分发挥中国超大规模市场优势和内需潜力，构建国内国际双循环相互促进的新发展格局”。“国内国际双循环”要在外部环境发生巨变的背景下，继续以扩大开放为主要思路，通过国内国际协同发展提升中国在全球价值链中的地位，主动参与全球产业链重构，实现中国经济与全球经济的共同发展。在双循环发展格局下，中国需要利用全球产业链区域化、多元化、数字化发展的时机，深化与日本在亚洲产业链重构进程中的合作，为双循环中的外循环发展搭建产业合作的平台，增添产业合作的新内容。

另外，深化中日产业合作也是日本经济摆脱低迷、重新焕发活力的重要保障。2018 年，中美贸易摩擦升级后，日本经济也受到波及，制造业企业的经常收益开始下滑，尤其是 2019 年更是出现了较大负增长（见表 1）。2020 年，新冠肺炎疫情在全球的蔓延导致经济活动低迷，截至 2020 年 11 月，日本出口额已连续第 24 个月同比下降①，内需也持续低迷。疫情的蔓延加剧了日本经济的萎缩，根据日本内阁府发布的数据，2020 年前两个季度，日本经济按年率计算分别实际下滑 2.1% 和 29.2%，第三季度虽然实现了 22.9% 的增长，但考虑到疫情的反弹，日本经济复苏的基础依然非常脆弱。新冠肺炎疫情暴发后，日本政府推出超大规模的经济刺激计划，试图拉动经济复苏。然而，受内需与外需双双疲软的影响，日本经济缺乏复苏动力，复苏进程非常缓慢。更糟糕的是，出于提振地区经济考虑而实施的“Go To Travel”旅游支援项目，在一定程度上助推了新冠肺炎疫情的反弹。在 2020 年的最后一天，仅东京都新增的新冠肺炎确诊病例就超过 1300 例，再次刷新历史最高纪录。疫情的反弹让日本政府陷入疫情防控与刺激经济的两难状态，要阻止疫情的持续恶化，就必须采取更加严厉的封锁措施，而这将进一步减缓日本经济复苏的步伐。进入 2021 年，随着东京奥运会的临近，加强疫情防控成为日本政府的首要任务，日本经济想恢复到疫情前水平恐怕还需要时日。

① 財務省『令和 2 年 11 月分貿易統計（速報）』、2020 年 12 月 16 日、https://www.customs.go.jp/toukei/shinbun/trade-st/2020/2020114.pdf。

表 1 日本企业的经常收益增长率

单位：%

年份	经常收益	大企业		中小企业	
		制造业	非制造业	制造业	非制造业
2013	28.4	48.7	24.6	15.3	21.3
2014	5.9	11.5	3.7	8.6	0.8
2015	4.8	-5.3	11.5	3.4	10.1
2016	4.4	-0.5	5.7	16.4	5.8
2017	12.0	20.8	14.3	4.0	-0.5
2018	0.4	-0.9	-0.1	-1.8	1.1
2019	-7.5	-15.1	-3.9	-13.7	-1.2

资料来源：日本銀行『金融経済統計月報』、https：//www.boj.or.jp/statistics/pub/sk/data/sk4.pdf。

相比之下，得益于中国经济的强大韧性和巨大潜力，中国经济增速率先“转正”，成为新冠肺炎疫情暴发以来第一个实现正增长的主要经济体。中国经济复苏不仅为世界经济注入信心和正能量，同时也让日本企业看到希望，对苦于经济持续低迷的日本企业来说，加强与中国的产业合作是破解经营困境的一个无法忽视的积极因素。2020 年 9 月 16 日，中国日本商会发布的《中国经济与日本企业 2020 年白皮书》显示，43.2%的受访在华日资企业打算在接下来 1～2 年扩大业务，50.6% 选择“维持原状”。松下公司在 2019 年 12 月投资 1 亿美元用于松下新厨电科技项目，并为此专门成立了松下厨电科技（嘉兴）有限公司，2020 年又投资 2.2 亿元用于扩大在中国的空调和空气净化器相关业务。丰田公司于 2020 年 4 月 2 日与比亚迪公司各出资 50%，成立面向中国消费者的纯电动车研发公司。增加在中国市场的投资，加强与中国企业的产业链合作，既是日本企业应对疫情后内需与外需“双降”的解困式行为，也是瞄准中国市场消费升级的长期布局。可见，受中美战略博弈冲击，部分日本企业出于对成本和风险的考虑而将产业链从中国撤出，但中国市场依然是日本企业尤其是高端制造业企业的“投资热土”，也是日本经济实现复苏不可或缺的动力源。

（二）双方拓展产业链的重要路径

美国单方面发起的贸易保护主义对全球产业链造成的干扰以及新冠肺炎疫情后全球产业链的“断裂”，暴露出现有全球产业链布局所蕴含的脆弱性。一方面，现有全球产业链布局建立在全球价值链分工基础之上，通过中间品贸易实现产品生产过程的国际化。这要求中间品的跨境流动是低成本且顺畅的，即建立在贸易自由化和便利化基础之上。而美国针对中国等的贸易争端，扭转了全球贸易自由化和便利化的发展方向，导致全球中间品贸易下滑，不仅拉低了全球贸易的增速，而且改变了全球产业链的空间布局。由于无法有效降低贸易保护主义带来的“隐含”成本，全球产业链会趋向区域化布局，将生产过程贴近消费市场，以降低贸易环境不确定性所带来的冲击。另一方面，现有全球产业链空间布局建立在效率导向的基础上，生产分割与产业链全球分布是为了最大限度地利用各生产区位的要素禀赋，以实现整体的最优。然而，这种布局忽略了生产链全球布局的风险，这种风险可能来自自然灾害、地缘冲突，也有可能来自大国博弈以及流行疫病。疫情蔓延后防疫物资的短缺让各国意识到，全球产业链的专业化和细分化导致部分产业链过于集中于某个国家或地区，造成全球产业链较高的脆弱性。为此，一些国家出于分散风险、强化关键战略产业供应安全的考虑，加快产业回流的战略部署。在风险规避导向和政府政策引导下，全球产业链中的跨国公司在布局生产环节时将兼顾效率与风险，这将引发全球产业链空间布局的调整，多元化和区域化将成为全球产业链转型的重要方向。

实际上，中美贸易摩擦的升级已经在加快美国经济与亚洲经济背离的步伐，经济周期同步性指数在2019 年已大幅下降到0. 6 以下。[①] 全球制造业咨询公司科尔尼（Kearney）所做的制造业年度回流指数[②]显示，2019 年，美

---

① 《亚洲经济前景及一体化进程 2020 年度报告》，博鳌亚洲论坛网站，第 58 页，http：//www. boaoforum. org/bgythjc/49280. jhtml。

② 回流指数是由美国的制造业总产出除以 14 个亚洲低成本国家的所有制成品进口值之和得到的。

国国内制造业的份额明显高于研究中追踪的 14 个亚洲出口商，其中来自中国的制造业进口受到的冲击最大；而墨西哥成为美国近岸生产转移的目的地，2017～2018 年，从墨西哥出口到美国的制造业产品总额增长了 10%，从 2780 亿美元增至 3070 亿美元，2018～2019 年又增长了 4%，增至 3200 亿美元。[①] 由此可见，在中美博弈长期化背景下，随着美国刻意与中国拉开经济距离，推动产业链脱钩，以中国为枢纽的亚洲生产网络与以美国为枢纽的北美生产网络的连接密度会持续下降，这意味着之前与美国保持紧密产业链合作的中国与日本都需要拓展新的产业链，为中日两国间的产业链合作提供了新的空间。

伴随双方经贸往来的转型升级，中日两国企业正在不断拓展创新合作领域，新材料、高端制造、新能源汽车、生物医药等都是颇具潜力的合作领域。尤其是在中国面临"卡脖子"的芯片领域，开展中日产业链合作的空间十分广阔。日本是仅次于美国的全球第二大半导体设备出口国，2018 年的出口额已达 115 亿美元，信越、三菱住友、日立化成等半导体材料供应商在硅片、光刻胶、掩膜版等半导体材料设备及部分细分市场具有竞争优势。而中国是全球最大、成长最快的集成电路市场，对于半导体产品有着大量的需求。尤其是在受美国打压进口受阻的背景下，中国市场对日本半导体材料设备以及芯片都有很大的需求，这种互补性有望为中日半导体产业链合作增添新动能。

新冠肺炎疫情暴发后，全球产业链重组进程加快。面对疫情后全球产业链、供应链发展新格局，中国提出"双循环"发展战略，加速制造业产业链、创新链升级的进程，在此过程中会催生出众多新的合作领域，而日本也面临全球产业链重构所带来的新挑战，与中国在上述领域的合作不仅可以发挥日本在产业链领域的技术优势，而且日本企业也可以借此巩固和增强在高技术产业链中的竞争力，为其拓展更高水平的产业链夯实基础。2020 年 11

---

① Kearney, "Trade War Spurs Sharp Reversal in 2019 Reshoring Index, Foreshadowing COVID – 19 Test of Supply Chain Resilience," 2020, https://www.kearney.com/operations – performance – transformation/us – reshoring – index/full – report.

月，“区域全面经济伙伴关系协定”（RCEP）正式签署，借助RCEP，中国首次与日本达成自由贸易协定（FTA），相互间的出口空间会进一步扩大，这将为两国企业拓展在对方市场的产业链注入新动力，通过规模扩张效应和效率增进效应提升中日两国产业链合作水平。

三　中日产业链合作的制约因素

尽管新冠肺炎疫情暴发后全球产业链重构助推中日产业链合作的开展，但两国的产业链合作仍面临诸多不确定性因素。其中，美国单边挑起的贸易保护主义是全球产业链重组面临的最大外部不确定性因素，加之美国经济的影响力及其对全球产业链的掌控力，中日企业在产业链重构中的合作将不可避免地受到美国因素的干扰。日本与美国具有同盟关系，美国对中国的防范和打压会影响日本对华经贸关系的态度，进而影响两国间的产业链合作。

（一）美国因素的干扰

随着中国经济的发展以及科技实力的增强，中美两国企业在科技上的差距不断缩小。在科技合作中，中国的主动权和选择权越来越大，这令美国倍感压力，逐渐将中国视为科技领域的潜在竞争者，担心中国会动摇其在高科技领域的全球领导地位。特朗普政府上台后两国在科技领域的摩擦日益增加，突出表现为美国对华为等中国高科技企业的打压①。除了采取措施直接打压中国的高科技企业外，近年来，美国还不断扩大“长臂管辖”的范围，在全球范围内对中国高科技企业进行间接“围堵”。美国“长臂管辖”涵盖民事侵权、金融投资、反垄断、出口管制、网络安全等众多领域，要求其他国家的实体及个人服从美国国内法，否则随时可能遭到美国的民事、刑事、

① 自2018年以来，美国商务部工业安全局已将超过100个中国企业和机构纳入出口管制“实体清单”，其中既包括华为及其附属公司，也包括中国军工集团、一些科研院校和AI领域的知名企业。

贸易等制裁。[①] 由于担心美国“长臂管辖”引致的制裁，日本企业尤其是高科技企业在与中国开展产业链合作时往往“小心翼翼”，有时甚至不得不忍痛放弃中国市场，对双方产业链合作造成冲击。

此外，美国还试图通过“毒丸条款”[②] 赋予美国对其他缔约方签署协定的审查权和否决权，将“俱乐部”的准入门槛直接与美国国内立法挂钩，从而限制缔约国和第三国在自由贸易协定领域的谈判权。“毒丸条款”中所谓“非市场经济国家”的指向非常明显，中国首当其冲。尽管目前“毒丸条款”尚未对中国产生实质性影响，但这一条款反映出美国进一步掌控全球产业链的战略意图，一旦美国试图将“毒丸条款”强加给日本，就将迫使日本陷入维持日美贸易协定与扩展日中产业合作两者无法兼得的困境，为中日两国企业间的产业链合作增添巨大的不确定性。

（二）日本的政策取向

尽管中日产业链合作属于双边范畴，但考虑到日本和美国之间的同盟关系，中日产业链合作能否有效而深入地开展下去，取决于日本是否能在中日关系和日美关系之间达成平衡。虽然日本在中国拥有巨大而广泛的产业利益，但在美国发起的围堵华为行动中，日本充当“排头兵”，早在 2018 年 12 月日本政府就决定不再采购华为公司和中兴公司的产品，表现出与中国产业链“脱钩”的政策意图。2020 年初新冠肺炎疫情暴发后，美国政府号召本国企业将产业链迁出中国，日本政府亦积极追随美国的对华产业脱钩政策，加快实行“中国 +1”战略，通过对迁出中国的日本企业给予财政补贴的方式推动供应链“去中国化”和多元化。不仅如此，日本还与“五眼联盟”保持紧密互动，在情报、安全及通信等领域与“五眼国家”保持一致

---

① 《关于中美经贸摩擦的事实与中方立场》，中华人民共和国中央人民政府网，http://www.gov.cn/zhengce/2018-09/24/content_5324957.htm#1。

② 被称为“毒丸条款”的“与非市场经济国家的自由贸易协定”属于美墨加协定第 32 章第 10 条，一共包括八项具体内容，规定：若美、墨、加三国中任意一方与“非市场经济国家”签署自由贸易协定（FTA），则其他协定伙伴有权在六个月后退出美墨加协定，并以新的双边协定取而代之。

立场，给中日关系健康发展增添了不稳定因素。一旦中日关系出现波折，无疑会冲击中日企业间的产业链合作。

2020 年 8 月，长期执政的日本首相安倍晋三以健康问题为由提前下台，菅义伟接任日本首相。菅义伟曾在多个场合介绍其对内对外的政策主张，表示将延续安倍时期的外交政策，继续以日美同盟为基础推进“自由与开放的印度洋—太平洋”构想。虽然外交基调很清晰，但对日本新政府而言，疫情防控、恢复经济以及按期举办东京奥运会才是其政策的重心，因此可以推想，菅义伟政府会谋求在中国和美国之间寻求一种平衡，既想维持日美同盟关系，又能保住与中国的合作利益。但是，在中美日三边关系中，中美关系是基础，中美博弈的长期化势必会影响中日关系；一旦中美关系恶化，日本是否有足够的战略定力发展中日关系，仍是一个未知数。2017 年以来中日关系出现回暖，但在中美博弈长期化背景下日本对华政策回暖的基础是否足够牢固，仍然存在一定变数。由于抗风险能力较弱，企业层面的合作需要稳定的政治环境，以降低投资的不确定性。随着中国市场和消费的升级，中日产业合作将进一步向高科技领域延展，更需要稳定的政治环境来“保驾护航”。

2020 年 4 月 7 日，日本政府出台旨在应对疫情影响的“紧急经济对策”，其中包括“供应链改革”，决定由政府出资鼓励“对某一国依存度高的产业回归日本，或向东南亚分散”。这里的某一国指的就是中国。菅义伟执政后把供应链分散问题上升到“国家安全保障”层面，显著提升了供应链分散问题的重要性，为产业链转移增添了政治色彩。在此背景下，中日企业间的产业链合作能否顺利开展下去，需要予以特别关注。

四　中日产业链合作的前景展望

新冠肺炎疫情让世界各国深刻感受到产业链的连通性，面对疫情对产业链的冲击，只有加强合作，才能尽快恢复产业链功能，各国经济发展才能回归正轨。中日两国都是亚洲生产网络重要的嵌入者，两国贸易的全球价值链特征非常显著，两国已成为整个东亚生产网络的重要“双核”[1]。加强中日产业链合作，不仅可以提升双边产业链合作水平，而且可以加快亚洲产业链从疫情冲击中复苏的步伐，促进亚洲生产网络的深度融合。

在长期的产业合作过程中，中日两国企业在汽车、机械等复杂产业链领域已确立起广泛而深入的合作关系。截至2017年末，在华日本企业达32349家，占海外日企总数的43%。这一比例远高于居第二位的在美日企（8606家）和第三位的在印度日企（2510家）。[2] 2017年，中日关系升温后，中日产业链合作也随之复苏。2018年10月，在中日第三方合作论坛举办期间，中投公司与野村控股集团、大和金融控股集团、三菱日联金融集团、三井住友金融集团、瑞穗金融集团五家日本金融机构共同签署了《中日产业合作基金谅解备忘录》，决定设立10亿~15亿美元的专项基金以用于推动中日两国在制造、医疗、消费和TMT[3] 等领域的合作。2020年4月，国家发改委批复成都、天津、大连、上海、苏州、青岛等六个城市建设中日地方发展合作示范区，努力打造中日地方合作新样板。六个中日地方发展合作示范区各有侧重，有助于发挥产业集聚效应，推动中日产业链合作走向深入。

中美贸易摩擦升级后，确有部分日本企业调整经营战略甚至撤出中国市场，但结合在华3.2万家日本企业规模来看，迁出的依然还是少数，且这些企业大多规模较小，从事的是劳动密集型或低附加值生产，在中国经济产业升级、劳动力成本上升的客观条件下，失去竞争力而选择迁出也是正常的市场行为。而作为在华日本企业主力的汽车制造、金融和商贸类企业，不仅没有选择迁出，反而谋求扩大在华经营规模，以自身的技术优势深耕中国市场，更有部分高技术领域的日本企业尝试填补中美产业链“解构”后留下

---

① 张玉来：《全球价值链重塑与东亚——中日合作的空间与潜力》，《东北亚论坛》2019年第3期，第40~55页。

② 《中日产业链深度融合互利互补》，中国网，http://auto.china.com.cn/view/qcq/20200616/706145.shtml。

③ TMT即科技、媒体及通信行业。

的市场空白。

出于规避风险的考虑，重组后的全球产业链分布会趋于区域化和多元化，这既会改变中日产业合作的原有格局，也会为中日产业链合作提供新的机遇。价值链分工的发展使日本制造业根本无法覆盖供应链的全部环节，从全球供应链骤然演变成国家供应链是不现实的，区域供应链仍将是未来日本制造业发展的基础。中国和日本都是东亚生产网络的重要参与者，产业链互补性很强，在供应链重组的过程中完全可以加强双方在供应链安全领域的信息沟通与协调，联合开展供应链评估和风险预警机制建设，深化数字供应链建设合作，通过拓展供应链领域的合作助力双方制造业转型发展。

中美贸易摩擦升级后，美国加快了在经济、科技等领域打压中国的步伐。美国的打压在给中国经济带来冲击的同时，也会倒逼中国加快产业升级的进程。中国产业升级的加速会增加对高技术、高附加值产业链的需求，刚好与“有技术无市场”的日本企业相契合，为双方的产业链合作催生新需求。以丰田汽车为例，自2020年1月1日起将亚洲地区拆分为“中国业务”和“亚洲业务”，以突出“中国业务”的市场地位。在快速发展的新能源汽车领域，丰田积极谋求与中国企业深化在产业链方面的合作，2019年7月，丰田先后与宁德时代以及比亚迪开展在电动化和智能网联领域的合作，以产业链深度融合来满足中国市场的细分化、多元化的发展需求。

2020年新冠肺炎疫情大暴发，数字经济在全球共同应对疫情过程中凸显出巨大的潜力，预计到2025年，全球生产总值的1/4将来自数字经济。为此，数字经济合作将成为疫情后双边及多边框架下各方积极推进的重要议题，尤其是RCEP的签署进一步为数字技术和数字产业领域的国际合作提供了难得的历史机遇，中日两国在数字经济领域的合作前景可期。中日两国产业界可以利用疫情期间确立起的数字经济发展优势，在利用数字技术重建更具韧性的供应链的过程中，加强数字产业链、供应链合作。此外，中日两国还可以探索创立数字经济技术标准，探索建立数字供应链安全保障机制，以便为中日两国乃至整个亚洲地区生产网络的数字产业链合作提供环境和制度支持。

除了双边合作外，第三方市场合作也是中日产业链合作中颇具潜力的发展方向。经过多年的高速发展，中国已成为全球产业链、供应链的核心枢纽。然而，随着国内外环境的变化，中国的产业链、供应链在规模扩张的同时，也面临价值链升级的压力和挑战。日本是发达国家，拥有先进的技术和装备，但受人口少子老龄化以及长期经济低迷等因素的制约，亟须通过全球产业链合作为国内经济发展赋能。发展中国家大多处于工业化初期，对基础设施和工业化发展需求强烈，但缺少必要的资金和技术。中日两国在第三方市场开展合作，可以帮助发展中国家嵌入全球产业链，提升工业化水平。与此同时，中日两国在第三方市场合作还有助于有效发挥各方在产业链不同环节的比较优势，尤其是新冠肺炎疫情蔓延后发展中国家普遍面临投资下降、内需低迷的困境，深化中日两国在第三方市场的合作将有效衔接各方供给与需求，在助推发展中国家经济复苏的同时，也将把中日两国产业链合作推进到一个新阶段。

B.19

RCEP 签署与日本的应对策略*

卢 昊**

摘 要： 中日等15国于2020年11月签署“区域全面经济伙伴关系协定”（RCEP），成为东亚区域经济一体化重大成果。在 RCEP 谈判中，中日作为地区大国扮演了重要角色。日本作为 RCEP 发起者之一全程参与了谈判，总体上支持区域自贸机制建设，但具体应对策略及参与积极性因形势而有所变化。2019年底，印度宣布退出 RCEP 谈判后，日本权衡利弊，从坚持要由包含印度在内的16国签署协定，最终转向支持优先由15国达成协定。日本对 RCEP 对策趋向积极参与推动，受一系列经济及战略考量驱动，包括借 RCEP 迅速振兴经济并保障经济安全、构建完善的对外贸易“战略格局”、强化与主要经济伙伴的关系纽带、利用区域经济合作提升和增强战略自主性与影响力、调整及改善与其他国家（国家集团）的关系等。

关键词： RCEP 日本 自由贸易 区域合作 中日关系

2020 年 11 月 15 日，中国、日本、韩国、澳大利亚、新西兰与东盟十国正式签署“区域全面经济伙伴关系协定”（RCEP）。作为迄今为止全球规

---

* 本报告为中国社会科学院重大科研项目“未来十五年大国关系演化及中美关系”（编号：2019ZDGH006）成果。

** 卢昊，法学博士，中国社会科学院日本研究所副研究员，主要研究领域：日本外交、亚太国际关系。

模最大的自由贸易协定，RCEP 的签署是冷战结束后东亚一体化的最大成果之一。① 尤其在贸易保护主义与新冠肺炎疫情持续冲击国家经贸体系、全球化与区域一体化陷入低潮的背景下，RCEP 的签署释放出“逆势而行”的建设性政治信号。RCEP 签署的意义不仅限于经济领域，而且延伸到政治乃至战略领域，它与当前国际权力转移、大国战略博弈及国际秩序重构的现实趋势紧密关联，有助于以东亚为轴心推动全球自由贸易乃至政治经济格局的转型发展。

RCEP 谈判到签署历时八年，过程曲折。在 RCEP 现有体系内，中日两国既是规模排名前二的大型经济体，亦是推动 RCEP 协商的重要力量。在 RCEP 谈判过程中，日本基于形势变化，从国家利益诉求与总体对外战略出发，在对外经济战略特别是“战略性贸易外交”框架中，多次调整应对 RCEP 的具体策略。接下来，RCEP 还面临生效与深化拓展的任务，其中日本的角色仍相当关键。中日围绕区域经济秩序的合作及博弈亦将持续发展。

一　RCEP 的签署以及中日的角色

RCEP 以东盟—中国、东盟—日本、东盟—韩国、东盟—澳大利亚—新西兰以及东盟—印度等五个自贸协定（FTA）为基础，旨在进一步构建覆盖亚太主要经济体的大型自贸协定（Mega - FTA）。2012 年 11 月，在柬埔寨金边举行的东亚峰会上，东盟十国与中、日、韩、印、澳、新 16 国发表联合声明，宣布正式启动 RCEP 谈判，承诺建立一个“现代、全面、高质量和互惠的经济伙伴关系协定”。2013 年 5 月，RCEP 首轮谈判举行。自此至签署，共举行了 31 轮谈判，其中包括 8 次部长级会议、10 次部长级会间会和

① 根据 2019 年数据，签署 RCEP 的 15 个成员国的总人口达 22.7 亿人，GDP 约为 26 万亿美元，出口总额约为 5.2 万亿美元，均占全球总量的约 30%，参见「RCEP、15カ国で協定署名へ インド除く、15 日首脳会合」、共同通信、2020 年 11 月 14 日、https://www.47news.jp/news/5494248.html。

4 次领导人会议。最终实际签署时间较原计划的 2015 年底大为延后。理论上，东亚区域内不均衡发展格局所导致的互补经济性与垂直化分工有助于催生一体化需求，但漫长而曲折的 RCEP 谈判进程反映出，区域自贸机制的构建不仅受制于经济发展规律，而且在很大程度上取决于政治乃至战略层面上的权力博弈。

在过去一年，RCEP 谈判尽管经历了印度退出等波折，但总体趋向提速并最终达成。在 2020 年，RCEP 谈判各方克服疫情困难，全面完成市场准入谈判，并完成 1.4 万多页文本的法律审核工作。10 月 14 日，RCEP 部长级视频会议举行，确认法律审核等缔约准备工作的“实质性进展”，决定力争年内签署 RCEP。① 11 月 15 日，第四次 RCEP 领导人会议以视频方式举行，与会 15 国领导人宣布签署协定，并高度评价 RCEP 签署在促进地区繁荣稳定特别是在疫情下推动世界经济复苏方面的历史性意义。②

从内容看，RCEP 力争创造完善且自由的贸易投资环境，同时尊重并照顾区内各国的经济发展状况及需求，基本在开放性原则与包容性安排、高水平目标与渐进性进程、统一性规则与差别化待遇等方面取得了平衡。RCEP 由序言、20 个章节及 4 个市场准入承诺表附件组成，主要包括货物贸易、原产地规则、贸易救济、服务贸易、投资、电子商务、政府采购等部分。核心内容包括，RCEP 规定参与国之间 91% 的货物贸易将实现零关税，在成员国范围内实施统一原产地规则以累积计算产品增加值，降低了对服务贸易和跨国投资的准入门槛，并增设了数字经济与电子商务新规则。RCEP 规定自东盟中 6 国及另外 3 国手续完成日开始生效，并为印度设定特别条款，允许其随时重返 RCEP。③ RCEP 的现实意义集中体现在：（1）削减内部壁垒，

① 「RCEP 年内署名へ交渉継続　オンライン閣僚会合」、『日本経済新聞』2020 年 10 月 14 日。

② 「RCEP15カ国が協定に署名 巨大経済圏、関税 91% 撤廃」、共同通信、2020 年 11 月 15 日、https：//www. 47news. jp/news/5496424. html。

③ 「RCEP 交渉終結　インド早期復帰に特別措置」、共同通信、2020 年 11 月 11 日、https：//www. 47news. jp/news/5488115. html。

促进生产要素与商品流动，为区域经济复苏提供支撑；（2）通过贸易投资便利化规则及措施，深化区域产业链价值链联结；（3）进一步整合优化区域合作机制，为地区一体化后续推进提供“机会窗口”；（4）在数字经济等新兴领域的国际经贸规则制定方面进行创新尝试，释放发展潜力；（5）在倡导自由贸易、国际多边协调方面发挥引领示范作用。应该说，这是 RCEP 谈判各方通过协商合作达成的重要成果。

在 RCEP 乃至当前东亚区域合作体系中，东盟都扮演体制枢纽与协商平台的角色。但很显然，东盟无法独立承担 RCEP 构建及运转的责任，需要得到区域大国特别是中日的支持。正如很多观察者指出的，无论基于能力还是意愿，中日两国都必然在 RCEP 的推进中占据最大权重。[①] 事实上，中日两国在 RCEP 的筹划与谈判中确实发挥了实质性的关键作用，并促使其最终签署。中日在 RCEP 体系中的重要性至少体现在以下方面。

第一，中日在体量上具有压倒性优势，其参与确保了 RCEP 作为区域经贸机制的覆盖面与有效性。作为全球第二、第三大经济体，相比其他亚洲国家，中日具备明显更高一级的对外经济辐射力与国际政治影响力，中日间以及中日各自与其他 RCEP 成员国均建立了密切的经济关系，以及不同水平但总体较高的政治及战略合作关系。在经济与政治效果上，中日成为 RCEP 事实上的核心发动机。

第二，中日各自发展战略均强调对外开放。换言之，开放性地区与世界经济的构建符合中日两国根本利益，这确保了中日在支持 RCEP 自由化、经济一体化建设方面均有比较坚定且建设性的态度。当前，面对国际上贸易保护主义、单边主义等“逆风”，中日均积极倡导自由贸易，支持开放性与多元化原则，主张通过多边协调而非单方施压解决经贸争端。而这也是 RCEP 促进经济合作所依托的基本政治原则。

第三，中日在引领东亚区域经济合作方面经验丰富。战后日本在经济增

① 大庭三枝「RCEP 合意日中韓貿易の利点を生かせ」、https://www.nippon.com/ja/in-depth/d00677/。

长期凭借出口导向型经济，通过对外贸易投资带动东亚经济发展，即“雁阵模式”。冷战结束后，日本继续积极推动东亚区域经济一体化，但限于自身力量特别是中日权力转移现实，其在地区经济合作中的引领角色逐步让于中国。但日本在区域合作构想设计及外交协调等方面仍不断取得成果，积累了丰富的经验。而且，日本为了拓展自身战略空间，有很强的意愿发挥作用，其中包括与中国共同引领合作。

第四，中日关系是影响区域各国竞争合作格局的关键因素。历史证明，中日关系的稳定与东亚乃至整个亚太区域合作进展呈正相关关系。此前中日关系因2010年“撞船危机”、2012年日本对钓鱼岛“国有化”而严重恶化，不仅中日韩三边合作受阻，也直接影响包括RCEP谈判在内的一系列区域机制协调。从2017年起，中日关系改善，两国逐步在加强国际及地区事务合作、共同驱动区域合作方面达成共识，并开展行动。这也成为打破区域合作僵局、促使RCEP谈判重新启动并加速的关键。

二　日本应对RCEP策略的转变

在RCEP谈判过程中，中日两国均扮演了重要角色。从促进地区和平与繁荣的目标出发，长期支持区域经济一体化的中方自不待言，日本亦是RCEP构想的主要发起者之一，并从始至终参与相关谈判。日本参与RCEP这一大型区域自贸机制建设，无论在经济上还是在战略上，均具有明确利益诉求及目标指向。在RCEP构想推进过程中，日本在不同阶段根据形势变化而采取不同的应对策略。

第一阶段，即21世纪初至2012年，这是RCEP构想酝酿以及启动初期，在东盟及中国推动以“10+3”为基础构建东亚自贸区的情况下，日本一方面积极响应，另一方面极力主张引入印度、澳大利亚与新西兰，以“10+6”方式建立更具覆盖性的亚太自贸机制。在东盟及中日韩各方协商下，最终形成包含16国的RCEP体制。日本此举旨在利用印、澳等区域“中等大国”对冲中国在本地区日益增长的经济与政治影响力，尽可能掌握对这一机制的主导权。[①]

第二阶段，即 2013 年前后至 2016 年底，在美国奥巴马政府大力开展“亚太再平衡”、强势推进 TPP 的情况下，日本基于强化日美同盟以及联合印太各国制衡中国的考量，将对策重心大幅转向 TPP。2013 年 7 月下旬，安倍晋三首相宣布日本正式加入 TPP 谈判，并在此后配合美国大力推动谈判进程，力争早日结出成果。对 RCEP 谈判，日本仍持原则性参与及支持立场，但实际态度相当消极。

第三阶段，即 2017 年至 2018 年底，随着特朗普政府上台，美国退出 TPP，日本对策被迫转为 TPP（CPTPP）与 RCEP 并重。一方面联合其他国家积极“挽救”TPP，并形成 11 国 CPTPP 体制；另一方面重新重视 RCEP，并加强参与。2018 年 7 月，日本首次主办 RCEP 部长级会议，安倍代表日本政府称将发挥“桥梁”作用，推动 RCEP 谈判尽快完成。但在 RCEP 框架内，相比尽快促成各方达成共识，日本更倾向于强调经贸协定规则的“高标准”。[②]

第四阶段，即 2019 年至 2020 年底 RCEP 签署，随着日本主导的 CPTPP 及日欧 EPA 生效并初步“定型”，日本在对外贸易格局取得突破的前提下，将重心进一步转向 RCEP，参与谈判积极性进一步提高，并开始在劝说各方迅速达成共识方面发挥较大作用。

其中，在第四阶段即最近一个阶段，由于印度于 2019 年 11 月的第三次 RCEP 领导人会议上宣布无限期退出 RCEP 谈判，日本对 RCEP 的态度与策略一度发生波动。在日本的构想中，印度是 RCEP 框架中“重要一极”，可对中国的影响力加以制衡；同时，日本期望利用 RCEP 框架内的日印经济纽带，不仅巩固两国战略合作，而且加强自身与南亚乃至非洲等地区的经济联系。[③] 在印度退出 RCEP 谈判后，2019 年 11 月 29 日，日本经济产业副大臣牧原秀树对外声称，日本“只考虑有印度参加的（RCEP）谈判”，引起舆

① 常思纯：《日本对 RCEP 政策的演变及展望》，《东北亚学刊》2020 年第 3 期。

② 西村豪太「地域の新秩序を決める年に」、『東洋経済』2019 年 12 月号。

③ 渡邊頼純「加速する保護主義 日本主導で新・世界経済秩序をつくれ」、『Wedge』2020 年 10 月号。

论高度关注。11 月 29 日至 12 月 1 日，日本外相茂木敏充和防相河野太郎在访问印度期间，向印度传达了包含印度在内 16 国进行 RCEP 谈判的必要性。12 月 2 日，茂木在东京发表演讲，声称日本“为包括印度在内 16 国实现（RCEP）正在推进外交努力”，并高度评价印度在亚洲地缘战略中的重要性，称在印度参加的前提下“RCEP 将形成能够提升地区经济潜力的框架”。12 月 10 日，日本经产相梶山弘志访问印度，就增强印度产业竞争力与印度官员展开讨论，欲通过对印度数字产业支援来劝其重返 RCEP 谈判。

在努力顾及并劝说印度的同时，日本亦对外重申对 RCEP 谈判的支持态度。2019 年 12 月 22 日，中日韩经贸部长会议在北京举行，代表日方参会的经产相梶山表示，日本支持区域自贸机制发展的立场不变，将积极推动 2020 年如期签署 RCEP。日本外务省发言人同期澄清说，关于“如果印度不签 RCEP，那么日本也不签”的说法属于媒体误读，日本将为实现包括印度在内的 16 国签署 RCEP 而持续努力，“除此以外没有别的想法”。[①] 2020 年 1 月 20 日，安倍在国会施政演讲中表示，日本将“作为自由贸易的旗手，向全球推广 21 世纪经济秩序”，其中包括主导 CPTPP 成员扩大以及“包括印度在内的 RCEP 谈判”。[②] 日方强调 RCEP 应包括印度，表示将为实现“16 国体制”积极努力，但对有关印度退出后日本将做何选择这一问题则采取回避态度，实际立场趋向暧昧。

2020 年，基于印度的强硬态度以及持续缺席 RCEP 相关协商的实际情况，日本判断印度在年底前重返谈判的可能性日益变小，在权衡利弊后，从坚持要由包含印度在内的 16 国签署协定，最终转向优先由 15 国达成协定。2020 年 6 月 24 日，时任内阁官房长官菅义伟在记者会上表示，关于 RCEP，各方目标仍是支持年底签署，为此日本“将继续发挥主导作用”。[③] 7 月 6 ~

① 《从力挺印度到不再挽留：日本转身抱紧 RCEP 超级经济圈》，网易，https://money.163.com/20/1118/08/FRMVF2D600258105.html。

② 首相官邸「第二百一回国会における安倍内閣総理大臣施政方針演説（2020 年 1 月 20 日）」、http://www.kantei.go.jp/jp/98_abe/statement/2020/0120shiseihoushin.html。

③ 「インドのRCEP 復帰見通し議論 日中韓やASEAN」、共同通信、2020 年 6 月 24 日、https://www.47news.jp/news/new_type_pneumonia/4940573.html。

8 日的世界贸易组织（WTO）对日本第十四次贸易政策审议会议期间，日本政府代表曾根健孝表示，日本将争取在 2020 年底前签署 RCEP。日本政府人士及专家普遍表示，印度的要求不可能被其他谈判国接受，在此情况下的可行方式是“为印度将来参加（RCEP）预留道路，然后由 15 国达成协定”。这也成为日方在 RCEP 谈判中的基本方针。① 与此同时，日本与印方开展密切外交协调，设法“补偿”印度，稳定日印关系。2020 年 9 月 9 日，日印防务部门签署《相互提供物资与劳务协定》，提升双边安保合作层级。②菅义伟接替安倍任首相后，于 9 月 25 日与印度总理莫迪通电话，日印高层同意在产业链、战略性物资供应等方面加强双边及多边合作，共建“自由与开放的印度洋—太平洋”，联手强化美日印澳四边机制，并在该机制中加强日印经济、安保合作。③

菅义伟上台后，称将全面继承安倍内外路线，并继续推动 RCEP 谈判。2020 年 10 月 26 日，菅义伟在首次国会施政演讲中表示，在世界经济低迷且出现内向化趋势情况下，日本“将率先扩展自由公正的经济圈，维护并强化多边自由贸易体制”。④ 11 月 9 日，菅义伟在自民党高层会议上就 RCEP 表示：“谈判已进入最后阶段。为了达成，（日本）将发挥领导作用。”⑤ 11 月 14 日即预定签署 RCEP 的首脑视频会议前一日，菅义伟在首相官邸表示，将利用此次签署 RCEP“宣传日本的立场，即包括印度将来参加在内，扩展自由公平的经济圈”。⑥ 次日，在 15 国首脑正式签署 RCEP 后，日本

① 日本総研「正念場を迎えるASEAN・インド」、『Asia Monthly』2020 年 8 月号。

② 外務省「日・インド物品役務相互提供協定（日印 ACSA）の署名（2020 年 9 月 10 日）」、https://www.mofa.go.jp/mofaj/press/release/press4_008742.html。

③ 外務省「日印首脳電話会談（2020 年 9 月 25 日）」、https://www.mofa.go.jp/mofaj/s_sa/sw/page4_005201.html。

④ 首相官邸「第二百三回国会における菅内閣総理大臣所信表明演説（2020 年 10 月 26 日）」、http://www.kantei.go.jp/jp/99_suga/statement/2020/1026shoshinhyomei.html。

⑤「首脳会合でRCEP 合意へ インド除く15カ国が調整」、共同通信、2020 年 11 月 9 日、https://www.47news.jp/news/5474562.html。

⑥ 首相官邸「ASEAN 関連首脳会議等についての会見（2020 年 10 月 14 日）」、http://www.kantei.go.jp/jp/99_suga/statement/2020/1114kaiken.html。

政要及各界人士普遍对这一成果表示欢迎。日本民间经济团体如经团联、日本商工会议所、经济同友会、日本贸易会等代表人士纷纷发言，高度评价RCEP的价值，认为其将促进亚太贸易、投资扩大及供应链拓展，“在新冠肺炎疫情背景下，（RCEP）对面向实现自由开放的国际经济秩序具有重大意义”。[①] 菅义伟政府将签署RCEP视为“重要政绩”，并承诺将继续推进RCEP的生效与落实，目前，日本已完成国内批准手续。而日本经济界特别是外贸企业则积极展望并评估RCEP给日本经济特别是企业出口带来的刺激效果。

三　日本RCEP策略变化的主要考量

日本总体对RCEP持开放与支持态度，但在RCEP谈判过程中，其参与积极性并非一以贯之，而有明显起伏。总体上，在安倍执政后期，特别是美国退出TPP以及中日关系明显改善后，日本对RCEP的策略明显从消极转向积极。2019年底，印度宣布退出RCEP后，日本利用印度在RCEP体系中制衡中方的设想基本落空，但日本仍然在权衡利弊后选择继续推动RCEP，在谈判的“冲刺阶段”发挥了建设性作用。在这一时期，日本调整对RCEP策略有以下几方面重要考量。

（一）外部环境恶化促进本国经济复苏，筑牢经济安全外部保障

从2018年起，全球经济增速再度下滑。[②] 在保护主义冲击下，贸易与投资出现双重减速，西方主要经济体增长更趋缓慢。这一时期，日本经济复苏势头亦进一步减缓。[③] “安倍经济学”的短期效果逐步消退，政策空间见

---

① 「経済界、投資と貿易の拡大に期待　15カ国がRCEPに署名」、共同通信、2020年11月15日、https://www.47news.jp/news/5496815.html。

② 根据世界银行数据，2017～2019年，世界各国GDP增长率分别为3.26%、3.10%与2.48%，逐年下降。根据经济合作与发展组织（OECD）的预测，2020年，世界各国GDP增长率为-4.2%。

③ 2017～2019年，日本实际GDP增长率分别为2.17%、0.71%与0.65%。2018年10月，日本历时71个月的战后第二长经济景气期宣告终结。

顶。2020 年，新冠肺炎疫情导致全球经济进一步“断崖式下跌”，大量国家经济陷入深度衰退，实体产业与服务业均遭重创，贸易与投资加速萎缩。日本经济也遭受沉重打击，2020 年全年 GDP 时隔 11 年再度出现负增长。① 日本国内已经历四波疫情且尚未得到控制，加上欧美疫情严重，导致日本面临的外部经济环境更趋恶化，不仅经贸外需动能大幅衰弱，产业链大范围断裂亦给日企生产造成严重冲击。②

疫情背景下，面临人口老龄化等结构性问题，在通缩中长期挣扎的日本更加急迫地期望复苏经济，振兴内外需，对外战略为经济目标服务的倾向更加突出。而签署并参与 RCEP，有助于确保日本在本地区“最重要、最优质的出口市场”，给日本带来切实经济收益。③ 日本民间经济机构分析称，经过磋商及相互让步，RCEP 条款对于日本较为有利，比如汽车及其零部件出口关税的大幅削减乃至取消，农产品进口关税削减幅度缩小，大米和小麦等“五个重要品类”被排除在关税削减和取消对象之外，等等。④ 有分析认为，在关税削减和贸易便利化方面，日本是仅次于东盟各国的获益方。尽管不会立即带来出口规模扩大，但仍可为短期内出口增长创造有利条件，大量日企将从中受益。同时更为重要的是，通过签署 RCEP，日企在亚洲其他国家的零部件采购及供应网“将在更广范围以更高效率得到强化”。⑤ 在疫情威胁各国经济安全的情况下，日本尤其重视借助 RCEP 体系强化产业链、供应链安全，从而降低系统性风险，在整体上促进生产复苏与海外市场拓展。⑥

---

① 2021 年 2 月 15 日，日本内阁府发布的初步统计结果显示，2020 年，日本实际 GDP 较 2019 年下降 4.8%，自 2009 年以来首次出现负增长。2020 年四个季度，日本实际 GDP 环比增速分别为 -0.5%、-8.3%、5.3% 与 3.0%。

② 三菱総合研究所「ウィズコロナ下での世界・日本経済の展望」、2021 年 2 月、https://www.mri.co.jp/knowledge/insight/ecooutlook/2021/20210216.html。

③ 東暁子「経済連携協定が日本にもたらす経済効果」、https://www.mri.co.jp/knowledge/insight/20170123.html。

④「道内農業への打撃回避　RECP5カ国署名、重要 5 項目関税維持」、『北海道新聞』2020 年 11 月 16 日。

⑤「経済界、投資と貿易の拡大に期待　15カ国がRCEPに署名」、共同通信、2020 年 11 月 15 日、https://www.47news.jp/news/5496815.html。

⑥ 日本総研「アジア景気回復にばらつき、遅れる供給網再編」、『Asia Monthly』2020 年 12 月号。

（二）构建完善的对外贸易“战略格局”，强化与主要经贸伙伴的关系纽带

相比短期经济效益，日本更加看重 RCEP 在中长期经济战略及地缘政治战略方面的价值，日益视其为完善对外贸易“战略格局”不可或缺的一环。冷战结束后，在区域主义兴起、“超级 FTA/EPA”成为国际潮流的背景下，日本将对外贸易战略重心逐步从 WTO 机制协商转向双边与区域 EPA 构建。自 2002 年与新加坡签署首个 FTA 至今，日本已与其他国家（地区）签署或生效了 19 个 FTA/EPA。特别是 2018 年至今，日本连续签署 CPTPP、日欧 EPA、日英 EPA 及 RCEP，将 FTA/EPA 覆盖率（即 FTA/EPA 对象国贸易额占贸易总额比重）大幅度提升，基本达到日本政府的预定目标，[①] 并在亚太、亚欧大型自贸区协定中均占据立足点，初步打造起覆盖全球的对外贸易“战略格局”。日本经济界人士称，如果不参与 RCEP，日本就无法建立与巩固自己在全球贸易体系中的“中枢位置”。而 RCEP 的签署不仅巩固了日本与东盟已有的经济纽带，而且事实上成为日本与中、韩之间的自贸协定，从而填补了日本对外贸易特别是 FTA/EPA 战略的空白。[②]

无论从经济角度看还是从地缘政治角度看，日本对外贸易的“全球布局”必须以亚洲为中心。原本日本寄希望于依托美国牵头的 TPP，在亚太经贸体系中发挥主导作用，并提升自身在亚洲的地缘政治影响力。但美国退出这一机制且重返无期，目前，11 国达成的 CPTPP 无法承担日本预想的功能。加上疫情下欧美进一步陷入危机，日本选择将重心“回归”RCEP，避免在

① 2013 年日本政府出台的《日本振兴战略》提出将日本的 FTA/EPA 覆盖率提高到 70%（当时为 19%）的目标。截至签署 RCEP 前，日本的 FTA/EPA 覆盖率约为 37%。签署 RCEP 使日本的 FTA/EPA 覆盖率上升约 27 个百分点，即签署 RCEP 后，日本的 FTA/EPA 覆盖率约为 64%。如果将此前达成的日美货物贸易协定（TAG）视为范围较狭窄的 EPA，则日本的 FTA/EPA 覆盖率将再提高 15 个百分点，即日本的 FTA/EPA 覆盖率约为 79%。参见卢昊《日本“战略性贸易外交”：雄心与困惑》，《世界知识》2019 年第 7 期。

② 「メガFTA RCEP、日本が旗振り役に　世界 GDPの3 割」、『日本経済新聞』2020 年 12 月 9 日。

亚太经济及地缘战略格局中被边缘化，并将强化与中、韩及东盟的经济联系作为核心。尽管日本以降低对“特定国家”经济依赖为名有意在经济上“对华脱钩”，但事实证明这些举措并不具备现实性。疫情冲击背景下，中国几乎成为日本唯一外需来源。2020 年，中国时隔两年再次取代美国成为日本最大出口国。[①] 中国经济复苏以及由此产生的巨大市场吸引力，将在今后一段时间内推动日本对华经济依赖程度继续上升。RCEP 的签署使中日亦首次达成双边关税减让安排。近期日韩关系虽恶化，但两国经济关系依然紧密，韩国仍为日本第三大贸易伙伴。东盟是日本近年来增速最快的贸易投资对象，如果按东盟十国与日本经贸总量排名，其甚至排在韩国之前。在此情况下，日本更倾向于利用 RCEP 强化与东亚主要经济体之间的纽带，在获取经济红利的同时进一步巩固对外贸易“战略格局”。

（三）利用区域经济合作与“自由贸易的旗手”身份，提升和增强外交战略自主性与影响力

冷战结束后，日本更加关注国家战略“主体性”，即追求更大程度的自主独立，拓展国际战略影响力，并进一步将以自由贸易捍卫者的姿态参与国际经济合作为主要突破口。2017 年安倍政府在《未来投资战略》中公开宣称要作为“自由贸易的旗手”，力争成为新的“广域经济秩序”的中枢以及“全面、平衡、高水平的世界规则”的牵引者，主导制定新的全球贸易和投资规则。[②] 在特朗普政府大力主张贸易保护主义政策的背景下，作为盟国的日本始终坚持“自由贸易的旗手”的身份，努力彰显自己在国际社会中的协调性贡献乃至“领导性角色”，并将其与主导国际秩序建构的“宏旨”相结合。[③] 菅义伟在 2021 年 1 月国会施政演讲中亦表

---

① 2021 年 1 月，日本财务省发布的年度贸易数据显示，2020 年，日本出口总额减少 11.1%，但对华出口额增长 2.7%。日本对华出口额占出口总额的比例首次超过 20%，中国时隔两年再次取代美国成为日本最大的出口国。

② 加谷珪一「自由貿易協定 RCEPで本当に得をするのは日本：中国脅威論は論点がズレている」、『Newsweek Japan』2020 年 12 月 15 日号。

③ 「［社説］自由貿易の旗手として菅政権は指導力を」、『日本経済新聞』2020 年 10 月6 日。

示，日本“重视多边主义，决心为了共同直面应对国际社会课题的‘团结的世界’，而在后疫情时代的国际秩序构建中发挥领导力”，特别是要通过 RCEP 等自贸协定“构建自由公正的经济秩序”。[①] 在这一过程中，日本期望最大限度地发挥自身软实力优势，通过外交手段提升战略地位，利用经济议程制造政治影响力。

日本利用 RCEP 在外交战略上提高自主性与增强影响力，主要通过以下几个途径：一是通过参与 RCEP 谈判、支持自贸协定且推广“高标准自贸协定”的政治姿态，强化日本作为自由主义国际秩序维护者的“道义地位”；二是通过推动 RCEP 落地生效，带动地区经贸繁荣特别是新兴市场国家出口，进一步建构自己提供区域经济公共产品的“公益形象”；[②] 三是利用 RCEP 强化与周边各国的经济相互依存，拓展战略伙伴网络，通过“贸易圈”带动构建“战略圈”。[③] 为了实现以上目标，日本不仅必须在 RCEP 谈判中做出积极行动，也势必会在自贸区后续建设中发挥建设性作用。签署 RCEP 后，日本国内有不少人表示，尽管中国在 RCEP 中拥有绝对“体量优势”，但是日本仍必须在该贸易体制中保持独立性，坚持自身利益立场，“从维护民主开放性出发，考虑中小国家处境而积极发声”。[④] 这表明了日本参与 RCEP 的政治意图，也意味着中日在未来 RCEP 建设中既会产生密切合作，也将在规制领域存在相当程度的竞争。

（四）调整及改善与其他国家（国家集团）的关系，在大国博弈与周边外交中争取主动

在参与 RCEP 谈判过程中，日本始终基于国际与地区形势变化而调整对

---

① 首相官邸「第二百四回国会における菅内閣総理大臣施政方針演説（2021 年 1 月 18 日）」、http://www.kantei.go.jp/jp/99_suga/statement/2021/0118shoshinhyomei.html。

② 卢昊：《日本外交与“印太构想”——基于国际公共产品角度的评析》，《日本学刊》2019 年第 6 期。

③ 卢昊：《日本“战略性贸易外交”：雄心与困惑》，《世界知识》2019 年第 7 期。

④ 「中国、RCEP 署名で高まる存在感　日本はインド取り込めず」、『日本経済新聞』2020 年 11 月 16 日。

策，特别是将应对中美大国博弈和调整与周边国家关系结合起来。对美方面，日本在与美方达成第一阶段贸易协定即 TAG、满足美方诉求的前提下，抓住特朗普执政末段对外战略“混乱期”，迅速“转向”并积极推动 RCEP 谈判，可以看作在对美“战略服从”的前提下实现自主性的努力。很显然，达成 RCEP 有助于日本应对美国贸易压力。在接下来的日美第二阶段贸易协定谈判乃至对美全盘交易中，日本与美国展开周旋、争取自身利益最大化的资源和底气有所增强。对华方面，日本响应中方号召，共同推进 RCEP，客观上有助于中日关系积极气氛与合作方向的维持与发展。[①] 这也是日本保持对华协调路线，在中美间争取“有利站位”，确保自身战略行动空间的重要举措。

除应对中美大国博弈外，日本还期望通过参与 RCEP 进一步改善周边外交。安倍执政后期以“战后外交总决算”为口号，试图解决周边外交中的历史遗留问题，菅义伟上台后亦强调要实施“睦邻外交”，拓展日本周边外交立足点。此次日韩共同参与推动 RCEP 签署，客观上有利于双方缓和政治紧张局势、调整对策。[②] 同时，日本更看重积极支持东盟经济一体化诉求，强化与东盟各国的关系。正如日本国内舆论指出的，在东盟大多数国家公开要求推进 RCEP 谈判的情况下，日本“不能站在（东盟立场的）反面”。[③] 因此，日本在设法稳住印度的前提下，优先考虑东盟的要求，并“顺水推舟”地借 RCEP 协调拉近与澳、新等大洋洲国家的关系。这也与日本当前周边外交的核心方针之一，即积极依托美日印澳四边机制并利用东盟支持主导构建“自由与开放的印度洋—太平洋”相统一。[④]

---

① 「外交、米中対立次第で難局も　新政権の課題」、『日本経済新聞』2020 年 10 月 7 日。

② 「中韓参加の枠組み歓迎、茂木外相 RCEP 署名を評価」、共同通信、2020 年 11 月 15 日、https：//www.47news.jp/news/5496185.html。

③ 大庭三枝「RCEP 合意 日中韓貿易の利点を生かせ」、https：//www.nippon.com/ja/in-depth/d00677/。

④ 木村正人「中国封じ込めは日本の菅首相を中心に回り始めた　日米同盟を補強するヨシ・スコモの日豪関係」、https：//news.yahoo.co.jp/byline/kimuramasato/20201118-00208401/。

四 结语

RCEP是东亚区域经济一体化乃至开放型世界经济体系建设的重大成果，但签署远非终点，而是新阶段自由贸易推广的起点。接下来，RCEP还需要成员国国内批准而生效，货物及服务贸易关税分阶段削减以及投资待遇、数字经济、政府采购等规则条款亦需要各国加以落实。RCEP各方在深入协调、开展互惠合作、促使RCEP构建统一市场、促进区域繁荣方面任重而道远。

在对外贸易政策上，战后日本曾相对谨慎保守，但进入21世纪以来特别是安倍执政时期，积极性显著提升，这在其对RCEP政策上亦得到充分体现。日本对RCEP策略的调整变化，既反映出经济利益诉求，亦受战略动因驱动，尤其是对中长期国际经济乃至战略格局主动权、国际秩序建构主导权的追求日益突出。这也将反映在当前乃至未来一段时期内的中日关系当中。作为RCEP内规模排在前两名经济体，中日在推动RCEP达成乃至区域合作方面承担着极为重要、难以推卸的责任。可以预见，RCEP将成为中日区域经济合作的新平台，亦将成为两者展开影响力竞争以及进行秩序规则、理念、实践相互碰撞、交融的重要领域。

B.20

RCEP签署后中日韩FTA的进展与走向分析

李浩东　刘川菡*

摘　要：中日韩FTA对促进东亚国家紧密经贸合作有突出作用。在2020年末15国参与的RCEP成功签署之后，中日韩FTA谈判迎来新阶段。RCEP填补了中日韩三国之间没有FTA的空白，同时在关税减让和市场准入方面给中日韩FTA的建立打下良好基础。下一步，中日韩FTA谈判可能会涉及更多“边境后规则”议题，同时面临日韩贸易摩擦的较大影响，在机遇中蕴含挑战。中日韩三国应该利用RCEP签署的大好形势，再接再厉，推进中日韩FTA早日达成，促进东亚区域经济一体化迈向高质量发展。

关键词：中日韩FTA　日韩贸易摩擦　RCEP　GTAP

中日韩自由贸易协定（FTA）自2012年11月开始启动，截至2019年末已举行16轮磋商，总体进展积极。中日韩同为全球重要经济体，建立中日韩自由贸易区将有助于充分发挥三国间的产业互补性，挖掘三国贸易投资潜力，促进区域价值链进一步融合，符合三国的共同利益。

---

* 李浩东，管理学博士，中国国际经济交流中心助理研究员，全国日本经济学会理事，主要研究领域：日本经济。刘川菡，文学博士，北京外国语大学日本学研究中心讲师，北京外国语大学博士后，主要研究领域：日本学。

但是，日韩贸易摩擦给中日韩 FTA 谈判取得实质性进展造成了重大影响。2019 年 7 月，日本宣布对韩国实行一系列贸易制裁手段，日韩对立再次升级，由之前的对立表态上升为实际的贸易摩擦。据日本经济产业省网站公告，从 2019 年 7 月 1 日起，针对将韩国从《外汇及外国贸易法》白名单中剔除的动议征求意见；同时宣布自 7 月 4 日起，将限制“氟聚酰亚胺”、“光刻胶”和“高纯度氟化氢”等三种材料以及相关制造技术和制造设备向韩国出口。[①] 韩国三星电子、LG 和 SK 等厂商所需的大多数氟聚酰亚胺和高纯度氟化氢从日本进口，这些是智能手机、芯片等产业中的重要原材料。制裁以来，给韩国半导体产业供应链造成巨大影响，同时也波及世界范围内的半导体产业链。贸易摩擦给日韩双方经贸合作造成了负面影响，长期持续将带来双输结局，同时也影响中日韩 FTA 谈判进程。

新冠肺炎疫情也对中日韩的 FTA 谈判造成了一定影响，但同时也给中日韩合作推动经济一体化提供了机遇。美国的力量一直横亘在中日韩之间，阻碍三国联合成一个经济一体化组织。这次疫情危机催生了机遇，疫情对日韩的影响会使它们在经济上更加迫切需要与中国合作。疫情可能会加速中日韩 FTA 的签订，甚至促成超越经济领域的更广泛合作。

同时，2020 年末，15 国共同签署了“区域全面经济伙伴关系协定”（RCEP），协定填补了中日韩三国之间没有自贸协定的空白。RCEP 的达成在给中日韩 FTA 带来新机遇的同时，也对后续谈判提出了更高要求，提高了中日韩 FTA 达成的门槛。

一　中日韩 FTA 的谈判历程

早在 2002 年中日韩三国领导人峰会时，三国就提出建设中日韩 FTA 的构想。历经 10 多年可行性研究和准备酝酿，2012 年 11 月 20 日，三国经贸部长举行会晤，宣布启动中日韩 FTA 谈判。至今，中日韩三方进行了 16 轮

① 経済産業省、https：//www. meti. go. jp/press/2019/07/20190701006/20190701006. html。

谈判。

谈判大致可以分为四个阶段。第一阶段（2013 年 3 月至 2014 年 12 月）是框架磋商阶段，在该阶段，三国提出各自的方案，但围绕货物贸易等多个领域分歧点较多，历经两年没有取得任何实质性进展。第二阶段（2015 年 4 月至 2016 年 12 月）是谈判僵局阶段，三国轮流举办三轮次谈判，同时增加了首席谈判代表谈判环节，但是到 2016 年第十轮谈判后仍处于僵持状态。第三阶段（2017 年 1 月至 2018 年 3 月）是重启谈判阶段，中日韩三国重启前期有所中断的 FTA 谈判，并在第十一轮谈判中就 FTA 的内容达成一致意见。第四阶段（2018 年 5 月至今）是重返快轨道阶段，2019 年 12 月 24 日，在中国成都举行的第七届中日韩工商峰会上，中日韩领导人再次表态支持自由贸易并加速中日韩 FTA 谈判。[①] 但是，2018 年以来的大好形势被 2020 年初一场席卷全球的新冠肺炎疫情中止。由于日韩贸易摩擦在 2020 年仍然持续发酵，同时各国政府忙于抗疫和恢复经济，中日韩 FTA 谈判暂时进入停滞状态，整体进展较为缓慢。

二 中日韩 FTA 的影响分析

总体而言，由于规模上的差距，中日韩 FTA 所能带来的最大贸易创造效应小于 RCEP。但是，正是由于 RCEP 范围更大，东南亚在劳动力成本方面相比中日韩更具优势，RCEP 可能带来贸易转移和产业链重组，而中日韩 FTA 则对强化中日韩三国中间品贸易合作贡献更大。

（一）中日韩 FTA 与其他区域贸易一体化安排的比较

近几年，区域贸易一体化迎来热潮，2020 年末，RCEP 顺利签署；而美墨加协定虽然产生于特殊形势下，但也已经形成一种新的区域贸易一体

① 刘向东：《新形势下中日韩应共同维护世界自由贸易秩序》，《人民论坛 · 学术前沿》2020 年第 18 期。

化模式。下面通过 GTAP 模型对 RCEP、美墨加协定和中日韩 FTA 达成对主要经济体的影响进行模拟，进而比较不同区域贸易一体化安排之间的效应。

1. GTAP 模型

GTAP 模型是由美国普渡大学赫特（Hertel）教授开发的多国、多部门可计算的一般均衡模型。GTAP 模型由国内生产部门、区域家计、世界银行、国际运输部门、世界其他地区组成。模型对各部门的设定如下：政府和家庭通过不变替代弹性（Constant Elasticity of Substitution，CES）函数将国内产品与进口产品组合成综合商品；政府又以柯布－道格拉斯（Cobb－Douglas，C－D）效用函数决定产品组合，即政府对每种产品的支出占政府总支出的份额固定；家庭的消费偏好用介于不变替代弹性和非相似不变差异替代弹性（Constant Difference of Elasticities，CDE）之间的函数表示。

2. GTAP 模型设定

以下分析采用 Run GTAP 3.69 版软件，配合 GTAP 第九版数据库进行。该数据库包括 140 个国家和 57 个部门的双边贸易、运输和贸易壁垒等数据。如表 1 所示，本报告设立三种情景对中日韩 FTA 与其他区域贸易一体化安排进行比较。情景一为中日韩 FTA 达成，所有商品关税设为 0；情景二为美墨加协定影响，三国之间所有商品关税设置为 0；情景三为 RCEP 达成，成员国之间所有商品关税为 0。为计算 RCEP 能够达到的最大贸易创造效果，加入了印度，旨在表明 RCEP 的巨大潜力。由于成员国之间差异较大，不同贸易协定中的自由度有高有低，关税为 0 是较强假设，可能高估实际情况，但是能够看出不同自贸协定的最大潜力和效果。

表 1　情景设定

编号	情景设定
情景一	中日韩 FTA 达成
情景二	美墨加协定影响
情景三	RCEP 达成

具体模拟结果如下。

表 2 显示了中日韩 FTA 等协定达成对主要经济体 GDP 的影响。情景一显示中日韩 FTA 达成将使中国 GDP 提升 0.33%；情景二显示，美墨加协定影响对中国的 GDP 的效果较小（0），表明在贸易上对中国没有实质影响；情景三表示 RCEP 达成对中国的 GDP 效果为 0.55%，说明 RCEP 范围更大，促进区域贸易自由化的效果更强。从情景一和情景三的对比中我们可以看出，中日韩三国的贸易同三国与东盟之间的贸易具有一定相似性，因此，中日韩 FTA 达成后，东盟国家 GDP 会有小幅度减少（-0.04% 和 -0.02%），这表明虽然整体上中日韩产业链比东盟高端，但是仍然在一定范围内存在竞合关系。

表 2　不同情景对 GDP 的影响

单位：%

区域	情景一	情景二	情景三
中国	0.33	0	0.55
东盟中的 CPTPP 国家	-0.04	0	0.27
东盟中的其他国家	-0.02	0	0.16
日本	0.05	0	0.09
韩国	0.31	0	0.41
澳新地区	-0.02	0	0.13
印度	-0.01	0	0.53
加拿大和墨西哥	-0.01	0.03	—
智利和秘鲁	-0.01	0	—
美国	0	0.09	-0.01
欧盟 27 国	0	0	-0.01

表 3 显示了三种情景对各地区进口规模的影响。总体上，中日韩 FTA 和 RCEP 达成对中日韩三国进口都有促进作用，由于三国之间主要是产业内贸易，因此相互增加进口表明东亚生产网络中的合作更加活跃。可以看出，中日韩 FTA 达成对东盟和美墨加等其他经济体的进口有负面效应，有可能使本来通过其他国家完成的产业内贸易由于中日韩 FTA 达成而转向中日韩三国。

表 3　不同情景对各地区进口规模的影响

单位：%

区域	情景一	情景二	情景三
中国	3.02	-0.01	4.26
东盟中的 CPTPP 国家	-0.39	-0.01	3.83
东盟中的其他国家	-0.55	-0.02	4.87
日本	4.42	-0.05	6.44
韩国	4.47	-0.01	5.74
澳新地区	-0.44	-0.09	4.07
印度	-0.17	-0.01	3.72
加拿大和墨西哥	-0.04	0.54	—
智利和秘鲁	-0.53	-0.08	—
美国	-0.50	0.36	-0.87
欧盟 27 国	-0.11	-0.02	-0.27

表 4 显示了各情景对不同经济体出口规模的影响。总体上，中日韩 FTA 和 RCEP 达成对中日韩三国出口规模有促进作用；与前面的结果相似，RCEP 效果大于中日韩 FTA，而且日本的贸易创造效应较小，韩国较大；其他地区也呈现类似趋势。总体而言，中日韩 FTA 和 RCEP 对国际出口贸易形成较大的促进作用。

表 4　不同情景对各地区出口规模的影响

单位：%

区域	情景一	情景二	情景三
中国	2.28	0.06	3.15
东盟中的 CPTPP 国家	-0.01	0.01	1.68
东盟中的其他国家	0.09	0.04	3.45
日本	0.04	0.14	0.32
韩国	2.21	0.03	2.75
澳新地区	0.25	0.06	1.21
印度	0.08	0.05	5.90
加拿大和墨西哥	0.14	0.67	—
智利和秘鲁	0.01	0.03	—
美国	0.36	-0.16	0.54
欧盟 27 国	0.09	0.04	0.19

依据以上分析结果可以看出如下内容。

第一，中日韩 FTA 达成对东亚经济有很大促进作用。根据模型测算，中日韩 FTA 达成之后，中日韩三国的 GDP 会显著增加，幅度稍小于 RCEP；三国进出口贸易呈现明显增加趋势，表明中日韩 FTA 的贸易创造较为显著。由于 RCEP 比 CPTPP 等更具有开放性，相对来说排他性较小，因此可以预见达成之后在增进中日韩与东盟之间的互惠贸易的同时，为了获取更廉价的劳动力和资源，中日韩产业链将不可避免地向东盟转移。产业链转移的根本原因是中国劳动力成本上升，产业逐渐迈向中高端，基于成本驱动的产业链将遵循经济规律发生自然转移。但是，RCEP 有可能加速这种趋势。中日韩 FTA 达成之后，有可能促使日韩的投资者在产业布局上重新考虑。虽然中国的劳动力成本上升明显，但是中国具有产业集群优势，如果通过 FTA 中日韩之间的贸易和投资能够更加自由化、便利化，节省的交易成本就能够对日韩产业形成足够的吸引力。虽然中日韩三国被包含在 RCEP 中，但是由于中日韩三国产业链集中在中高端，因此中日韩 FTA 与 RCEP 的贸易效应方向并不完全一致。简言之，中日韩 FTA 对东亚生产网络的区域化贡献更大，而 RCEP 对世界主要经济体的贸易都有促进作用。

第二，美墨加协定对国际贸易的冲击有限。美墨加协定，也即升级版的“北美自由贸易协定”已经于2020 年7 月1 日正式实施。经过模型测算能够发现，美墨加三国大幅降低关税固然能对三国各自的 GDP、进出口贸易产生影响，但是对其他地区的影响较小。因此，从“301 调查”到“毒丸条款”，美墨加协定在制度和国际贸易秩序上颠覆 WTO 的意义较大，但是对国际贸易的实质影响较小，同时协定达成的确有利于参与各国。

（二）三国对于中日韩 FTA 的不同态度

1. 三国政府对中日韩 FTA 持积极开放态度

习近平主席在 2019 年 12 月第八次中日韩领导人会议前夕分别会晤日本时任首相安倍晋三和韩国总统文在寅，在会见韩国总统文在寅时指出，“双方要以实现高质量融合发展为目标，进一步挖掘潜力，提升务实合作层次和水平”。李克强总理在2020年5月十三届全国人大三次会议闭幕后回答记者提问时指出，“今年要如期签署RCEP，我相信这个承诺不会落空，我们也在积极推进中日韩FTA的建设”。王毅国务委员在2020年11月24～25日访日期间，与菅义伟新政府再次确认，中日双方同意积极推进中日韩自贸协定谈判及区域合作进程。2020年11月26日，王毅国务委员访问韩国期间，与韩国外长康京和达成一致意见，双方将同日方一道，积极推进中日韩自贸协定谈判进程。总体而言，三方想要达成FTA的意愿较为一致，但各自立场和出发点不同导致的一些深层次问题使谈判进展比较缓慢。

2. 三国产业界存在一些现实顾虑

对外贸依存度高是中日韩三国经济的共同特征，作为东亚地区三大重要经济体，利益诉求差异和产业结构相似等因素是中日韩FTA谈判道路上的重要障碍。尽管在贸易上中日韩FTA符合东亚各国共同利益这一点毋庸置疑，但是谈判的分歧在于中日韩三国对FTA的标准不一致，日韩期望更高标准的贸易自由化，尤其是日本希望以TPP（现在的CPTPP）高标准谈判，而中国希望渐进式达成适合亚洲的标准，韩国则希望在通过FTA打开其他国家市场的同时，尽量保护本国市场。

中日韩FTA谈判已经进行多年，但至今仍未有较大进展，原因就在于中日韩三国各有特点和局限性，三国谈判往往会因双边关系出现恶化而受阻，从中日韩领导人峰会屡屡中断就可以看出端倪。考虑到竞争力会受到影响，韩国产业界对日韩FTA、中日韩FTA的谈判不是很赞成。特别是在汽车产业领域，韩国汽车企业担心汽车产业发展受到日本车企的竞争威胁，但它们对美韩FTA是支持的，认为韩国人不太喜欢美国汽车，但美国开放汽车市场可以让韩国汽车企业获得更多的利益，因而之前一直极力说服本国政府推动美韩FTA达成。对通过FTA谈判推动中国汽车市场开放，韩国汽车企业非常积极，但更愿意推动韩国政府通过升级中韩FTA方式而不是通过推动建设中日韩FTA达成。

当前中日韩FTA的意义已超越经济合作，具有非常大的象征性意义。与欧盟相比，中日韩实现经济一体化相对更艰难一些。从地缘角度看，中国属于大陆国家，日本属于海洋国家，韩国是把大陆和海洋连接起来的半岛国家，三国地理位置不一样，经济融为一体颇有难度；而作为一个大陆整体，欧盟一体化就比较容易。从历史眼光看，中日韩三国之间有不堪回首的历史问题，且其至今还没有得到彻底解决，这始终成为三国间紧密合作的主要障碍之一。如果三国能相向而行，完全基于国民利益而最终签署中日韩 FTA，则将有可能推动亚太地区实现大的整合。

3. 农产品市场开放标准存在分歧

日韩两国对农业保护程度很高，也是食品、农产品价格较高的国家，农业利益集团的政治游说能力较强，开放难度较大，而中国是农产品出口大国，愿意开放农产品市场。中日韩三国不能在农产品贸易方面达成共识。为了保护农业，日本政府实行巨额财政补贴和高关税保护政策。在 RCEP 达成之前，在日本已生效的大多数 FTA 中，约一半的农产品被列为例外处理或再协商范围。[①] 即使在 RCEP 签署之后，日本仍旧对大米、小麦、牛肉、猪肉、乳制品和食糖等五种主要农产品和食品实行例外处理，对中国农产品关税撤销率为 56%。此前韩方在中日韩 FTA 谈判中的主要诉求是让日本取消农林水产品关税，废除水产品进口配额制度，并希望日本降低农产品相互认证、政府采购等方面的非关税壁垒。[②] 从 RCEP 成果看，日本仍然把从韩国进口的蔬菜列为例外处理，对韩国的关税撤销率为 49%。日本农林水产省表示，从韩国进口农产品对日本国内农林水产业“没有特别影响”。[③]

4. 服务贸易市场开放存在分歧

日韩两国希望中国开放金融、电信等较为敏感的服务业，并按照准入前国民待遇和负面清单管理模式进行高水平开放。但是考虑到市场不够成熟和监管能力滞后，中国希望服务业市场有一个渐进的开放过程。在 2018 年第

---

① 金香兰：《日本 FTA 进程影响要因分析》，《合作经济与科技》2017 年第 6 期。

② 王皓、许佳：《中日韩 FTA 建设与东北亚区域合作——基于中日韩三国自贸区战略的分析》，《亚太经济》2016 年第 4 期。

③ 「RCEP 15カ国署名 中韓と初 EPA 重要品名は除外」、『日本農業新聞』、https://www.agrinews.co.jp/p52419.html。

十三轮首席代表谈判中，三方就召开了服务贸易、电信、金融服务等工作组会议，并就服务贸易管理措施进行了全面细致的政策交流。[①] 近年来，中国开放的大门越来越大，银行、证券、保险等金融服务业相继大幅度开放，相信未来与日韩在相关领域的谈判能够比之前达成更多共识，不断向前推进，取得更好成果。

三　后 RCEP 时代中日韩 FTA 展望

RCEP 的达成结束了中日韩、中日、日韩之间没有 FTA 的历史，在关税减让、市场开放等方面给中日韩 FTA 打下了良好基础。但是，因为 RCEP 适用范围更大，关税减让方面与中日韩 FTA 预期效果相比标准并不低，客观上给中日韩 FTA 达成提升了难度。在 RCEP 已经解决了大部分关税减让和市场准入问题之后，中日韩 FTA 需要继续向“边境后规则”发展，才能够体现签署意义，推动三国加强经贸合作。

（一）中日韩 FTA 未来面临的挑战

1. RCEP 达成是把双刃剑

RCEP 整体自由化率达到 91%，在关税减让和市场开放方面取得了较大成果，特别是中国在金融、电信等行业的大门越开越大，第一次在自贸协定项下以负面清单形式对投资领域进行承诺。RCEP 达成对中日韩 FTA 谈判而言，可能是双刃剑。一方面，RCEP 达成标志着在关税减让、市场准入方面三国成功找到了利益交汇点和黏合剂，为进一步推进中日韩 FTA 谈判提供了条件和窗口。另一方面，未来中日韩 FTA 谈判想取得进展，在 RCEP 基础上获取附加值，可能需要往“边境后规则”发展，特别是日本在自贸区战略中一直强调高标准规则。因此，下一步中日韩 FTA 的谈判难度可能提

① 《中韩自贸区第十三轮谈判首席谈判代表会议在首尔举行》，新华网，http：//www.xinhuanet.com/world/2018 -03/23/c_ 1122583409.htm。

高。谈判如果不能取得大幅度超越 RCEP 的成果，则会让三国，特别是日本觉得签署没有实际意义。

2. 日韩贸易摩擦带来的困难

日韩经贸关系从开始的“均势型”相互依存，发展到后来的“摩擦型”相互依存，乃至升级到“遏制型”相互依存，日韩贸易摩擦的变动轨迹折射出东亚经贸合作长期以来存在的隐患。2019 年 7 月，日本宣布对韩国实行一系列贸易制裁手段，重点是对三种半导体原材料禁运，使此前早就紧张的日韩两国对立关系再次升级。为了报复日本，韩国产业通商资源部于 8 月 14 日决定把日本从原来的贸易伙伴“甲类”降级为新增的甲 2 类。9 月 18 日，韩国又把日本移出韩国的贸易“白色清单”，令贸易摩擦再次升级。韩方还将日本诉至 WTO 争端解决机制，其间，双方一度开展对话，但是 2020 年 6 月韩方表示日本缺乏对话诚意，宣布重新寻求 WTO 做出裁定。日韩两国僵持状态持续至今，没有看到突破的希望，有长期化的倾向。未来日韩贸易摩擦有可能成为中日韩 FTA 谈判的重要障碍。

3. 美国重返亚太给中日韩 FTA 带来不确定性

拜登上台伊始就启用库尔特·坎贝尔担任新设立的“印太协调员”一职。坎贝尔是五角大楼前高官，曾经担任奥巴马政府时期美国国务院负责亚洲事务的最高官员，是奥巴马“重返亚洲”政策的设计师。[①] 拜登政府加强美国在亚太地区存在感的意图非常明显。从目前情况来看，拜登政府有可能会坚持民主党一贯的基于规则的多边主义立场，通过高标准经贸规则、排他性区域经济一体化安排、边境后规则等方式加强对华经济遏制，同时利用美日、美韩同盟关系以及“美日印澳”机制，挑动中日、中韩关系，达成战略目的。这些会对中日韩 FTA 谈判进程产生不利影响。

4. 来自国内产业保护的压力

从全球价值链分工看，中日韩三国均处于东亚生产网络之中，整体已展

---

① 《被拜登提名“印太协调员”的坎贝尔提“停止美中关系直线下坠”设想：各退一步，再各进一步》，环球网，https：//world. huanqiu. com/article/41XPboRyqqT。

现出竞争力。然而，中国还有很多产业尚处于价值链的中低端，在很多产业开放上可能持有谨慎态度；而日韩两国都是工业较为发达的经济体，优势产业均处于价值链的高端，因此期望有高水平或高标准的 FTA。中国在低端产品出口上有成本优势，希望在货物贸易、服务贸易及投资领域逐步谈判，但日韩期望一次性参照高标准的要求开展谈判。如在货物贸易关税撤销方面，虽然中日韩三国的诉求不同，但都不希望对国内的弱势产业造成损害。相反，在农产品的谈判上，日韩较为保守，而中国的优势突出，三国围绕农产品的谈判的难度也较高。尤其是日本的农业协会力量非常强大，在 FTA 谈判时往往形成最坚固的阻力。

5. 来自国内政出多门的机制

在 FTA 谈判上，中日韩三国的谈判代表团多数由多个部门的人员构成。中日韩 FTA 的推进在很大程度上取决于日本的立场。日本的 FTA 谈判代表通常为外务省、经济产业省、农林水产省、财务省等中央省厅的人员，中国和韩国也有类似的谈判代表。尽管在谈判时会有牵头单位，但是当涉及国内产业利益时，往往需要谈判代表团协商各自立场或向上级汇报，这就会花费较多的时间和精力，而内部达成一致意见也不是一件容易的事情，会影响三国 FTA 谈判的进程。

6. 来自国家主导权的争执

中日韩三国都是区域内有影响力的国家，尤其是中日两国围绕区域主导权的竞争日趋激烈。中国的快速发展已经威胁到日本的传统区域大国的地位，使其在 FTA 谈判时屡屡采取牵制、排斥的态度。比如，日本在 2002 年制定的 FTA 战略和 2004 年的基本方针将中国排除在优先建立 FTA 对象之外；而当 2001 年中国提出与东盟建立 FTA 时，2002 年 1 月，日本也宣称要与东盟各国开启 FTA 谈判；当中国提出建立包含中日韩和东盟的东亚自由贸易区（“10＋3”机制）时，日本主张把澳大利亚、新西兰、印度三国纳入以构建东亚区域合作体系（“10＋6”机制）。[①] 在亚太区域合作方面，日

① 金香兰：《日本 FTA 进程影响要因分析》，《合作经济与科技》2017 年第 6 期。

本之前以参与 TPP 谈判为优先，后主导推动 CPTPP 签署生效，但也并不是完全出于经济利益考量，而是为了巩固美日同盟关系，有牵制中国在亚太的影响力的意图。2019 年末，在 15 国就 RCEP 签署达成共识之后，日本反复强调不签署没有印度的 RCEP，后来又表现出“外柔内刚”的态度，表示要积极与印度沟通，希望与中国一起做好印度的工作，争取印度，其实质还是为本国利益而拖延 RCEP 分阶段达成。

7. 对三国 FTA 的战略考量存在分歧

日本对达成 FTA 采取“远交近攻”的策略，倾向于与美欧等域外国家建立 FTA，如前期日本把 TPP 放在优先地位，当美国退出 TPP 之后，日本加快推进日欧 EPA 谈判，而把 RCEP 和中日韩 FTA 放在后面。日本还坚持先达成 RCEP，因为 RCEP 包含中日韩三国，要在 RCEP 基础上以获取附加值的形式推动中日韩 FTA 达成。这一态度虽然看上去有道理，但是此前 RCEP 推进遭遇面临诸多困难、国际形势复杂的情况，无疑给中日韩 FTA 的达成平添困难。由于韩国产业结构与日本相似，中韩率先达成双边 FTA，在这种情况下，韩国对推动达成中日韩 FTA 的积极性不高。日本却认为，中韩 FTA 并不是高水平的自贸协定，推动高水平的中日韩 FTA 达成仍有重要意义，日本认为有必要让韩国尽快重返中日韩高水平 FTA 谈判。韩国方面的 FTA 战略考量是，既然已与中国建立 FTA，倾向于继续谈判 FTA 的升级版，就没有必要积极推进中日韩 FTA，特别是由于日韩的产业结构相似，其继续推进三国 FTA 的意愿就不太强。中国最早提出建设中日韩 FTA 的构想，有意愿推进三国 FTA 早日达成，但是考虑到经济发展的层次等因素，中国并不愿意一步到位建成超高标准的 FTA。目前，RCEP 已经达成，关税减让和市场准入方面已经取得预期成绩，因此，中日韩 FTA 想要在此基础上实现附加值，难度进一步提高。

（二）中日韩 FTA 达成路径分析

一是进一步降低关税，提高贸易自由化程度。中国在 RCEP 框架下取得的最重要的突破是进一步打开了日本市场，填补了中日之间没有 FTA 的空白。但是目前降税税目数量相对有限，需要过渡期的产品较多，在中国出口至日本的蔬菜、水果、牛肉，以及日本出口至中国的核心汽车零部件、电子元器件、化工产品等领域仍然有较大降税谈判空间。[①] 从目前情况来看，中日双方对执行 RCEP 内容都较为积极，双方政府和产业界在看到 RCEP 带来的巨大收益之后，能够对推进中日韩 FTA 谈判起到促进作用。

二是加强中日韩科技合作。在 2019 年 12 月成都第八次中日韩领导人会议上，三国达成共识，认为未来十年将是国际形势深刻演变、世界经济新旧动能转换、科技革命与产业变革迅速发展的十年，中日韩应加强合作，与其他国家一道，为解决地区和国际社会面临的广泛问题做出积极和应有的贡献。目前，中国在新能源产业上还存在开发利用技术成本高、技术创新管理体制滞后等问题。因而在推进能源改革上，中国可以在完善能源税收和消费政策、新能源产业基础设施建设、科学研究和共性技术开发等方面与日韩加强合作。同时，在日韩贸易摩擦越发激烈的形势下，中国可以与韩国加强合作，加速推进在半导体、原材料方面的产业布局。中国要在加紧进行自主研发的同时，在日韩贸易摩擦背景下，与日韩企业合作，承接高端原材料产业转移，提高技术和产能水平，保障产业安全，实现互利共赢。

三是支持日韩在“一带一路”框架下探讨区域经贸安排。积极引导日韩将“一带一路”框架下的合作体现在政策和行动当中，支持日韩同中方共同开发“一带一路”框架下的第三方市场，完善双边或多边区域经贸投资安排，其中重点促进中日韩 FTA 标准规则升级，将其延伸至共建“一带一路”国家，构建“中日韩 FTA +”的自贸区网络，同时通过提升基础设施互联互通水平，推动形成区域统一大市场，拓展区域自由贸易制度安排适用的空间。

四是进一步发挥企业、智库、民间等对话“以经促政”的作用。充分发挥经贸关系在双边与多边关系中的“压舱石”和“助推器”作用，深化

---

① 《区域全面经济伙伴关系协定（RCEP）解读二：中日贸易篇》，搜狐网，https://www.sohu.com/a/434385876_120070887。

中日韩及亚洲区域内民间经贸联系和人员交流，夯实已建立的中日、中韩交流渠道，积极倡导自由贸易，呼吁反对保护主义，构建稳定的经贸合作关系，继续发挥“以经促政”“以民促官”的助推作用，营造积极稳定的对话沟通氛围，弥合“RCEP +”和“中日韩 FTA +”各个谈判方的鸿沟，改变部分谈判对象的保守倾向。

五是加强中日韩之间的人才交流。加强三国互派留学生，增设相关奖学金，鼓励留学生为中日韩经贸合作做出贡献。为日韩高端人才来华工作与生活提供方便，简化租房、上网、缴纳社保等方面的手续，多举办中日韩人才交流活动，可考虑由政府牵头定期举办跨国人才交流招聘大会。

四 结语

2020 年末，15 国参与的 RCEP 成功签署，填补了中日韩、中日、日韩之间没有 FTA 的空白，中日韩 FTA 谈判迎来了新阶段。中日韩 FTA 谈判在 RCEP 达成之后、亚太自贸区构想实现之前，具有承前启后、继往开来的重要意义。无论是从推进东亚区域经济一体化的现实角度来看，还是从构建东亚命运共同体的理想层面来看，其都能起到不可忽视的重要作用。虽然目前中日韩 FTA 面临中日韩三国产业界意见分歧、日韩贸易摩擦等阻碍，但是由于中日韩 FTA 符合三国乃至整个东亚的共同利益，在促进区域经济发展、推进产业链合理重构等方面意义重大，其一定能够得到快速推进。未来可以利用中日韩之间已经存在的各种对话沟通机制进一步加强交流合作，加强日韩在共建“一带一路”第三方市场合作方面的参与感，探索中日韩三国在新能源、关键核心材料等方面的技术开发和应用合作，同时加强三国之间的人才交流，为日韩高端人才来华工作与生活创造更多便利，研究探讨三国社保系统互认机制，以为在华日韩人才提供更多方便。

B.21
新冠肺炎疫情后日英 EPA 的进展与影响*

贺 平**

摘 要： 日本与英国之间的全面经济伙伴关系协定（EPA）谈判自启动以后进展神速，日英 EPA 于2020年10月23日签署。这得益于双方深层次的战略互动和偏好趋同，主要表现在三个方面：在全球布局上，“全球化英国”与“俯瞰地球仪外交”相互对接；在区域战略上，作为“欧洲的玄关”与“亚太的门户”彼此借重；在规则体系上，“关税追赶”与“规则新设”高度接近。在数字贸易、基础设施投资等议题上，日英 EPA 具有突出的“规则导向”与“规范意义”。同时，双方将日英 EPA 作为英国加入 CPTPP 的先导和铺垫，着力推进 CPTPP 的扩容，希望使英国成为第一个加入的亚太地区以外的发达经济体新成员。

关键词： 日英全面经济伙伴关系协定 全面与进步跨太平洋伙伴关系协定 全球化英国 规则导向

在全球贸易格局动荡不安、新冠肺炎疫情突如其来、英国“脱欧”进程胶着反复的背景下，日本与英国之间的全面经济伙伴关系协定（EPA）谈

* 本报告是受教育部国别和区域研究专项资金资助的“后疫情时代的中日韩关系与东北亚区域合作研究”（编号：2020－N60）的阶段性成果。

** 贺平，国际政治专业博士，复旦大学日本研究中心教授，全国日本经济学会副秘书长，主要研究领域：日本经济外交、区域经济合作等。

判却逆势而行，进展神速，在正式开始谈判仅四个月后，双方就签署协定。日英 EPA 由此成为英国“脱欧”以后与主要经济体建立的第一个 EPA。同时，这对于日本拓展全球自由贸易网络、推动“全面与进步跨太平洋伙伴关系协定”（CPTPP）扩容也具有标志性意义。

按国别计算，日本是全球第三大经济体，英国则是全球第五大经济体和欧洲仅次于德国的第二大经济体。无论是就经济总量和贸易规模而言，还是分析其战略内涵、规则体系和外溢效应，日英 EPA 都是当前全球贸易政治的一个重大进展，值得高度关注。

一　日英 EPA 快速发展的动因

在英国“脱欧”悬而未决的背景下，2019 年 1 月，日英双方同意开展新的双边自由贸易协定谈判。2020 年 2 月，作为“脱欧”以后的首次出访，英国外交大臣多米尼克·拉布（Dominic Raab）访问日本，并与日本外务大臣茂木敏充开展战略对话，在两者发表的声明中明确了建立新的“经济伙伴关系”的意愿。6 月 9 日，日英 EPA 正式开始谈判，日方首席谈判代表为外务省经济局审议官松浦博司，英方首席谈判代表为英国国际贸易部的格拉汉姆·西贝迪（Graham Zebedee）。截至 8 月 3 日，在短短不到两个月的时间内，双方就进行了七次首席谈判代表会谈。受新冠肺炎疫情的影响，所有谈判都以视频会议的形式进行，客观上也加速了谈判进程。8 月 5 日，茂木敏充在新冠肺炎疫情扩散后首次出访，在访英期间与拉布进行了一对一的会谈。茂木敏充曾担任负责经济财政政策的特命担当大臣，在日本参与“跨太平洋伙伴关系协定”（TPP）谈判的过程中扮演了重要角色，此番作为外务大臣出马，可谓驾轻就熟。尽管受到日本政局变动等影响，但 9 月 11 日双方宣布已达成原则性协定，仅比原定 8 月底的谈判目标晚了不到两周。10 月 23 日，双方正式签署协定。根据安排，这一协定于 2021 年 1 月 1 日生效。

（一）直接原因

在相对微观的技术层面，日英 EPA 谈判进展迅猛的直接原因主要有二。首先，从内部来看，2021 年初是一个重要的时间节点，日英双方都深感时不我待。2020 年底，英国“脱欧”过渡期宣告终止，在此之后，日本—欧盟经济伙伴关系协定（EPA）、加拿大—欧盟全面经济贸易协定（CETA）等的关税优惠措施对英国不再适用。为此，英国既需要在第一时间补苴罅漏，又不得不另辟蹊径。与日本签署新的 EPA、加入 CPTPP 等举措可以视为英国维系乃至强化与域外国家和地区经贸关系的补救之举。

对日本而言，同样面临英国“脱欧”造成的巨大冲击。目前，在英国的日本企业超过 1000 家，为 18 万人创造了就业机会，英国“脱欧”导致其面临实际运营的额外负担和对未来预期的心理恐慌。不少企业着力应对，以求趋利避害，例如本田决定关闭在英国的汽车整车工厂，松下已经将其欧洲总部从英国迁往荷兰，日本最大的律师事务所西村朝日也选择在法兰克福而非伦敦设立第一家欧洲办公室。根据 2019 年日本贸易振兴机构对在欧日本企业的问卷调查，有 54% 的在英日本受访企业认为英国“脱欧”对自身的影响是负面的，比 2018 年的调查结果大幅上升了 28.7 个百分点，而对制造业企业而言，这一比例更是高达 70.8%。在分析未来的负面影响时，除了“通关和关税的混乱”“关税成本”“通关手续”“欧洲和英国经济的混乱和停滞”等共性问题之外，“前景不明朗”“英国经济停滞导致消费低迷”“从欧盟的采购成本上升”等也被认为是主要原因。在英国的日本企业中，有 76.1% 将英国“脱欧”视为最大课题，制造业企业持这一判断的比例更高达 87.1%。事实上，高达 56.5% 的在欧日本企业认为英国“脱欧”是自身经营面临的重大问题，在制造业企业（55.6%）和非制造业企业（57.3%）中出现基本一致的反馈。[①] 因此，对日本而言，在原有日欧 EPA

① 日本貿易振興機構（ジェトロ）「欧州進出日系企業実態調査（2019 年度調査）」、2019 年 12 月 20 日。

的基础上，与英国签署新的双边 EPA，是纾解英国“脱欧”冲击的应急措施和必然选择。

其次，从外部来看，第三方的阻碍因素也相对较少。作为英国和日本的共同盟友，强调“贸易谈判双边主义”的美国特朗普政府对于这一拟议中的协定也乐见其成，至少未横加掣肘。进而言之，美国、日本、英国之间还形成了双边自由贸易谈判的互动。日美货物贸易协定已经在 2020 年 1 月 1 日正式生效。截至 2020 年 8 月，英国与美国之间的自由贸易协定（FTA）谈判已进行了三轮，除了农产品领域的食品安全以及动物福利、金融服务、投资、电子商务、医药等议题之外，进展相对顺利。① 9 月又进行了第四轮谈判。

（二）深层动因

如果进一步观察就会发现，日英 EPA 谈判的快速推进离不开两国更深层次的战略互动和偏好趋同，主要表现在以下三个方面。

1. 全球布局的对接：“全球化英国”与“俯瞰地球仪外交”

“全球化英国”（Global Britain）是英国的“脱欧”势力和现任的鲍里斯·约翰逊（Boris Johnson）政府大力推进的一项政策理念。即便不能用“恢复昔日大英帝国的荣光”来形容，约翰逊治下的英国也不再仅仅安心作为“欧洲一员”，而更具全球视野。“全球化英国”意在彰显开放、包容、外向的姿态，贸易自由化是其中的一个重要指标。作为高度融入经济全球化的国家，英国的进出口贸易规模已经占国内生产总值（GDP）的 62%，而服务业的贸易规模占 GDP 的 79%。英国政府提出，要在 2022 年末之前将其与 FTA 伙伴的贸易覆盖率提高到 80%，成为自由贸易协定的“全球枢纽”（global hub）。约翰逊本人甚至提出，英国要化身为“全球自由贸易的超人”，扮演起全球自由贸易的“捍卫者”角色。② 然而，2019 年，欧盟作为

① Shayerah Ilias Akhtar et al.,“Brexit and Outlook for a U.S. – UK Free Trade Agreement,” The Congressional Research Service, IF11123, July 8, 2020.

② “Prime Minister Boris Johnson's Speech in Greenwich,” February 3, 2020.

一个整体的对外贸易规模占到英国对外贸易规模的47.3%，在英国的前十大贸易伙伴中，除了美国、中国、瑞士之外，其余七个均为欧盟成员。截至2020年8月1日，英国已经确保的与49个国家的20个自由贸易协定中，除了韩国、瑞士等国之外，绝大部分协定的对象为中小经济体。“脱欧”后的严峻状况与上述颇为雄心勃勃的数值目标之间存在不小的差距。这也意味着除了与欧盟尽早达成某种形式的自由贸易协定之外，与美国、日本等主要贸易对象的FTA谈判也箭在弦上，不得不发。客观上，“脱欧”也为英国作为一个独立关税体开展FTA谈判提供了更高的自由度和更大的决策权，其不再受到欧盟内部其他成员的束缚。为此，英国领导人频频强调，在“脱欧”之后，英国“收回主权”，成为一个“重获自主的”贸易国家，既明确知晓路在何方，也能迈步走上自己选择的道路。

无独有偶，安倍晋三第二次执政不久就于2013年提出了一个宏大目标：希望到2018年，将日本与EPA伙伴国的贸易额占日本对外贸易总额的比例由当时的19%提升至70%。在突破性地完成CPTPP谈判和日欧EPA谈判且RCEP谈判有望在2020年内结束的背景下，英国成为日本政府完成这一远大目标的一块重要拼图。而且，自2016年以来，日本政府就频频提出，要成为贸易和投资的“国际核心据点”和“自由贸易的旗手”。这一经贸目标与安倍政府提出的“俯瞰地球仪外交”息息相关，成为彰显后者成果的一个重要抓手。鉴于新上任的菅义伟政府在内政外交上大体延续了安倍政府的基本战略和政策主张，日本国内也对其自由贸易战略充满期待，日本在这一贸易领域的进取姿态有望在中短期内继续维持。①

可见，在全球布局和经济伙伴关系的网络营造上，日英两国的战略方向殊途同归，也都力图彰显各自的主动作为。日英EPA为两条路径的交叉提供了一个重要的支点。

2. 区域战略的借重：“欧洲的玄关”与“亚太的门户”

日本与英国各自与大陆隔海相望，在相当长时间内，与所在地区的一体

① 「自由貿易の旗手として菅政権は指導力を（社説）」、『日本経済新聞』2020年10月7日。

化进程若即若离，在国际战略上也努力扮演“离岸平衡手”的角色。由于相近的地缘身份和战略定位，日英都将对方视为重要的区域“门户”，彼此借重。

对于日本而言，无论在战略合作、政治外交的宏观层面，还是在研发、销售、服务等经贸交往的微观层面，英国都具有“欧洲的玄关”的作用。丰田、日产、日立等不少日本企业都将英国作为布局欧洲的生产基地或地区总部。随着英国“脱欧”，这一作用正在发生微妙的变化，相比“跳板”或“桥头堡”等关注第三方的借喻内涵，日英关系自身的双边色彩有所增强。在经贸上，简单而言，英国与欧盟由单一市场变为各自独立的两个经济体，即便签署 FTA，英国与欧洲大陆之间经济一体化的程度和互惠条件也无法与曾经的单一市场同日而语。当然，这一协定如能早日落地，对日本而言亦是好消息：既能与英国深化双边关系，又可强化与欧盟特别是法德等主要国家的合作。①

与之相对应，近年来，日本同样被英国视为“亚太的门户”和在亚洲“最紧密的伙伴”，两国不仅在经贸合作上，而且在国际事务、全球治理、政治外交、防务安全等一系列领域进行合作。例如，2017 年 1 月，日英两国政府缔结了关于日本自卫队与英军加强防务物资合作的《物资劳务相互提供协定》（ACSA），并每年开展共同训练。在“脱欧”背景下，日本作为“亚太的门户”的有利身份和特殊作用进一步凸显。就地缘经济和地缘政治而言，日英 EPA 谈判正是在这一日英互为“门户”的背景下快速展开的。

3. 规则体系的趋同：“关税追赶”与“规则新设”

日英关系发展平稳，双方在 EPA 谈判涉及的诸多议题上的立场高度趋同。日欧 EPA 已于 2019 年 2 月 1 日生效，承诺取消双方之间近 99% 的商品关税，为日英 EPA 提供了全面和坚实的谈判基础和规则模板。日欧 EPA 的谈判延续近六年，英国全程参与其中，在一定程度上，日本与英国在广泛的

① 池本大輔「イギリス—強硬離脱の原因とその帰結—」、令和元年度外務省外交・安全保障調査研究事業『混迷する欧州と国際秩序』、日本国際問題研究所、2019 年 2 月、46 頁。

议题上已经有过反复博弈，也已达成了基本的共识。在此背景下，日英经贸往来大体呈现以下三个特征。

其一，表面上看，日英贸易总量的绝对数字并不突出，但相比货物贸易，服务贸易更具亮点和特色。日本是英国的第 11 大贸易伙伴、第四大非欧盟出口市场，2018 年的对日出口额占英国出口总额的 2%，而英国则是日本的第 12 大贸易伙伴。在服务贸易中，金融服务同为英国和日本对对方出口的重要领域，根据 2016 ~ 2018 年的平均数字，英国对日和日本对英的服务贸易出口额分别为 39 亿英镑和 19 亿英镑。在英国方面，金融服务出口额占对日出口额的 28%，2018 年向日本出口的专业和商业服务、金融服务的金额分别达到 15 亿英镑和 41 亿英镑。

其二，按加权关税计算，当前英国对日本和日本对英国的进口关税税率分别仅为 3% 和 1%，已处于较低水平。少数产业寄希望于关税减让。例如，鉴于现有接近 10% 的平均关税税率，纺织品和皮革产业有望大幅降低关税和非关税壁垒，成为英国从日英 EPA 中获益最大的产业。但整体而言，与大部分发达经济体近年来签署的 EPA 类似，日英 EPA 的重点并不在于传统的关税减让。

其三，相比贸易，对外直接投资在日英两国经济交往中的重要性更为突出。2018 年，英国和日本互为对方的第五大和第六大外来直接投资目的国。对英国而言，日本是仅次于美国的非欧盟投资来源国。同时，根据联合国商品贸易统计数据库的数据，59% 的日本对英国出口产品和 44% 的英国对日本出口产品是中间品。这表明两国在全球供应链中保持着紧密联系。①

2020 年 5 月 19 日，英国公布了“脱欧”过渡期之后从 2021 年开始执行的独立关税表，将削减约 6000 项关税，并降低了关税税率，但对汽车、畜产品等部分重点产业的关税仍维持现状。根据英国国际贸易部进行的内部测算，日英 EPA 在长期内将使双边贸易额提升 152 亿英镑，每年英国对日

① “UK – Japan Free Trade Agreement: The UK's Strategic Approach,” The Department for International Trade, May 13, 2020, p. 34.

货物贸易出口的关税减让有望达到3300万英镑，并使英国工人的工资增长8亿英镑。[①] 在充分的关税自由化以及非关税措施和规制限制深度削减的条件下，以2018年的水平为基准，日英EPA有望使英国GDP增长0.07%，对日出口和自日进口分别增长21.3%和79.9%，使英国的整体出口和进口分别增长0.52%和0.58%；同时，日本GDP有望增长0.04%。[②]

在谈判期间，日本在汽车等领域表现出较大诉求，希望取得优于日欧EPA的待遇。例如，根据日欧EPA，日本出口至欧盟的汽车关税税率将需要花费八年的时间，即到2026年2月才能从现行的7.5%降为0，日本希望英国能将这一期限大幅缩短。反过来，根据英国上议院国际协定分委员会的意见征询，汽车、电子商务和服务、农产品和食品是英国方面最为关心的三大议题领域。

从谈判结果来看，双方各取所需，基本得偿所愿。日英EPA的要点比较充分地体现了对日欧EPA的“关税追赶”，可谓“萧规曹随”（roll-over），并在其基础上突出了若干“规则新设”。首先，日本将基本维持在日欧EPA的水平下对英国的市场准入，在工业制成品上实现100%的关税撤销。在日本比较关心的部分农产品议题（撤销对日本酒的进口限制、维持农产品和酒类的地理标识保护、撤销对所有酒类的关税）上，日欧EPA的规则与待遇得以维持。尽管上述汽车关税的撤销时间仍与日欧EPA一致，但在铁路机车、汽车零部件等日本出口至英国的重点产品上，日本企业将大幅改善对英国市场的准入条件。

其次，英国在日本享受的市场准入，也将大体保持日欧EPA的水平。对于部分规则条款，日英EPA的标准甚至超过日欧EPA，例如，在机床、纤维、汽车零部件等部分产品上，对原产地规则的要求将比日欧EPA更为宽松；英国产品的地理标识，由日欧EPA中认定的7项大幅增加到70余

① “UK - Japan Free Trade Agreement: The UK’s Strategic Approach,” The Department for International Trade, May 13, 2020, p. 5.

② “UK - Japan Free Trade Agreement: The UK’s Strategic Approach,” The Department for International Trade, May 13, 2020, p. 46.

项；在电子商务和金融服务方面，将增加禁止要求企业公开源代码和人工智能算法的条款；在竞争政策方面，增加消费者保护的相关规定等。① 细读日英两国各自在同一天公布的原则性协定新闻公报可以发现，与日本方面相对中性的表述有所不同，英国方面对于规则条款的解释更为具体，也反复在字里行间强调该协定与日欧 EPA 的差异和对其的提升，以宣示与日本签署协定的必要性乃至优越性。

二 醉翁之意不在酒：日英 EPA 与 CPTPP

英国政府在其对日 FTA 谈判的政策文件中，开宗明义地指出，与日本的这一双边谈判“将顺理成章地成为加入 CPTPP 的一块垫脚石”。在一个协定中强调对另一个协定的辅助作用并不常见，颇耐人寻味。事实上，日英两国对于这一后续设想都不讳言，率先签署双边 EPA 被双方视为英国加入 CPTPP 的关键一步，而后者的目标设定又反过来成为推动前者进展的一个重要预判因素。在日英双方的数次会谈中，英国都表示了对 CPTPP 的关心，日方也对此表示欢迎，承诺提供必要的支持。

（一）英国加入 CPTPP 的动议及其与日本的互动

在 RCEP 正式生效之前，CPTPP 是仅次于美墨加协定（USMCA）和欧盟的全球第三大贸易集团，也是美国退出后 TPP 的一个变体，已于 2018 年 12 月 31 日正式生效。在特雷莎·梅（Theresa May）执政时期，是否加入 TPP 就已经成为英国“脱欧”进程中的话题之一。② 时任国际贸易大臣利亚姆·福克斯（Liam Fox）等人对其颇为热心，日本政府也对英国加入的意愿

① 参见外務省『日英包括的経済連携協定（日英 EPA）「大筋合意」』、2020 年 9 月；Department for International Trade and The Rt Hon Elizabeth Truss MP, “UK and Japan Agree Historic Free Trade Agreement,” September 11, 2020。

② Geoff Raby, Warwick Lightfoot, “Trading Tigers: Why the UK Should Embrace the Free – trading Nations of the Trans – Pacific Partnership,” July 2018, Policy Exchange.

给予多次正面回应。2018 年 10 月 8 日，在接受《金融时报》采访时，安倍晋三公开表示，“张开双臂”欢迎英国加入 TPP。① 彼时，英国国内对这一倡议仍有较大保留情绪。不少人担心，英国对 TPP 各国的出口额仅占其出口总额的 8%，而对欧盟 27 国则超过 40%，将关注的焦点放在亚太不免有舍近求远、舍大逐小之嫌。② 且 TPP 的规则体系主要在美国的主导下建立，其颇为激进的自由化路径未必适合英国，与英国原来所处的欧洲体系也难免有所冲突。

英国“脱欧”进程渐渐尘埃落定之后，对 CPTPP 的态度也变得更为清晰和积极。2020 年 6 月 17 日，英国国际贸易大臣利兹·特拉斯（Liz Truss）正式表示了英国加入 CPTPP 的意愿和计划。紧接着在 7 月初，英国国际贸易部公布了加入 CPTPP 的立场文件。在这一立场文件中，英国政府阐述了加入 CPTPP 的三大理由：第一，确保贸易和投资增长的机会，帮助英国经济克服新冠肺炎疫情带来的史无前例的挑战；第二，实现贸易联系和供应链的多元化，从而在充满高度不确定性和纷扰的世界中提高经济安全水平；第三，确保今后在世界中的一席之地，获得长期利益。③ 目前，英国已经与 CPTPP 的所有 11 个成员国开展了加入 CPTPP 的部长级或事务级接触，并于 2021 年 2 月 2 日正式提出加入申请。

对于英国在加入 CPTPP 问题上日益进取的姿态，日本官员多次表示将“不遗余力地”支持。但值得关注的是，日本商界对此存在微妙的“温度差”。在前述 2019 年日本贸易振兴机构对于在欧日本企业的问卷调查中，尽管有 27.7% 的在英日本受访企业预期日英 EPA 将为自身带来巨大收益，但仅有 5.6% 的受访企业认为英国参加 CPTPP 对自身有益，有分别高达 40.9% 和 53.1% 的受访企业认为没有影响或不置可否。或许可以说，日本对英国加入

① Lionel Barber, Robin Harding, “UK Would Be Welcomed to TPP ‘With Open Arms’, Says Shinzo Abe,” *Financial Times*, October 8, 2018.

② David Warren, “Despite Abe’s Invitation, the CPTPP Does Not Make Sense for Britain,” Chatham House, October 12, 2018.

③ “An Update on the UK’s Position on Accession to the Comprehensive and Progressive Agreement for Trans – Pacific Partnership (CPTPP),” The Department for International Trade, June 17, 2020.

CPTPP施以奥援，首要目的并不在于获得可见的经济收益，而更着眼于彰显领导力、拓展战略空间、推动包括美国重返在内的CPTPP后续扩容。

（二）日英EPA对英国加入CPTPP的先导作用

前文所述日英EPA面临的悖论在英国参与CPTPP中同样存在，甚至进一步放大。但正因如此，日英EPA的顺利达成将为后者提供有益的基础和合理的参照，主要体现在以下三个方面。

首先，对英国而言，其以更大的力度投身亚太市场，除了着眼经济收益之外，事实上也是"脱欧"进程的延续和对"脱欧"抉择的一个正当化解释。在这一方面，日英EPA具有先期的"橱窗展示作用"。根据英国的统计，2019年，英国与CPTPP成员国的贸易额为1100亿英镑，而同一年与欧盟的进口额和出口额则分别高达3720亿英镑和3000亿英镑。这一数据时常被反对党拿来做文章。如果加入CPTPP，那么对英国而言，真正新的EPA伙伴是其中的马来西亚和文莱，而这两个国家与英国的贸易规模只占英国整体贸易规模的0.37%。2018年，英国的整体出口产品中有46.1%面向欧洲，在发动机之外的汽车部件、食品、矿物性燃料、纤维与纤维制品等不少产品方面，这一比例甚至超过60%。但是，脱离单一市场和关税同盟后，英国与欧盟之间的关税待遇告别了之前的一体化语境，除了"自由贸易"与"经济合作"之外，重新回到强调"公平竞争"（level playing field）的状态中。这就意味着英国企业必须更加积极地开拓欧盟之外的市场，而高速增长的亚太市场显然是重中之重。例如，根据日英EPA，英国出口至日本的猪肉、牛肉、三文鱼以及其他农产品的关税将大幅降低，在斯提尔顿奶酪、茶萃出物、面包预拌粉等受到配额限制的产品中，英国的出口收益也将有所增加。这些都为英国寻求在CPTPP中获得更大的市场准入做了铺垫和尝试。

分析英国"脱欧"的动议和原因可以发现，英国对于欧盟在环境劳动标准、产业补贴等经济议题上的政策和表现颇有微词。而相较欧盟，CPTPP既不是一个要求对第三方实施统一关税的关税同盟，在成员国的国内规制上也不强求高度的一体化整合。在英国国内，这些差异符合"脱欧"势力的政策偏好，客观上也给予英国更大的谈判自主性和政策灵活性。

其次，CPTPP 的规则体系、重点议题与英国的比较优势高度吻合，可视为日英 EPA 的扩大版和增强版。由于英国与 CPTPP 成员在服务贸易上的顺差大大超过在货物贸易上的逆差，其整体贸易收支表现为黑字。在 1100 亿英镑的英国对 CPTPP 成员国出口额中，服务业的出口额为 300 亿英镑，而在服务贸易中，金融服务排名第一，出口额超过其中的 1/4，主要的出口对象是日本。[①] 众所周知，CPTPP 的要害在于降低非关税壁垒（特别是“边境后措施”）而非传统意义上的关税壁垒，在外来直接投资、服务贸易、国内规制等领域的规则水平也领先于世界上绝大部分自由贸易协定。由于英国在数字贸易、金融服务、商业服务（包括审计服务、工程服务、法律服务等）领域具有比较优势和“雄心水平”，CPTPP 的这些特征恰恰有助于英国实现核心利益。此外，在 EPA 谈判时，日欧双方对于投资自由化存在不同立场，欧盟在“投资者—国家争端解决”（ISDS）上与日本存在较大差距。但如果英国加入 CPTPP，考虑到已有的“投资者—国家争端解决”条款，那么两国在这一议题上的谈判成本将极大降低。

再次，日英 EPA 和 CPTPP 均为日本和英国参与构筑全球经贸规则的重要载体，并力图实现叠加和示范效应。英国官员多次强调，需要抵御贸易保护主义，通过建立双边和多边的“基于规则的”贸易体系，推动世界贸易组织的改革和全球贸易体系的重建。而加入 CPTPP，既能拓展快速增长的亚太市场，又能与所谓“志同道合的”发达经济体共同建立高标准的规则体系。[②] 为此，除了与日本进行 EPA 谈判之外，英国也正与美国、澳大利亚、新西兰开展自由贸易协定的谈判，而日本、澳大利亚、新西兰均为 CPTPP 成员。值得一提的是，CPTPP 的不少现有成员和候选成员均为英联邦国家，

---

① “An Information Pack for the Consultation Relating to the UK Potentially Seeking Accession to the Comprehensive and Progressive Agreement for Trans – Pacific Partnership (CPTPP),” The Department for International Trade, August 2018.

② Liz Truss, “Global Britain and the CPTPP,” July 3, 2020, https://www.gov.uk/government/speeches/global – britain – and – the – cptpp.

与其开展经贸谈判，为英国提供了一个先天的“政策舒适区”。

CPTPP 的经济总量占全球经济总量的 13%，加上英国后有望接近 17%，这一比例略超过欧盟经济总量占全球经济总量的 16%。这一微妙的超越对“脱欧”派人士而言，不无象征意义。潜在的所谓“TPP－16”的前景也为英国提供了更多的想象空间。尽管这与美国离开前的 TPP（超过 30%）在规模上相去甚远，但如果英国作为第一个非亚太的发达经济体加入扩容后的 CPTPP，战略意义和外溢效应就将远远大于经济总量所表现出来的表面数字。就经济体量而言，加入以后，英国将成为 CPTPP 中仅次于日本的第二大经济体。尽管韩国、泰国、哥伦比亚等国同样在 CPTPP 的扩容候选国中排名靠前，但英国作为域外国家的特殊象征意义显然是这些国家所不具备的。当然，与日英 EPA 的速战速决不同，加入 CPTPP 的进程可能相对漫长。但无论是否作为第一个 CPTPP 新成员，英国加入 CPTPP 的方式（无论是基本全盘接受现有规则体系还是重新谈判）都将具有重要的标杆意义。

三 日英 EPA 的“规则导向”与“规范意义”

在中美战略竞争的背景下，日本认识到无论是自身还是欧洲，想要单独发挥全球化的领导作用困难重重，因此，在规则和共同价值观的基础之上，强化“战略伙伴关系”是必由之路。[①] 就价值取向而言，在日本国内，对日欧关系和日英关系的探讨高度重合。例如，日本国际问题研究所的报告提出，在当前的历史转换期，日本与欧洲之间的合作应朝着以下三个方向努力：“高举自由贸易的大旗”，“成为规制合作的中心”，“构建自由民主国家的同盟”。这一判断也完全适用于日英关系。[②] 双方均强调自由、民主主义、法治等基本价值观，以及包括经贸关系在内的全面的战略伙伴关系。安倍执

① 「混迷する欧州情勢と日・EU 協力のゆくえ」、『戦略年次報告 2019』、日本国際問題研究所、2020 年 1 月、25～27 頁。

② 遠藤乾・宮井健志「日欧は世界でどうふるまうべきか」、令和元年度外務省外交・安全保障調査研究事業『混迷する欧州と国際秩序』、日本国際問題研究所、2019 年 2 月。

政时期多次呼吁，日本要在构筑新的跨区域经济秩序中起到“核心的作用”，在制定全面、平衡、高水平的世界规则中成为“牵引者”。2019 年 9 月，安倍晋三出席在布鲁塞尔召开的“欧洲互联互通论坛”，在基调演讲中不仅突出日欧 EPA 作为“自由贸易的旗手”的意义，而且强调日欧战略伙伴关系（SPA）在维护普遍价值观上的重要作用。①

在全球治理以及国际经济的规则制定、议程设置、机制建设方面，无论是日本还是英国，都希望扮演某种规范性力量（normative power）的角色。两国都期待通过双边以及七国集团等多边机制，在建立国际秩序上发挥重要作用。在人工智能、数据流通、老龄化社会应对等诸多具体领域，日英之间也有广泛的共享优势和共同需求，这些都在日英 EPA 中有所体现。其中值得关注的或许是以下两个领域。

其一，在电子商务、数字贸易等议题上，日英立场相近、政策趋同，对在区域和全球层次内推动这些议题也有强烈的共同意愿，且与美国等国保持高度的协同。2017 年 3 月，以全球领先的数字国家为目标，英国制定了“数字战略”，力图在人工智能、物联网、区块链等新兴技术以及网络安全等领域扮演塑造框架的全球领导者角色。安倍政府则积极倡导“数据在可信任条件下自由流动”原则（DFFT）。在 2020 年初生效的日美数字贸易协定中，双方已经就禁止要求在本国设置服务器等内容达成了一致意见。如前所述，这一原则也已经被纳入日英 EPA 的条款中。菅义伟于 2020 年 9 月 16 日正式接替安倍晋三担任日本首相之后，倡导建立“数字厅”是其主要的新政措施之一，而这一新的政府部门的职权不应仅仅局限于统筹“电子政务”本身。

其二，在基础设施领域，日本近年来力推“高品质的基础设施投资”。2019 年 9 月 27 日，欧盟与日本签署基础设施建设协定，表示将在连接欧亚的交通、能源和数字项目等领域开展深度合作。② 而英国在核电、高速铁

① 首相官邸「欧州連結性フォーラム 安倍総理基調講演」、ブリュッセル、2019 年 9 月27 日。

② “The Partnership on Sustainable Connectivity and Quality Infrastructure between the European Union and Japan,” Brussels, September 27, 2019.

路、港口建设、电子政务等领域也具有相对突出的比较优势，双方具有较大的合作空间，在“关于高品质基础设施投资的 G20 原则”等方面也具有基本共识。

在这些重点议题上的合作模式和协议结果，不仅关涉日英两国自身的经济外交，也将深刻影响全球层面的规则博弈和利益分配。

四　结语

无论是日英 EPA 谈判的进展，还是英国加入 CPTPP 的愿景，都是在当前进行“去全球化”讨论下跨区域合作的崭新实践，也从一个侧面证明了真正的区域化离不开全球化。全球化与区域化的辩证关系正在呈现新的逻辑和样态，但究其根本，价值链和供应链的整合和深化无法囿于一隅，只有放在全球视野中才具有现实意义。

与日本和英国一样，面对纷繁复杂的全球变局，不少国家或顺势而为，或磨砺以须。亚太和欧洲同为当前中国全球经贸战略布局的重点区域，在中欧全面投资协定（CAI）、RCEP 谈判终于水落石出的背景下，国内对于是否酝酿加入 CPTPP 也多有讨论。对于日英 EPA 这样具有重大外溢效应和战略意义的跨区域合作进程不应等闲视之，值得进一步密切追踪、审慎研判。

热点追踪

Hot Spot Tracking

B.22

新冠肺炎疫情下东京奥运会延期对日本经济的影响

施锦芳　吴学艳　张家豪*

摘　要：东京奥运会被赋予提振日本经济的重大使命，2020年东京奥运会延期于日本经济而言可谓“雪上加霜”。从短期来看，东京奥运会延期成为日本经济多重夹击下的致命一击，日本的GDP增长率进一步萎缩成为必然。于东京而言，短期影响利弊相依，既面临体育场馆及奥运村等商业利用延期的损失，成本大幅增加导致财政与金融风险上升，又伴随东京新形象树立的机遇。另外，企业等微观主体亦存在资金运营困难的状况。但整体而言，短期影响是有限且可弥补的，东京

* 施锦芳，经济学博士，东北财经大学东北亚经济研究院教授、博士生导师，主要研究领域：日本经济、国际经济合作。吴学艳，东北财经大学国际经济贸易学院博士研究生，主要研究领域：世界经济。张家豪，东北财经大学国际经济贸易学院硕士研究生，主要研究领域：国际商务。

奥运会带来的剩余收益将在2021年刺激日本经济。于长期而言，若东京奥运会不能如期举办，日本将错失科技展现与文化输出的良机，旅游及体育等产业发展受创，但持续社会效应明显。目前，针对东京奥运会延期举办出现的问题还不能过早下定论，但东京奥运会延期后如期举行于日本利大于弊。由此，各方协作推动东京奥运会如期举办是关键，应简化形式，减少成本，降低风险，共迎奥运。

关键词： 新冠肺炎疫情 东京奥运会 经济效应 社会效应

2020年初暴发的新冠肺炎疫情给全球经济发展以及社会活动造成巨大冲击。据世界银行预测，2020年全球经济增长将下降5.2%，陷入二战后最深程度的衰退。[①] 受疫情影响，社会活动受到制约，各国出台旅行限制、居家隔离等常态化防控措施，大型活动也纷纷被取消，特别是大型体育赛事首当其冲。

众所周知，体育赛事，特别是年度体育赛事对举办国的经济和社会效应不可低估，赛事取消对于一国经济以及就业等将产生重要影响，而对四年一度的奥运会的影响更不言而喻。[②] 1964年东京奥运会使日本步入了经济高速增长时期，2020年东京奥运会于日本经济复苏也至关重要。2013年，日本时任首相安倍晋三就指出，2020年奥运会将成为扫除日本15年通货紧缩和经济衰退的触发器。因此，虽然受疫情影响，2020年初时，日本政府还是在三周内三次表态东京奥运会“不会中断”，但疫情多次反复之后，日本政

① World Bank, “2020 Global Economic Prospects,” June 2020, https://openknowledge.worldbank.org/handle/10986/33748.

② Viviana Gallego, Hiroshi Nishiura, Ranjit Sah, Alfonso J. Rodriguez - Morales, “The COVID - 19 Outbreak and Implications for the Tokyo 2020 Summer Olympic Games,” *Travel Medicine and Infectious Disease*, Vol. 34, March - April, 2020.

府与国际奥委会决定将2020年东京奥运会推迟至2021年7月23日举行，名称不变，仍然保持“2020年东京奥运会”。2020年9月16日，菅义伟首相执政后立即表态：要在2021年夏天举办让运动员和观众放心的安全的奥运会。这也再一次证明奥运会的举办对日本的重要性。

基于上述背景，疫情背景下，东京奥运会延期对日本经济究竟会造成什么影响，后奥运时代日本经济走势会如何发展等问题，引发了思考和讨论。本报告将首先阐述历届大型体育赛事取消或延期状况及其经济影响，然后对东京奥运会的经济成本与预期收益进行对比，最后对奥运会延期的经济影响进行分析。

一　东京奥运会推迟举办的博弈全过程

随着新冠肺炎疫情在全球的蔓延，许多既定安排被迫延期或终止，这场突发的疫情让全球进入了“暂停”模式，大型体育赛事的举办也因此备受影响。实际上，历史上因政治因素干扰、恐怖袭击、疾病、腐败、金融危机、兴奋剂丑闻等因素取消或延期的大型体育赛事不在少数，其中以奥运会与世界杯的取消尤为突出。

综观百余年历史，奥运会在历史上仅取消过三次，即1916年德国柏林第6届奥运会、1940年日本东京第12届奥运会、1944年英国伦敦第13届奥运会，以上三次奥运会的取消皆因为战争，而由于战争以外原因推迟奥运会举办时间，此次东京奥运会尚属首次，因此日本政府与东京都以及国际奥委会做出这样的决定也是迫不得已的苦涩选择。

通过表1可知围绕东京奥运会是否推迟的博弈全过程。2020年1月16日至3月11日，无论是国际奥委会、东京奥组委还是日本时任首相安倍晋三，均表示东京奥运会不会延期或取消；但是随着疫情的进一步蔓延，3月11日，东京奥组委理事表示，考虑本月底提议探讨奥运会延期事宜，但日本政府方面随即予以否认。之后，国际奥委会、东京奥组委与日本媒体之间围绕东京奥运会是否延期进行了一系列博弈。直到3月20日，国际奥委会、东京奥组委等也只是表示就延期事宜进行商讨，但保持一致口径，称奥运会不会取消。3 月 24 日，国际奥委会正式宣布，推迟东京奥运会举办时间至 2021 年夏天，延期后的奥运会名称仍为“2020 年东京奥运会”。

表 1　围绕东京奥运会是否推迟的博弈全过程（2020 年）

时间	态度
1 月 16 日	日本出现第一例新冠肺炎确诊病例，东京奥组委立刻辟谣，称推迟、取消奥运会是谣言
2 月 1 日、17 日	东京奥组委表示，2020 年东京奥运会“不会因疫情取消”，奥运会将如期举行，没有准备“B 计划”
2 月 26 日	国际奥委会高级成员表示，若疫情到 5 月下旬仍得不到控制，东京奥运会可能会取消；日本方面对此回应，称东京奥运会准备工作正按计划推进；东京奥组委亦表示，没有考虑过取消奥运会
2 月 27 日	日本时任首相安倍晋三表示，东京奥运会将按照计划举行，切实推进筹备工作
3 月 4 日	国际奥委会表示，2020 年东京奥运会将如期举办；日本政府表示，将与各方合作，保证东京奥运会如期举行
3 月 6 日	日本时任首相安倍晋三表示，日本政府正为如期召开东京奥运会做准备
3 月 11 日	日本奥运大臣桥本圣子表示，推迟或取消东京奥运会是“无法想象的”
3 月 12 日	东京都知事小池百合子表示，疫情对东京奥运会有影响，但总之不可能取消；并将东京奥运会首场比赛时间确定为 7 月 22 日
3 月 17 日	日媒报道称，东京奥组委多名理事同意奥运会推迟至 2022 年；东京奥组委回应称，并未确定近期奥组委理事会会议内容；国际奥委会则表示，仍按计划筹办东京奥运会，需讨论分配和扩大参赛配额
3 月 18 日	国际奥委会发表公报称，东京奥运会将如期举行
3 月 20 日	国际奥委会主席巴赫回应东京奥运会能否按期举办问题，表示在考虑不同方案
3 月 24 日	国际奥委会宣布，推迟东京奥运会举办时间至 2021 年夏天，延期后的奥运会名称仍为“2020 年东京奥运会”

资料来源：根据相关网站信息整理，参见《东京奥运会最终决定延期！来看各方“博弈”全过程→》，新浪网，http：//k. sina. com. cn/article_ 1645773865_ 6218842901900os7g. html。

2020 年 1 ~3 月，各界关于东京奥运会是否延期的问题展开了一场拔河比赛，一边是外界不断呼吁国际奥委会迅速做出决定，认为在当时环境下已经不适合如期举办；另一边则是日本政府始终坚持如一的奥运会“不会延期，更不会取消”。究其原因，主要在于各方利益的冲突，外界更关注自身的人身安全，日本方面则要考虑巨额的成本投入及经济损失。

二　东京奥运会的经济成本分析

历届奥运会举办国在获得可观收益的同时，也要付出巨大的成本代价，旅游振兴、经济拉动收效甚微，甚至出现债务危机，在很大程度上会打击各国的积极性。由此，近年来奥运会申办国家不断减少。那么历届奥运会的收益与成本究竟如何？经济影响又怎样？下面以 1960 ~2016 年举办的奥运会为例进行对比分析，着重分析 1964 年东京奥运会的经济影响。

（一）1960 ~2016年历届奥运会的经济成本分析

第一，1960 ~2016 年历届奥运会成本分析。如图 1 所示，总体而言，1960 ~2016 年奥运会的成本呈上升趋势，夏季奥运会的成本整体高于冬季奥运会，但是波动幅度较大，冬季奥运会的成本上升趋势明显。具体而言，迄今为止，首先花费最多的夏季奥运会是 2012 年伦敦奥运会，成本为 150 亿美元；其次是 1992 年巴塞罗那奥运会，成本为 97 亿美元。就冬季奥运会而言，2014 年索契冬奥会成本最高，为 219 亿美元；2006 年都灵冬奥会的费用为 44 亿美元，位居第二。事实上，2014 年索契冬奥会也是有史以来花费最多的一届奥运会，即使与夏季奥运会相比也是如此。成本最低的夏季和冬季奥运会分别是 1964 年东京奥运会和 1964 年因斯布鲁克冬奥会，分别耗资 2.82 亿美元和 0.22 亿美元。

第二，1960 ~2016 年奥运会的超支情况。从历届奥运会的成本数据可以看出，举办奥运会的实际成本往往会比预算成本高出很多。自 1960 年以来，在有数据可查的 19 届夏季和冬季奥运会中，按实际价值调整后的成本超支率高达 156%。其中，夏季奥运会平均成本超支 176%，冬季奥运会平均成本超支 142%。并且，夏季奥运会和冬季奥运会的平均成本超支率相差较大，达到 34 个百分点。在 19 届奥运会中，有 15 届成本超支超过 50%，占比为 79%；有 9 届成本超支超过 100%，占比为 47%。[①] 整体来看，奥运会超支是普遍现象。

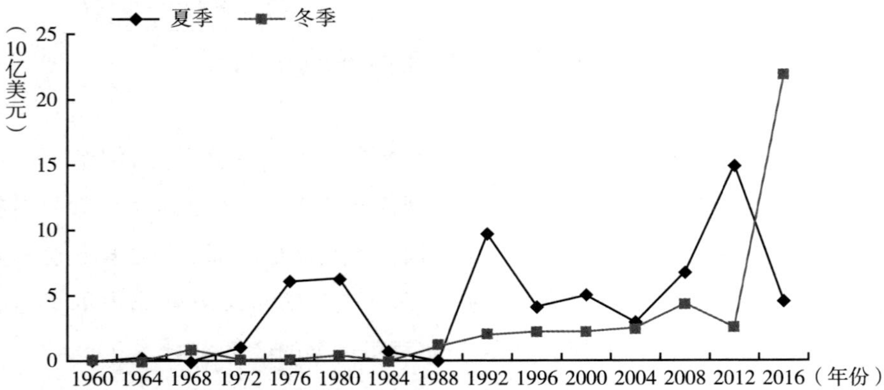

图 1　1960～2016 年历届奥运会的成本变化

资料来源：Bent Flyvbjerg, Allison Stewart et al. ，"The Oxford Olympics Study 2016: Cost and Cost Overrun at the Games," SAID Business School, University of Oxford, 2016。

（二）1960～2016年历届奥运会的经济影响

一般而言，由于投资和消费支出较多，东道国在临近奥运会主办年时，经济增长率会有所提高，但在奥运会结束后，实际经济增长率将立即下降，经济停滞不前，经历"奥林匹克综合征"。如图 2 所示，从 12 届奥运会的总体情况来看，除 1992 年巴塞罗那奥运会与 2012 年伦敦奥运会外，多届奥运会的东道国在奥运会举办当年实际经济增长率达到顶峰，且整体而言，主办国的实际经济增长率平均为 6.2%，比全球平均水平高出约 2.5 个百分点。但奥运会结束后的第一年，主办国的平均经济增长率仅为 3.8%。以 1968 年墨西哥城奥运会为例，1968 年墨西哥经济增长率为 9.4%，但第二年，当资本投资趋于平淡时，增长率就降到 3.4%。

① Bent Flyvbjerg, Allison Stewart et al. ，"The Oxford Olympics Study 2016: Cost and Cost Overrun at the Games," SAID Business School, University of Oxford, 2016, pp. 45－56.

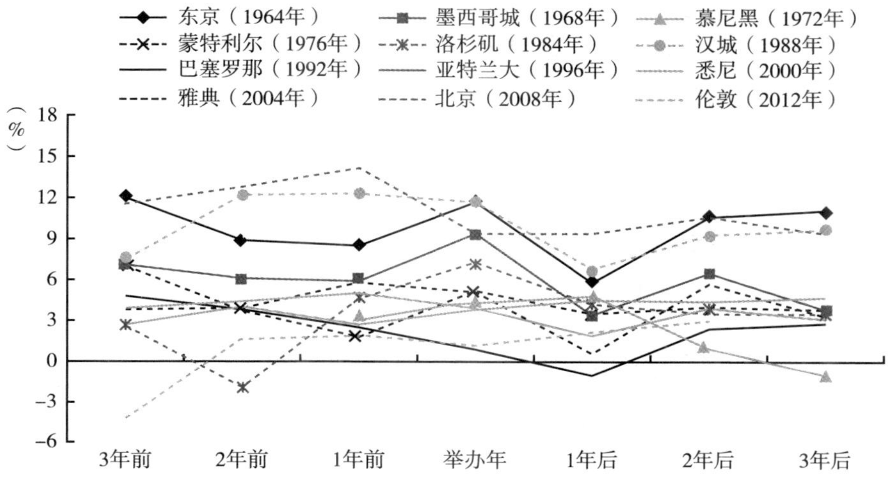

图 2　主办国在奥运会前后的实际经济增长率

资料来源：根据世界银行数据库相关数据整理制成，参见 World Bank，“GDP Growth (Annual %),” https://data.worldbank.org/indicator/NY.GDP.MKTP.KD.ZG? end = 1999&name_desc = false&start = 1961&view = chart。

值得一提的是，1964 年东京奥运会的巨大经济影响成为日本举办 2020 年东京奥运会的直接动因。整体而言，日本借助 1964 年东京奥运会，不仅向世界展示了战后复兴的成果，而且助力日本经济进入高速增长时期，成为日本经济发展的一个重要里程碑。

从基础设施建设来看，1964 年东京奥运会从城市改造、系统升级、现代化建设、遗产拓展等方面促进了东京的城市建设，使主办城市获得收益。① 从产业发展来看，1964 年东京奥运会借助美国的卫星技术，首次向世界各地转播奥运会赛况，在展现美国科技实力的同时，促进了日本的科技发展。其中，为完成电视现场直播目标，日本大力研究新机械以及尖端技术，开发出可通话麦克风、直升机用通信技术等，极大地推动国内电子通信产业

① 张莹、孙聪丽、张慕千：《可持续发展理念在 2020 年东京奥运会的实践及对北京冬奥会的启示》，《北京体育大学学报》2020 年第 5 期，第 99 页。

发展。[①] 与此同时，1964 年东京奥运会吸引大规模的国内外游客，极大地促进了日本的旅游业、体育产业乃至服务业的发展。此外，1964 年东京奥运会还帮助日本一扫战败国的形象，使国家形象的光环效应在日本经济发展中发挥了重要作用。

当然，从 1964 年东京奥运会的经验来看，2020 年东京奥运会后很难说日本不会出现一定时期的经济不景气，尽管如此，2020 年东京奥运会仍被认为是提振日本经济的关键。

（三）东京奥运会的经济成本分析

东京奥运会的经济成本贯穿奥运会筹备及举办的整个过程，主要包含运营费用、直接资本成本以及间接资本成本三个方面。[②] 目前，直接资本成本与间接资本成本的投入基本完成。相较而言，受奥运会延期影响，运营费用将出现大幅上升。

运营费用主要体现在奥运会举办期间，涉及大会运营相关设施、大会运营（开闭幕式）、安保、技术、交通、管理与宣传、营销等。[③] 实际上，此前东京奥运会的运营费用已进行了多次调整，东京奥组委于 2019 年底公布的预算显示，东京奥运会及残奥会的直接相关运营费用远超候选文件上的预期数额，高达 1.35 万亿日元（约合 121 亿美元），整体超支幅度高达 388%。实际上，东京奥运会直接相关运营费用主要源于大会组委会、东京都以及日本政府，三者分别承担 6030 亿日元、5970 亿日元、1500 亿日元（如表 2 所示）。其中，东京都占比达 44.22%，远高于日本政府的 11.11%，这在很大程度上加重了东京都的财政负担。

---

① 石秀梅：《浅析 1964 年东京奥运会对日本社会经济的影响》，《日本问题研究》2004 年第 4 期，第 4 页。

② 坂田和光「オリンピックと経済」、『レファレンス』2016 年第 2 号、20 頁。

③ Barbara Holthus, Isaac Gagné et al. , *Japan through the Lens of the Tokyo Olympics* (Routledge, 2020), p. 95.

表 2　2020 年东京奥运会的直接相关运营费用预算

单位：亿日元

<table>
<tr><th></th><th>大会组委会</th><th>东京都</th><th>日本政府</th></tr>
<tr><td>永久设施</td><td>0</td><td>2260</td><td>1200</td></tr>
<tr><td>临时设施</td><td>1010</td><td>2020</td><td rowspan="3">—</td></tr>
<tr><td>能源基础设施</td><td>160</td><td>330</td></tr>
<tr><td>技术</td><td>700</td><td>350</td></tr>
<tr><td>交通</td><td>410</td><td>300</td><td rowspan="6">100</td></tr>
<tr><td>安保</td><td>330</td><td>520</td></tr>
<tr><td>大会运营</td><td>1240</td><td>90</td></tr>
<tr><td>管理与宣传</td><td>650</td><td>0</td></tr>
<tr><td>营销</td><td>1250</td><td>0</td></tr>
<tr><td>其他</td><td>180</td><td>0</td></tr>
<tr><td>调整费用紧急应对费</td><td>100</td><td>100</td><td>0</td></tr>
<tr><td>支出合计</td><td>6030</td><td>5970</td><td>1500</td></tr>
<tr><td>预备费用</td><td>270</td><td>—</td><td>—</td></tr>
</table>

资料来源：公益財団法人日本オリンピック委員会、https：//www. joc. or. jp/。

目前来看，运营费用将面临进一步增长的压力，东京奥运会、残奥会延期一年增加的费用负担也成为国际奥委会、日本政府、东京奥组委三方面临的新难题。具体来看就是直接运营费用大幅上升。由于奥运会延期一年，不仅 2000 多名奥组委工作人员需要延长任职期，而且租用办公大楼需要延长使用期，已经建好的比赛场馆、运动员村等基础设施需要增加一年维修费用，新闻中心及各场馆转播设施也要延长一年租期。因延期增加的上述费用预计超过 3000 亿日元。解决以上难题、合理控制并削减相关支出，考验多方智慧。

三　东京奥运会延期对日本经济的影响

（一）1964年东京奥运会与2020年东京奥运会的对比

1964 年东京奥运会是二战后日本为进一步振奋国民精神、推动经济社会发展而举办的。1964 年东京奥运会承载着日本经济复兴的使命，该届奥运会的主题是战后复兴与经济发展，目标是使日本成为与经济大国并行的发达国家，基础设施完善、社会体系变革、计算机在线服务等是政策重点。从最终经济社会成效来看，日本借助 1964 年东京奥运会完善基础设施完全实现了日本战后重建，促进了日本电子通信产业、旅游业、体育产业乃至整个服务业的发展，重塑了国家形象。

2020 年东京奥运会所处的时代背景发生了巨大变化。现今的日本经济面临诸多难题，不仅人口老龄化问题严重，而且以东京圈为中心的大城市存在过度集中状况。这些问题严重阻碍日本经济复苏和增长。基于此，日本政府旨在通过举办 2020 年东京奥运会带来多种效应，疏散东京城市圈，解决过度集中问题，并将奥运效应波及全国各地。2020 年东京奥运会的主题、目标、政策及关键词等则是具体体现，2020 年东京奥运会围绕少子老龄化社会、环境能源问题、地方经济疲软、人口稀疏、震后复兴等主题开展，力求解决目前日本经济社会发展中面临的一系列问题。与此同时，全球化、亲和力、多样性、共生、协调、温故知新、创新、社会资本等成为 2020 年东京奥运会的关注重点。1964 年东京奥运会与 2020 年东京奥运会的直接目的均是提振日本经济，但由于所处的经济社会发展环境不同，因此关注点各有侧重。1964 年东京奥运会为日本经济社会发展注入强大活力，2020 年东京奥运会的作用如何更值得深入分析。新冠肺炎疫情致使奥运会延期，2020 年东京奥运会的经济影响又将如何大打折扣，也值得深入探讨。

（二）东京奥运会延期对日本经济的短期影响

若奥运会延期后于 2021 年举行，那么短期影响将是有限且可弥补的，对整体经济的有益刺激不会在 2020 年发生，奥运会带来的剩余收益将在 2021 年刺激日本经济。即便如此，奥运会延期对日本经济的短期影响仍不容忽视。

1. 对日本经济整体影响

实际上，综观战后日本经济发展史可知，日本经济经历了 1956 ~ 1973

年的高速增长，后于1974～1990年转为低速增长，1990年泡沫经济迅速瓦解，日本经济开始进入停滞状态并持续至今，日本的经济增长由此被学者称为“失去的20年”甚至是“失去的30年”。[①] 当前，日本经济在长期增长停滞以及国内外多重因素夹击下举步维艰，2020年东京奥运会被视为重振日本经济的“最后一根救命稻草”，然而新冠肺炎疫情下东京奥运会的延期再次使日本经济“雪上加霜”。那么东京奥运会延期对日本经济影响究竟有多大？

笔者梳理、对比了《日本时报》[②]《日本经济新闻》[③] 等各大媒体关于东京奥运会延期对于经济影响的预测报道，它们均指出：若东京奥运会延期一年，相关经济损失为54亿～63亿美元。另外，根据野村证券研究所预测，东京奥运会延期，将使2020年日本经济发生0.7%的萎缩。[④] 日本学者熊野英生先生更是对此做了很细致的分析。如表3所示，首先，在疫情发生之前，消费税增税的反作用为－2.4万亿日元，疫情影响可被视为0，东京奥运会经济效果、经济政策效果、成长潜力对GDP影响分别为2.1万亿日元、2.1万亿日元、4.3万亿日元，经济影响总额为6.1万亿日元；其次，疫情发生后，疫情负面影响凸显，疫情影响为－3.8万亿日元，在其他因素经济影响不变的情况下，经济影响总额为2.3万亿日元；最后，奥运会延期后，东京奥运会经济效果被视为0，其他因素经济影响不变，经济影响总额降为0.2万亿日元。综上所述，从消费税增税到新冠肺炎疫情发生再到东京奥运会延期，在多重因素夹击下，日本GDP出现大幅下滑。而且，从现实情况来看，东京奥运会延期的经济效果极有可能为负值，在此基础上，日本经济将遭受更为沉重的打击。

---

① 施锦芳、吴学艳：《中日经济增长与碳排放关系比较——基于EKC曲线理论的实证分析》，《现代日本经济》2017年第1期，第86页。

② Ryusei Takahashi, “2020 Tokyo Olympics in Doubt as Abe Hints at Delay for First Time,” *The Japan Times*, March 23, 2020, https://www.japantimes.co.jp/news/2020/03/23/national/shinzo-abe-japan-postponing-tokyo-olympics-is-an-option/.

③ 永濱利廣「2020東京五輪の可否がマーケットに及ぼす影響」、2020年12月2日、https://comemo.nikkei.com/n/nb120760664b1。

④《东京奥运悬念：加拿大、澳大利亚官宣不约，多国要求延期》，第一财经，https://m.yicai.com/news/100561756.html。

表 3　2019 ~ 2020 年主要冲击因素对日本 GDP 影响

单位：万亿日元

	疫情发生前	疫情发生后	奥运会延期后
消费税增税反作用	-2.4	-2.4	-2.4
疫情影响	—	-3.8	-3.8
东京奥运会经济效果	2.1	2.1	—
经济政策效果	2.1	2.1	2.1
成长潜力	4.3	4.3	4.3
经济影响总额	6.1	2.3	0.2

资料来源：熊野英生「五輪延期シナリオの検討」、『マクロ経済分析レポート』2020 年第 3 号、2 頁。

通过以上分析可知，2020 年东京奥运会举办时，基本可以认为日本经济发展处于最低迷的时期，而这似乎也印证了奥运会申办国的经济发展规律，即城市和国家通常在经济繁荣的时候申办奥运会，而当 7 ~ 11 年后正式举办时，其经济循环周期往往已逆转为出现较低的增长。由此，奥运会对于举办国经济的提振作用尤为重要，于日本而言也是如此。但事实是，2020 年东京奥运会因疫情而延期，不仅短期内难以提振日本经济，还将使日本经济“雪上加霜”。

2. 对东京经济影响

2020 年东京奥运会的举办得到了日本全国的支持，但这并不意味着日本全国各地将因奥运会而平等获益或受影响。东京与全国其他地区的参与程度不同，获益水平或受影响程度也将存在较大差距。

（1）对东京体育场馆及奥运村等的商业利用延期

一般而言，奥运会体育场馆及奥运村的建设会考虑后续利用问题，在奥运会结束后往往开启商业化道路。2020 年东京奥运会的体育设施及奥运村因奥运会延期而推迟商业化利用。一方面，难以实现创收；另一方面，将加重运营及维护负担。其中值得一提的是，奥运会延期使奥运村改造公寓的预售成为棘手问题。目前，近 4100 套公寓的大部分已售出，但 2023 年的交房计划不能如期实现。对于东京都政府、东京城市开发机构、市民中的土地所有人和租地租房等多主体利益相关人来讲，必将面临一个艰难的协商过程。

（2）成本大幅上升易增加东京财政与金融风险

新冠肺炎疫情给政府带来巨大债务负担。流行病的暴发给各国政府带来巨大的额外债务负担，面对疫情冲击，全球债务负担已“雪上加霜”，宽松的财政、货币政策成为各国抵御危机、扶持经济的可行选择。根据日本政府、东京都与国际奥委会达成的协议，东京奥运会费用由东京都政府负担，只有在东京都无力承担时日本政府才最终负责。但疫情之下，东京都财政状况吃紧，已接近“无米下锅”。截至2020年3月底，东京都财政经费为9032亿日元。因疫情实施紧急状态后，东京都向企业发放停业补助金，向医院、学校增加远程设备投入等，财政支出陡增。预计到2020年底，东京都财政存留仅剩1700亿日元。加之经济下滑导致财政收入创次贷危机以来新低，东京奥组委原计划的企业赞助也难以保证足额到位。与此同时，日本第一轮紧急对策方案以5000亿日元全面支援企业进行资金周转，今后还将进一步举债或支付补贴，比如日本政府将向全国国民一律支付10万日元补助金，预计总额为25.6914万亿日元，达到历史最高。这就使日本政府为奥运会进一步融资的可能性降低，即便是采取相应措施，支持力度也非常有限。东京都的财政负担也因此进一步加重。

（3）树立东京新形象将受到考验

当前，东京一方面要完成防控疫情的艰巨任务，另一方面要妥善处理新冠肺炎疫情下奥运会延期造成的设施维护、营销宣传安排、大会运营以及奥运场馆、奥运村延期使用的协商问题。防控疫情与奥运会延期的双重夹击，给东京的经济发展以及城市综合治理带来极大的挑战。但是，事物的发展总有两面性，挑战与机遇总是相伴而生。为了全方位应对疫情与奥运会延期的一系列困难，东京各级政府部门相互协调，系统合作，积极应对，这将有利于东京成为奥运城市的榜样，也为其良好声誉和形象大大加分，巩固其世界超级城市的地位和吸引力。正如日本前首相安倍晋三所期待的，让本届奥运会成为难忘的奥运会，东京也将展示自身的良好形象，成为奥运会举办城市的典范。由此，也将为带动经济发展做好铺垫。

3. 企业等微观主体的运营困难

2020 年东京奥运会的参与企业涉及三大产业的多个行业，类型多样且规模庞大。伴随奥运会延期，资金运营困难成为相关企业面临的共同难题。从酒店、零售及餐饮等相关企业运营情况来看，前期投入了大量资金，奥运会延期导致相关投入难以及时收回，延迟期间维持费用又不断增加，由此，短期内企业现有运营资金难以满足需求。具体而言，人力资本问题首当其冲，一方面是员工休假薪酬问题。若带薪休假，则会加重相关企业运营负担，尤其是在无法实现盈利甚至难以正常运营的情况下，企业成本负担较重。另一方面，从赞助商与广播公司来看，电视转播收入与赞助收入是奥运会的主要收入来源，主要源于相关企业投入大规模的资金购买转播权，进行自身的广告宣传，若因奥运会的延期不能及时产生相应的效益，那么企业的运营负担可想而知。以 NBC 环球公司为例，其与国际奥委会达成 43. 8 亿美元的购买合同；与此同时，其出售了九成奥运会时段的广告，价值达 12. 5 亿美元。而目前，在奥运会不能如期转播的情况下，减轻早期投入影响、处理售出广告以减缓自身资金链压力成为其面临的新麻烦。

（三）东京奥运会受挫对日本经济和社会的长期影响

1. 科技展现与文化输出错失良机

日本不仅想借助 2020 年东京奥运会提振经济，展现自身科技实力，还想把东京奥运会办成一届“科技奥运”。众所周知，日本在前三次科技革命中并未发挥先导作用，当前，其想借助新一代信息通信技术引领第四次科技革命，并带动相关产业发展，奥运会则是其展示引领实力的窗口。[①] 为此，日本将无人驾驶技术、机器人技术、面部识别技术、语言翻译系统以及 AI

① 施锦芳、吴学艳：《日本 2020 年东京奥运会的经济动机、经济活动及经济效应》，《现代日本经济》2019 年第 6 期，第 14 页。

技术等融合到奥运会的举办过程中。与此同时，日本想借机向全球展示其世界一流的环保、能源等相关技术。具体包括：氢能源社会所需的环保和能源技术、自动驾驶技术实用化、机器人技术、基于高精度卫星定位技术所提供的服务、日本的假肢制造技术等。

奥运会不仅是体育盛典，也是文化盛典。日本有从传统艺术到现代舞台艺术以及使用最先进技术开展的艺术、设计、“酷日本”，还有备受世界关注的日本创意、媒体艺术、时尚、日本料理以及日本酒等饮食文化、祭祀活动、传统工艺品、和服、插花，甚至木材、石材、榻榻米及日本式建筑，这是各种各样的日本文化。通过举办奥运会，从东京出发至全国，在向世界展示日本文化魅力的同时，也给地方经济增长注入新的活力。

以上目标的达成，均以 2020 年东京奥运会举办为基础，若本届奥运会取消，短期内日本将再难遇良机展现科技实力，进行文化输出。进一步而言，由此带来的经济效益也将化为泡影。

2. 体育产业发展受挫

体育产业方面，2020 年东京奥运会可谓日本实现《体育基本法》（2011 年第 78 号法律）所确定的基本目标即让所有人过上幸福富裕生活的绝佳机会。基于此，日本体育厅联合各都道府县及相关团体强化体育竞技，通过反兴奋剂运动、培养体育教练、发展体育产业、促进体育科学研究、开展体育国际交流、提升国民对残疾人体育运动的理解和认知水平、改善残疾人运动环境、推动残疾人体育运动等方式振兴地方体育，欲借奥运会最终实现“体育立国”，若奥运会延期甚至取消，该目标的实现将进一步推迟。而具体到体育产业，体育产业的发展将进一步减缓，健身娱乐业、竞赛表演业、体育中介业、体育彩票业等分支产业的发展受限。① 但从体育设施来看，2020 年东京奥运会进一步完善了日本的体育设施，在一定程度上解决了区域发展不平衡的问题。

① Ashley Ying – Ying Wong, Samuel Ka – Kin Ling et al. , “Impact of the COVID – 19 Pandemic on Sports and Exercise,” *Asia – Pacific Journal of Sports Medicine, Arthroscopy, Rehabilitation and Technology*, Vol. 22, October, 2020, p. 39.

3. 社会效应大于经济效应且具有可持续性

大型体育赛事的举办不仅会带来直接的经济效应，还会产生持续的社会效应，而且在很大程度上，社会效应要远大于经济效应。从经济效应来看，其贯穿奥运会准备、举办以及结束后的整个过程，包括准备阶段所涉及的体育设施、其他基础建设、城市环境美化、促进就业，举办阶段的观众直接效应、观众间接效应以及相关人员效应，结束后的作为奥运会举办地的参观效应、视察效应以及游客效应（如图 3 所示）。

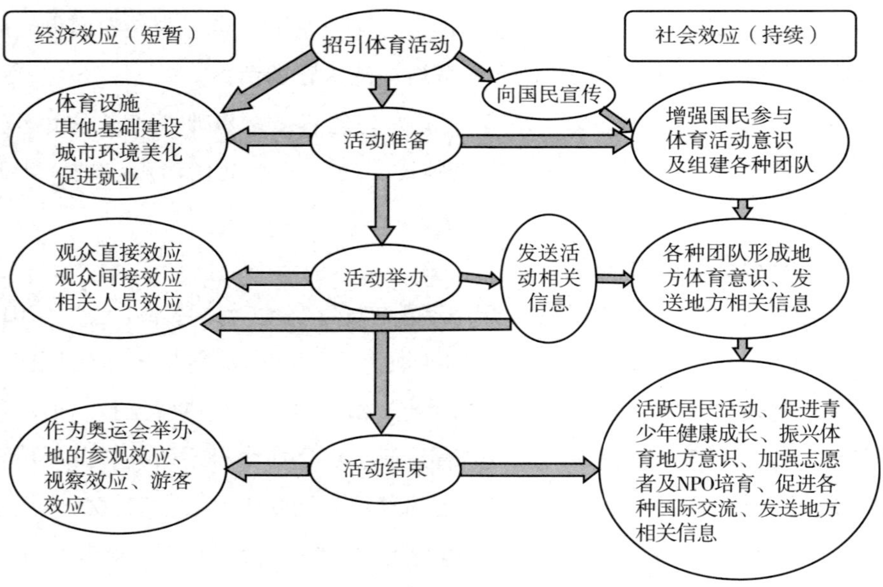

图 3　东京奥运会和残奥会的经济效应与社会效应估算

以上经济效应究竟有多大，不同机构给出的评估结果存在较大差异。2016 年日本银行评估显示，2014 ~2020 年，相关投资每年带动日本 GDP 增长 2200 亿美元。[①] 但是，从机会成本的角度看，投资的挤出效应又不容忽视，

① Osada Mitsuhiro et al. , "Economic Impact of the Tokyo 2020 Olympic Games," *BOJ Reports & Research Papers*, 2016.

尤其是对于经济发展受限地区。由此，瑞穗研究所的评估结果远低于日本银行，仅为360亿美元。[①] 当然，以上评估结果在一定程度上取决于东京奥运会持续吸引外国游客，以保持较高的酒店入住率，进而产生大规模的经济盈余。但是新冠肺炎疫情导致2020年东京奥运会延期，奥运会的举办仍存在较大的不确定性，由此，以上经济收益不仅是短暂的，而且规模究竟如何仍是未知数。

从社会效应看，2020年东京奥运会的举办在各层面影响国家或城市发展，例如“增强国民参与体育活动意识及组建各种团队”“各种团队形成地方体育意识”“发送地方相关信息”“活跃居民活动”“促进青少年健康成长”等。以体育活动为例，其验证了从活动的招徕、计划阶段到结束后的过程中的“效果”，直接的经济效果大多是一时性的、短暂的，相反，社会效果多在体育活动结束后才产生，而且具有可持续性。

另外，东京举办奥运会的目的之一是助力城市更新，旨在推动城市进行重点开发、进行结构调整以及实现可持续发展等[②]，并以此为基础积极推进“智慧城市”建设。与此同时，从城市发展的角度来看，2020年东京奥运会主题涵盖少子老龄化社会、环境能源问题等方面，基础设施的建设在很大程度上围绕以上主题展开。例如，2020年东京奥运会注重营造共生环境，围绕旅客设施（地铁站、公共汽车站）、车辆、其他构造物、导向显示、信息提供等方面展开可持续发展建设[③]，在为奥运会完善交通设施的同时，兼顾满足老年人以及残疾人的需求，这对于老龄化日渐严重并且逐步步入高龄化社会的日本来讲意义重大。持续强化道路基础设施建设和改善生态环境，也为奥运会后日本经济成功复苏奠定基础。

尽管经济效应至关重要，但是持续的社会效应更不容忽视，即便2020年东京奥运会在延期后再度取消，其社会效应依旧会持续存在。

---

① Mizuho Research Institute, “The Economic Impact of the 2020 Tokyo Olympic Games,” *Mizuho Economic Outlook & Analysis*, 2014.

② Kathryn Rowberg, Meg Rincker, “Environmental Sustainability at the Olympic Games: Comparing Rio 2016 and Tokyo 2020 Games,” *European Journal of Sustainable Development*, 2019, p. 121.

③ 福士輝美「2020年東京オリンピック・パラリンピック競技大会に向けた諸課題 序論」、『レファレンス』2016年第2号、3頁。

四　结语

新冠肺炎疫情下2020年东京奥运会的延期是安倍政府与国际奥委会的明智之举，人类生命的健康安全是一切经济、社会与文化活动的基础。但2020年东京奥运会延期对日本经济的影响也不可小觑，若延期后仍不能如期举行，则日本的损失将更难估计。实际上，针对2020年东京奥运会延期后举办与否的问题还不能过早下定论，主要取决于未来疫情的走势与控制情况。当然，于日本而言，奥运会延期后如期举行则利大于弊，由此，各方协作推动奥运会如期举办是关键。国际奥委会、日本政府以及东京都等应达成“晚打”总比“不打”好、不为“面子”丢“里子”的共识，多方协作，简化形式，减少成本，降低风险，共迎奥运。

B.23

新冠肺炎疫情后日本数字货币新进展

——以央行数字货币为视角

刘瑞　何骋*

摘　要：　2020年，日本加速对央行数字货币（CBDC）进行技术性研究，并构建相关制度框架，计划于2021年度进行概念性验证。日本政府和央行推动数字货币研发的背景:一是美国脸谱公司推出的Libra构想；二是全球央行数字货币发展迅速，特别是数字人民币取得重大进展；三是数字化成为日本经济增长新的动力。日本央行数字货币面临数据利用与隐私保护问题、对金融体系的冲击问题、老龄化背景下的数字鸿沟问题等。展望未来，日本央行短期内暂时不会发行CBDC，但将继续推进相关制度建设，并与欧美联合推动CBDC制度性研究，主导数字货币规则制定。

关键词：　数字货币　CBDC　Libra　数字人民币

伴随全球范围内对央行数字货币（Central Bank Digital Currency，CBDC）的关注和热议，日本银行一改之前的消极态度，加快推进对数字货币的可行性研究和制度性建设。2020年10月，国际清算银行（BIS）联合

* 刘瑞，经济学博士，中国社会科学院日本研究所研究员，全国日本经济学会副秘书长，主要研究领域：日本金融、中日金融制度比较等。何骋，中国社会科学院大学日本研究系硕士研究生，主要研究领域：国际经济、日本经济。

包括日本银行在内的七家中央银行，共同发布对央行数字货币可能性的评估报告，题为“中央银行数字货币：基本原则和核心特征”。[①] 同时，日本央行公布“日本银行关于推进中央银行数字货币的方针”,[②] 并计划于2021年度进行概念性验证。本报告首先梳理日本数字货币现状、进展及政策背景，在此基础上，分析日本数字货币的影响及存在的问题，并对其发展前景进行展望。

一　数字货币概念及分类

（一）广义与狭义数字货币

数字货币涉及的场景是不直接使用现实货币，仅通过电子信息等手段即可完成支付。[③] 数字货币有广义和狭义之分。广义上，数字货币泛指一切以电子形式存在的货币，分为电子货币与虚拟货币，它们被统称为数字货币[④]。其中，电子货币是法币的电子化，虚拟货币是非法币的电子化。电子货币的本质是法定纸币的数字化，包括当前流行的网银账户及第三方支付中的余额，也包括尚未普及的法定数字货币。虚拟货币虽有“货币”之名，却无“货币”之实，本质上是一种商品而非货币。虚拟货币包括流行已有时日的网站积分、游戏币，也包括势头正盛的采用加密技术的比特币等非法定数字货币。狭义上，数字货币指代无须物理载体、纯数字化的货币，即以数字形式存在的货币。数字货币的具体关系如图1所示。

① BIS, “Central Bank Digital Currencies: Foundational Principles and Core Features,” October 9, 2020, https://www.bis.org/publ/othp33.htm.

② 日本銀行「中央銀行デジタル通貨に関する日本銀行の取り組み方針」、https://www.boj.or.jp/announcements/release_2020/rel201009e.htm/。

③ 「デジタルマネーとは」、『日本経済新聞』2018年10月25日。

④ 温信祥、陈曦：《如何监管数字货币》，《中国金融》2017年第17期，第20页。

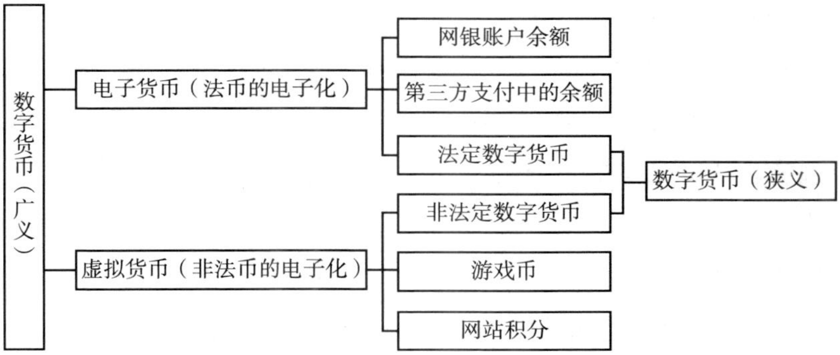

图 1　数字货币的具体关系

（二）央行数字货币

如表 1 所示，从发行主体来看，数字货币分别由民间机构和中央银行发行。从发行对象来看，分为两种形式：一种是面向消费者与企业等的通用型数字货币，另一种是限定于进行大额资金支付的金融机构之间可以采用的批发型数字货币。其中，民间机构发行的数字货币既有受限于银行存款的支付宝、微信支付等通用型支付工具，也有不需要银行账户（银行存款以外）即可完成价值转移的虚拟货币，如泰达币（USDT）、天秤币（Libra）等加密货币。

表 1　数字货币分类

		发行主体及主要形式		
		民间机构		中央银行
		银行存款	银行存款以外	
发行对象	通用型：面向消费者与企业等	支付宝； 微信支付	USDT、Libra 等	通用型 CBDC
	批发型：限定于进行大额资金支付的金融机构之间可以采用	USC	JPM Coin 等	在央行存款（准备金）； 批发型 CBDC

资料来源：日本銀行「決済の未来フォーラム　中銀デジタル通貨と決済システムの将来像」、2020 年 2 月、https：//www. boj. or. jp/announcements/release_ 2020/rel200417b. pdf。

央行发行的 CBDC，作为中央银行的直接负债，是一国货币的电子支付手段。[①] 近年来，伴随民间数字货币的兴起，为保护货币主权、降低现金交易成本，全球央行加强了对法定数字货币即 CBDC 的关注，在国家层面推动 CBDC 制度建设和实践验证。根据日本银行的定义，日本 CBDC 应满足三个发行条件：一是数字化，二是以日元等法定货币计价，三是作为日本央行的负债。[②] 可以看出，CBDC 是央行发行的电子化、数字化货币，具有与纸币、硬币等同的价值，是一种信用程度极高的法定数字货币。[③] 目前，各国不断推进的是以银行券的数字化为中心的通用型 CBDC 制度建设。

二 日本央行数字货币现状及进展

（一）日本推行 CBDC 政策的轨迹

2019 年末，以甘利明为会长的自民党内“规则形成战略议员联盟”（简称“规则联盟”）开始探讨应对数字人民币的构想。[④] 2020 年 2 月，规则联盟以经济安保为由，督促日本银行、财务省和金融厅共同推进日元数字化建设，并提议日美联手，防范数字人民币。[⑤] 6 月，自民党金融调查会提出政府与央行应构建一体化机制，对央行数字货币进行具体化和实证化研究。[⑥] 7 月，日本内阁公布年度“经济财政运营与改革基本方针”（简称“基本方

① BIS, “Central Bank Digital Currencies: Foundational Principles and Core Features,” October 9, 2020, https://www.bis.org/publ/othp33.htm.

② 日本銀行「中央デジタル通貨とは何ですか?」、https://www.boj.or.jp/announcements/education/oshiete/money/c28.htm/。

③ 鈴木智也「中央銀行デジタル通貨の行方」、『ニッセイ基礎研レポート』2020 年 12 月 25 日。

④ 「自民甘利氏議連￥デジタル人民元の対応議論」、『日本経済新聞』2019 年 12 月 6 日。

⑤ 「デジタル人民元普及想定し、円のデジタル化準備必要」、『朝日新聞』2020 年 2 月 7 日、https://www.asahi.com/business/reuters/CRBKBN2010ED.html。

⑥ 自民党政務調査会・金融調査会「金融調査会提言」、2020 年 6 月 16 日、https://jimin.jp-east-2.storage.api.nifcloud.com/pdf/news/policy/200252_1.pdf。

针”），首次从国家层面提出 CBDC 相关方针，指出日本银行要对央行数字货币进行技术验证和实证评估，并加强与相关国家的合作。[①] 10 月，日本自民党“新国际秩序创造战略本部”以中间报告的形式，对 CBDC 发行相关法案的修订情况进行汇总。[②]

与此同时，日本银行将 CBDC 研发工作提上日程，推进速度明显加快。2020 年 1 月，日本与加拿大、英国、欧盟、瑞典、瑞士等国家和地区央行及 BIS 共同组建专门的工作组，开展对央行数字货币的评估和研究。[③] 2 月，日本银行在结算机构局成立 CBDC 研究团队，并举办主题论坛，对央行数字货币与结算系统的未来发展情况进行讨论。[④] 7 月，日本银行 CBDC 研究团队发布首份研究报告，指出央行数字货币应具备现金的同等功能，并在技术上探讨 CBDC“普遍接入性”（universal access）与“强韧性”（resilience）的实现路径。[⑤] 同月，日本银行 CBDC 研究团队重组，在结算机构局结算体系课新设单独的数字货币部门，加强对 CBDC 的研究。10 月，日本银行公布“日本银行关于推进中央银行数字货币的方针”（简称“方针”），并计划于 2021 年度进行概念性验证。[⑥] 在国际合作方面，2020 年 10 月，日美欧等七家主要央行与 BIS 联合发布报告，阐述了 CBDC 发行的三个基本原则：在灵活创新的支付系统中，与现金等货币共存；CBDC 的发行不能破坏物价

---

① 内閣府「経済財政運営と改革の基本方針 2020」、2020 年 7 月 17 日、https：//www5. cao. go. jp/keizai－shimon/kaigi/cabinet/2020/2020_ basicpolicies_ ja. pdf。

② 「デジタル通貨へ法改正準備を、自民が中間とりまとめ」、『日本経済新聞』2020 年 10 月 5 日。

③ 日本銀行「主要中央銀行による中央銀行デジタル通貨（CBDC）の活用可能性を評価するためのグループの設立」、2020 年 1 月 21 日、https：//www. boj. or. jp/announcements/release_ 2020/rel200121a. htm/。

④ 雨宮正佳「中銀デジタル通貨と決済システムの将来像『決済の未来フォーラム』における挨拶」、2020 年 2 月 27 日、https：//www. boj. or. jp/announcements/press/koen_ 2020/ko200227b. htm/。

⑤ 日本銀行決済機構局「中銀デジタル通貨が現金同等の機能を持つための技術的課題」、2020 年 7 月、https：//www. boj. or. jp/research/brp/psr/data/psrb200702. pdf。

⑥ 日本銀行「中央銀行デジタル通貨に関する日本銀行の取り組み方針」、2020 年 10 月 9 日、https：//www. boj. or. jp/announcements/release_ 2020/rel201009e. htm/。

和金融体系的稳定；CBDC 应促进创新和提高效率。[①] 其后，七国集团（G7）财长和央行行长视频会议发表共同声明，指出 CBDC 的发行应具备三大要件，即透明度、法律制度和完善的经济治理。[②]

（二）日本 CBDC 制度设计

日本银行在“方针”中指出，虽然目前日本没有发行 CBDC 的计划，但出于维持支付体系的稳定性和提高效率的考量，必须切实进行相关准备。为此，日本银行构建了 CBDC 的制度框架。[③]

利用主体更为广泛的通用型 CBDC 发挥三项功能。第一，引入与现金相同的支付方式，即具备等同于现金的支付作用。第二，支持民间支付、结算服务。第三，构建与数字社会相符的支付体系。CBDC 采取间接型发行形式，以具备央行与民间部门双重支付系统。它具备五个基本特性，即通用接入性、安全性、强韧性、即时结算性、与民间支付系统的相互操作性。在引入 CBDC 时，应注重其与稳定的物价和金融体系之间的关系，注重规则制定和技术规格与促进创新的关系，注重隐私保护，对利用者的相关信息进行安全处理，注重在进行跨境支付时能够顺畅使用。

日本银行将 CBDC 实证检验分为三个阶段，其中包括两个阶段的概念验证和第三阶段的实际测试。概念验证是从技术视角验证 CBDC 发行的可能性，其中第一阶段是系统性地构建验证环境，把作为支付手段的 CBDC 作为核心，对其发行、流通及回收等基本功能进行检验。第二阶段增加 CBDC 外围功能，检验 CBDC 在更加复杂的条件下实现应用的可能性，如进行利息支付、设定最高限额以及在离线环境下进行交易等。第三阶段将进行实际测试，即选择试

---

① BIS，“Central Bank Digital Currencies：Foundational Principles and Core Features，” October 9，2020，https：//www. bis. org/publ/othp33. htm.

② 財務省「デジタル・ペイメントに関するG7 財務大臣・中央銀行総裁声明（仮訳）」、2020 年 10 月 13 日、https：//www. mof. go. jp/international_ policy/convention/g7/cy2020/g7_201013. pdf。

③ 日本銀行「中央銀行デジタル通貨に関する日本銀行の取り組み方針」、2020 年 10 月 9 日、https：//www. boj. or. jp/announcements/release_ 2020/rel201009e. htm/。

点地区，由民间部门和消费者参与，在实际生活应用场景中不断完善 CBDC。

日本银行正按计划、分阶段推进对 CBDC 的验证。第一阶段概念验证于 2021 年度春季进行，2021 年度中期将进入第二阶段。[①]

三　日本加速 CBDC 项目研发的背景

日本对 CBDC 的关注，既有国际因素的影响，也有国内因素的影响。其中，Libra 构想、数字人民币发展提速以及日本数字经济发展滞后等成为日本政府和央行推动 CBDC 研发的主要因素。

（一）多国对 Libra 的发行表示强烈担忧

2019 年 6 月，拥有 27 亿名用户的美国脸谱（Facebook）公司公布发行加密数字货币 Libra 及其专用电子钱包"Calibra"的构想。与比特币一样，Libra 使用区块链技术，计划于 2020 年上半年发行锚定一揽子货币的稳定币（Stable Coin）。[②] 作为分布式记账系统，Libra 的交易不需要通过银行等金融中介，利用智能手机即可完成支付和清算。

Libra 发行计划在全球范围内引起广泛关注，多国政府和央行表示担忧。国际货币基金组织（IMF）指出，Libra 具备数字货币的便利性和低成本，未来可能在全球迅速普及。但由于存在较大风险，如个人信息保护问题、匿名交易可能被用于不正当金融活动，以及央行承担的货币发行职能被私人企业所替代从而影响利率调控、削弱货币政策效果、动摇国际金融体系等，因此必须在国际层面加强管制。[③] 2020 年 9 月，欧盟公布全球首份数字货币监

---

① 「日銀、デジタル通貨の実験「21 年度中に第 2 段階へ」」、『日本経済新聞』2020 年 10 月 15 日。

② 脸谱受到批评后，对 Libra 构想提出修改方法：将锚定一揽子货币修改为锚定单一货币。2020 年 12 月，管理 Libra 的机构——位于瑞士的 Libra 协会更名为 Diem Association，Libra 更名为 Diem，以 2021 年发行锚定美元的单一货币为目标。

③ IMF，"The Rise of Digital Money"，"FinTech Notes No. 2019/001"，July 15，2019，https：//www. imf. org/en/Publications/fintech – notes/Issues/2019/07/12/The – Rise – of – Digital – Money – 47097.

管方案，包括引进发行前审批制度、对确定锚定资产进行监管以及对违反规定的行为的处罚方式等。①

对 Libra 的强烈担忧，极大地推动了世界主要国家对法定数字货币的讨论。包括日本央行在内的相关国家央行在批判 Libra 构想的同时，开始讨论发行本国主权数字货币 CBDC 的可能性，以对冲和抗衡 Libra 给金融体系带来的风险。

（二）全球央行数字货币发展迅速，特别是数字人民币建设取得重大进展

2021 年 1 月，BIS 发布 2020 年 CBDC 调查报告，调查对象涵盖全球 65 家中央银行，其中包括发达经济体的 21 家，新兴经济体的 44 家。② 这些国家和地区的人口占全球总人口的 72%，经济总量占全球经济总量的 91%。目前，86% 的央行正在研究和评估 CBDC，2017～2019 年分别有 65%、70% 和 80%，这一比例逐年提升。2020 年，60% 的央行已开始进行概念验证，高于 2019 年的 42%。同时，14% 的央行进入实际测试阶段。

从表 2 可以看出，2019 年以来，多国央行加快对 CBDC 项目的研发步伐，其中既包括发达国家，也包括发展中国家。而且发展中国家的进展似乎更快，巴哈马、柬埔寨率先启用 CBDC，目的在于实现普惠金融（financial inclusion），以解决现金流通成本高及银行店面、自动取款机（ATM）等基础设施不足等问题。

数字人民币进展迅速。2014 年，中国人民银行正式启动数字货币研究。2020 年 10 月，中国人民银行就《中华人民共和国中国人民银行法（修订草案征求意见稿）》公开征求意见，其指出人民币包括实物形式和数字形式，

① EU, "Digital Finance Package," September 24, 2020, https://ec.europa.eu/info/publications/200924-digital-finance-proposals_en.

② BIS, "Ready, Steady, Go? —Results of the Third BIS Survey on Central Bank Digital Currency," BIS Papers No. 114, Janaury 2021, https://www.bis.org/publ/bppdf/bispap114.pdf.

为发行数字货币提供依据。伴随数字人民币在深圳、北京、天津、上海等大城市进行扩展测试，数字人民币在制度和实践等方面进入最终阶段，并计划于2022年北京冬奥会前正式发行。数字人民币将通过贸易等渠道，在全球范围内流通。出于对中国掌控CBDC国际标准的担忧，日美欧等央行纷纷加快对数字货币的研发。

表2　各国央行对CBDC的研发情况

<table>
<tr><th>CBDC进展情况</th><th>国家或地区</th><th>具体计划或行动</th><th>目的</th></tr>
<tr><td rowspan="2">已正式发行</td><td>巴哈马</td><td>2020年10月20日，正式启用央行数字货币“沙元”（Sand Dollar）</td><td rowspan="2">1. 出于实现普惠金融的考量，为民众提供平等的金融服务
2. 避免本国货币被美元取代</td></tr>
<tr><td>柬埔寨</td><td>2019年开始进行实证检验。2020年10月28日，正式启用央行数字货币“巴孔”（Bakong）</td></tr>
<tr><td rowspan="2">计划发行</td><td>中国</td><td>已进入实际测试阶段，计划于2022年北京冬奥会前发行</td><td>1. 推进人民币国际化
2. 防止对资金的不当交易
3. 降低现钞成本</td></tr>
<tr><td>瑞典</td><td>2021年结束实证检验，计划尽快发行CBDC</td><td>应对现金流通量减少的局面</td></tr>
<tr><td rowspan="4">研究或计划进行实证检验</td><td>日本</td><td>设定三个阶段进行实证检验，计划于2021财年进行概念验证</td><td rowspan="4">1. 牵制数字人民币发展
2. 为未来建立无现金化（cashless）社会做准备</td></tr>
<tr><td>韩国</td><td>计划于2021年进行实证检验</td></tr>
<tr><td>欧洲</td><td>计划于2021年进行实证检验</td></tr>
<tr><td>美国</td><td>加入日欧央行对CBDC的共同研究计划</td></tr>
</table>

资料来源：根据相关报道制作，参见「中銀デジタル通貨、新興国が先行　日本なお及び腰」、『日本経済新聞』2020年11月16日等。

（三）数字化成为日本经济增长的新动力

2021年1月，菅义伟首相在施政方针演说中指出，泡沫经济崩溃后，日本企业失去活力。日本未能追随数字化潮流，没有培育出引领经济增长的产业。未来，绿色发展与数字化是实现经济增长的原动力。[①] 在数字化领域，日本将成立数字厅，普及“个人编号卡”（my number card），进行数字化改革；在数字货币领域，推动无现金化社会进程，提升使用者的便利性，提高经济效率，这成为日本央行加快研究 CBDC 的一大动因。

疫情促使线上支付或无现金支付方式将更加普及。但在全球主要国家中，日本的无现金化结算比例很低（见图 2）。日本央行统计，2020 年末，日本家庭、企业及金融机构持有纸币现金数额达 118.3 万亿日元，连续 11 年突破历史新高。[②] 如果发行信用等级极高的央行数字货币，则将对无现金化建设起到促进作用。[③]

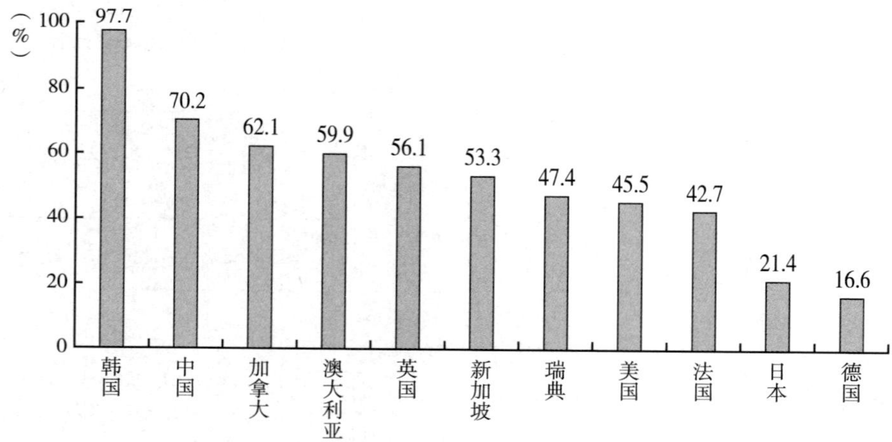

图 2　全球主要国家的无现金化结算比例（2017 年）

资料来源：一般社団法人キャッシュレス推進協議会「キャッシュレス・ロードマップ 2020」、2020 年 3 月 31 日。

此外，新冠肺炎疫情期间出现的一些情况表明日本在数字经济领域的发展落后，如日本政府发放的补贴无法及时到位，影响了疫情背景下的消费和

---

① 首相官邸「第二百四回国会における菅内閣総理大臣施政方針演説」、2021 年 1 月 18 日。

② 「年越しのお札 118 兆円　11 年連続最高更新」、『日本経済新聞』2020 年 12 月 30 日。

③ 木内登英「中国牽制だけではない、日本が中銀デジタル通貨を発行することの意義」、2020 年 10 月 28 日、https://diamond.jp/articles/-/252540。

投资，若利用CBDC数据平台，则既有利于提升政策效能，验证政策效果，也有助于降低国际汇兑成本，增强金融机构的竞争力。

四 日本CBDC发展面临的课题及未来展望

虽然日本银行对CBDC的关注度提升，但从便利性与安全性两全的角度考虑，日本在技术及制度设计等方面仍面临不少难题。

（一）主要课题

1. 数据利用与隐私保护问题

CBDC本身是一种依托区块链技术和点对点的特定算法产生的“加密数字货币”，能够帮助官方机构掌握CBDC应用场景所涉及的身份、商品、服务、场所、价格等多维度数据，有助于推动数字型社会发展，防范不法金融行为，加大国际性反洗钱力度。但与此同时，普通用户的资金流向、消费记录等也存在被暴露的可能。因此，在充分挖掘并利用数据价值的同时，如何最大限度地保护CBDC用户的隐私，是中央银行与商业银行必须予以关注的问题。

2. 对金融体系的冲击问题

由于CBDC有国家主权的信用背书，不会出现破产挤兑的风险，安全性及便利性得到充分保障，因此可能出现银行存款“搬家”现象，从而损害民间金融机构的金融中介功能。CBDC的推出，或将导致民间金融机构的生存空间被进一步挤压，甚至出现民间金融机构挤兑倒闭的风险。此外，由于法定货币数字化，货币流通速度以及金融资产的转换速度都将明显提升，金融资产价格的波动性提高，加重了金融风险，这会对传统金融体系的整体稳定产生冲击。同时，CBDC可能阻碍民间金融机构发行数字货币等金融科技及金融创新的进程。因此，在CBDC发展过程中，维护金融体系稳定是制度建设的重点。

3. 老龄化背景下的数字鸿沟问题

不同年龄层的民众对待数字货币的态度存在明显差异。与年轻人相比，老年人对传统纸质货币具有较强的路径依赖，他们接受数字货币等新兴支付手段较为困难。目前，日本社会已步入1/4国民为老人的超老龄化社会，且伴随团块世代步入老年，日本老年人口数量还将继续上升。CBDC推出后，银行柜台、ATM等提供的现金服务减少，必然会影响以老年人为主的现金用户。在老龄化不断加深的背景下，普及并推广CBDC面临严峻挑战。避免数字货币推广对老年群体造成金融歧视，避免产生超老龄化下的数字鸿沟，值得重点关注。

（二）未来展望

一是日本央行短期内不会发行CBDC，但将继续推进相关制度建设。

虽然目前日本并未推出CBDC发行计划，但将在2021财年进行CBDC实际测试，在技术和制度等方面积极推动相关进程。从日本的现实情况来看，民众对纸币的传统路径的依赖仍然强烈，电子支付的发展十分滞后，在尚未通过第三方支付软件养成线上消费习惯的社会背景下，日本的数字货币支付显然不可能迅速普及。在正式发行央行数字货币之前，日本政府或有必要积极推动电子支付行业发展，从而为央行数字货币的推广打下坚实的基础。

二是日本与欧美联合推动对CBDC的制度性研究，主导数字货币规则制定。

2020年10月，日美欧等七国央行与BIS联合发表CBDC报告，一方面牵制数字人民币，另一方面旨在以此宣示CBDC国际标准及规则制定的主导权。2021年2月，G7财长和央行行长视频会议召开，这是美国拜登政府上台后参加的首次会议，其中“数字货币规则制定”再一次成为G7牵制中国的共同议题。可以看出，日本将积极与西方发达国家进行协作，参与数字货币、数字税等前沿领域的国际标准和规则制定，在数字经济领域占得先机。

三是CBDC与民间主体的第三方支付工具将长期并存。

货币供给体系存在二元结构，即包括银行、通信公司、第三方机构等发行的民间电子货币与央行发行的法定货币。其中，民间机构可以进行创新，具有多样性，央行可以具有稳定与高效的特点。2020 年 11 月，由民间机构主导发表的报告指出，日本三大银行及 NTT 集团等 30 余家日本商社和民间金融机构将于 2022 年进行数字货币的概念性实测，以为消除业界壁垒、实现企业间交易的数字化做准备。

伴随数字化的飞速发展，一方面，围绕数字货币的“官民之争”更加激烈；另一方面，央行为民间金融机构提供货币，金融机构为企业和个人提供支付服务，这种二元结构将长期存在。对于共同开发数字货币，日本央行与民间机构的合作将深化。

B.24
新冠肺炎疫情后菅内阁着力发展数字经济的动因与趋势*

田　正**

摘　要：　随着新一代信息技术的快速发展，数字经济正在成为引领经济高质量发展的重要驱动因素。在人口老龄化背景下，数字经济发展可以缓解日本劳动力减少的压力，促进日本经济走出长期停滞。突如其来的新冠肺炎疫情使日本暴露出政府数字化程度低、企业数字化转型不足等问题。长期从事数字经济管理的菅义伟上台后，推动设立"数字厅"，提升日本政府的数字化水平，提高日本社会的数字化水平。未来日本政府及企业的数字化转型将出现新突破，中国可吸收与借鉴日本的经验和教训。

关键词：　数字经济　数字厅　数字政府　数字转型　日本

在1995年美国学者泰普斯考特（Tapscott）提出"数字经济"概念后，发展数字经济成为全球共识。日本政府持续关注数字经济发展，这成为日本的一项重要政策，但实际进展并不大。国内学者对日本发展数字经济问题展

---

* 本报告受到国家社科基金青年项目"战后日本供给侧结构性改革经验与教训研究"（编号：17CGJ012）、中国社会科学院青年启动项目"日本产业再生政策研究"（编号：2021YQNQD0067）的资助。

** 田正，经济学博士，中国社会科学院日本研究所副研究员，全国日本经济学会理事，主要研究领域：日本经济、日本产业。

开了一定程度的研究，包括日本参与全球数字经济治理问题①、日本发展数字贸易的举措等②，但对菅义伟上台后日本发展数字经济的研究还较少。为此，本报告拟廓清日本发展数字经济的内在驱动因素，探究日本发展数字经济的主要举措，分析日本数字经济的未来发展趋势。

一 菅内阁着力发展数字经济的动因

菅义伟内阁致力于发展数字经济的动因可归纳为以下三点，即日本经济发展的迫切需要、新冠肺炎疫情冲击暴露出日本数字化短板、菅义伟自身的政治夙愿。

（一）日本具有发展数字经济的内在动力

首先，数字经济发展能够促进经济增长。数字经济提倡对信息技术（IT）和通信技术（CT）进行充分应用，互联网、云计算、大数据等新兴数字技术将提升数据的收集能力，人工智能等信息技术将提高数据的处理能力，而物联网等通信技术的发展将克服交流之间存在的物理障碍，加强分工合作。数据成为新的生产要素，通过收集、存储和分析数据，可以降低社会交易成本，实现超大规模连接，加快社会经济变革。作为一种新的生产要素，数字要素价值的不断增长将推动经济增长，实现经济体的可持续发展。依照这一思路，世界各国均在积极倡导发展数字经济。

其次，对于经济长期停滞的日本而言，发展数字经济是迫切需求。泡沫经济崩溃后，日本经济陷入长期低迷状态，经济增速下降至0～1%。日本还面临人口老龄化问题，劳动人口持续减少。根据日本国立社会保障和人口问题研究所的测算结果，日本的劳动年龄人口（15～64岁）数量将从2020

① 陈友骏：《日本参与全球数字经济治理的构想与实践》，《日本学刊》2020年第4期。

② 蓝庆新、马蕊、刘昭洁：《日本数字经济发展经验借鉴及启示》，《东北亚学刊》2018年第6期。

年的7340万人减少为2035年的6343万人，缩减997万人。[①] 发展数字经济有助于提升经济体的全要素生产率，从而帮助日本克服人口老龄化危机，减少对于劳动人口的需求，实现经济增长。研究显示，如果日本的数字化密度在五年内提升10%，则日本的国内生产总值（GDP）将增加1140亿美元。[②] 由此可见，发展数字经济，可以应对日本人口老龄化问题，实现经济平稳增长，这对日本政府而言具有强烈的吸引力，发展数字经济成为迫切追求。

但是，日本当前的数字经济发展水平不尽如人意。日本在2001年就推出“IT基本法”，旨在成为世界领先的信息化国家，为此，相继出台一系列数字经济发展战略，但这些战略的实施效果无法令人满意。一方面，人工智能等新兴技术在日本产业中的使用情况落后于中美。根据《信息通信白皮书》中的统计数据，在能源、金融、医疗、媒体领域，中美使用人工智能技术的比例分别达到86%、73%、86%、61%，83%、49%、89%、65%，但日本在上述领域中的人工智能技术的导入比例只有38%、42%、23%、60%。[③] 另一方面，日本并没有涌现出具有代表性的平台企业。美国有GAFA等世界领先的数字化平台企业，中国出现BATH等大型互联网平台企业。[④] 日本始终没有出现类似企业，这导致日本企业面临成为平台企业下的加工者的境遇。

（二）新冠肺炎疫情冲击暴露日本在数字经济上的短板

突如其来的新冠肺炎疫情不仅对日本经济发展造成严重冲击，而且暴露出日本在数字经济发展方面的薄弱之处。

---

① 国立社会保障・人口問題研究所「日本の将来推計人口」、http://www.ipss.go.jp/syoushika/tohkei/Mainmenu.asp。

② 《寻找中国经济的数字化红利》，埃哲森战略咨询，https://www.accenture.com/cn-zh/insight-china-economy-digital-dividend。

③ 総務省『令和元年版情報通信白書』、https://www.soumu.go.jp/johotsusintokei/whitepaper/ja/r01/pdf/index.html。

④ GAFA指谷歌、亚马逊、脸谱、苹果，BATH指百度、阿里巴巴、腾讯、华为。

第一，在疫情应对方面，由于政府的数字化水平不高，日本无法正确统计感染者数量，从而无法有效应对疫情。日本对感染者的信息统计并未实现数字化，有关感染者的信息是通过传真从医疗机构发送到医疗中心和地方相关机构的，其中有的以手工方式制成表格。这不仅降低了效率，也提高了错误的可能性。在这些过程中累积的错误，不利于日本正确把握感染人数，从而无法更好地开展防疫工作。此外，由于“个人编号卡”普及率不高，相关机构无法利用“个人编号卡”向民众准确、快速地发放补助金。从2016年开始，日本推广使用“个人编号卡”，该卡可以作为表明个人身份的证件，同时也兼具在网上办理行政手续、购买线上商品和服务等功能，但个人编号制度的普及情况并不理想。从2016年到2020年12月，“个人编号卡”总共发行了2900万张，只占日本总人口数的23.1%，远远没有实现全民普及“个人编号卡”的目标。[①] 因此，在此次疫情中，“个人编号卡”没有发挥应有的作用。针对日本政府为改善国民生活在疫情中发放特别定额补助金，大部分居民主要通过邮寄这一传统方式申请和获得，通过“个人编号卡”在网上申请的居民较少。

第二，疫情暴露出日本政府行政手续烦琐、行政信息化程度低等问题。在中央政府和地方政府的行政事务办理过程中，手写填表是主要部分，可以在网上完成的手续只有12%。此外，在日本，在办理行政事务中，保留了使用印章的传统，需要盖章的事务种类达到1.5万种。作为一种象征，印章固然具有不可替代的文化意义，但是这不利于行政效率提升。在2020年的世界数字政府排名中，日本排第14位，日本的线上行政使用比例在发达国家中最低。

第三，日本数字经济发展由多个部门主导，条块分割情况严重，不利于对数据进行集中统一利用以共抗疫情。由于历史问题，在数字经济领域，日本政府有多个主管部门，每个省厅只负责管辖范围内的一部分事务，仅在管辖范围内推进数字化工作，这导致各部门储存的数据分散，不利于将数据统

① 「デジタル改革規制壊す」、『日本経済新聞』2020年12月30日。

一集中利用，严重阻碍日本实现疫情数据共享。例如，掌握行政机构信息系统维护权力的总务省主要负责解决政府和行政部门的数字化问题，而掌握信息通信领域中信息处理的相关管理权力的经济产业省则负责解决产业界的数字化问题，两个部门只负责管辖范围内的数字化工作，无法为对方提供横向的数字化支持。日本还设立了隶属于内阁府的IT综合战略室（简称IT室），其负责提高行政便利性的综合协调工作，但由于管辖范围不同，IT室无法参与行政电子化程序的设计过程，难以实现统筹管理的目标。此外，日本中央和地方政府之间针对数据事务的合作并不充分，没有形成中央和地方政府共享信息的平台，造成信息沟通不畅，不利于共同抗疫。日本各地方政府均建设了数据信息平台，这不仅造成严重的重复投资，也不利于维持数据的安全和对其进行有效利用。

第四，疫情凸显了日本企业数字化转型的不足，日本在远程学习、远程办公以及在线诊疗等领域落后于其他国家。在新冠肺炎疫情蔓延的背景下，由于有人员流动的限制，人们对非接触式数字服务的需求不断增加，以尽可能减少接触。不过，即使在疫情冲击下，日本数字经济的发展也没有出现质的飞跃。研究显示，在疫情期间，美国、中国、英国、韩国等对线上娱乐、远程办公、在线教育、远程医疗等程序的使用率均出现超过10个百分点的显著增长，而在此次疫情中，日本对上述程序的使用率的增长均低于10个百分点。[①] 在疫情期间，可召开在线会议的ZOOM、腾讯会议等软件快速发展，但是日本并没有产生类似的软件。这反映出日本企业的数字化发展不足，没有针对疫情期间产生的需求提供相应服务。

（三）菅义伟的政治夙愿

在从政生涯中，菅义伟多次从事与数字经济相关的工作，在1996年担任总务副大臣期间，设置“ICT国际竞争力座谈会”，邀请专家学者、民间

---

① マッキンゼー「デジタル革命の本質 日本のリーダーへのメッセージ」、https://www.mckinsey.com/jp/。

企业人士共同商讨日本通信设备对外输出策略，成功推动了日本通信设备对阿根廷等国的出口。此外，菅义伟还推动进行 NHK 改革，使 NHK 信号接收费用成功下调 20%。[①]

菅义伟从 2012 年开始长期担任内阁官房长官，是日本在任时间最长的内阁官房长官。在任内阁官房长官期间，菅义伟负责数字经济相关工作，如 2015 年菅义伟担任“赛博安全战略本部”最高负责人等。内阁官房长官的任职经历，令菅义伟深深感受到打破日本政府部门之间条块分割的重要性。部门间的倾轧现象时有发生，导致行政效率低下，损害国家利益。总务省、经济产业省各自为政，内阁府下辖的 IT 室无法起到有效的统合作用。在经济服务化、人口老龄化的大背景下，日本急需发展数字经济，但是政府部门间的相互掣肘无疑使日本数字经济的发展更加缓慢。在菅义伟上台前，日本自民党提出设立“数字厅”的提案，旨在实现政府对数字采购的一元化管理，提高信息系统的导入效率。[②]综上，菅义伟上台前已经认识到打破条块分割的行政机制、推动数字经济发展的重要性。其在上台前的自民党总裁选举中就提出“设立数字厅”的口号，表示要打破各省厅的条块分割，倾力破除各种行政规制，将设立数字厅作为组建政府的头等大事。[③] 因此可以说，对菅义伟而言，推动日本政府的数字化进程是他的夙愿，设立“数字厅”是重要举措。

二 菅内阁发展数字经济的举措

新冠肺炎疫情的冲击凸显出日本政府数字化的滞后。为实现日本社会数字化，菅义伟内阁从解决行政机构数字化问题入手，设立“数字厅”，统合数字经济领域的行政管理机制，以实现对数字经济领域事务的集中统一领导，提高日本的数字化水平。

---

① 菅義偉『政治家の覚悟』、文藝春秋、2020、29 頁。

② 「政府調達を一元化、自民行革本部が政府に提言」、『日本経済新聞』2019 年 5 月 23 日。

③ 《安倍后的日本政治与外交》，日经中文网，https：//cn.nikkei.com/columnviewpoint/liudicolumn/41965－2020－09－09－04－59－10.html。

（一）数字厅设立的目的、进程与愿景

菅义伟内阁设立数字厅的目的在于，推动进行一体化改革，将分散在多个省厅中的数字经济管理职能统合起来，实现数字经济管理职能的相对集中，推动日本数字经济发展，促使数字厅在日本数字经济领域发挥“司令塔”的作用。首相官邸颁布的《实现数字社会改革基本方针》指出，作为日本构建数字社会的“司令塔”，数字厅具有强有力的综合协调机能；数字厅负责国家政府部门及地方团体、事业单位等公共部门的信息系统建设和管理工作，同时负责制定数字基本方针政策，从根本上提升行政服务质量。①

菅义伟上台后，大力推进实现行政数字化，积极推动设立“数字厅”，并做了一系列准备。新设“数字改革担当大臣”，由精通信息技术政策的平井卓也担任；9 月 30 日，成立“数字改革关联法案准备室”；10 月 12 日召开“数字管理阁僚会议”，讨论数字厅设立和“IT 基本法修正案”事宜，并设立数据战略工作小组；12 月 25 日公布《实现数字社会改革基本方针》以及《数字管理实行计划》，给出设立“数字厅”的具体方针。根据已公布的文件，日本将在 2021 年 9 月正式设立“数字厅”，以致力于提高日本中央和地方政府的数字化水平，促进日本产业进行数字化转型，人员规模为 500 人左右。

菅义伟内阁期待数字厅发挥提升日本社会数字化水平的作用，推动实现“社会 5.0”。图 1 体现了日本设立数字厅对提升社会数字化水平的作用。日本通过设立数字厅，加强政府与民间企业的合作，推动中央与地方政府加强信息化建设，提升行政服务效率和质量。具体路径包括：原则上废除对印章的使用（办理行政事务时），使民众可以在网上办理行政事务；促进远程医疗和远程教育发展，使民众可以通过远程在线方式享受高水平的医疗和教育服务；普及“个人编号卡”，推动医疗保健卡、驾照与“个人编号卡”整

① 首相官邸「デジタル社会の実現に向けた改革の基本方針」、https：//www. kantei. go. jp/jp/singi/it2/egov/。

合；支持发展远程办公，推动劳动方式改革，构建多样的、灵活的就业方式，激发民众的工作热情；强化对数据的安全保障，加快对机器人技术的使用，促进实现自动化和无人化，推动产业实现数字化转型；降低移动电话的使用费用，增强日本信息产业的国际竞争力。

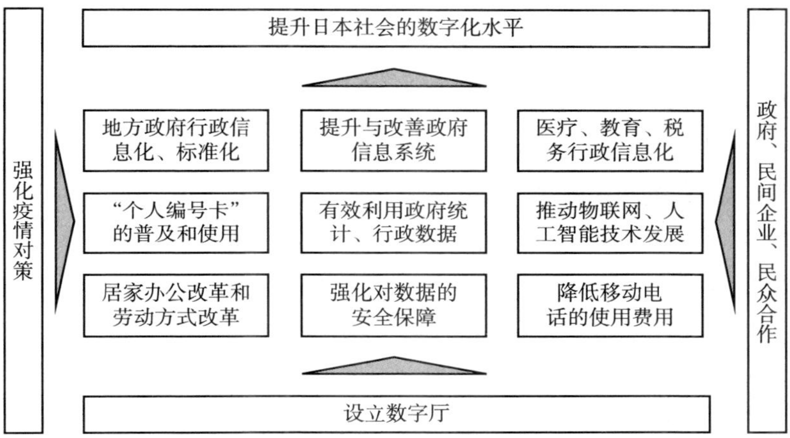

图1　日本设立数字厅提升社会数字化水平的愿景的示意

（二）数字厅的主要业务概况

菅义伟内阁力主设立的数字厅负责的主要业务涉及以下七个方面。一是推动国家信息系统管理。由数字厅负责制定日本政府部门的信息系统管理基本方针，监督和管理政府部门对信息系统的使用，同时分配和制定关于国家信息系统领域的预算，采用这种方式推动日本政府部门信息系统的融合进程，提升日本的行政效率。二是构建地方政府信息管理平台。与总务省合作，在云端建设标准化的地方政府信息管理平台，推动中央和地方政府之间进行数据信息共享。三是加强个人编号制度建设。构建一元化的个人编号管理体制，加速对“个人编号卡”的普及和使用，由数字厅和总务省合作管理地方公共团体信息系统（J－LIS），强化对居民基本信息的管理，推动它们就个人信息编号数据进行合作，以方便居民通过个人信息编号系统在线上完成行政手续。四是提高日本社会数字化水平。全面修订“IT 基本法”，推动构建对人友善的数字化社会，制订数字化社会形成重点计划，推动企业数字化转型的进程，提高企业生产率和附加值，加强医疗、教育、防灾等部门的信息化系统建设，提高公共服务质量。五是提升数据的使用效率。推动构建身份识别制度体系，以快速、准确地让个人与企业法人、分管省厅共同确定身份，识别数据库中所需信息，提高行政手续办理效率。六是提高数据安全保障水平。制定数字安全保障基本方针，同时设立专门的任务小组对信息系统使用的安全性进行检查，以保证信息数据的安全性。七是确保合理使用信息化人才。完善信息化人才采用方案，在国家公务员考试中增设信息化人才录取类别，积极吸纳社会中的优秀信息化人才，确保信息化建设有序展开。由此可见，数字厅的主要工作为统合各省厅的信息系统管理权限、制定促进数字社会形成的基本方针政策，成为日本政府在数字经济推进工作方面的“司令塔”。

（三）数字厅的组织结构特点

为统领日本政府信息系统管理工作，兼顾数字经济问题发展速度快、变化程度高的特点，数字厅在设置上表现出与其他省厅不同的特点。

第一，直接由内阁总理大臣领导，在机构设置方面突出专业性特征。内阁总理大臣是数字厅的直接负责人，同时设立数字大臣负责对数字厅的事务进行全面管理，并设立副大臣和政务官等协助数字大臣开展工作。设立数字特别监督职位，以负责数字厅具体业务的开展，同时向数字大臣提出政策建议。在明确数字厅各岗位职能的基础上，设立最高技术负责人（CTO）和最高数据负责人（CDO），解决工作中出现的专业性技术问题。计划设立“数字社会促进会议”，以协调各省厅，推动执行数字厅制定的政策方针。

第二，在业务推进上，实施计划与项目相结合的管理体制，推动日本社会数字化建设有序开展。与其他省厅不同，数字厅所要开展的业务以“IT 基本法”和“数字治理实施计划”中规定的重点计划为主。根据重点计划要求，细化并分解任务，设立相应项目推进小组，制定详细计划实施方案，开展相关业务。

第三，采用灵活的人员招聘流程，确保由专业的信息管理人员负责信息系统的维护与建设。由于数字经济具有技术发展快、变化程度高的特征，数字厅在筹备过程中决定积极起用民间企业中的信息技术管理人士，让他们负责信息系统的建设工作。在人员的招聘上，采用灵活的雇用方式，避免采用日本传统的年功序列制，构筑政府与民间企业之间的“旋转门”系统，提升岗位人员的流动性，使优秀人才可以在政府和民间企业之间充分流动，同时建立与市场接轨的薪酬支付体系，提升人员工作的积极性。① 在人员招聘工作方面，从2021年1月开始招募从业人员，由专业的工程师进行技术面试，以保证录用人员的专业技术水平；在2021年4月优先确定30名兼职人员，并根据业务需要在2021年4~8月分批次录取100名左右人员。预计在2022年，设置国家公务员信息数据人员录取类别，选录优秀的信息化公务人员。

第四，设立中央与地方政府的合作交流平台，加强中央与地方政府之间的交流与合作。为加强地方政府与中央政府之间的信息系统合作，探讨信息系统在使用过程中面临的问题，数字厅将构建“共同创造平台”，促进地方政府工作人员与数字厅工作人员进行直接对话，改善信息服务体系。

三　日本数字经济的发展趋势

日本数字经济发展趋势主要体现在提高政府的数字化水平、促进企业数字化转型两个方面。

（一）政府行政数字化水平提升

日本推动数字经济发展的重要目标是建设一个能够满足每个人不同服务需求的多样化的幸福社会。② 具体而言，在设立数字厅计划的推动下，日本

① 「デジタル庁、民間人材は非常勤・兼業可4月に先行採用」、『日本経済新聞』2020年12月21日。

② 首相官邸「デジタル・ガバメント実行計画」、https：//www. kantei. go. jp/jp/singi/it2/egov/。

将致力于提升中央和地方政府的数字化水平，进而提升日本政府的数字化治理效能。2020 年 12 月，日本政府公布《数字实行基本计划》，为2021～2026 年的数字化发展制定详细的路线图，主要内容包括以下几个方面。一是推动进行以使用者为中心的行政服务改革。制定“服务设计 12 条”，要求政府的信息系统必须具备“容易使用”“简单”“便捷”等特点，简化行政服务流程，实现行政服务手续全方位电子化，提升行政服务的便利性。二是提高中央和地方政府的信息化水平。此次疫情暴露出日本政府在信息化建设方面的短板，日本政府需要继续提升信息化水平，为此，应以完善个人编号制度为基础，大力提高个人编号卡的普及率，积极推动个人编号卡集成医疗保险证明、驾驶证明的作用等，提升个人编号卡的利用率，积极构建中央和地方政府共享数据的平台“Gov－Cloud”，推动实现基于个人编号卡的数据信息共享。三是提升政府的数字治理能力。构建和完善政府各部门共享信息的基础设施；强化对数据的安全保障，防止个人信息泄露；构筑合作使用数据信息的平台；提升行政数据的开放水平。四是构建一元化的项目管理体制。由数字厅全面统筹日本政府的信息化系统建设事务，构建各政府部门共享信息的管理平台，精简政府各部门用于进行信息化平台建设的费用。五是提升行政服务的信息化水平。全面调整目前日本传统的以书面为主的行政体系，实现行政手续全面信息化，将印章的使用范围缩小至必要领域，简化行政手续，提高行政事务办理效率。六是加强对信息化系统的宣传工作。加强对民众的宣传和引导，促使民众积极利用政府信息化系统，并设置指导人员，以减少民众使用信息化系统的障碍。七是提升地方政府的信息化水平。推动地方政府进行数字化转型，全面推广统一的地方政府信息管理平台，推动地方政府行政手续信息化，提升地方政府的行政事务办理效率。由此可见，日本将致力于解决政府信息化水平不高的问题，在中央省厅构建统一的行政管理平台，同时促进地方政府使用统一的信息管理平台，推广对个人编号卡的使用，消除对信息化建设领域的重复投资，简化行政手续，通过电子化办公的方式提升行政事务办理的便捷性程度，提升行政效率，提高日本政府的数字化治理能力，在这一过程中，数字厅将发挥“司令塔”的作用。表1展示了日本提升政府服务信息化水平的具体措施。

表1　日本提升政府服务信息化水平的具体措施

主要任务	具体措施
推动进行以使用者为中心的行政服务改革	从使用者的角度改善行政服务业务流程，提升行政服务便捷性
	制定“服务设计12条”
	实现行政服务手续全方位电子化
提高中央和地方政府的信息化水平	积极构建中央和地方政府共享数据的平台“Gov－Cloud”
	加强政府各部门间的信息共享合作
	完善个人编号制度：提高个人编号卡的普及率、强化个人编号卡的性能、提升个人编号卡的利用率
	改善与中央和地方政府信息系统相关的制度
	提升对数据的利用效率
提升政府的数字治理能力	构建和完善政府各部门共享信息的基础设施
	强化对数据的安全保障，防止个人信息泄露
	构筑合作使用数据信息的平台
	提升行政数据的开放水平
构建一元化项目管理体制	对于政府信息系统建设进行一元化统筹管理
	严格监管政府进行信息管理建设使用费用的情况
	加强信息化人才队伍建设
提升行政服务的信息化水平	实现行政手续全面信息化
	简化行政手续
	推进一站式行政事务办理
	扩大企业法人信息管理平台的功能
加强对信息化系统的宣传工作	构建数字利用辅助员制度，加强对数字系统的宣传与讲解
	举办宣传活动，提升国民对于政府数字化的认识水平
提升地方政府的信息化水平	加快地方政府业务信息处理系统的标准化进程
	推动地方政府和地方组织的行政手续电子化
	推动地方政府进行数字化转型
	加强对地方政府信息化人才的培养

资料来源：根据《数字实行基本计划》整理制成，参见首相官邸「デジタル・ガバメント実行計画」、https：//www. kantei. go. jp/jp/singi/it2/egov/。

（二）日本企业积极进行数字化转型

除了推进政府部门的数字化建设外，菅义伟政府也在积极推动产业领域特别是企业的数字化转型（Digital Transformation，DX）进程。“数字化转型”一词最早由瑞典学者施托尔特曼（Stolterman）在2004年提出，其认为信息通信技术的变革将对人类的生活产生全方位的影响。数字化转型很早就成为日本政府的关注重点，频繁出现于“经济财政运营与改革基本方针”《信息通信白皮书》等官方文件之中。推动企业进行数字化转型将在今后一个时期持续成为日本政府关注的重点，同时也是日本在数字经济领域的一个重要发展趋势。这体现在以下几个方面。

一是大力推动企业进行5G领域投资。5G是推动日本企业实现数字化转型的基础，日本政府积极推进5G网络建设，促进5G网络基站与“地域版5G”的建设，总投资达到3万亿日元。在日本政府的推动下，日本NTT、KDDI、软银、乐天等移动通信公司在未来五年的5G投资将达到1.6万亿日元。[①] 日本政府还引入5G相关税制，培育5G设备供应商，通过官民协作的方式，加大对5G及后5G时代技术开发的支持力度。未来，日本将进一步加大对5G网络的建设力度，而越来越多的日本企业也会应用5G网络开展业务。

二是促进新一代互联网技术在企业中应用。推动物联网、人工智能、大数据等新兴技术在日本企业中被应用，并将其扩展至大企业与中小企业之间进行交易、构建物流系统、维持供应链稳定等方面。可以预期，未来物联网、人工智能、大数据等新兴技术在日本企业及产业链、供应链中的应用普及程度会上升。

三是推动企业的商业模式转型。随着移动互联网技术的不断发展，人们对于线上交易以及非接触交易的需求将增加，会推动日本企业进行商业模式转型，促进销售方式从线下向线上延伸，提高线上交易的比例。日本政府积

① 総務省『令和2年版情報通信白書』、https：//www. soumu. go. jp/johotsusintokei/whitepaper/ja/r02/pdf/index. html。

极开展数字市场相关规则的制定工作，维持电子交易平台的透明性，同时规范平台厂商的行为方式。① 未来，越来越多的日本企业将积极利用线上电子交易平台开展销售活动，日本企业的传统商业模式也会出现数字化转型的趋势。

四是推动企业利用新兴通信技术，促进劳动方式更加灵活。面对疫情冲击，进行居家办公的员工数量不断增加，未来随着信息技术的发展和应用，日本企业将采用新兴网络通信方式开展办公活动，从而使员工的工作方式更加灵活。

五是给予企业进行数字化转型方面的激励。2019 年日本推出《促进信息处理法》（简称 DX 法），从以下三个方面促进日本企业进行数字化转型：国家制定企业数字化转型指标、由独立行政法人信息处理推进机构（IPA）设计跨组织的数据合作平台、在政府购买云计算服务时需要由 IPA 进行安全性检查。经济产业省制定“DX 评级”系统，以评估具有出色数字转型策略的公司，并对这些公司予以重点支持，2021 年用于促进优秀数字化转型公司发展的相关预算就达到 389 亿日元。② 由此可见，日本政府建立了评价企业数字化转型的量化指标，同时对数字化转型取得有效成果的企业给予重点资金支持。

综上，在未来一段时间内，推动企业进行数字化转型将成为日本产业政策的重点之一，全面推进 5G 建设，这样企业在开展业务时也会推动对物联网、人工智能、大数据的应用，积极转换商业模式，改善劳动方式，实现数字化转型。

四　结语

菅义伟内阁致力于推动日本数字经济发展，既有需要发展经济的内在驱

① 高野嘉史「デジタルトランスフォーションとは何か」、『経済』2020 年第 12 号。

② 「概算要求の目玉はデジタル化推進地方移住後押し」、『日本経済新聞』2020 年 9 月 30 日。

动力的影响，又有疫情冲击的短期因素的影响。疫情期间暴露出日本政府数字化水平较低、个人编号卡无法有效发挥作用、中央和地方政府间数据共享不畅等问题，这严重阻碍了日本采取疫情防控措施。菅义伟在上台前就曾长期从事与数字经济发展密切相关的工作，在 2020 年 9 月上台后更是将设立“数字厅”作为提振日本经济的重要举措。菅义伟内阁设立“数字厅”的目的在于整合日本政府部门的数字经济管理职能，提升日本政府的数字化治理能力，构建中央政府与地方政府间的信息沟通平台，提升日本社会的数字化水平。基于数字经济的发展特点，设置数字厅表现出独有的特点，即强调由首相进行集中统一领导、采用项目管理方式推动业务开展、实现人员招聘方式相对灵活、注重中央与地方政府部门间的沟通等。发展数字经济是日本今后一个时期内的重点，日本政府采取积极措施推动政府以及私营企业部门进行数字化转型，未来日本政府的数字化程度将提升，日本企业的数字化转型步伐也将加快。

附　　录

Appendix

B.25 日本经济与中日经贸关系主要数据变化

表1　中日贸易额变化

单位：亿美元，%

年　份	中日贸易总额	增长率	出口额	增长率	进口额	增长率	贸易平衡
1989	146.63	81.47	81.47	1.80	65.16	-11.21	16.31
1990	129.27	-11.84	88.71	8.89	40.55	-37.77	48.16
1991	202.83	22.30	102.52	13.9	100.31	32.2	2.21
1992	235.80	25.1	116.99	14.4	136.8	36.3	-19.81
1993	390.30	53.80	157.80	35.1	232.5	69.9	-74.70
1994	478.90	22.70	215.70	36.70	263.20	13.20	-47.50
1995	574.60	17.99	284.60	31.90	290.05	10.20	-7.20
1996	600.58	4.50	308.70	8.4	291.80	0.60	16.9
1997	608.58	1.20	318.20	3.0	289.93	-0.60	28.27
1998	578.99	-4.80	296.62	-6.70	282.07	-2.70	14.85
1999	661.67	14.20	323.99	9.2	337.68	19.40	-13.69
2000	831.70	25.70	416.5	28.5	415.10	22.90	1.40

续表

年　份	中日贸易总额	增长率	出口额	增长率	进口额	增长率	贸易平衡
2001	877.54	5.50	449.58	7.9	427.97	3.1	21.6
2002	1018.89	16.1	484.32	7.73	534.57	27.24	-51.0
2003	1335.74	31.1	594.26	22.7	741.51	38.7	-147.0
2004	1678.86	25.7	735.14	23.7	943.72	27.3	-208.58
2005	1844.43	9.9	839.92	14.3	1004.52	6.5	-164.6
2006	2073.56	12.5	916.39	9.1	1157.17	15.2	-240.8
2007	2360.22	13.8	1020.71	11.4	1339.51	15.8	-318.79
2008	2667.9	13.0	1161.3	13.8	1506.5	12.5	-345.2
2009	2288.5	-14.2	979.1	-15.7	1309.4	-13.1	-330.3
2010	2977.7	30.2	1210.6	23.7	1767.1	35.0	-556.5
2011	3428.9	15.2	1483.0	22.5	1945.9	10.1	-462.9
2012	3294.5	-3.9	1516.4	2.3	1778.1	-8.6	-261.7
2013	3125.5	-5.1	1502.8	-0.9	1622.7	-8.7	-119.9
2014	3124.38	-0.03	1494.42	-0.5	1629.96	0.4	-135.54
2015	2786.7	-10.8	1356.8	-9.2	1429.9	-12.2	-73.1
2016	2747.9	-1.3	1292.6	-4.7	1455.25	1.8	-162.65
2017	3029.9	10.1	1373.3	6.1	1656.5	13.7	-283.2
2018	3276.6	8.1	1470.8	7.2	1805.8	8.9	-398.0
2019	3150.0	-3.9	1432.3	-2.6	1717.6	-4.9	-285.3
2020	3175.3	0.8	1426.6	-0.4	1748.7	1.8	-322.1

资料来源：中国《海关统计》各年第12期。

表2　日中贸易额变化

单位：百万美元，%

年　度	日本对华出口		日本从华进口		贸易总额	
	金　额	增长率	金　额	增长率	金　额	增长率
1991	8593	40.2	14216	17.9	22809	25.4
1992	11949	39.1	16953	19.3	28902	26.7
1993	17273	44.6	20565	21.3	37838	30.9
1994	18682	8.2	27566	34.0	46248	22.2
1995	21931	17.4	35922	30.3	57853	25.1
1996	21890	-0.2	40550	12.9	62440	7.9
1997	21785	-0.5	42066	3.7	63851	2.3

续表

年　度	日本对华出口		日本从华进口		贸易总额	
	金　额	增长率	金　额	增长率	金　额	增长率
1998	20022	-8.1	36896	-12.3	56917	-10.9
1999	23336	16.6	42880	16.2	66216	16.3
2000	30428	30.4	55303	29.0	85731	29.5
2001	31091	2.2	58105	5.1	89195	4.0
2002	39866	28.2	61692	6.2	101557	13.9
2003	57219	43.5	75193	21.9	132412	30.4
2004	73818	29.0	94227	25.3	168045	26.9
2005	80340	8.8	109105	15.8	189445	12.7
2006	115811	15.3	118437	9.1	234248	12.1
2007	133951	15.8	127844	7.9	261794	11.8
2008	150634	12.5	143657	12.4	294291	12.4
2009	130749	-13.2	122515	-14.7	253264	-13.9
2010	176304	34.8	153425	25.2	329729	30.2
2011	194410	10.3	184129	20.0	378539	14.8
2012	177727	-8.6	188450	2.4	366177	-3.3
2013	162219	-8.7	180841	-4.0	343060	-6.3
2014	162686	0.3	181039	0.1	343725	0.2
2015	142716	-12.3	160625	-11.3	303341	-11.8
2016	145238	1.8	156632	-2.5	301870	-0.5
2017	165000	13.6	164542	5.1	329542	9.2
2018	180234	9.2	173599	5.5	353833	7.4
2019	171515	-4.8	169303	-2.5	340818	-3.7
2020	176089	2.7	163960	-3.2	340049	-0.2
2020年1月	11254	-18.1	15887	-5.9	27141	-11.4
2月	11254	1.5	6123	-46.9	17377	-23.2
3月	14758	4.8	13309	-1.3	28067	1.8
4月	14712	-5.3	16114	15.9	30826	4.7
5月	12465	-5.4	14102	0.5	26567	-2.3
6月	15253	8.9	12917	1.3	28170	5.3
7月	15334	5.1	13656	-8.4	28990	-1.7
8月	14236	-0.9	12451	-6.8	26687	-3.8
9月	17187	13.4	13545	-10.1	30732	1.7
10月	14914	5.5	14604	-0.9	29518	2.2
11月	16386	7.1	16138	11.3	32524	9.2
12月	18335	12.3	15114	7.0	33449	9.9

资料来源：根据《中日贸易投资概况》、日本贸易振兴机构（JETRO）的数据、Global Trade Atlas 制作而成。

表 3　日本对华直接投资

	项目数		协议金额		实际使用金额	
	数量(件)	增长率(%)	金额(亿美元)	增长率(%)	金额(亿美元)	增长率(%)
1979～1985	211	—	12.3	—	8.3	—
1986	94	—	2.1	—	2.0	—
1987	113	20.2	3.0	42.9	2.2	10
1988	237	109.7	2.8	-6.7	5.2	136
1989	294	24.1	4.4	57.1	3.4	-35
1990	341	16.0	4.6	4.5	5.0	47
1991	599	75.7	8.1	77.7	5.3	6.0
1992	1805	201.3	21.7	167.9	7.1	34.0
1993	3488	93.2	29.6	36.4	13.2	85.9
1994	3018	-13.5	44.4	50.0	20.8	57.6
1995	2945	-2.4	75.9	70.9	31.1	49.5
1996	1742	-40.9	51.3	-32.4	36.8	18.3
1997	1402	-19.5	34.0	-33.7	43.3	17.7
1998	1188	-15.3	27.0	-20.6	31.6	-27.0
1999	1167	-1.8	25.9	-4.1	29.7	-6.0
2000	1614	38.3	36.8	42.1	29.2	-1.7
2001	2019	25.1	54.2	47.3	43.5	49.0
2002	2745	37.0	53.0	-1.9	41.9	-8.9
2003	3254	18.5	79.6	50.2	50.5	20.6
2004	3454	6.1	91.6	15.2	54.5	7.9
2005	3269	-5.4	119.2	30.1	65.3	19.8
2006	2590	-20.8	99.1	-16.9	46.0	-29.6
2007	1974	-23.8	—	—	35.9	-22.0
2008	1438	-27.2	—	—	36.5	1.7
2009	1275	-11.3	—	—	41.1	12.4
2010	—	—	—	—	42.4	3.0
2011	—	—	—	—	63.5	49.7
2012	—	—	—	—	73.5	16.3
2013	—	—	—	—	70.6	-4.3
2014	—	—	—	—	43.3	-38.8
2015	—	—	—	—	31.9	-26.2
2016	—	—	—	—	31.1	-3.1
2017	—	—	—	—	32.7	5.1
2018	—	—	—	—	38.1	16.5
2019	—	—	—	—	37.2	-2.0
2020	—	—	—	—	33.8	-9.3

资料来源：《中国商务年鉴》，中华人民共和国商务部。

表4　国民经济统计（1）

年　度	国内生产总值（GDP）			国民总收入（GNI）		国民收入					
	名　义		实　际	名　义	实　际	名义国民收入		雇员名义报酬		人均GDP	人均雇员报酬年增长率
	金　额	年增长率	年增长率	年增长率	年增长率	金　额	年增长率	金　额	年增长率		
	十亿日元	%	%	%	%	十亿日元	%	十亿日元	%	千日元	%
1955	8,969.3	—	—	—	—	6,973.3	–	3,548.9	–	97	–
1956	10,064.4	12.2	6.8	12.1	6.7	7,896.2	13.2	4,082.5	15.0	107	6.8
1957	11,542.0	14.7	8.1	14.5	8.0	8,868.1	12.3	4,573.0	12.0	122	5.8
1958	12,356.7	7.1	6.6	7.0	6.5	9,382.9	5.8	5,039.2	10.2	129	5.4
1959	14,497.3	17.3	11.2	17.2	11.1	11,042.1	17.7	5,761.2	14.3	150	8.9
1960	17,401.1	20.0	12.0	19.9	11.9	13,496.7	22.2	6,702.0	16.3	178	10.0
1961	21,042.1	20.9	11.7	20.9	11.7	16,081.9	19.2	7,988.7	19.2	214	14.4
1962	23,293.3	10.7	7.5	10.6	7.5	17,893.3	11.3	9,425.6	18.0	234	13.6
1963	27,361.5	17.5	10.4	17.4	10.4	21,099.3	17.9	11,027.3	17.0	272	12.9
1964	31,712.8	15.9	9.5	15.8	9.4	24,051.4	14.0	12,961.2	17.5	312	13.7
1965	35,223.8	11.1	6.2	11.1	6.2	26,827.0	11.5	14,980.6	15.6	343	10.6
1966	41,413.7	17.6	11.0	17.6	11.1	31,644.8	18.0	17,208.9	14.9	400	11.1
1967	48,451.6	17.0	11.0	17.0	11.0	37,547.7	18.7	19,964.5	16.0	463	13.1
1968	57,320.4	18.3	12.4	18.3	12.3	43,720.9	16.4	23,157.7	16.0	541	13.3
1969	67,871.7	18.4	12.0	18.4	12.0	52,117.8	19.2	27,488.7	18.7	633	16.4
1970	78,551.0	15.7	8.2	15.8	8.3	61,029.7	17.1	33,293.9	21.1	722	17.0
1971	86,480.1	10.1	5.0	10.2	5.1	65,910.5	8.0	38,896.6	16.8	781	14.0
1972	100,654.0	16.4	9.1	16.6	9.3	77,936.9	18.2	45,702.0	17.5	898	14.1
1973	121,756.5	21.0	5.1	20.9	5.0	95,839.6	23.0	57,402.8	25.6	1,070	22.2
1974	144,431.5	18.6	-0.5	18.4	-0.7	112,471.6	17.4	73,752.4	28.5	1,251	28.0
1975	158,942.9	10.0	4.0	10.2	4.1	123,990.7	10.2	83,851.8	13.7	1,361	12.7
1976	178,692.4	12.4	3.8	12.4	3.8	140,397.2	13.2	94,328.6	12.5	1,515	10.8
1977	198,305.6	11.0	4.5	11.0	4.6	155,703.2	10.9	104,997.8	11.3	1,666	9.9
1978	217,612.8	9.7	5.4	9.9	5.5	171,778.5	10.3	112,800.6	7.4	1,814	6.3
1979	234,966.3	8.0	5.1	8.0	5.1	182,206.6	6.1	122,126.2	8.3	1,942	5.9
1980	256,153.0	9.0	2.6	8.9	2.4	203,878.7	9.5	131,850.4	8.7	2,123	5.2
1981	272,556.9	6.4	4.0	6.3	4.1	211,615.1	3.8	142,097.7	7.8	2,246	6.4
1982	285,246.4	4.7	3.2	4.9	3.1	220,131.4	4.0	150,232.9	5.7	2,328	3.8
1983	299,017.0	4.8	3.8	4.9	4.1	231,290.0	5.1	157,301.3	4.7	2,417	2.3
1984	317,792.1	6.3	4.5	6.4	4.8	243,117.2	5.1	166,017.3	5.5	2,564	4.1
1985	338,999.2	6.7	5.5	6.8	5.7	260,559.9	7.2	173,977.0	4.8	2,731	3.7
1986	353,082.1	4.2	2.7	4.1	4.7	267,941.5	2.8	180,189.4	3.6	2,815	2.3
1987	374,417.0	6.0	6.1	6.3	6.1	281,099.8	4.9	187,098.9	3.8	2,965	2.2
1988	400,429.7	6.9	6.2	6.9	6.7	302,710.1	7.7	198,486.5	6.1	3,160	3.3
1989	427,271.5	6.7	4.0	7.0	4.2	320,802.0	6.0	213,309.1	7.5	3,378	4.3
1990	462,963.8	8.4	5.6	8.1	5.0	346,892.9	8.1	231,261.5	8.4	3,655	4.6
1991	487,342.8	5.3	2.4	5.2	2.8	368,931.6	6.4	248,310.9	7.4	3,818	4.1
1992	496,681.7	1.9	0.5	2.2	0.8	366,007.2	-0.8	254,844.4	2.6	3,883	0.5
1993	494,916.1	-0.4	-0.9	-0.4	-0.7	365,376.0	-0.2	260,704.4	2.3	3,865	0.9
1994	502,751.2	1.6	1.6	1.6	1.7	368,350.6	1.3	262,296.2	1.8	4,015	0.0
1995	516,201.7	2.7	3.3	2.8	3.7	378,479.6	2.7	266,599.7	1.6	4,113	0.9
1996	528,842.5	2.4	2.9	2.7	2.7	391,360.5	3.4	272,460.4	2.2	4,205	0.9
1997	533,393.4	0.9	0.0	0.9	0.1	388,483.7	-0.7	278,548.6	2.2	4,230	1.4
1998	526,004.0	-1.4	-0.9	-1.5	-0.9	378,239.6	-2.6	272,888.9	-2.0	4,161	-1.3
1999	521,923.8	-0.8	0.7	-0.6	0.8	377,003.2	-0.3	268,738.8	-1.5	4,121	-1.0
2000	528,446.6	1.2	2.5	1.5	2.6	385,968.5	2.4	270,336.4	0.6	4,165	-0.3
2001	519,189.1	-1.8	-0.5	-1.7	-0.7	374,307.8	-3.0	264,262.6	-2.2	4,081	-1.9
2002	514,854.5	-0.8	0.9	-1.0	0.8	372,648.7	-0.4	256,407.8	-3.0	4,040	-2.5
2003	517,719.5	0.6	2.0	0.8	2.1	377,850.5	1.4	253,287.2	-1.2	4,055	-1.4
2004	521,348.5	0.7	1.7	1.0	1.7	382,671.5	1.3	254,714.1	0.6	4,081	0.3
2005	525,642.7	0.8	2.0	1.2	1.5	387,369.9	1.2	258,729.6	1.6	4,114	0.3
2006	529,033.5	0.6	1.4	1.0	1.2	392,351.9	1.3	261,580.2	1.1	4,137	-0.2
2007	530,922.9	0.4	1.2	0.6	0.6	392,283.1	-0.0	263,729.6	0.8	4,148	0.0
2008	509,482.0	-4.0	-3.4	-4.6	-4.8	364,051.0	-7.2	263,420.9	-0.1	3,979	-0.2
2009	491,957.0	-3.4	-2.2	-3.3	-1.1	353,413.5	-2.9	251,824.7	-4.4	3,842	-3.4
2010	499,428.9	1.5	3.3	1.7	2.7	361,895.3	2.4	252,980.6	0.5	3,901	0.1
2011	494,042.5	-1.1	0.5	-1.0	-0.6	358,414.7	-1.0	254,740.7	0.7	3,867	0.7
2012	494,369.8	0.1	0.8	0.1	0.8	359,779.9	0.4	253,895.9	-0.3	3,875	-0.6
2013	507,255.2	2.6	2.6	3.3	3.1	374,227.1	4.0	256,057.7	0.9	3,982	-0.2
2014	518,235.2	2.2	-0.4	2.4	0.2	379,450.9	1.4	260,853.8	1.9	4,074	1.0
2015	532,786.0	2.8	1.3	2.9	2.8	390,168.3	2.8	264,825.5	1.5	4,193	0.5
2016	536,850.8	0.8	0.9	0.3	0.8	392,243.5	0.5	271,220.1	2.4	4,230	1.0
2017	547,548.0	2.0	1.9	2.2	1.5	400,877.9	2.2	276,351.2	1.9	4,322	0.4
2018	548,121.6	0.1	0.3	0.3	-0.2	404,262.2	0.8	284,738.9	3.0	4,337	1.2
2019	552,499.7	0.8	0.0	0.7	0.1	–	–	289,905.0	1.8	–	0.7
2019年7-9月	136,296.3	2.3	1.7	2.3	2.1	–	–	68,548.1	1.6	–	0.5
2019年10-12月	142,255.9	0.5	-0.7	0.2	-0.5	–	–	83,929.3	1.6	–	0.5
2020年1-3月	136,169.2	-0.9	-1.8	-1.0	-1.7	–	–	61,903.1	1.7	–	0.6
2020年4-6月	125,795.9	-8.7	-9.9	-8.7	-8.8	–	–	73,425.8	-2.8	–	-1.7

资料来源：内閣府『令和2年度　年次経済財政報告（経済財政政策担当大臣報告）—コロナ危機：日本経済変革のラストチャンス—』（長期経済統計）、2020年11月。

表5　国民经济统计（2）

年度	民间最终消费支出（实际）		民间住宅投资（实际）		民间企业设备投资（实际）		民间库存增加（实际）	政府最终消费支出（实际）		公共固定资本形成（实际）		商品服务出口（实际）		商品服务进口（实际）	
	年增长率（%）	贡献度	年增长率（%）	贡献度	年增长率（%）	贡献度	贡献度	年增长率（%）	贡献度	年增长率（%）	贡献度	年增长率（%）	贡献度	年增长率（%）	贡献度
1955	—	—	—	—	—	—	—	—	—	—	—	—	—	—	—
1956	8.2	5.4	11.1	0.4	39.1	1.9	0.7	-0.4	-0.1	1.0	0.1	14.6	0.5	34.3	-1.3
1957	8.2	5.4	7.9	0.3	21.5	1.3	0.5	-0.2	-0.0	17.4	0.8	11.4	0.4	8.1	-0.4
1958	6.4	4.2	12.3	0.4	-0.4	-0.0	-0.7	6.3	1.2	17.3	0.9	3.0	0.1	-7.9	0.4
1959	9.6	6.3	19.7	0.7	32.6	2.1	0.6	7.7	1.4	10.8	0.6	15.3	0.5	28.0	-1.2
1960	10.3	6.7	22.3	0.8	39.6	3.1	0.5	3.3	0.6	15.0	0.9	11.8	0.4	20.3	-1.0
1961	10.2	6.6	10.6	0.4	23.5	2.3	1.1	6.5	1.1	27.4	1.6	6.5	0.2	24.4	-1.3
1962	7.1	4.5	14.1	0.6	3.5	0.4	-1.4	7.6	1.2	23.5	1.6	15.4	0.5	-3.1	0.2
1963	9.9	6.2	26.3	1.1	12.4	1.3	0.9	7.4	1.1	11.6	0.9	9.0	0.3	26.5	-1.4
1964	9.5	6.0	20.5	1.0	14.4	1.5	-0.5	2.0	0.3	5.7	0.4	26.1	0.9	7.2	-0.4
1965	6.5	4.1	18.9	1.0	-8.4	-0.9	0.1	3.3	0.5	13.9	1.0	19.6	0.8	6.6	-0.4
1966	10.3	6.5	7.5	0.5	24.7	2.3	0.2	4.5	0.6	13.3	1.1	15.0	0.7	15.5	-0.9
1967	9.8	6.1	21.5	1.3	27.3	2.9	0.2	3.6	0.5	9.6	0.8	8.4	0.4	21.9	-1.3
1968	9.4	5.8	15.9	1.0	21.0	2.6	0.7	4.9	0.6	13.2	1.1	26.1	1.2	10.5	-0.7
1969	9.8	5.9	19.8	1.3	30.0	3.9	-0.1	3.9	0.4	9.5	0.8	19.7	1.0	17.0	-1.1
1970	6.6	3.9	9.2	0.7	11.7	1.8	1.0	5.0	0.5	15.2	1.2	17.3	1.0	22.3	-1.5
1971	5.9	3.4	5.6	0.4	-4.2	-0.7	-0.8	4.8	0.5	22.2	1.9	12.5	0.8	2.3	-0.2
1972	9.8	5.7	20.3	1.5	5.8	0.8	-0.0	4.8	0.5	12.0	1.2	5.6	0.4	15.1	-1.1
1973	6.0	3.5	11.6	0.9	13.6	1.9	0.4	4.3	0.4	-7.3	-0.7	5.5	0.3	22.7	-1.8
1974	1.5	0.9	-17.3	-1.5	-8.6	-1.3	-0.6	2.6	0.3	0.1	0.0	22.8	1.5	-1.6	0.1
1975	3.5	2.1	12.3	0.9	-3.8	-0.5	-0.8	10.8	1.1	5.6	0.5	-0.1	-0.0	-7.4	0.7
1976	3.4	2.0	3.3	0.2	0.6	0.1	0.4	4.0	0.4	-0.4	-0.0	17.3	1.3	7.9	-0.7
1977	4.1	2.5	1.8	0.1	-0.8	-0.1	-0.2	4.2	0.4	13.5	1.2	9.6	0.8	3.3	-0.3
1978	5.9	3.5	2.3	0.2	8.5	1.0	0.1	5.4	0.6	13.0	1.2	-3.3	-0.3	10.8	-0.9
1979	5.4	3.2	0.4	0.0	10.7	1.3	0.2	3.6	0.4	-1.8	-0.2	10.6	0.9	6.1	-0.5
1980	0.7	0.4	-9.9	-0.7	7.5	1.0	0.0	3.3	0.3	-1.7	-0.2	14.4	1.2	-6.3	0.6
1981	3.1	1.6	-2.0	-0.1	3.1	0.5	-0.1	5.7	0.8	0.7	0.1	12.7	1.7	4.2	-0.6
1982	4.5	2.4	0.9	0.1	1.5	0.2	-0.5	3.9	0.6	-0.9	-0.1	-0.4	-0.1	-4.7	0.6
1983	3.2	1.7	-7.6	-0.4	3.9	0.7	0.2	4.3	0.6	0.1	0.0	8.7	1.2	1.9	-0.2
1984	3.2	1.7	0.4	0.0	9.7	1.6	0.0	2.4	0.4	-2.1	-0.2	13.6	1.8	8.1	-1.0
1985	4.3	2.3	4.2	0.2	7.7	1.3	0.3	1.7	0.2	3.3	0.3	2.5	0.4	-4.2	0.5
1986	3.6	1.9	10.1	0.5	6.4	1.1	-0.5	3.5	0.5	6.5	0.5	-4.1	-0.5	7.6	-0.7
1987	4.7	2.5	24.5	1.2	8.9	1.5	0.5	3.7	0.5	10.4	0.8	1.2	0.1	12.7	-0.9
1988	5.4	2.8	5.7	0.3	19.3	3.4	-0.1	3.4	0.5	-0.2	0.0	8.7	0.9	19.1	-1.4
1989	4.1	2.1	-2.2	-0.1	7.7	1.5	0.2	2.6	0.3	3.8	0.3	8.7	0.8	14.9	-1.2
1990	5.0	2.6	1.5	0.1	11.2	2.2	-0.2	4.0	0.5	2.8	0.2	6.9	0.7	5.4	-0.5
1991	2.4	1.2	-8.8	-0.5	0.4	0.1	0.3	3.5	0.5	4.0	0.3	5.4	0.5	-0.5	0.0
1992	1.4	0.7	-3.3	-0.2	-7.4	-1.5	-0.6	2.9	0.4	14.5	1.1	4.0	0.4	-1.8	0.1
1993	1.6	0.8	2.4	0.1	-14.3	-2.6	-0.0	3.2	0.4	5.8	0.5	-0.1	-0.0	0.6	-0.0
1994	2.1	1.1	5.9	0.3	-0.4	-0.1	-0.0	4.3	0.6	-3.6	-0.3	5.4	0.5	9.4	-0.7
1995	2.6	1.4	-5.7	-0.3	8.9	1.3	0.4	3.4	0.5	7.1	0.6	4.2	0.4	14.4	-1.0
1996	2.5	1.3	12.6	0.6	5.5	0.9	0.0	2.1	0.3	-1.6	-0.1	6.5	0.6	8.5	-0.7
1997	-0.9	-0.5	-18.1	-1.0	2.9	0.5	0.4	1.1	0.2	-6.6	-0.6	8.9	0.9	-2.1	0.2
1998	0.3	0.2	-10.0	-0.4	-3.5	-0.6	-0.7	1.9	0.3	2.2	0.2	-3.8	-0.4	-6.5	0.6
1999	1.5	0.8	3.2	0.1	-1.4	-0.2	-0.6	3.6	0.6	-0.6	-0.1	6.0	0.6	6.6	-0.6
2000	1.4	0.7	-0.5	-0.0	6.3	1.0	0.7	3.6	0.6	-7.3	-0.6	9.5	1.0	10.0	-0.9
2001	1.9	1.0	-6.6	-0.3	-4.2	-0.7	-0.3	3.7	0.6	-5.4	-0.4	-7.7	-0.8	-3.3	0.3
2002	1.1	0.6	-1.8	-0.1	-3.2	-0.5	-0.0	2.0	0.4	-4.8	-0.3	12.1	1.2	4.7	-0.4
2003	0.7	0.4	-0.3	-0.0	3.5	0.5	0.4	2.0	0.4	-7.4	-0.5	9.9	1.1	2.3	-0.2
2004	1.2	0.7	1.6	0.1	4.4	0.6	0.1	0.9	0.2	-8.2	-0.5	11.7	1.4	8.7	-0.9
2005	1.6	0.9	-0.4	-0.0	7.7	1.1	-0.2	0.4	0.1	-7.8	-0.4	9.5	1.2	6.2	-0.7
2006	0.7	0.4	0.3	0.0	2.5	0.4	0.1	0.4	0.1	-6.4	-0.3	8.7	1.3	3.6	-0.5
2007	0.8	0.5	-14.1	-0.5	-0.6	-0.1	0.2	1.3	0.2	-4.2	-0.2	9.5	1.5	2.4	-0.4
2008	-2.0	-1.1	-1.5	-0.0	-6.0	-0.9	0.1	-0.6	-0.1	-4.1	-0.2	-10.2	-1.8	-4.4	0.7
2009	0.9	0.5	-20.3	-0.7	-11.8	-1.8	-1.4	2.8	0.5	9.4	0.5	-9.0	-1.4	-10.7	1.7
2010	1.5	0.8	2.5	0.1	2.0	0.3	1.2	2.1	0.4	-7.1	-0.4	17.9	2.4	12.1	-1.5
2011	0.7	0.4	2.9	0.1	4.3	0.6	0.0	1.7	0.3	-1.9	-0.1	-1.6	-0.2	5.2	-0.7
2012	1.6	0.9	5.1	0.1	2.4	0.3	-0.1	1.3	0.3	1.3	0.1	-1.6	-0.2	3.8	-0.6
2013	2.8	1.6	8.3	0.3	7.0	1.0	-0.5	1.7	0.4	8.6	0.4	4.4	0.7	7.1	-1.2
2014	-2.6	-1.5	-9.9	-0.3	3.4	0.5	0.4	0.4	0.1	-2.0	-0.1	8.7	1.4	4.2	-0.8
2015	0.7	0.4	3.7	0.1	1.6	0.2	0.2	1.9	0.4	-1.6	-0.1	0.8	0.1	0.4	-0.1
2016	-0.0	-0.0	6.3	0.2	-0.4	-0.1	-0.1	0.7	0.1	0.6	0.0	3.7	0.6	-0.9	0.2
2017	1.1	0.6	-1.4	-0.0	4.3	0.6	0.2	0.3	0.1	0.5	0.0	6.4	1.1	3.9	-0.6
2018	0.1	0.0	-4.9	-0.1	1.8	0.3	0.0	0.9	0.2	0.6	0.0	1.7	0.3	2.6	-0.4
2019	-0.5	-0.3	0.6	0.0	-0.3	-0.0	-0.1	2.3	0.5	3.3	0.2	-2.6	-0.5	-1.5	0.3
2019年7-9月	1.4	0.8	4.3	0.1	5.5	0.9	-0.2	2.8	0.6	4.0	0.2	-0.6	-0.1	2.6	-0.5
2019年10-12月	-1.9	-1.1	0.3	0.0	-4.6	-0.7	-0.2	2.3	0.4	5.5	0.3	-1.8	-0.3	-4.4	0.8
2020年1-3月	-2.4	-1.3	-5.2	-0.2	-2.0	-0.4	-0.3	2.1	0.4	2.3	0.1	-5.7	-1.0	-4.3	0.7
2020年4-6月	-10.6	-5.9	-5.5	-0.2	-7.4	-1.1	0.0	0.7	0.2	2.8	0.1	-23.3	-4.1	-6.1	1.1

资料来源：内閣府『令和2年度　年次経済財政報告（経済財政政策担当大臣報告）—コロナ危機：日本経済変革のラストチャンス—』（長期経済統計）、2020年11月。

表6 国民经济统计（3）

年度	国内生产总值（GDP） 名义 金额	国内生产总值（GDP） 名义 年增长率	国内生产总值（GDP） 实际 年增长率	国民总收入（GNI） 名义 年增长率	国民总收入（GNI） 实际 年增长率	国民收入 名义国民收入 金额	国民收入 名义国民收入 年增长率	国民收入 雇员名义报酬 金额	国民收入 雇员名义报酬 年增长率	人均GDP	人均雇员报酬年增长率
	十亿日元	%	%	%	%	十亿日元	%	十亿日元	%	千日元	%
1955	8,734.0	—	—	—	—	6,772.0	—	3,456.0	—	94	—
1956	9,832.6	12.6	7.5	12.5	7.4	7,587.4	12.0	3,973.5	15.0	105	6.9
1957	11,331.2	15.2	7.8	15.1	7.7	8,790.1	15.9	4,480.9	12.8	120	5.2
1958	12,040.8	6.3	6.2	6.2	6.1	9,188.0	4.5	4,952.1	10.5	126	5.9
1959	13,764.8	14.3	9.4	14.2	9.3	10,528.7	14.6	5,590.8	12.9	143	7.5
1960	16,707.0	21.4	13.1	21.3	13.0	12,912.0	22.6	6,483.1	16.0	172	10.1
1961	20,178.6	20.8	11.9	20.7	11.8	15,572.3	20.6	7,670.2	18.3	206	13.2
1962	22,898.4	13.5	8.6	13.4	8.6	17,499.2	12.4	9,151.7	19.3	231	14.0
1963	26,206.9	14.4	8.8	14.4	8.7	20,191.9	15.4	10,672.5	16.6	262	13.1
1964	30,827.9	17.6	11.2	17.5	11.1	23,377.0	15.8	12,475.8	16.9	305	13.0
1965	34,297.4	11.3	5.7	11.3	5.7	26,065.4	11.5	14,528.2	16.5	336	11.8
1966	39,832.4	16.1	10.2	16.2	10.3	30,396.1	16.6	16,811.9	15.7	386	11.1
1967	46,678.6	17.2	11.1	17.2	11.1	36,005.3	18.5	19,320.1	14.9	448	12.0
1968	55,282.1	18.4	11.9	18.4	11.9	42,479.3	18.0	22,514.0	16.5	525	13.7
1969	64,939.1	17.5	12.0	17.5	12.0	49,938.3	17.6	26,500.7	17.7	609	15.8
1970	76,539.2	17.9	10.3	17.9	10.3	59,152.7	18.5	31,942.2	20.5	708	16.6
1971	84,216.0	10.0	4.4	10.1	4.5	64,645.1	9.3	37,867.7	18.6	764	14.9
1972	96,418.4	14.5	8.4	14.7	8.6	74,601.0	15.4	44,069.3	16.4	862	13.3
1973	117,397.6	21.8	8.0	21.8	8.1	91,823.1	23.1	55,235.8	25.3	1,035	21.6
1974	140,090.4	19.3	-1.2	19.1	-1.4	109,060.8	18.8	70,087.7	26.9	1,219	26.1
1975	154,787.1	10.5	3.1	10.6	3.2	121,025.9	11.0	81,678.2	16.5	1,330	16.2
1976	173,827.9	12.3	4.0	12.3	4.0	137,119.6	13.3	92,120.9	12.8	1,478	10.8
1977	193,706.3	11.4	4.4	11.5	4.4	151,395.2	10.4	102,896.8	11.7	1,631	10.0
1978	213,306.4	10.1	5.3	10.2	5.4	167,571.7	10.7	111,163.6	8.0	1,780	7.2
1979	231,195.5	8.4	5.5	8.5	5.6	180,707.3	7.8	120,120.3	8.1	1,915	5.9
1980	250,636.1	8.4	2.8	8.2	2.7	196,750.2	8.0	129,497.8	8.5	2,079	5.2
1981	268,830.7	7.3	4.2	7.1	4.2	209,047.2	6.3	140,219.9	8.3	2,219	6.5
1982	282,582.0	5.1	3.3	5.3	3.3	219,327.2	4.9	148,172.1	5.7	2,314	4.1
1983	295,303.9	4.5	3.5	4.6	3.6	227,666.8	3.8	155,782.0	5.1	2,390	2.4
1984	313,145.3	6.0	4.5	6.1	4.9	240,786.9	5.8	164,342.6	5.5	2,524	4.1
1985	333,686.0	6.6	5.2	6.7	5.3	256,338.4	6.5	171,887.9	4.6	2,693	3.4
1986	350,344.8	5.0	3.3	5.0	5.0	267,217.4	4.2	179,163.3	4.2	2,805	2.6
1987	366,339.1	4.6	4.7	4.8	5.0	276,729.3	3.6	185,400.9	3.5	2,901	2.3
1988	393,641.4	7.5	6.8	7.5	7.2	296,228.2	7.0	196,182.1	5.8	3,107	3.3
1989	421,469.4	7.1	4.9	7.2	5.2	316,002.5	6.7	210,203.2	7.1	3,333	3.9
1990	453,608.5	7.6	4.9	7.6	4.5	339,441.1	7.4	227,342.6	8.2	3,587	4.7
1991	482,845.4	6.4	3.4	6.4	3.5	363,375.7	7.1	245,595.0	8.0	3,787	4.4
1992	495,055.8	2.5	0.8	2.7	1.2	366,179.6	0.8	253,578.4	3.3	3,866	0.9
1993	495,291.0	0.0	-0.5	0.1	-0.4	366,975.1	0.2	259,075.4	2.2	3,877	0.5
1994	501,537.7	1.3	1.0	1.2	1.2	366,018.8	0.1	261,089.8	2.0	4,009	0.1
1995	512,541.7	2.2	2.7	2.2	3.0	374,438.9	2.3	265,508.6	1.7	4,086	1.2
1996	525,806.9	2.6	3.1	2.9	3.2	387,379.9	3.5	270,191.0	1.8	4,183	0.6
1997	534,142.5	1.6	1.1	1.7	0.9	391,805.3	1.1	278,242.6	3.0	4,239	1.7
1998	527,876.9	-1.2	-1.1	-1.2	-1.0	381,886.4	-2.5	274,078.8	-1.5	4,178	-1.1
1999	519,651.8	-1.6	-0.3	-1.6	-0.2	375,561.1	-1.7	268,806.2	-1.9	4,105	-1.2
2000	526,706.0	1.4	2.8	1.6	2.7	383,337.4	2.1	269,479.0	0.3	4,153	-0.2
2001	523,005.0	-0.7	0.4	-0.6	0.4	377,513.0	-1.5	266,242.7	-1.2	4,114	-1.4
2002	515,986.2	-1.3	0.1	-1.4	0.1	373,380.5	-1.1	257,116.9	-3.4	4,050	-2.7
2003	515,400.7	-0.1	1.5	0.0	1.5	376,487.4	0.8	254,888.1	-0.9	4,038	-0.9
2004	520,965.4	1.1	2.2	1.4	2.3	382,397.8	1.6	254,492.0	-0.2	4,079	-0.5
2005	524,132.8	0.6	1.7	0.9	1.3	387,155.0	1.2	257,915.6	1.3	4,103	0.6
2006	526,879.7	0.5	1.4	1.0	1.0	388,658.1	0.4	261,194.8	1.3	4,121	-0.3
2007	531,688.2	0.9	1.7	1.3	1.5	393,642.1	1.3	262,751.8	0.6	4,154	-0.5
2008	520,715.7	-2.1	-1.1	-2.4	-2.9	377,190.9	-4.2	264,547.6	0.7	4,067	0.5
2009	489,501.0	-6.0	-5.4	-6.2	-4.2	348,888.9	-7.5	252,315.9	-4.6	3,823	-3.6
2010	500,353.9	2.2	4.2	2.4	3.7	362,465.2	3.9	252,898.2	0.2	3,908	0.0
2011	491,408.5	-1.8	-0.1	-1.5	-1.0	356,365.4	-1.7	254,265.0	0.5	3,844	0.3
2012	494,957.2	0.7	1.5	0.6	1.2	360,215.8	1.1	254,184.6	-0.0	3,878	-0.0
2013	503,175.6	1.7	2.0	2.3	2.5	371,174.8	3.0	255,663.5	0.6	3,948	-0.4
2014	513,876.0	2.1	0.4	2.4	0.5	375,961.6	1.3	259,916.5	1.7	4,038	0.8
2015	531,319.8	3.4	1.2	3.6	2.9	390,096.1	3.8	263,315.5	1.3	4,180	0.4
2016	535,537.2	0.8	0.5	0.3	0.9	391,727.2	0.4	270,370.4	2.7	4,218	1.1
2017	545,897.4	1.9	2.2	2.2	1.7	400,612.2	2.3	274,843.1	1.7	4,307	0.5
2018	546,851.7	0.2	0.3	0.3	-0.3	401,465.8	0.2	283,694.6	3.2	4,325	1.2
2019	553,759.9	1.3	0.7	1.2	0.8	–	–	288,886.5	1.8	–	0.7

资料来源：内閣府『令和2年度　年次経済財政報告（経済財政政策担当大臣報告）—コロナ危機：日本経済変革のラストチャンス—』（長期経済統計）、2020年11月。

表7 国民经济统计（4）

年度	民间最终消费支出（实际）		民间住宅投资（实际）		民间企业设备投资（实际）		民间库存增加（实际）	政府最终消费支出（实际）		公共固定资本形成（实际）		商品服务出口（实际）		商品服务进口（实际）	
	年增长率（%）	贡献度	年增长率（%）	贡献度	年增长率（%）	贡献度	贡献度	年增长率（%）	贡献度	年增长率（%）	贡献度	年增长率（%）	贡献度	年增长率（%）	贡献度
1955	—	—	—	—	—	—	—	—	—	—	—	—	—	—	—
1956	8.9	5.8	11.4	0.4	37.9	1.7	0.7	-0.2	0.0	-1.5	-0.1	17.4	0.5	26.9	-1.0
1957	8.1	5.4	6.8	0.2	27.5	1.6	1.2	-0.4	-0.1	10.3	0.5	11.4	0.4	22.8	-1.0
1958	6.3	4.2	14.0	0.5	-0.6	0.0	-1.3	4.6	0.9	17.7	0.9	5.2	0.2	-13.4	0.7
1959	8.4	5.5	9.9	0.4	23.1	1.5	0.5	7.5	1.4	11.8	0.7	13.0	0.5	22.8	-1.0
1960	11.0	7.3	27.9	1.0	44.4	3.2	0.5	4.4	0.8	15.0	0.8	12.8	0.5	23.1	-1.1
1961	10.4	6.7	12.8	0.5	27.8	2.6	1.2	5.4	0.9	22.8	1.3	5.3	0.2	26.4	-1.4
1962	7.5	4.8	15.6	0.6	6.2	0.7	-1.0	7.5	1.2	28.2	1.8	17.2	0.6	-1.2	0.1
1963	8.8	5.5	18.3	0.8	8.3	0.9	0.2	7.6	1.2	13.9	1.0	7.0	0.3	19.6	-1.0
1964	10.8	6.8	25.6	1.2	17.9	1.9	0.3	3.0	0.5	6.3	0.5	21.6	0.8	13.6	-0.8
1965	5.8	3.6	20.7	1.1	-5.7	-0.6	-0.4	3.1	0.4	10.0	0.7	23.8	0.9	5.6	-0.3
1966	10.0	6.3	6.0	0.4	14.5	1.4	-0.1	4.5	0.6	19.2	1.5	16.9	0.8	12.2	-0.7
1967	10.4	6.5	19.2	1.1	28.6	2.9	0.6	3.4	0.4	3.8	0.3	6.8	0.3	22.7	-1.4
1968	8.5	5.3	19.5	1.2	23.4	2.8	0.4	4.7	0.6	16.3	1.3	23.9	1.1	12.1	-0.8
1969	10.3	6.3	16.7	1.1	25.6	3.3	0.0	4.1	0.5	9.6	0.8	20.8	1.1	13.7	-0.9
1970	7.4	4.4	13.3	0.9	19.3	2.8	1.3	4.8	0.5	13.8	1.1	17.5	1.0	22.6	-1.5
1971	5.5	3.2	4.7	0.3	-2.5	-0.4	-0.8	4.9	0.5	18.6	1.5	16.0	1.0	7.0	-0.5
1972	9.0	5.3	18.0	1.3	2.3	0.3	-0.1	5.0	0.5	16.2	1.5	4.1	0.3	10.5	-0.8
1973	8.8	5.2	15.3	1.2	14.2	2.0	0.2	5.4	0.5	4.9	0.5	5.2	0.3	24.3	-1.9
1974	-0.1	0.0	-12.3	-1.0	-4.2	-0.6	0.5	-0.4	0.0	-11.8	-1.1	23.1	1.4	4.2	-0.4
1975	4.4	2.6	1.2	0.1	-6.0	-0.9	-1.6	12.6	1.2	6.4	0.6	-1.0	-0.1	-10.3	1.0
1976	2.9	1.8	8.7	0.6	-0.1	0.0	0.2	4.2	0.4	2.5	0.2	16.6	1.2	6.7	-0.6
1977	4.0	2.4	0.5	0.0	-0.5	-0.1	0.0	4.2	0.4	9.5	0.8	11.7	1.0	4.1	-0.3
1978	5.3	3.2	5.6	0.4	4.5	0.5	-0.1	5.2	0.5	14.2	1.3	-0.3	0.0	6.9	-0.6
1979	6.5	3.9	-0.9	-0.1	12.8	1.5	0.3	4.2	0.4	2.7	0.3	4.3	0.4	12.9	-1.1
1980	1.1	0.6	-9.2	-0.6	7.9	1.0	0.0	3.1	0.3	-4.8	-0.5	17.0	1.4	-7.8	0.7
1981	2.5	1.3	-2.7	-0.2	3.8	0.7	-0.1	5.4	0.8	2.8	0.3	13.4	1.8	2.4	-0.3
1982	4.7	2.4	-1.3	-0.1	1.2	0.2	0.1	4.2	0.6	-1.7	-0.2	1.5	0.2	-0.6	0.1
1983	3.4	1.8	-4.1	-0.2	2.6	0.4	-0.3	4.6	0.7	0.3	0.0	5.0	0.7	-3.2	0.4
1984	3.1	1.7	-2.0	-0.1	8.7	1.4	0.2	3.0	0.4	-1.2	-0.1	15.4	2.0	10.6	-1.2
1985	4.1	2.2	3.6	0.2	9.2	1.5	0.2	1.3	0.2	-1.1	-0.1	5.3	0.8	-2.6	0.3
1986	3.7	1.9	7.1	0.3	6.2	1.1	0.1	3.2	0.5	7.6	0.6	-5.0	-0.7	4.3	-0.5
1987	4.4	2.3	21.8	1.0	6.8	1.2	-0.2	3.6	0.5	9.0	0.7	0.1	0.0	9.4	-0.7
1988	5.2	2.7	12.2	0.7	17.4	3.0	0.4	3.8	0.5	3.3	0.3	6.8	0.7	19.0	-1.4
1989	4.9	2.5	-0.8	0.0	11.7	2.2	0.0	2.5	0.3	2.4	0.2	9.6	0.9	17.8	-1.4
1990	4.8	2.5	-0.7	0.0	9.2	1.8	-0.2	3.5	0.5	4.1	0.3	7.4	0.8	8.2	-0.7
1991	2.2	1.1	-5.0	-0.3	5.5	1.1	0.2	4.0	0.5	1.9	0.1	5.4	0.6	-1.1	0.1
1992	2.3	1.2	-5.8	-0.3	-7.5	-1.6	-0.4	2.7	0.4	13.3	1.0	4.6	0.5	-0.7	0.1
1993	1.1	0.6	0.5	0.0	-12.3	-2.3	-0.1	3.5	0.5	8.3	0.7	0.8	0.1	-1.2	0.1
1994	2.3	1.2	5.9	0.3	-5.4	-0.9	0.0	3.8	0.6	-1.1	-0.1	4.4	0.4	8.3	-0.6
1995	2.5	1.3	-4.8	-0.3	8.3	1.2	0.4	3.9	0.6	0.4	0.0	4.2	0.4	12.9	-0.9
1996	2.1	1.1	11.1	0.5	5.5	0.9	0.1	2.3	0.4	5.7	0.5	4.8	0.4	11.0	-0.8
1997	0.7	0.4	-11.6	-0.6	4.0	0.6	0.1	1.4	0.2	-6.8	-0.6	11.1	1.0	0.3	-0.0
1998	-0.6	-0.3	-13.4	-0.6	-1.2	-0.2	-0.2	1.2	0.2	-4.1	-0.4	-2.4	-0.3	-6.7	0.6
1999	1.2	0.6	0.1	0.0	-4.9	-0.8	-1.0	3.5	0.6	6.2	0.5	1.9	0.2	3.6	-0.3
2000	1.6	0.9	0.1	0.0	6.4	1.0	0.6	3.9	0.6	-9.7	-0.8	12.7	1.3	9.3	-0.8
2001	1.9	1.0	-4.4	-0.2	-0.0	-0.0	0.1	3.4	0.6	-3.7	-0.3	-6.7	-0.7	1.0	-0.1
2002	1.2	0.7	-3.1	-0.1	-5.8	-0.9	-0.4	2.7	0.5	-4.7	-0.3	7.8	0.8	0.7	-0.1
2003	0.7	0.4	-1.3	-0.0	2.4	0.3	0.3	1.8	0.3	-7.0	-0.5	9.5	1.0	3.4	-0.3
2004	1.3	0.7	1.7	0.1	3.8	0.5	0.4	1.2	0.2	-9.0	-0.6	14.3	1.7	8.1	-0.8
2005	1.2	0.7	-0.5	-0.0	8.5	1.2	-0.2	0.8	0.1	-8.2	-0.5	7.2	0.9	6.1	-0.7
2006	1.0	0.6	0.7	0.0	2.1	0.3	-0.1	0.1	0.0	-4.9	-0.3	10.3	1.4	4.7	-0.6
2007	0.9	0.5	-9.5	-0.4	1.0	0.2	0.3	1.2	0.2	-5.4	-0.3	8.7	1.4	2.2	-0.3
2008	-1.0	-0.6	-6.6	-0.2	-2.8	-0.4	0.2	-0.1	-0.0	-4.9	-0.2	1.6	0.3	0.7	-0.1
2009	-0.7	-0.4	-16.4	-0.6	-13.4	-2.1	-1.6	2.0	0.4	6.8	0.3	-23.4	-4.1	-15.7	2.7
2010	2.4	1.4	-3.7	-0.1	-0.9	-0.1	1.0	1.9	0.4	-2.2	-0.1	24.9	3.1	11.2	-1.3
2011	-0.4	-0.2	4.9	0.1	4.0	0.5	0.2	1.9	0.4	-6.3	-0.3	-0.2	-0.0	5.8	-0.8
2012	2.0	1.2	2.5	0.1	4.1	0.6	0.0	1.7	0.3	2.7	0.1	-0.1	-0.0	5.4	-0.8
2013	2.4	1.4	8.0	0.2	3.7	0.5	-0.4	1.5	0.3	6.7	0.3	0.8	0.1	3.3	-0.5
2014	-0.9	-0.5	-4.3	-0.1	5.4	0.8	0.1	0.5	0.1	0.7	0.0	9.3	1.5	8.3	-1.5
2015	-0.2	-0.1	-1.1	-0.0	3.3	0.5	0.3	1.5	0.3	-1.7	-0.1	2.9	0.5	0.8	-0.2
2016	-0.3	-0.1	5.9	0.2	-1.5	-0.2	-0.1	1.4	0.3	-0.3	-0.0	1.7	0.3	-1.6	0.3
2017	1.3	0.7	1.7	0.1	4.0	0.6	0.1	0.2	0.0	0.5	0.0	6.8	1.1	3.4	-0.5
2018	-0.0	-0.0	-6.7	-0.2	2.2	0.3	-0.0	0.9	0.2	0.3	0.0	3.5	0.6	3.7	-0.6
2019	0.1	0.1	2.1	0.1	0.7	0.1	0.1	1.9	0.4	2.9	0.2	-1.6	-0.3	-0.7	0.1

资料来源：内閣府『令和2年度　年次経済財政報告（経済財政政策担当大臣報告）—コロナ危機：日本経済変革のラストチャンス—』（長期経済統計）、2020年11月。

表8　国民经济统计（5）

年　度	国民总资产					国民财富	
	金额（十亿日元）	与名义GDP之比（%）	占比（%）			金额（十亿日元）	占名义GDP比例（%）
			实物资产（土地等除外）	土地等	金融资产		
1955	51,422.0	5.89	32.6	30.6	36.8	32,704.7	3.74
1956	60,322.2	6.13	31.8	29.8	38.4	37,103.0	3.77
1957	68,244.2	6.02	29.8	29.9	40.3	40,481.3	3.57
1958	76,193.1	6.33	27.0	30.6	42.4	43,752.0	3.63
1959	89,131.9	6.48	25.5	30.2	44.4	49,584.9	3.60
1960	107,840.0	6.45	23.7	31.7	44.6	59,819.6	3.58
1961	133,283.4	6.61	23.5	31.0	45.6	72,297.0	3.58
1962	156,357.7	6.83	22.3	31.3	46.4	83,461.1	3.64
1963	183,270.6	6.99	21.8	29.3	48.9	92,923.6	3.55
1964	213,870.8	6.94	21.5	29.1	49.4	107,292.4	3.48
1965	241,570.7	7.04	21.2	27.9	50.9	118,028.4	3.44
1966	280,648.7	7.05	21.2	27.8	51.0	137,212.2	3.44
1967	333,694.7	7.15	21.0	28.2	50.8	163,842.2	3.51
1968	394,566.2	7.14	20.7	29.4	49.9	197,671.5	3.58
1969	476,211.0	7.33	20.6	30.0	49.4	241,579.4	3.72
	499,408.6	7.69	19.6	28.6	51.7	241,682.8	3.72
1970	590,573.4	7.72	20.5	29.4	50.1	296,467.3	3.87
1971	702,445.3	8.34	20.0	29.8	50.2	352,859.8	4.19
1972	932,810.6	9.67	18.8	31.5	49.7	473,379.9	4.91
1973	1,178,254.6	10.04	20.6	32.0	47.4	624,072.1	5.32
1974	1,300,905.2	9.29	23.4	29.1	47.5	685,723.9	4.89
1975	1,438,800.4	9.30	23.1	28.1	48.7	739,585.8	4.78
1976	1,627,933.8	9.37	23.3	26.6	50.1	814,906.7	4.69
1977	1,781,916.0	9.20	23.2	26.0	50.8	883,505.2	4.56
1978	2,031,898.0	9.53	22.3	25.9	51.7	989,289.6	4.64
1979	2,335,455.9	10.10	22.7	27.0	50.3	1,166,035.8	5.04
1980	2,642,194.0	10.54	22.4	28.2	49.4	1,339,614.4	5.34
	2,864,276.8	11.43	21.2	26.1	52.7	1,363,008.4	5.44
1981	3,160,372.8	11.76	20.0	26.7	53.3	1,484,720.7	5.52
1982	3,416,324.6	12.09	19.3	26.5	54.2	1,575,452.3	5.58
1983	3,699,899.5	12.53	18.2	25.5	56.3	1,629,378.0	5.52
1984	4,006,993.9	12.80	17.5	24.4	58.1	1,699,381.1	5.43
1985	4,377,491.7	13.12	16.5	24.3	59.2	1,811,019.5	5.43
1986	5,094,260.6	14.54	14.4	26.3	59.3	2,113,913.1	6.03
1987	5,962,689.6	16.28	13.0	29.4	57.6	2,579,662.1	7.04
1988	6,716,329.3	17.06	12.2	28.9	58.9	2,836,726.9	7.21
1989	7,710,418.9	18.29	11.9	29.4	58.7	3,231,062.4	7.67
1990	7,936,547.0	17.50	12.6	31.2	56.1	3,531,467.2	7.79
1991	7,987,085.8	16.54	13.4	28.7	57.8	3,422,746.4	7.09
1992	7,804,398.3	15.76	14.3	26.6	59.1	3,265,515.1	6.60
1993	7,903,074.8	15.96	14.3	25.1	60.6	3,192,859.5	6.45
1994	8,044,314.4	16.04	14.3	23.9	61.8	3,150,014.4	6.28
	8,507,542.5	16.96	18.0	23.2	58.9	3,578,668.8	7.14
1995	8,650,025.0	16.88	17.9	21.8	60.3	3,521,329.1	6.87
1996	8,813,933.3	16.76	18.3	21.0	60.7	3,567,258.6	6.78
1997	8,956,277.9	16.77	18.4	20.2	61.4	3,585,675.7	6.71
1998	8,997,460.5	17.04	18.3	19.4	62.3	3,523,195.8	6.67
1999	9,195,140.2	17.69	17.9	18.1	63.9	3,400,952.9	6.54
2000	9,091,106.4	17.26	18.4	17.4	64.2	3,387,428.0	6.43
2001	8,929,836.8	17.07	18.6	16.7	64.7	3,331,814.9	6.37
2002	8,807,400.2	17.07	18.7	16.0	65.2	3,236,619.8	6.27
2003	8,793,974.6	17.06	18.9	15.2	65.9	3,175,142.3	6.16
2004	8,879,390.0	17.04	19.0	14.4	66.7	3,146,539.2	6.04
2005	9,244,916.8	17.64	18.5	13.6	67.9	3,151,024.2	6.01
2006	9,288,999.5	17.63	18.8	13.7	67.5	3,237,566.2	6.14
2007	9,178,728.5	17.26	19.5	14.3	66.3	3,347,868.7	6.30
2008	8,788,761.7	16.88	20.5	14.7	64.8	3,322,619.2	6.38
2009	8,686,739.0	17.75	20.0	14.3	65.7	3,248,372.0	6.64
2010	8,703,070.8	17.39	19.9	13.9	66.2	3,196,527.0	6.39
2011	8,678,227.5	17.66	19.9	13.5	66.6	3,166,000.9	6.44
2012	8,885,246.4	17.95	19.3	13.0	67.7	3,170,660.7	6.41
2013	9,446,000.2	18.77	18.6	12.1	69.3	3,226,460.2	6.41
2014	9,878,211.0	19.22	18.1	11.6	70.2	3,292,112.7	6.41
2015	10,141,838.4	19.09	17.8	11.4	70.8	3,284,945.5	6.18
2016	10,433,825.8	19.48	17.3	11.4	71.3	3,332,177.5	6.22
2017	10,887,457.9	19.94	17.0	11.1	72.0	3,382,538.2	6.20
2018	10,883,378.3	19.90	17.3	11.3	71.4	3,457,384.1	6.32

资料来源：内閣府『令和2年度　年次経済財政報告（経済財政政策担当大臣報告）―コロナ危機：日本経済変革のラストチャンス―』（長期経済統計）、2020年11月。

表9　居民消费、工资、住宅统计

年　度	居民消费			工资		住宅	
	家庭储蓄率	新车初次登记、申报数（轿车）	轿车持有数（平均每100户）（年度末值）	春季工资上涨率	现金工资总额增长率	新房开工户数	
						数量	年增长率
	%	辆	辆	%	%	千户	%
1956	12.9	–	–	–	–	309	19.9
1957	12.6	–	–	–	–	321	4.0
1958	12.3	49,236	–	–	–	338	5.3
1959	13.7	73,050	–	–	–	381	12.6
1960	14.5	145,227	–	–	–	424	11.5
1961	15.9	229,057	–	–	–	536	26.4
1962	15.6	259,269	–	–	–	586	9.4
1963	14.9	371,076	–	–	–	689	17.5
1964	15.4	493,536	–	–	–	751	9.1
1965	15.8	586,287	–	10.6	–	843	12.1
1966	15.0	740,259	9.8	10.6	–	857	1.7
1967	14.1	1,131,337	13.3	12.5	–	991	15.7
1968	16.9	1,569,404	17.6	13.6	–	1,202	21.2
1969	17.1	2,036,677	22.6	15.8	–	1,347	12.1
1970	17.7	2,379,137	26.8	18.5	–	1,485	10.2
1971	17.8	2,402,757	32.0	16.9	–	1,464	-1.4
1972	18.2	2,627,087	38.8	15.3	–	1,808	23.5
1973	20.4	2,953,026	42.3	20.1	–	1,905	5.4
1974	23.2	2,286,795	45.0	32.9	–	1,316	-30.9
1975	22.8	2,737,641	47.2	13.1	–	1,356	3.1
1976	23.2	2,449,429	55.0	8.8	–	1,524	12.4
1977	21.8	2,500,095	55.6	8.8	–	1,508	-1.0
1978	20.8	2,856,710	60.8	5.9	–	1,549	2.7
1979	18.2	3,036,873	64.1	6.0	–	1,493	-3.6
1980	17.7	2,854,175	64.9	6.74	–	1,269	-15.0
1981	18.6	2,866,695	71.7	7.68	–	1,152	-9.2
1982	17.3	3,038,272	76.4	7.01	–	1,146	-0.5
1983	16.8	3,135,611	79.2	4.40	–	1,137	-0.8
1984	16.7	3,095,554	83.6	4.46	–	1,187	4.4
1985	16.2	3,252,299	84.5	5.03	–	1,236	4.1
1986	15.4	3,322,888	91.3	4.55	–	1,365	10.4
1987	13.7	3,477,770	94.5	3.56	–	1,674	22.7
1988	14.2	3,980,958	104.1	4.43	–	1,685	0.6
1989	14.1	4,760,094	108.0	5.17	–	1,663	-1.3
1990	13.5	5,575,234	112.3	5.94	–	1,707	2.7
1991	15.1	5,416,437	114.2	5.65	4.4	1,370	-19.7
1992	14.7	5,097,467	116.1	4.95	2.0	1,403	2.4
1993	14.2	4,805,543	116.2	3.89	0.3	1,486	5.9
1994	12.9	4,860,586	118.6	3.13	1.5	1,570	5.7
1995	11.8	5,119,052	121.0	2.83	1.1	1,470	-6.4
1996	10.3	5,394,616	125.1	2.86	1.1	1,643	11.8
1997	10.4	5,182,296	127.8	2.90	1.6	1,387	-15.6
1998	11.8	4,647,978	126.7	2.66	-1.3	1,198	-13.6
1999	10.5	4,656,901	130.7	2.21	-1.5	1,215	1.4
2000	8.8	4,803,573	132.7	2.06	0.1	1,230	1.3
2001	5.6	4,790,044	137.3	2.01	-1.6	1,174	-4.6
2002	4.8	4,790,493	143.8	1.66	-2.9	1,151	-1.9
2003	4.3	4,715,991	142.3	1.63	-0.7	1,160	0.8
2004	3.6	4,768,131	134.3	1.67	-0.5	1,189	2.5
2005	3.7	4,748,409	139.1	1.71	0.8	1,236	4.0
2006	2.7	4,641,732	140.2	1.79	0.2	1,290	4.4
2007	2.6	4,400,299	140.3	1.87	-0.9	1,061	-17.8
2008	2.8	4,227,643	137.0	1.99	-0.3	1,094	3.1
2009	4.4	3,923,741	139.4	1.83	-3.8	788	-27.9
2010	3.9	4,212,267	136.9	1.82	0.6	813	3.1
2011	4.3	3,524,788	141.8	1.83	-0.3	834	2.6
2012	2.9	4,572,332	138.4	1.78	-0.8	883	5.8
2013	0.5	4,562,282	128.6	1.80	-0.2	980	11.0
2014	-0.3	4,699,591	129.2	2.19	0.5	892	-9.0
2015	1.0	4,215,889	131.1	2.38	0.1	909	1.9
2016	2.9	4,146,458	125.2	2.14	0.6	967	6.4
2017	2.2	4,386,377	128.4	2.11	0.4	965	-0.3
2018	4.0	4,391,160	126.3	2.26	1.4	942	-2.3
2019	4.9	4,301,091	125.7	2.18	-0.5	905	-4.0
2020	–	–	–	2.00	–	–	–
2018年1－3月	–	1,093,151	–	–	1.0	911	-8.2
2018年4－6月	–	1,094,618	–	–	1.7	955	-2.0
2018年7－9月	–	1,092,623	–	–	0.9	950	-0.2
2018年10－12月	–	1,104,939	–	–	1.5	951	0.6
2019年1－3月	–	1,086,035	–	–	-0.8	956	5.2
2019年4－6月	–	1,124,627	–	–	-0.2	925	-4.7
2019年7－9月	–	1,163,891	–	–	-0.5	906	-5.4
2019年10－12月	–	930,402	–	–	-0.3	865	-9.4
2020年1－3月	–	978,279	–	–	0.3	863	-9.9
2020年4－6月	–	747,178	–	–	-2.1	800	-12.4

资料来源：内閣府『令和2年度　年次経済財政報告（経済財政政策担当大臣報告）—コロナ危機：日本経済変革のラストチャンス—』（長期経済統計）、2020年11月。

表10 设备投资、工矿业生产统计

年 度	设备投资	工矿业生产					
	设备投资占名义GDP比例	生产指数		出厂指数		生产者商品库存指数	
	%	2015年=100	年增长率（%）	2015年=100	年增长率（%）	2015年=100	年增长率（%）
1960	18.2	13.6	24.8	13.4	22.9	13.4	24.3
1961	20.2	16.4	19.4	15.8	18.0	17.5	31.7
1962	19.2	17.7	8.3	17.2	8.2	20.9	20.6
1963	18.1	19.7	10.1	19.0	10.5	21.7	5.5
1964	18.3	22.8	15.7	21.8	15.0	25.9	19.4
1965	15.7	23.7	3.7	22.8	4.1	27.8	6.9
1966	15.8	26.9	13.2	25.9	13.7	28.3	2.2
1967	17.8	32.1	19.4	30.5	17.5	33.4	18.1
1968	18.7	37.0	17.7	35.3	16.2	40.7	25.3
1969	20.2	42.9	16.0	41.1	16.4	47.5	16.8
1970	21.0	48.9	13.8	46.4	13.0	58.1	22.5
1971	19.0	50.1	2.6	47.8	3.1	63.6	9.1
1972	17.5	53.7	7.3	52.0	8.6	60.4	-4.9
1973	18.5	61.7	17.5	59.4	15.4	62.4	3.7
1974	18.4	59.2	-4.0	56.2	-5.3	89.4	43.2
1975	16.4	52.7	-11.0	52.0	-7.5	81.5	-8.9
1976	15.1	58.7	11.1	57.4	10.3	87.4	7.3
1977	14.1	61.1	4.1	59.6	3.9	90.2	3.0
1978	13.7	64.9	6.2	63.1	5.8	87.7	-2.9
1979	14.9	69.7	7.3	67.4	6.7	90.6	3.3
1980	16.0	73.0	4.7	69.3	2.9	98.2	8.3
1981	15.7	73.7	1.0	69.7	0.6	94.7	-3.6
1982	15.3	74.0	0.3	69.3	-0.7	93.1	-1.5
1983	14.6	76.1	3.6	71.6	3.5	87.8	-5.2
1984	15.0	83.4	9.4	77.4	8.2	94.6	7.6
1985	16.5	86.4	3.7	80.2	3.4	98.0	3.5
1986	16.5	86.2	-0.2	80.6	0.5	96.8	-1.2
1987	16.4	89.2	3.4	83.7	3.9	93.9	-3.0
1988	17.7	97.8	9.5	91.2	8.7	98.9	5.4
1989	19.3	103.5	5.8	96.5	5.9	107.1	8.3
1990	20.0	107.7	4.1	101.3	4.8	106.4	-0.7
1991	20.1	109.5	1.7	102.7	1.5	120.7	13.4
1992	18.3	102.8	-6.1	97.5	-5.1	119.6	-0.8
1993	16.3	98.8	-4.5	94.7	-3.7	117.3	-3.5
1994	15.1	99.9	0.9	95.6	0.9	111.8	-4.6
1995	15.7	103.0	3.2	98.0	2.6	118.0	5.5
1996	15.9	105.4	2.3	100.7	2.7	117.6	-0.3
1997	16.2	109.2	3.6	104.7	4.0	124.7	6.0
1998	16.0	101.7	-7.2	98.8	-6.6	114.7	-7.4
1999	15.2	101.9	0.2	99.9	1.1	106.8	-6.9
2000	15.7	107.8	5.7	105.8	5.8	109.0	2.1
2001	15.4	100.5	-6.8	99.0	-6.3	108.2	-0.7
2002	14.4	99.3	-1.3	98.8	-0.2	99.5	-8.0
2003	14.4	102.2	3.3	102.2	4.0	96.7	-2.4
2004	14.5	107.1	4.9	107.2	4.8	96.6	-0.1
2005	15.6	108.6	1.3	108.7	1.4	101.1	4.8
2006	15.8	113.4	4.5	113.7	4.6	104.7	3.5
2007	15.8	116.7	2.8	117.1	3.1	106.0	1.3
2008	15.8	112.7	-3.4	112.4	-3.2	113.2	4.8
2009	14.1	88.1	-21.9	88.0	-21.7	93.3	-17.6
2010	13.5	101.8	15.6	101.6	15.5	95.5	2.4
2011	14.1	98.9	-2.8	97.8	-3.7	97.5	2.0
2012	14.5	99.6	0.6	99.0	1.2	102.6	5.2
2013	14.9	99.2	-1.3	100.7	-0.5	94.7	-5.0
2014	15.6	101.2	2.0	101.4	0.7	100.3	5.9
2015	15.7	100.0	-1.2	100.0	-1.4	98.0	-2.3
2016	15.2	100.0	0.0	99.7	-0.3	94.9	-3.2
2017	15.6	103.1	3.1	102.2	2.5	98.8	4.1
2018	16.0	104.2	1.1	103.0	0.8	100.5	1.7
2019	16.0	101.1	-3.0	100.2	-2.7	101.7	1.2
2014年1-3月	15.6	103.6	7.7	104.5	6.8	95.3	-4.1
2014年4-6月	15.4	100.6	2.0	100.2	0.0	99.8	2.8
2014年7-9月	15.6	100.1	-0.2	100.2	-1.3	101.6	4.8
2014年10-12月	15.6	100.2	-1.4	100.6	-2.3	102.5	5.9
2015年1-3月	15.8	100.7	-2.4	100.9	-2.9	100.2	5.2
2015年4-6月	15.6	99.8	-1.1	99.9	-0.7	99.0	-0.8
2015年7-9月	15.7	99.8	-0.7	100.0	-0.8	99.4	-2.2
2015年10-12月	15.6	99.7	-0.3	99.3	-1.0	100.1	-2.3
2016年1-3月	15.3	99.7	-1.0	99.4	-1.7	100.4	0.2
2016年4-6月	15.1	99.0	-1.0	98.8	-1.1	100.1	1.2
2016年7-9月	15.0	100.3	0.3	99.8	-0.4	100.0	0.5
2016年10-12月	15.3	101.7	1.6	101.5	1.8	97.0	-3.2
2017年1-3月	15.5	101.3	2.4	100.7	2.1	98.9	-1.4
2017年4-6月	15.6	103.2	4.4	102.3	3.8	99.0	-1.0
2017年7-9月	15.6	103.2	2.5	102.4	2.3	99.1	-1.0
2017年10-12月	15.8	104.4	3.1	103.1	2.1	101.1	4.1
2018年1-3月	15.8	103.5	1.7	102.2	0.8	103.6	5.1
2018年4-6月	16.1	104.3	1.3	103.6	1.6	101.6	2.5
2018年7-9月	15.7	103.6	0.1	102.4	-0.3	102.0	3.5
2018年10-12月	16.4	105.0	1.3	103.4	1.1	102.9	1.7
2019年1-3月	16.0	102.8	-1.7	101.6	-1.6	103.4	0.2
2019年4-6月	16.0	102.8	-2.2	101.4	-2.6	104.4	3.0
2019年7-9月	16.2	101.7	-1.1	101.3	-0.2	103.3	0.9
2019年10-12月	15.6	98.0	-6.8	97.3	-6.5	104.0	1.2
2020年1-3月	15.9	98.4	-4.5	96.7	-5.2	106.4	2.9
2020年4-6月	16.2	81.8	-19.8	80.5	-19.9	100.8	-3.4

资料来源：内閣府『令和２年度　年次経済財政報告（経済財政政策担当大臣報告）—コロナ危機：日本経済変革のラストチャンス—』（長期経済統計）、2020 年 11 月。

表11　工矿业指数、第三产业活动指数、企业收益、企业破产

年　度	工矿业指数		第三产业活动指数	企业收益		企业破产
	生产者商品库存率指数	制造业开工率指数		经常收益	销售额占经常收益比例	银行停止与其往来的处分者件数
	2015年=100	2015年=100	2010年=100	年增长率（%）	%	件
1955	–	–	–	32.5	2.8	–
1956	–	–	–	59.3	3.4	–
1957	–	–	–	9.6	3.1	–
1958	–	–	–	-22.7	2.4	–
1959	–	–	–	76.8	3.5	–
1960	–	–	–	40.7	3.8	–
1961	–	–	–	20.2	3.6	–
1962	–	–	–	-1.9	3.2	–
1963	–	–	–	25.5	3.3	–
1964	–	–	–	10.6	2.9	–
1965	–	–	–	-4.5	2.5	10,152
1966	–	–	–	42.2	3.0	11,058
1967	–	–	–	39.4	3.3	13,683
1968	67.6	-	–	19.5	3.4	13,240
1969	68.5	–	–	30.2	3.6	10,658
1970	72.2	–	–	13.7	3.4	11,589
1971	83.2	–	–	-17.4	2.6	11,489
1972	76.8	–	–	30.3	2.9	9,544
1973	64.8	–	–	78.9	3.8	10,862
1974	89.6	–	–	-27.3	2.2	13,605
1975	101.2	–	–	-32.6	1.4	14,477
1976	90.0	–	–	72.9	2.1	16,842
1977	91.3	–	–	8.0	2.1	18,741
1978	84.0	113.4	–	34.3	2.6	15,526
1979	77.6	120.1	–	31.9	3.0	14,926
1980	84.4	120.3	–	10.0	2.8	16,635
1981	88.4	114.8	–	-8.2	2.4	15,683
1982	88.8	111.4	–	-4.4	2.2	14,824
1983	84.5	112.9	–	12.3	2.4	15,848
1984	82.2	119.4	–	17.9	2.6	16,976
1985	85.7	119.6	–	3.9	2.6	15,337
1986	87.3	114.2	–	-1.6	2.5	13,578
1987	82.2	114.2	–	27.6	3.0	9,040
1988	77.8	120.8	–	25.6	3.4	7,819
1989	79.9	123.2	–	14.7	3.7	5,550
1990	78.9	124.5	–	-6.9	3.1	5,292
1991	84.3	121.9	–	-8.8	2.7	9,066
1992	92.5	111.9	–	-26.2	2.0	10,728
1993	93.6	106.2	–	-12.1	1.8	10,352
1994	89.9	105.8	–	11.9	1.9	10,246
1995	91.4	108.5	–	10.9	2.0	10,742
1996	92.3	109.6	–	21.9	2.4	10,722
1997	91.5	113.3	–	4.8	2.5	12,048
1998	100.9	104.8	–	-26.4	1.9	13,356
1999	92.3	104.5	–	17.7	2.3	10,249
2000	89.5	109.1	–	33.7	3.0	12,160
2001	98.7	100.8	–	-15.5	2.5	11,693
2002	91.2	101.9	–	-0.7	2.7	10,730
2003	86.8	106.4	–	12.6	3.0	8,189
2004	83.0	111.3	–	27.7	3.6	6,374
2005	85.2	112.7	–	11.8	3.9	5,489
2006	85.3	115.8	–	9.1	4.0	5,227
2007	85.4	116.8	–	3.6	4.0	5,257
2008	93.6	111.5	–	-26.3	3.0	5,687
2009	112.6	83.6	–	-35.3	2.3	4,568
2010	88.5	100.0	–	68.1	3.5	3,134
2011	95.7	95.7	–	-6.0	3.4	2,609
2012	100.2	97.8	–	8.8	3.8	2,390
2013	95.7	97.3	100.2	19.7	4.6	1,820
2014	97.2	102.8	99.6	10.9	5.0	1,465
2015	100.0	100.0	100.0	7.5	5.4	1,236
2016	101.0	98.5	100.6	1.5	5.5	1,062
2017	100.6	102.3	101.5	13.2	5.9	899
2018	104.6	103.1	102.8	3.7	5.9	762
2019	109.6	99.9	103.1	-3.5	5.7	751
2015年1-3月	100.3	101.3	99.9	0.4	5.2	313
2015年4-6月	98.9	99.8	100.0	23.8	5.7	348
2015年7-9月	100.0	99.4	100.2	9.0	5.3	279
2015年10-12月	100.5	99.2	99.9	-1.7	5.3	296
2016年1-3月	100.6	98.0	100.7	-9.3	4.9	275
2016年4-6月	102.6	96.9	100.1	-10.0	5.1	276
2016年7-9月	101.6	98.6	100.6	11.5	5.9	272
2016年10-12月	98.0	100.4	100.7	16.9	6.1	239
2017年1-3月	100.2	100.7	100.8	26.6	5.9	237
2017年4-6月	100.3	102.8	101.6	22.6	5.9	242
2017年7-9月	99.6	102.5	101.6	5.5	5.9	219
2017年10-12月	102.6	103.8	102.0	0.9	5.9	201
2018年1-3月	104.3	102.2	102.2	0.2	5.7	195
2018年4-6月	104.0	103.3	102.9	17.9	6.8	195
2018年7-9月	105.0	101.9	102.5	2.2	5.7	199
2018年10-12月	105.6	104.7	103.4	-7.0	5.3	173
2019年1-3月	105.9	101.6	103.5	10.3	6.0	173
2019年4-6月	107.3	102.1	103.6	-12.0	5.9	217
2019年7-9月	109.3	100.2	104.4	-5.3	5.6	185
2019年10-12月	114.6	95.6	101.2	-4.6	5.4	176
2020年1-3月	116.5	95.1	100.2	-28.4	4.6	187
2020年4-6月	141.7	75.2	90.2	-46.6	3.6	127

资料来源：内閣府『令和2年度　年次経済財政報告（経済財政政策担当大臣報告）—コロナ危機：日本経済変革のラストチャンス—』（長期経済統計）、2020年11月。

表12　人口、就业统计

年　度	人　口			就　业	
	总人口	平均家庭人数	合计特殊出生率	劳动力人口	劳动力参与率
	万人	人	%	万人	%
1960	9,342	4.13	2.00	4,511	69.2
1961	9,429	3.97	1.96	4,562	69.1
1962	9,518	3.95	1.98	4,614	68.3
1963	9,616	3.81	2.00	4,652	67.1
1964	9,718	3.83	2.05	4,710	66.1
1965	9,828	3.75	2.14	4,787	65.7
1966	9,904	3.68	1.58	4,891	65.8
1967	10,020	3.53	2.23	4,983	65.9
1968	10,133	3.50	2.13	5,061	65.9
1969	10,254	3.50	2.13	5,098	65.5
1970	10,372	3.45	2.13	5,153	65.4
1971	10,515	3.38	2.16	5,186	65.0
1972	10,760	3.32	2.14	5,199	64.4
1973	10,910	3.33	2.14	5,326	64.7
1974	11,057	3.33	2.05	5,310	63.7
1975	11,194	3.35	1.91	5,323	63.0
1976	11,309	3.27	1.85	5,378	63.0
1977	11,417	3.29	1.80	5,452	63.2
1978	11,519	3.31	1.79	5,532	63.4
1979	11,616	3.30	1.70	5,596	63.4
1980	11,706	3.28	1.75	5,650	63.3
1981	11,790	3.24	1.74	5,707	63.3
1982	11,873	3.25	1.77	5,774	63.3
1983	11,954	3.25	1.80	5,889	63.8
1984	12,031	3.19	1.81	5,927	63.4
1985	12,105	3.22	1.76	5,963	63.0
1986	12,166	3.22	1.72	6,020	62.8
1987	12,224	3.19	1.69	6,084	62.6
1988	12,275	3.12	1.66	6,166	62.6
1989	12,321	3.10	1.57	6,270	62.9
1990	12,361	3.05	1.54	6,384	63.3
1991	12,410	3.04	1.53	6,505	63.8
1992	12,457	2.99	1.50	6,578	64.0
1993	12,494	2.96	1.46	6,615	63.8
1994	12,527	2.95	1.50	6,645	63.6
1995	12,557	2.91	1.42	6,666	63.4
1996	12,586	2.85	1.43	6,711	63.5
1997	12,616	2.79	1.39	6,787	63.7
1998	12,647	2.81	1.38	6,793	63.3
1999	12,667	2.79	1.34	6,779	62.9
2000	12,693	2.76	1.36	6,766	62.4
2001	12,732	2.75	1.33	6,752	62.0
2002	12,749	2.74	1.32	6,689	61.2
2003	12,769	2.76	1.29	6,666	60.8
2004	12,779	2.72	1.29	6,642	60.4
2005	12,777	2.68	1.26	6,651	60.4
2006	12,790	2.65	1.32	6,664	60.4
2007	12,803	2.63	1.34	6,684	60.4
2008	12,808	2.63	1.37	6,674	60.2
2009	12,803	2.62	1.37	6,650	59.9
2010	12,806	2.59	1.39	6,632	59.6
2011	12,780	2.58	1.39	6,596	59.3
2012	12,752	2.57	1.41	6,565	59.1
2013	12,730	2.51	1.43	6,593	59.3
2014	12,708	2.49	1.42	6,609	59.4
2015	12,711	2.49	1.45	6,625	59.6
2016	12,693	2.47	1.44	6,673	60.0
2017	12,671	2.47	1.43	6,720	60.5
2018	12,644	2.44	1.42	6,830	61.5
2019	12,614	—	1.36	6,886	62.1
2018年1-3月	12,659	—	—	6,753	60.8
2018年4-6月	12,650	—	—	6,854	61.7
2018年7-9月	12,653	—	—	6,854	61.7
2018年10-12月	12,644	—	—	6,860	61.8
2019年1-3月	12,632	—	—	6,822	61.5
2019年4-6月	12,625	—	—	6,897	62.2
2019年7-9月	12,627	—	—	6,911	62.3
2019年10-12月	12,614	—	—	6,915	62.3
2020年1-3月	P 12,602	—	—	6,857	61.9
2020年4-6月	P 12,596	—	—	6,845	61.8

资料来源：内閣府『令和2年度　年次経済財政報告（経済財政政策担当大臣報告）—コロナ危機：日本経済変革のラストチャンス—』（長期経済統計）、2020年11月。

表13　就业、劳动时间统计

年　度	就　　业						劳动时间
	就业人数	雇佣者人数	雇佣者占比	完全失业人数	完全失业率	有效求人倍率	总实际劳动时间
	万人	万人	%	万人	%	倍	小时
1959	4,335	2,250	51.9	98	2.2	–	–
1960	4,436	2,370	53.4	75	1.7	–	–
1961	4,498	2,478	55.1	66	1.4	–	–
1962	4,556	2,593	56.9	59	1.3	–	–
1963	4,595	2,672	58.2	59	1.3	0.70	–
1964	4,655	2,763	59.4	54	1.1	0.80	–
1965	4,730	2,876	60.8	57	1.2	0.64	–
1966	4,827	2,994	62.0	65	1.3	0.74	–
1967	4,920	3,071	62.4	63	1.3	1.00	–
1968	5,002	3,148	62.9	59	1.2	1.12	–
1969	5,040	3,199	63.5	57	1.1	1.30	–
1970	5,094	3,306	64.9	59	1.1	1.41	2,239.2
1971	5,121	3,412	66.6	64	1.2	1.12	2,217.6
1972	5,126	3,465	67.6	73	1.4	1.16	2,205.6
1973	5,259	3,615	68.7	68	1.3	1.76	2,184.0
1974	5,237	3,637	69.4	73	1.4	1.20	2,106.0
1975	5,223	3,646	69.8	100	1.9	0.61	2,064.0
1976	5,271	3,712	70.4	108	2.0	0.64	2,094.0
1977	5,342	3,769	70.6	110	2.0	0.56	2,096.4
1978	5,408	3,799	70.2	124	2.2	0.56	2,102.4
1979	5,479	3,876	70.7	117	2.1	0.71	2,114.4
1980	5,536	3,971	71.7	114	2.0	0.75	2,108.4
1981	5,581	4,037	72.3	126	2.2	0.68	2,101.2
1982	5,638	4,098	72.7	136	2.4	0.61	2,096.4
1983	5,733	4,208	73.4	156	2.6	0.60	2,097.6
1984	5,766	4,265	74.0	161	2.7	0.65	2,115.6
1985	5,807	4,313	74.3	156	2.6	0.68	2,109.6
1986	5,853	4,379	74.8	167	2.8	0.62	2,102.4
1987	5,911	4,428	74.9	173	2.8	0.70	2,110.8
1988	6,011	4,538	75.5	155	2.5	1.01	2,110.8
1989	6,128	4,679	76.4	142	2.3	1.25	2,088.0
1990	6,249	4,835	77.4	134	2.1	1.40	2,052.0
1991	6,369	5,002	78.5	136	2.1	1.40	2,016.0
1992	6,436	5,119	79.5	142	2.2	1.08	1,971.6
1993	6,450	5,202	80.7	166	2.5	0.76	1,912.8
1994	6,453	5,236	81.1	192	2.9	0.64	1,904.4
1995	6,457	5,263	81.5	210	3.2	0.63	1,909.2
1996	6,486	5,322	82.1	225	3.4	0.70	1,918.8
1997	6,557	5,391	82.2	230	3.4	0.72	1,899.6
1998	6,514	5,368	82.4	279	4.1	0.53	1,879.2
1999	6,462	5,331	82.5	317	4.7	0.48	1,842.0
2000	6,446	5,356	83.1	320	4.7	0.59	1,858.8
2001	6,412	5,369	83.7	340	5.0	0.59	1,848.0
2002	6,330	5,331	84.2	359	5.4	0.54	1,837.2
2003	6,316	5,335	84.5	350	5.3	0.64	1,845.6
2004	6,329	5,355	84.6	313	4.7	0.83	1,839.6
2005	6,356	5,393	84.8	294	4.4	0.95	1,830.0
2006	6,389	5,478	85.7	275	4.1	1.06	1,843.2
2007	6,427	5,537	86.2	257	3.9	1.04	1,851.6
2008	6,409	5,546	86.5	265	4.0	0.88	1,836.0
2009	6,314	5,489	86.9	336	5.1	0.47	1,767.6
2010	6,298	5,500	87.3	334	5.1	0.52	1,797.6
2011	6,293	5,512	87.6	302	4.6	0.65	1,789.2
2012	6,280	5,513	87.8	285	4.3	0.80	1,808.4
2013	6,326	5,567	88.0	265	4.0	0.93	1,791.6
2014	6,371	5,613	88.1	236	3.6	1.09	1,789.2
2015	6,401	5,663	88.5	222	3.4	1.20	1,784.4
2016	6,465	5,750	88.9	208	3.1	1.36	1,782.0
2017	6,530	5,819	89.1	190	2.8	1.50	1,780.8
2018	6,664	5,936	89.1	166	2.4	1.61	1,768.8
2019	6,724	6,004	89.3	162	2.4	1.60	1,734.0
2018年1-3月	6,633	5,902	89.0	168	2.5	1.59	—
2018年4-6月	6,664	5,933	89.0	164	2.4	1.60	—
2018年7-9月	6,663	5,946	89.2	166	2.4	1.63	—
2018年10-12月	6,695	5,963	89.1	167	2.4	1.63	—
2019年1-3月	6,703	5,981	89.2	168	2.5	1.63	—
2019年4-6月	6,707	5,995	89.4	163	2.4	1.62	—
2019年7-9月	6,729	6,013	89.4	159	2.3	1.59	—
2019年10-12月	6,759	6,028	89.2	156	2.3	1.57	—
2020年1-3月	6,738	6,044	89.7	167	2.4	1.44	—
2020年4-6月	6,630	5,927	89.4	190	2.8	1.21	—

资料来源：内閣府『令和２年度　年次経済財政報告（経済財政政策担当大臣報告）—コロナ危機：日本経済変革のラストチャンス—』（長期経済統計）、2020年11月。

表14 物价等统计

年 度	物 价 等					
	国内企业价格指数		消费者价格指数		市街地价格指数	
	2015年=100	年增长率（%）	2015年=100	年增长率（%）	100日元/平方米	年增长率（%）
1955	–	–	16.9	-1.1	—	—
1956	–	–	17.0	0.3	—	—
1957	–	–	17.5	3.1	—	—
1958	–	–	17.4	-0.4	—	—
1959	–	–	17.6	1.0	—	—
1960	48.1	–	18.3	3.6	—	—
1961	48.7	1.2	19.3	5.3	—	—
1962	47.8	-1.8	20.6	6.8	—	—
1963	48.6	1.7	22.1	7.6	—	—
1964	48.6	0.0	23.0	3.9	—	—
1965	49.2	1.2	24.4	6.6	—	—
1966	50.3	2.2	25.7	5.1	—	—
1967	51.7	2.8	26.7	4.0	—	—
1968	52.2	1.0	28.2	5.3	—	—
1969	53.1	1.7	29.7	5.2	—	—
1970	54.9	3.4	31.5	7.7	—	—
1971	54.4	-0.9	33.5	6.3	—	—
1972	55.3	1.7	35.2	4.9	—	—
1973	64.0	15.7	39.3	11.7	—	—
1974	81.6	27.5	48.4	23.2	—	—
1975	83.9	2.8	54.0	11.7	700	-9.2
1976	88.6	5.6	59.1	9.4	708	0.5
1977	91.5	3.3	63.9	8.1	725	1.5
1978	91.0	-0.5	66.7	4.2	742	2.5
1979	95.6	5.1	69.1	3.7	811	5.2
1980	109.9	15.0	74.5	7.7	930	10.4
1981	111.4	1.4	78.1	4.9	1,071	10.0
1982	111.9	0.4	80.3	2.8	1,268	7.4
1983	111.2	-0.6	81.8	1.9	1,580	4.7
1984	111.3	0.1	83.6	2.3	1,680	3.0
1985	110.5	-0.7	85.4	2.0	1,840	2.4
1986	105.3	-4.7	85.9	0.6	2,315	2.6
1987	102.0	-3.1	85.9	0.1	3,287	7.7
1988	101.5	-0.5	86.5	0.7	4,425	21.7
1989	103.3	1.8	88.5	2.3	4,803	8.3
1990	104.9	1.5	91.2	3.1	5,500	16.6
1991	106.0	1.0	94.3	3.3	5,948	11.3
1992	105.0	-0.9	95.8	1.6	5,477	-4.6
1993	103.4	-1.5	97.1	1.3	4,636	-8.4
1994	101.7	-1.6	97.7	0.7	3,549	-5.6
1995	100.8	-0.9	97.6	-0.1	2,980	-3.0
1996	99.2	-1.6	97.7	0.1	2,617	-4.0
1997	99.8	0.6	99.5	1.8	2,405	-2.9
1998	98.3	-1.5	100.1	0.6	2,273	-2.4
1999	96.9	-1.4	99.8	-0.3	2,107	-4.6
2000	96.9	0.0	99.1	-0.7	1,951	-4.9
2001	94.7	-2.3	98.4	-0.7	1,831	-4.9
2002	92.8	-2.0	97.5	-0.9	1,884	-5.9
2003	91.9	-1.0	97.2	-0.3	1,788	-6.4
2004	93.1	1.3	97.2	0.0	1,703	-6.2
2005	94.6	1.6	96.9	-0.3	1,657	-5.0
2006	96.7	2.2	97.2	0.3	1,675	-2.8
2007	98.4	1.8	97.2	0.0	1,849	0.4
2008	102.9	4.6	98.6	1.4	2,076	1.7
2009	97.5	-5.2	97.2	-1.4	1,939	-3.5
2010	97.4	-0.1	96.5	-0.7	1,768	-4.6
2011	98.8	1.4	96.3	-0.3	1,742	-3.0
2012	98.0	-0.8	96.2	0.0	1,708	-2.6
2013	99.2	1.2	96.6	0.4	1,711	-1.8
2014	102.4	3.2	99.2	2.7	1,750	-0.6
2015	100.0	-2.3	100.0	0.8	1,800	-0.3
2016	96.5	-3.5	99.9	-0.1	1,907	0.1
2017	98.7	2.3	100.4	0.5	2,018	0.4
2018	101.3	2.6	101.3	1.0	2,119	0.7
2019	101.5	0.2	101.8	0.5	2,246	1.2
2020					2,385	1.4
2019年7-9月	101.0	-0.9	101.8	0.4	–	–
10-12月	102.1	0.2	102.3	0.6	–	–
2020年1-3月	101.8	0.6	102.0	0.5	–	–
4-6月	99.4	-2.2	101.8	0.1	–	–

资料来源：内閣府『令和2年度　年次経済財政報告（経済財政政策担当大臣報告）―コロナ危機：日本経済変革のラストチャンス―』（長期経済統計）、2020年11月。

表15　国际经济统计（1）

年　度	进出口通关				
	出口数量指数		进口数量指数		进口商品比例
	2015年=100	年增长率（%）	2015年=100	年增长率（%）	%
1955	–	–	–	–	11.9
1956	–	–	–	–	15.9
1957	–	–	–	–	22.9
1958	–	–	–	–	21.7
1959	–	–	–	–	21.5
1960	3.9	–	4.7	–	22.1
1961	4.1	5.1	6.0	27.7	24.5
1962	4.9	19.5	5.9	-1.7	25.9
1963	5.5	12.2	7.0	18.6	24.5
1964	6.8	23.6	8.0	14.3	25.8
1965	8.7	27.9	8.1	1.3	22.7
1966	10.1	16.1	9.4	16.0	22.8
1967	10.4	3.0	11.5	22.3	26.8
1968	12.8	23.1	12.9	12.2	27.5
1969	15.2	18.8	15.0	16.3	29.5
1970	17.5	15.1	18.1	20.7	30.3
1971	20.9	19.4	18.1	0.0	28.6
1972	22.4	7.2	20.3	12.2	29.6
1973	23.5	4.9	26.1	28.6	30.6
1974	27.6	17.4	25.5	-2.3	23.7
1975	28.2	2.2	22.3	-12.5	20.3
1976	34.3	21.6	24.1	8.1	21.5
1977	37.3	8.7	24.8	2.9	21.5
1978	37.8	1.3	26.5	6.9	26.7
1979	37.3	-1.3	29.3	10.6	26.0
1980	43.7	17.2	27.7	-5.5	22.8
1981	48.2	10.3	27.0	-2.5	24.3
1982	47.1	-2.3	26.8	-0.7	24.9
1983	51.4	9.1	27.3	1.9	27.2
1984	59.5	15.8	30.1	10.3	29.8
1985	62.1	4.4	30.2	0.3	31.0
1986	61.7	-0.6	33.1	9.6	41.8
1987	61.8	0.2	36.2	9.4	44.1
1988	65.1	5.3	42.2	16.6	49.0
1989	67.5	3.7	45.6	8.1	50.3
1990	71.3	5.6	48.2	5.7	50.3
1991	73.1	2.5	50.0	3.7	50.8
1992	74.2	1.5	49.8	-0.4	50.2
1993	73.0	-1.6	52.0	4.4	52.0
1994	74.2	1.6	59.0	13.5	55.2
1995	77.0	3.8	66.3	12.4	59.1
1996	78.0	1.3	70.0	5.6	59.4
1997	87.1	11.7	71.2	1.7	59.3
1998	86.0	-1.3	67.4	-5.4	62.1
1999	87.8	2.1	73.9	9.6	62.5
2000	96.1	9.4	82.0	11.0	61.1
2001	87.0	-9.5	80.4	-2.0	61.4
2002	93.9	7.9	82.0	2.0	62.2
2003	98.5	4.9	87.8	7.1	61.4
2004	109.0	10.6	93.9	7.0	61.3
2005	109.9	0.8	96.6	2.9	58.5
2006	118.4	7.7	100.4	3.8	56.8
2007	124.1	4.8	100.2	-0.2	56.4
2008	122.2	-1.5	99.6	-0.6	50.1
2009	89.7	-26.6	85.3	-14.4	56.1
2010	111.4	24.2	97.1	13.9	55.0
2011	107.2	-3.8	99.6	2.6	51.6
2012	102.0	-4.8	102.0	2.4	50.9
2013	100.5	-1.5	102.3	0.3	51.7
2014	101.1	0.6	102.9	0.6	53.4
2015	100.0	-1.0	100.0	-2.8	61.6
2016	100.5	0.5	98.8	-1.2	66.0
2017	105.9	5.4	102.9	4.2	63.4
2018	107.7	1.7	105.8	2.8	61.9
2019	103.0	-4.3	104.6	-1.1	63.1
2018年7～9月	106.4	-2.7	104.3	-0.8	61.1
2018年10～12月	106.6	0.1	107.6	3.1	62.1
2019年1～3月	103.7	-2.7	104.7	-2.7	62.7
2019年4～6月	102.9	-0.8	105.2	0.5	62.5
2019年7～9月	104.0	1.1	106.0	0.8	63.7
2019年10～12月	102.7	-1.3	103.1	-2.7	63.5
2020年1～3月	98.0	-4.6	97.3	-5.6	61.9
2020年4～6月	77.0	-21.4	100.0	2.8	68.8

资料来源：内閣府『令和2年度　年次経済財政報告（経済財政政策担当大臣報告）—コロナ危機：日本経済変革のラストチャンス—』（長期経済統計）、2020年11月。

表16　国际经济统计（2）

年　度	进出口通关		国际收支等			
	关税负担率	出口中日元结算占比	贸易收支	出口额	进口额	日元汇率
	%	%	亿日元	亿日元	亿日元	日元/美元
1955	–	–	–	–	–	360.00
1956	–	–	–	–	–	360.00
1957	–	–	–	–	–	360.00
1958	–	–	–	–	–	360.00
1959	–	–	–	–	–	360.00
1960	–	–	–	–	–	360.00
1961	–	–	–	–	–	360.00
1962	–	–	–	–	–	360.00
1963	–	–	–	–	–	360.00
1964	–	–	–	–	–	360.00
1965	–	–	–	–	–	360.00
1966	–	–	8,247	34,939	26,692	360.00
1967	–	–	4,200	37,049	32,849	360.00
1968	–	–	9,096	45,948	36,851	360.00
1969	–	–	13,257	56,190	42,933	360.00
1970	6.9	–	14,188	67,916	53,728	360.00
1971	6.6	–	26,857	81,717	54,860	347.83
1972	6.3	–	27,124	84,870	57,747	303.08
1973	5.0	–	10,018	98,258	88,240	272.18
1974	2.7	–	4,604	159,322	154,718	292.06
1975	2.9	–	14,933	162,503	147,570	296.84
1976	3.3	–	29,173	195,510	166,337	296.49
1977	3.8	–	45,647	211,833	166,187	268.32
1978	4.1	–	51,633	199,863	148,230	210.11
1979	3.1	–	3,598	222,958	219,360	219.47
1980	2.5	–	3,447	285,612	282,165	226.45
1981	2.5	–	44,983	330,329	285,346	220.83
1982	2.6	–	45,572	342,568	296,996	249.26
1983	2.5	–	74,890	345,553	270,663	237.61
1984	2.5	–	105,468	399,936	294,468	237.61
1985	2.6	–	129,517	415,719	286,202	238.05
1986	3.3	–	151,249	345,997	194,747	168.03
1987	3.4	–	132,319	325,233	192,915	144.52
1988	3.4	–	118,144	334,258	216,113	128.20
1989	2.9	–	110,412	373,977	263,567	138.11
1990	2.7	–	100,529	406,879	306,350	144.88
1991	3.3	–	129,231	414,651	285,423	134.59
1992	3.4	–	157,764	420,816	263,055	126.62
1993	3.6	–	154,816	391,640	236,823	111.06
1994	3.4	–	147,322	393,485	246,166	102.18
1995	3.1	–	123,445	402,596	279,153	93.97
1996	2.8	–	90,346	430,153	339,807	108.81
1997	2.5	–	123,709	488,801	365,091	120.92
1998	2.6	–	160,782	482,899	322,117	131.02
1999	2.4	–	141,370	452,547	311,176	113.94
2000	2.1	36.1	126,983	489,635	362,652	107.79
2001	2.2	34.9	88,469	460,367	371,898	121.58
2002	1.9	35.8	121,211	489,029	367,817	125.17
2003	1.9	38.9	124,631	513,292	388,660	115.94
2004	1.7	40.1	144,235	577,036	432,801	108.17
2005	1.5	38.9	117,712	630,094	512,382	110.21
2006	1.4	37.8	110,701	720,268	609,567	116.31
2007	1.3	38.3	141,873	800,236	658,364	117.77
2008	1.2	39.9	58,031	776,111	718,081	103.39
2009	1.4	39.9	53,876	511,216	457,340	93.61
2010	1.3	41.0	95,160	643,914	548,754	87.76
2011	1.3	41.3	-3,302	629,653	632,955	79.77
2012	1.2	39.4	-42,719	619,568	662,287	79.80
2013	–	35.6	-87,734	678,290	766,024	97.71
2014	–	36.1	-104,653	740,747	845,400	105.79
2015	–	35.5	-8,862	752,742	761,604	121.09
2016	–	37.1	55,176	690,927	635,751	108.77
2017	–	36.1	49,113	772,535	723,422	112.13
2018	–	37.0	11,981	812,387	800,405	110.40
2019	–	37.2	5,536	761,157	755,622	108.99
2018年10-12月	–	–	-3,015	203,448	206,464	112.88
2019年1-3月	–	–	694	193,769	193,074	110.19
2019年4-6月	–	–	-3,066	193,275	196,341	109.85
2019年7-9月	–	–	776	190,083	189,308	107.31
2019年10-12月	–	–	3,876	186,742	182,866	108.72
2020年1-3月	–	–	6,162	182,148	175,986	108.79
2020年4-6月(P)	–	–	-17,904	142,126	160,030	107.61

资料来源：内閣府『令和２年度　年次経済財政報告（経済財政政策担当大臣報告）―コロナ危機：日本経済変革のラストチャンス―』（長期経済統計）、2020年11月。

表17　国际经济统计（3）

年　度	国际收支等						
	经常收支	经常收支占名义GDP比重	贸易服务收支	资本收支	投资收支	外汇储备	对外纯资产
	亿日元	%	亿日元	亿日元	亿日元	百万美元	十亿日元
1955	–	–	–	–	–	–	–
1956	–	–	–	–	–	467	–
1957	–	–	–	–	–	524	–
1958	–	–	–	–	–	861	–
1959	–	–	–	–	–	1,322	–
1960	–	–	–	–	–	1,824	–
1961	–	–	–	–	–	1,486	–
1962	–	–	–	–	–	1,841	–
1963	–	–	–	–	–	1,878	–
1964	–	–	–	–	–	1,999	–
1965	–	–	–	–	–	2,107	–
1966	4,545	1.2	–	–	–	2,074	–
1967	-693	-0.2	–	–	–	2,005	–
1968	3,757	0.7	–	–	–	2,891	–
1969	7,595	1.2	–	–	–	3,496	–
1970	7,052	1.0	–	–	–	4,399	–
1971	19,935	2.5	–	–	–	15,235	–
1972	19,999	2.2	–	–	–	18,365	–
1973	-341	0.0	–	–	–	12,246	–
1974	-13,301	-1.0	–	–	–	13,518	–
1975	-2,001	-0.1	–	–	–	12,815	–
1976	10,776	0.6	–	–	–	16,604	–
1977	28,404	1.5	–	–	–	22,848	–
1978	34,793	1.7	–	–	–	33,019	–
1979	-19,722	-0.9	–	–	–	20,327	–
1980	-25,763	-1.1	–	–	–	25,232	–
1981	11,491	0.4	–	–	–	28,403	–
1982	17,759	0.6	–	–	–	23,262	–
1983	49,591	1.7	–	–	–	24,496	–
1984	83,489	2.7	–	–	–	26,313	–
1985	119,698	3.7	106,736	–	–	26,510	–
1986	142,437	4.2	129,607	–	–	42,239	28,865
1987	121,862	3.4	102,931	–	–	81,479	30,199
1988	101,461	2.7	79,349	–	–	97,662	36,745
1989	87,113	2.1	59,695	–	–	84,895	42,543
1990	64,736	1.5	38,628	–	–	77,053	44,016
1991	91,757	2.0	72,919	–	–	68,980	47,498
1992	142,349	3.0	102,054	–	–	68,685	64,153
1993	146,690	3.0	107,013	–	–	95,589	68,823
1994	133,425	2.7	98,345	–	–	122,845	66,813
1995	103,862	2.0	69,545	–	–	182,820	84,072
1996	74,943	1.4	23,174	72,723	-3,537	217,867	103,359
1997	115,700	2.2	57,680	152,467	-4,879	220,792	124,587
1998	149,981	2.8	95,299	136,226	-19,313	215,949	133,273
1999	129,734	2.5	78,650	130,830	-19,088	288,080	84,735
2000	140,616	2.7	74,298	148,757	-9,947	361,638	133,047
2001	104,524	2.0	32,120	105,629	-3,462	401,959	179,257
2002	136,837	2.7	64,690	133,968	-4,217	469,728	175,308
2003	161,254	3.1	83,553	136,860	-4,672	673,529	172,818
2004	196,941	3.8	101,961	160,928	-5,134	844,543	185,797
2005	187,277	3.6	76,930	163,444	-5,490	846,897	180,699
2006	203,307	3.9	73,460	160,494	-5,533	895,320	215,081
2007	249,490	4.7	98,253	263,775	-4,731	973,365	250,221
2008	148,786	2.9	18,899	186,502	-5,583	1,030,647	225,908
2009	135,925	2.8	21,249	156,292	-4,653	1,049,397	268,246
2010	193,828	3.9	68,571	217,099	-4,341	1,096,185	255,906
2011	104,013	2.1	-31,101	126,294	282	1,295,841	265,741
2012	47,640	1.0	-80,829	41,925	-804	1,268,125	299,302
2013	44,566	0.9	-122,521	-4,087	-7,436	1,266,815	325,732
2014	39,215	0.8	-134,988	62,782	-2,089	1,260,548	351,114
2015	165,194	3.1	-28,169	218,764	-2,714	1,233,214	327,189
2016	213,910	4.0	43,888	286,059	-7,433	1,216,903	336,306
2017	226,067	4.2	42,206	186,401	-2,800	1,264,283	329,302
2018	192,222	3.5	3,919	200,049	-2,125	1,270,975	341,450
2019	200,597	3.6	7,294	247,499	-4,092	1,323,750	364,525
2018年10-12月	43,017	1.8	-5,222	27,246	-298	1,270,975	–
2019年1-3月	49,614	4.4	-771	88,749	-468	1,291,813	–
2019年4-6月	48,515	3.3	-2,353	66,535	-947	1,322,279	–
2019年7-9月	47,080	4.2	-311	65,424	-1,986	1,322,581	–
2019年10-12月	53,118	2.6	7,005	22,347	-730	1,323,750	–
2020年1-3月	48,544	4.2	-1,077	66,966	-711	1,366,177	–
2020年4-6月(P)	21,227	1.3	-23,855	9,646	-215	1,383,164	–

资料来源：内閣府『令和2年度　年次経済財政報告（経済財政政策担当大臣報告）—コロナ危機：日本経済変革のラストチャンス—』（長期経済統計）、2020年11月。

表18　金融

年　度	货币存量（M2）平均余额		国内银行贷款约定平均利率	流通国债收益率	东证股价指数	东证股价时价总额（第一部）	股价收益率(PER)(第一部)
	亿日元	%	%	%		亿日元	%
1959	–	–	8.11	–	80.00	37,770	–
1960	–	–	8.08	–	109.18	54,113	–
1961	–	–	8.20	–	101.66	54,627	–
1962	–	–	8.09	–	99.67	67,039	–
1963	–	–	7.67	–	92.87	66,693	–
1964	–	–	7.99	–	90.68	68,280	–
1965	–	–	7.61	–	105.68	79,013	–
1966	–	–	7.37	6.86	111.41	87,187	–
1967	297,970	–	7.35	6.96	100.89	85,901	–
1968	344,456	15.6	7.38	7.00	131.31	116,506	–
1969	403,883	17.3	7.61	7.01	179.30	167,167	–
1970	477,718	18.3	7.69	7.07	148.35	150,913	–
1971	575,437	20.5	7.46	7.09	199.45	214,998	–
1972	728,126	26.5	6.72	6.71	401.70	459,502	25.5
1973	893,370	22.7	7.93	8.19	306.44	365,071	13.3
1974	999,819	11.9	9.37	8.42	278.34	344,195	13.0
1975	1,130,832	13.1	8.51	8.53	323.43	414,682	27.0
1976	1,301,739	15.1	8.18	8.61	383.88	507,510	46.3
1977	1,449,873	11.4	6.81	6.40	364.08	493,502	24.2
1978	1,620,195	11.7	5.95	6.40	449.55	627,038	34.3
1979	1,812,232	11.9	7.06	9.15	459.61	659,093	23.3
1980	1,978,716	9.2	8.27	8.86	494.10	732,207	20.4
1981	2,155,266	8.9	7.56	8.12	570.31	879,775	21.1
1982	2,353,360	9.2	7.15	7.67	593.72	936,046	25.8
1983	2,526,400	7.4	6.81	7.36	731.82	1,195,052	34.7
1984	2,723,601	7.8	6.57	6.65	913.37	1,548,424	37.9
1985	2,951,827	8.4	6.47	5.87	1,049.40	1,826,967	35.2
1986	3,207,324	8.7	5.51	5.82	1,556.37	2,770,563	47.3
1987	3,540,364	10.4	4.94	5.61	1,725.83	3,254,779	58.3
1988	3,936,668	11.2	4.93	4.57	2,357.03	4,628,963	58.4
1989	4,326,710	9.9	5.78	5.75	2,881.37	5,909,087	70.6
1990	4,831,186	11.7	7.70	6.41	1,733.83	3,651,548	39.8
1991	5,006,817	3.6	6.99	5.51	1,714.68	3,659,387	37.8
1992	5,036,241	0.6	5.55	4.77	1,307.66	2,810,056	36.7
1993	5,089,787	1.1	4.41	3.32	1,439.31	3,135,633	64.9
1994	5,194,212	2.1	4.04	4.57	1,559.09	3,421,409	79.5
1995	5,351,367	3.0	2.78	3.19	1,577.70	3,502,375	86.5
1996	5,525,715	3.3	2.53	2.76	1,470.94	3,363,851	79.3
1997	5,694,907	3.1	2.36	1.91	1,175.03	2,739,079	37.6
1998	5,923,528	4.0	2.25	1.97	1,086.99	2,677,835	103.1
1999	6,162,653	3.2	2.10	1.64	1,722.20	4,424,433	–
2000	6,292,840	2.1	2.11	1.64	1,283.67	3,527,846	170.8
2001	6,468,026	2.8	1.88	1.36	1,032.14	2,906,685	240.9
2002	6,681,972	3.3	1.83	0.90	843.29	2,429,391	–
2003	6,782,578	1.7	1.79	1.36	1,043.69	3,092,900	614.1
2004	6,889,343	1.6	1.73	1.43	1,149.63	3,535,582	39.0
2005	7,013,739	1.8	1.62	1.47	1,649.76	5,220,681	45.8
2006	7,084,273	1.0	1.76	1.67	1,681.07	5,386,295	36.0
2007	7,195,822	1.6	1.94	1.50	1,475.68	4,756,290	26.7
2008	7,346,008	2.1	1.86	1.16	859.24	2,789,888	20.0
2009	7,544,922	2.7	1.65	1.28	907.59	3,027,121	–
2010	7,753,911	2.8	1.55	1.11	898.80	3,056,930	45.0
2011	7,966,101	2.7	1.45	0.98	728.61	2,513,957	21.0
2012	8,165,213	2.5	1.36	0.79	859.80	2,964,429	24.9
2013	8,459,714	3.6	1.25	0.73	1,302.29	4,584,842	31.8
2014	8,748,358	3.4	1.18	0.33	1,407.51	5,058,973	23.8
2015	9,064,060	3.6	1.11	0.27	1,547.30	5,718,328	23.8
2016	9,368,699	3.4	0.99	0.04	1,518.61	5,602,469	26.4
2017	9,739,925	4.0	0.94	0.04	1,817.56	6,741,992	29.3
2018	10,024,525	2.9	0.90	-0.01	1,494.09	5,621,213	19.5
2019	10,269,920	2.4	0.86	-0.02	1,721.36	6,482,245	23.0
2019年7-9月	10,300,911	2.4	0.87	-0.22	1,587.80	5,979,464	20.6
2019年10-12月	10,369,228	2.6	0.86	-0.03	1,721.36	6,482,245	23.0
2020年1-3月	10,426,242	3.0	0.85	0.01	1,403.04	5,306,121	18.4
2020年4-6月	10,836,048	5.3	0.81	0.03	1,558.77	5,883,504	24.3

资料来源：内閣府『令和2年度　年次経済財政報告（経済財政政策担当大臣報告）—コロナ危機：日本経済変革のラストチャンス—』(長期経済統計)、2020年11月。

表19　财政（1）

年　度	一般政府财政平衡（与GDP之比）	中央政府财政平衡（与GDP之比）	地方政府财政平衡（与GDP之比）	社会保障基金财政平衡（与GDP之比）	租税负担率	国民负担率
	%	%	%	%	%	%
1955	-0.7	–	–	–	18.9	22.2
1956	1.4	–	–	–	19.5	22.8
1957	1.3	–	–	–	19.5	23.0
1958	-0.1	–	–	–	18.5	22.1
1959	1.0	–	–	–	18.0	21.5
1960	2.2	–	–	–	18.9	22.4
1961	2.4	–	–	–	19.5	23.3
1962	1.3	–	–	–	19.3	23.3
1963	1.0	–	–	–	18.7	22.9
1964	1.0	–	–	–	19.0	23.4
1965	0.4	–	–	–	18.0	23.0
1966	-0.4	–	–	–	17.2	22.3
1967	0.8	–	–	–	17.4	22.5
1968	1.2	–	–	–	18.1	23.2
1969	1.8	–	–	–	18.3	23.5
1970	1.8	0.0	-0.4	2.2	18.9	24.3
1971	0.5	-1.0	-1.0	2.5	19.2	25.2
1972	0.2	-1.1	-1.1	2.4	19.8	25.6
1973	2.0	0.4	-1.0	2.6	21.4	27.4
1974	0.0	-1.4	-1.3	2.6	21.3	28.3
1975	-3.7	-4.0	-2.1	2.4	18.3	25.7
1976	-3.6	-4.3	-1.6	2.3	18.8	26.6
1977	-4.2	-5.0	-1.8	2.7	18.9	27.3
1978	-4.2	-4.8	-1.7	2.4	20.6	29.2
1979	-4.4	-5.7	-1.4	2.6	21.4	30.2
1980	-4.0	-5.4	-1.3	2.6	21.7	30.5
1981	-3.7	-5.2	-1.2	2.8	22.6	32.2
1982	-3.4	-5.2	-0.9	2.7	23.0	32.8
1983	-2.9	-4.9	-0.8	2.7	23.3	33.1
1984	-1.8	-4.0	-0.6	2.8	24.0	33.7
1985	-0.8	-3.6	-0.3	3.1	24.0	33.9
1986	-0.3	-3.0	-0.4	3.1	25.2	35.3
1987	0.7	-1.9	-0.2	2.8	26.7	36.8
1988	2.2	-1.1	0.1	3.2	27.2	37.1
1989	2.6	-1.2	0.6	3.2	27.7	37.9
1990	2.6	-0.5	0.5	2.6	27.7	38.4
1991	2.4	-0.4	0.1	2.7	26.6	37.4
1992	-0.8	-2.4	-0.9	2.4	25.1	36.3
1993	-2.8	-3.6	-1.4	2.2	24.8	36.3
1994	-4.1	-4.3	-1.8	1.9	23.5	35.4
1995	-4.9	-4.4	-2.4	1.9	23.4	35.8
1996	-4.8	-4.0	-2.5	1.7	23.1	35.5
1997	-4.0	-3.5	-2.3	1.8	23.6	36.5
1998	-11.9	-10.7	-2.4	1.2	23.0	36.3
1999	-7.9	-7.3	-1.6	1.0	22.3	35.5
2000	-6.8	-6.4	-0.9	0.5	22.9	36.0
2001	-6.5	-5.7	-0.9	0.2	22.8	36.7
2002	-8.1	-6.6	-1.3	-0.2	21.3	35.2
2003	-7.4	-6.4	-1.3	0.3	20.6	34.4
2004	-5.3	-5.1	-0.7	0.5	21.3	35.0
2005	-4.1	-4.0	-0.2	0.1	22.5	36.3
2006	-3.0	-3.1	0.1	0.0	23.1	37.2
2007	-2.7	-2.5	0.0	-0.2	23.7	38.2
2008	-5.5	-5.2	0.3	-0.6	23.5	39.3
2009	-10.2	-8.8	-0.2	-1.2	21.3	37.2
2010	-9.0	-7.5	-0.5	-1.0	21.6	37.2
2011	-8.9	-8.3	0.1	-0.7	22.1	38.8
2012	-8.3	-7.5	-0.1	-0.7	22.7	39.7
2013	-7.2	-6.8	0.0	-0.4	23.1	39.9
2014	-4.9	-5.2	-0.3	0.6	25.0	42.1
2015	-3.3	-4.5	0.0	1.1	25.4	42.6
2016	-3.4	-4.5	-0.1	1.2	25.1	42.8
2017	-2.7	-3.6	-0.1	1.0	25.0	42.7
2018	-2.2	-3.2	0.0	1.0	24.9	42.5

资料来源：内閣府『令和2年度　年次経済財政報告（経済財政政策担当大臣報告）—コロナ危機：日本経済変革のラストチャンス—』（長期経済統計）、2020年11月。

表20　财政（2）

年　度	国债发行		国债依存度（%）	国债余额	
	总额（亿日元）	赤字国债（亿日元）		金额（亿日元）	占名义GDP比重（%）
1957	0	0	0	0	0
1958	0	0	0	0	0
1959	0	0	0	0	0
1960	0	0	0	0	0
1961	0	0	0	0	0
1962	0	0	0	0	0
1963	0	0	0	0	0
1964	0	0	0	0	0
1965	1,972	1,972	5.3	2,000	0.6
1966	6,656	0	14.9	8,750	2.2
1967	7,094	0	13.9	15,950	3.4
1968	4,621	0	7.8	20,544	3.7
1969	4,126	0	6.0	24,634	3.8
1970	3,472	0	4.2	28,112	3.7
1971	11,871	0	12.4	39,521	4.8
1972	19,500	0	16.3	58,186	6.0
1973	17,662	0	12.0	75,504	6.5
1974	21,600	0	11.3	96,584	7.0
1975	52,805	20,905	25.3	149,731	9.8
1976	71,982	34,732	29.4	220,767	12.9
1977	95,612	45,333	32.9	319,024	16.8
1978	106,740	43,440	31.3	426,158	20.4
1979	134,720	63,390	34.7	562,513	25.0
1980	141,702	72,152	32.6	705,098	28.4
1981	128,999	58,600	27.5	822,734	31.1
1982	140,447	70,087	29.7	964,822	34.9
1983	134,863	66,765	26.6	1,096,947	38.0
1984	127,813	63,714	24.8	1,216,936	39.5
1985	123,080	60,050	23.2	1,344,314	40.7
1986	112,549	50,060	21.0	1,451,267	42.4
1987	94,181	25,382	16.3	1,518,093	41.9
1988	71,525	9,565	11.6	1,567,803	40.4
1989	66,385	2,085	10.1	1,609,100	38.7
1990	73,120	9,689	10.6	1,663,379	36.8
1991	67,300	0	9.5	1,716,473	36.2
1992	95,360	0	13.5	1,783,681	36.9
1993	161,740	0	21.5	1,925,393	39.9
1994	164,900	41,443	22.4	2,066,046	41.1
1995	212,470	48,069	28.0	2,251,847	43.6
1996	217,483	110,413	27.6	2,446,581	46.3
1997	184,580	85,180	23.5	2,579,875	48.4
1998	340,000	169,500	40.3	2,952,491	56.1
1999	375,136	243,476	42.1	3,316,687	63.5
2000	330,040	218,660	36.9	3,675,547	69.5
2001	300,000	209,240	35.4	3,924,341	75.6
2002	349,680	258,200	41.8	4,210,991	81.8
2003	353,450	286,520	42.9	4,569,736	88.2
2004	354,900	267,860	41.8	4,990,137	95.8
2005	312,690	235,070	36.6	5,269,279	100.2
2006	274,700	210,550	33.7	5,317,015	100.5
2007	253,820	193,380	31.0	5,414,584	102.0
2008	331,680	261,930	39.2	5,459,356	107.2
2009	519,550	369,440	51.5	5,939,717	120.7
2010	423,030	347,000	44.4	6,363,117	127.4
2011	427,980	344,300	42.5	6,698,674	135.6
2012	474,650	360,360	48.9	7,050,072	142.6
2013	408,510	338,370	40.8	7,438,676	146.6
2014	384,929	319,159	39.0	7,740,831	149.4
2015	349,183	284,393	35.5	8,054,182	151.1
2016	380,346	291,332	39.0	8,305,733	154.7
2017	335,546	262,728	34.2	8,531,789	155.9
2018	353,954	272,982	34.9	8,801,988	159.3
2019	326,605	257,085	32.2	8,967,428	158.4

资料来源：内閣府『令和2年度　年次経済財政報告（経済財政政策担当大臣報告）—コロナ危機：日本経済変革のラストチャンス—』（長期経済統計）、2020年11月。

B.26
后　记

《日本经济与中日经贸关系研究报告（2021）》以“新冠肺炎疫情下的日本经济与中日经贸关系”为专题，回顾并展望了2020～2021年度日本宏观经济的运行状况。全书主体完成于2021年5月，此后日本经济和社会形势均出现一些变化。根据日本内阁府2021年6月发布的GDP统计数据，由于日本国内疫情没有得到有效控制，2021年第一季度日本实际GDP增长率跌至－1.0%，没有延续2020年第三季度和第四季度的正增长，2020财年（2020年4月至2021年3月）实际GDP增长率更是跌至－4.6%，经济形势不容乐观。2021年7月中旬开始，日本国内疫情再次进入高峰期，并且确诊患者数量大大超过前几波疫情。2021年7月12日，日本东京都第四次发布“紧急事态宣言”，23日，推迟一年举行的东京奥运会开幕，由于大部分比赛都以“无观众”方式进行，给日本造成不小的经济损失。整个奥运会期间，日本疫情依然非常严重，单日确诊患者数量最高达到1.5万人以上。截至2021年8月12日，日本确诊新冠肺炎患者累计超过108万人，医疗体系承载巨大压力。严峻的疫情形势可能对日本经济造成难以预测的打击。考虑到全书内容和结构的连续性和一致性，上述变化没有在书中完全体现。故以此为后记，供读者参考。

编　者

2021年8月13日

Abstract

This report reviews and envisions the status and condition of Japan's macro economy from 2020 to 2021. In 2020, the COVID-19 epidemic ravaged the world and dealt a heavy blow to Japan's economy and society. The Japanese government has actively responded to the epidemic and achieved certain results. There are also some mistakes and problems. On the whole, Japan's economy has shrunk severely in 2020, with a real GDP growth rate of -4.8%, and each quarter's economic growth rate has experienced unprecedented volatility. Personal consumption has continued to weaken, business equipment investment has shrunk sharply, exports and imports have both witnessed negative growths, and unemployment rate has picked up, and workers' income has fallen. But at the same time, the Japanese economy is also showing some bright spots in the short-term strong recovery and the promotion of the free trade area strategy, showing a bright and dark situation. Looking ahead to the trend of the Japanese economy, in the short term, although there are still some uncertainties, in the next one or two years, as the impact of the COVID-19 epidemic eases, the Japanese economy will show a trend of gradual recovery. In 2020, China-Japan economic cooperation will also be hit to a certain extent, but China-Japan trade has grown against the trend, and China has once again become Japan's largest export destination, reflecting the resilience of China-Japan economic relations and the interdependence of China-Japan economies. The relationship continues to improve. In 2021, as the epidemic eases and the economies of China-Japan and the world economy recover, China-Japan economic and trade cooperation will show a recovery growth.

This book focuses on "Japan's Economy and China-Japan Economic Relations under the COVID-19 Epidemic", and mainly consists of "General Report", "Sub-reports", "China-Japan Economic and Trade Relations", "Regional Supply Chain Construction and Regional Cooperation" and "Hot Spot Tracking". Based on the general report, the book provides a comprehensive analysis of Japan's economy under the COVID-19 epidemic, the status quo and problems faced by China-Japan economic and trade cooperation, and future trends. On this basis, this book also focuses on the analysis after the outbreak of the COVID-19 epidemic. Highlights the rupture of the regional industrial chain and the issue of East Asia regional cooperation after the signing of the RCEP, which has attracted much attention. At the same time, it also conducted an in-depth analysis of hot issues such as the economic impact of the Tokyo Olympics, Japan's digital economy, and digital currency. At present, the COVID-19 vaccine has been rolled out globally, and the spread of COVID-19 epidemic is relatively slow. For this reason, this report also focuses on the prediction and analysis of the Japanese economy and Sino-Japanese economic relations in the post-epidemic era, and believes that the future Japanese economy and China-Japan economic and trade cooperation opportunities and challenges coexist, but with the easing of the epidemic, the positive factors have strengthened, and the prospect is relatively optimistic.

Keywords: COVID-19 Epidemic; Japanese Economy; China-Japan Economic and Trade Relations; Regional Supply Chain; RCEP

Contents

Ⅰ General Report

Abstract: In 2020, the COVID-19 epidemic ravaged the world and dealt a heavy blow to the Japanese economy. The Japanese government actively responded to the epidemic and achieved certain results, but there were also some mistakes and problems. On the whole, Japan's economy shrank severely in 2020. The economic growth rate of each quarter fluctuated sharply. Personal consumption continued to be weak. Enterprise equipment investment shrank sharply. Both exports and imports growed negatively. Unemployment rose, and labor income fell. But at the same time, the Japanese economy also showed some bright spots in the short-term strong recovery and the promotion of the free trade area strategy, showed a bright and dark situation. Looking ahead to the trend of the Japanese economy, in the short term, although there are still some uncertainties, in the next one or two years, as the impact of the COVID-19 epidemic gradually eases, the Japanese economy will show a trend of gradual recovery. In the medium and long term, the external economic environment tends to improve, and Japan is also making adaptive adjustments. However, the deep-seated structural problems of the Japanese economy and society are difficult to solve, and opportunities and challenges coexist. Strengthening China-Japan economic and trade cooperation is of special significance to Japan's promotion of economic recovery, as well as to the high-quality development of China's economy.

Keywords: Japanese Economy; COVID-19 Epidemic; Personal Consumption; Equipment Investment; Free Trade Area Strategy

Ⅱ Sub-reports

B.2 The Evolution, Social Impact and Outlook of the COVID-19 Epidemic in Japan

Nie Haisong, Zhang Jifeng, Yang Feifan, Chen Chuangbin and Yang Shuo / 032

Abstract: In the more than one year since the COVID-19 epidemic spread in Japan, more than 400000 people have infected the COVID-19, and more than 10000 people have lost their lives. The Japanese government's attitude towards the epidemic has changed several times, from a wait-and-see attitude at the beginning of the epidemic to two announcements of the "emergency declaration", and during this period a number of anti-epidemic policies were issued, a large number of emergency budgets were prepared, and tourism subsidy policies were issued to activate the economy, etc. . This report details the development of the COVID-19 epidemic in Japan, sorts out the Japanese government's policy releases in response to the COVID-19 epidemic, selects important issues in Japan's response to the epidemic, and analyzes the future development of the epidemic in Japan.

Keywords: Japan; COVID-19 Epidemic; Financial Subsidies; Anti-epidemic Policies; Emergency Declaration

B.3 The Impact of the COVID-19 Epidemic and the Japanese Government's Fiscal and Economic Policy Response

Zhang Lei, *Cui Yan* / 049

Abstract: The COVID-19 epidemic since 2020 has caused a great impact on various fields of Japan's society and economy, and has led to a complex and comprehensive crisis, rather than a simple economic crisis in the traditional sense. Observing the evolution of the COVID-19 epidemic in Japan and the government's response measures, we can find that its policy starting point is to find a balance between appropriate epidemic prevention and economic development, so as to minimize the adverse effects of epidemic prevention on the economy. In addition, by analyzing the fluctuations of Japan's quarterly macroeconomic data, it is also possible to derive the basic logic and policy effects of Japan's social and economic policies under the impact of the epidemic. Considering the particularity of the mechanism and path of the impact of the COVID-19 epidemic on the economy, Japan faced two major risks of supply chain disruption and capital market collapse at the beginning of the epidemic; due to the constraints of epidemic prevention measures and the threat of the continued spread of the epidemic, the government subsequently adopted the government's fiscal subsidies and policies related to stimulating domestic demand have also had little effect. Japan's social and economic order still has a long way to go.

Keywords: COVID-19 Epidemic; Prevention Measures; Domestic Demand; Supply Chain; Financial Market

B.4 Japan's Monetary and Financial Policies under the Impact of the COVID-19 Epidemic

Fu Liying / 063

Abstract: The outbreak and spread of the COVID-19 epidemic has caused severe damage to the Japanese economy and turbulence in the Japanese financial system. The Bank of Japan quickly adopted a large-scale loose monetary policy to stabilize the financial market and delay the economic downturn; the Financial Services Agency maintained the stability of the capital market by deregulating financial institutions, guiding financial institutions to adjust loan conditions, amending laws, and strengthening supervision; financial institutions use policy financial funds to provide various forms of preferential loans and interest reductions for companies affected by the epidemic. Japan's monetary and financial measures in response to the COVID-19 epidemic have not only maintained the stability of the financial system, but also weakened the degree of economic downturn. However, because policy measures focus on short-term relief goals, the micro-level support for long-term sustainable development of enterprises is limited, and the macro-level faces long-term policy dilemmas, which contain potential risks.

Keywords: Japan; COVID-19 Epidemic; Monetary Policy; Financial Policy; Policy Finance

B.5 New Progress and Prospects of Japan's Free Trade Strategy Transformation before and after the COVID-19 Epidemic

Chen Zilei / 079

Abstract: Japan's free trade strategy is an important part of the growth strategy of the previous administration of Abe, and the new administration of Yoshihide Suga will follow the line of its predecessor. During Prime Minister Abe's tenure, he completed the signing of the Japan-Europe EPA, Japan-US goods and digital trade agreements, and the Japan-UK EPA negotiations, fulfilling the strategic mission of "networking" between Japan and the European Union, North America, and the Asia-Pacific Free Trade Area. The field and the United Kingdom have jointly adopted American standards with digital liberalization as the primary principle. After the new administration of Yoshihide Suga took office, Japan used the U. S. digital standards as a guide to accelerate the transition to a "digital nation", while continuing to try to guide the U. S. to return to TPP/CPTPP and complete the "networking" of large-scale global cross-regional free trade zones. However, as the United States continues to "absent" TPP/CPTPP, the new Japanese government will face the dilemma of the coexistence of two trade system arrangements in the region. This dilemma will help Japan promote the healthy development of economic and trade relations with countries in the region and improve overseas industries. The efficiency of chain layout and the expansion of the global third-pole market centered on China-ASEAN will bring influence. The spread of the COVID-19 epidemic will make the new government of Yoshihide Suga more pro-American and conservative, which will not help Japan to get rid of the above difficulties.

Keywords: Japan-US Double Agreement; Japan-Europe EPA; Japan-UK EPA; CPTPP; RCEP

Abstract: 2020 has come to an end, but the impact of the COVID-19 epidemic on Japan's manufacturing and service industries continues to ferment. Japan's manufacturing and service industries will face major changes in the post-epidemic era. Based on this, this report combines the latest data released by Japan and analyzes the dramatic changes in the Japanese manufacturing and service industries before and after the epidemic based on the timeline of the epidemic, and discusses the new trend of the Japanese economy in the post-epidemic period.

Keywords: COVID-19 Epidemic; Japanese Economy; Manufacturing and Service Industries; Sino-Japanese Cooperation

B.7 The Impact of the COVID-19 Epidemic on Japan's Agriculture and Agricultural Exports *Cheng Yongming* / 109

Abstract: In recent years, Japan has been actively committed to integrating its own advantages in product quality, advanced technology and equipment, advanced management systems, etc., adopting both official and civil methods, actively developing the agricultural economy and promoting agricultural, forestry and aquatic products overseas, and building a global food Value Chain. But in 2020, affected by the COVID-19 epidemic, Japan's agricultural economy and exports of agricultural, forestry and aquatic products will also be affected to varying degrees. Japan has failed to achieve its goal of reaching 1 trillion yen in agricultural, forestry and aquatic products exports in 2019. It remains to be seen whether the goal of reaching 5 trillion yen in 2030 can be achieved as scheduled.

Keywords: Agricultural Economy; Agriculture Forestry and Aquatic Products; COVID-19 Epidemic; Japan

Ⅲ China-Japan Economic and Trade Relations

B.8 China-Japan Economic and Trade Cooperation from the Perspective of China *Lyu Kejian* / 122

Abstract: This report first reviews the current situation of China-Japan relations and economic and trade cooperation in 2020. It pointed out that 2020 is an important year for China and Japan to overcome the difficulties and promote the continuous improvement and development of bilateral relations. It is also a crucial year for building a well-off society in an all-round way. On the basis of the joint fight against the epidemic between China and Japan and the mutual assistance of the two peoples, the leaders of the two countries have made plans and clarified the direction for the next development of bilateral relations. With the continuous improvement of Sino-Japanese relations, exchanges and practical cooperation in multiple fields between the two countries continue to deepen, economic and trade cooperation has overcome the impact of the epidemic to maintain a steady development momentum, and Sino-Japanese relations have entered a steady development track, but they still face many uncertain complex environments and sensitivities both inside and outside. Looking forward to 2021, the world economic recovery is on the way, but it still faces many risks and challenges. 2021 is the begining year for China to implement the 14th Five-Year Plan. It is also the year for Japan to host the Tokyo Olympics and recover from the epidemic. The relationship between the two countries will continue to improve and move forward steadily. China will speed up the construction of a new development pattern with emphasis on the domestic big cycle and the domestic and international dual cycles mutually promoting each other, continue to implement a high-level opening up to the world, and deepen multilateral and bilateral economic and trade cooperation. The economic and trade cooperation between China and Japan is facing new development opportunities. The two countries should implement the five important consensus points and six concrete achivements, maintain the stability of the global supply chain and industrial chain, continue to deepen mutually beneficial cooperation and exchanges in all directions and wide areas, and promote China-Japan relations achieving high-level mutual benefit and win-win results.

Keywords: Sino-Japanese Relations; Economic and Trade Cooperation; Sino-Japanese Economic and Trade; Japanese Investment in China

Abstract: In 2020, the trade value between Japan and China was 340 billion US dollars, slightly reduced by 0.2% compared to 2019, continuing the negative growth since 2018. Japan's exports to China increased year-on-year, while imports from China decreased. Japan's trade surplus with China is further expanded. From January to September 2020, Japan's direct investment in China reached 106. 7 billion yen, which decreased by 4. 9% over the same period of the previous year. The manufacturing industry's investment in China is rising, and it accounts for more than 80% of the total investment. Japan's direct investment in China is still dominated by manufacturing. In 2020, although the business operations of Japanese companies in China will be affected to a certain extent by the COVID-19 pandemic and Sino-US trade frictions, they are in a good momentum compared to firms in other countries and places in the world. We hope that Chinese government will further improve business environment and promote diversification and strengthening of the supply chain.

Keywords: Japan-China Trade; Japanese Investment in China; Japanese-owned Enterprises in China; COVID-19 Epidemic; Supply Chain

B. 10 Opportunities and Challenges Facing China-Japan Economic and Trade Cooperation under the COVID-19 Epidemic

Jin Renshu, Yang Bowen / 154

Abstract: The sudden COVID-19 epidemic in 2020 has impacted greatly on the world economy. Not only did China and Japan face the risk of a downturn in the domestic economy, but also caused a huge setback in the Sino-Japanese economic and trade cooperation that began to recover since 2017. On the one hand, the COVID-19 epidemic provides an important opportunity for China-Japan economic and trade cooperation, that is, to promote regional economic integration, third-party markets and cooperation in key areas, further strengthen the economic interdependence between China and Japan, and help reverse the current situation of China's trade deficit with Japan. On the other hand, Sino-Japanese economic and trade cooperation is also facing many challenges, that is, the reversal of the strength of the two sides has deepened the competition for economic dominance in Asia, the risk of conflict in the manufacturing sector has increased, the competition in the value chain has intensified, and the impact of the Sino-US game. In the face of opportunities and challenges that have not been met in a century, China and Japan should seek to avoid disadvantages and adopt win-win cooperation measures.

Keywords: COVID-19 Epidemic; China-Japan Economic and Trade Cooperation; China-Japan Supply Chain

Abstract: In 2020, due to the COVID-19 epidemic, Japan's foreign trade has dropped substantially. Japan's imports and exports with China have grown steadily in the second half of 2020. Its exports to China has maintained positive year-on-year growth for six consecutive months, and its imports has achieved positive year-on-year growth in the last two months. The annual growth rate of exports to China was 2.7%. China has become one of the few Japanese export destinations that maintain positive growth; the annual growth rate of imports from China is −5.3%, which is smaller than the overall negative growth rate of Japan's imports; China's shares of Japan's total exports and imports have increased. From the perspective of Japan's export structure with China, the export value of plastics and products, steel and non-ferrous metals, manufactured products classified by raw materials, semiconductor components and manufacturing equipment and other machinery and equipment, and automobiles and other transportation equipment have all increased significantly; from the viewpoint of import structure with China, the import value of textile raw materials and products, computers and audio-visual equipment and spare parts have also increased.

Keywords: COVID-19 Epidemic; China-Japan Bilateral Trade; Commodity Trade; Machinery Equipment Export

B.12 Analysis of the Trend of Japan's Direct Investment in China under the Background of the COVID-19 Epidemic

Deng Meiwei / 181

Abstract: The COVID-19 epidemic has plunged the global economy into a deep recession, superimposed on the background of the complex international situation, and China is facing severe challenges in attracting foreign investment. However, the decline of Japan's direct investment in China is limited, and the business prospects of Japanese companies in China are also relatively optimistic. Based on China's huge market size and development potential, it is actually difficult to achieve "de-sinicization" of Japanese companies in China. Of course, it should also be noted that in the future, Japanese companies' investment in China will change as their motives change. Market-seeking investment motives will still dominate. The production investment motives of Japanese companies in China may have different expressions in different industries. In the future, The strategic resource-seeking investment motivation of Japanese companies in China to invest in China may be further highlighted.

Keywords: COVID-19 Epidemic; Direct Investment in China; Investment Motivation; Japan

B.13 The COVID-19 Outbreak and Chinese Enterprises' Direct Investment in Japan: Current Status and Prospects

Liu Hong, *Zheng Chendi* / 197

Abstract: The outbreak and spread of the COVID-19 epidemic has had a serious impact on the economies of China and Japan, as well as the global economy. In this context, new changes have taken place in the scale of investment, investment structure, and investment methods of Chinese companies' direct investment in Japan. The reasons for these new changes are not only related to Japan's macroeconomic downturn, the deterioration of the business environment, and the transformation of investment methods under the epidemic, but also the impact of the epidemic, the government's strengthening of foreign direct investment policy management, and the promotion of the transformation and upgrading of China's industrial chain. Such factors are related, and are also affected by international factors such as Sino-US trade frictions. In the post-epidemic era, the direct investment of Chinese companies in Japan will still linger in the short-term, and it is expected to return to the growth track before the epidemic in the medium and long term. However, affected by uncertain factors such as Sino-US relations and the direction of Sino-Japanese relations, China's future There are still variables in Japanese investment.

Keywords: Direct Investment in Japan; COVID-19 Epidemic; China-US Trade Friction; China-Japan Diplomatic Relations

Abstract: The COVID-19 epidemic is still raging around the world, and the international community is facing a health and economic crisis that has never been seen since the Second World War. This epidemic has made people pay more attention to medical, health, and wellness issues, thereby providing opportunities for China and Japan to cooperate in the health industry. With the effective control of China's COVID-19 epidemic and the orderly and effective recovery of production and life, the health industry of China and Japan has the possibility and motivation to deepen cooperation. This report sorts out the ways of foreign cooperation in the Japanese health industry, and takes the Sino-Japanese (Tianjin) health industry cooperation demonstration zone as an example to explore effective ways and models for Sino-Japanese health industry cooperation, so as to provide a reference for the sustainable development of the health industry in China and Japan. The experiences and practices of the two countries have helped the in-depth cooperation between China and Japan in the health industry to become an important force for stabilizing China-Japan relations and promoting the economic and social development of the two countries.

Keywords: COVID-19 Epidemic; Health Industry; Sino-Japanese Cooperation; China-Japan (Tianjin) Health Industry Cooperation Demonstration Zone

Ⅳ Regional Supply Chain Construction and Regional Cooperation

Abstract: The sudden COVID-19 epidemic has severely hit the world economy in 2020. Worse than the economic downturn, economic globalization is facing an unprecedented countercurrent, and the global value chain is reshaping undercurrents. The phenomenon of social division has led to the spread of "domestic firstism" in European and American countries, and the uproarious "decoupling theory" has made multinational companies lose their strategy. In this context, regionalization has become a new trend in hedging against globalization. The long-delayed RCEP is finally settled. The "East Asian Production Network" as an important component of the global value chain system is expected to develop rapidly and continue to improve. As the four main bodies of East Asian economy, China, Japan, South Korea and ASEAN have long formed close economic ties and industrial cooperation with each other. Starting from the common standpoint of maintaining economic globalization and multilateral framework systems, they have promoted enterprises to work together to create a regionally characteristic The value chain system may become a new breakthrough in industrial cooperation, which not only conforms to the vital interests of all parties, but also benefits regional development.

Keywords: Economic Globalization; Decoupling Theory; Global Value Chain; East Asian Production Network; Regional Value Chain

Abstract: In the context of the continuous improvement of the economic development level of Asian countries, the emergence of disruptive technologies, and the rise of trade protectionism, the worldwide epidemic of the COVID-19 epidemic and the signing of RCEP have become important factors affecting the foreign direct investment decision-making of Japanese multinational companies, thereby accelerating the adjustment of Japanese multinational corporations' production network in East Asia. Under multiple factors, it has become a trend for Japanese multinational companies to adjust their East Asian production networks.

Keywords: Production-oriented Direct Investment; Market-oriented Direct Investment; East Asian Production Network; COVID-19 Epidemic; RCEP

B. 17 The Trend and Motivation of Japan's Reshaping of the China-Japan Supply Chain after the COVID-19 Epidemic

Chen Youjun, Zhao Lei / 257

Abstract: The COVID-19 epidemic has impacted the already fragile economic and political landscape of the world. In the post-epidemic era, the reshaping of the global supply chain network is a foregone conclusion. As the world's second and third largest economies, China and Japan have broad prospects for cooperation in strengthening disease prevention and control, promoting the resumption of work and production, and industrial division of labor. The epidemic has highlighted the necessity of economic cooperation between China and Japan, and has also brought more uncertainty and complexity. The supply chain system formed by the long-term industrial division of labor between China and Japan is under threat and is suffering multiple impacts from factors such as the COVID-19 epidemic, Sino-US strategic games, and technological nationalism. Faced with the strategic game between China and the United States and the consideration of economic and technological competition, Japan will consider reorganizing its supply chain network, enhancing supply chain flexibility, and promoting the local relocation and diversified supply of core industries. In this regard, China should start from the aspects of optimizing the industrial structure, clarifying competition policies, increasing investment in core industry research and development, and promoting regional integrated development to respond to the adjustment of Japanese supply chain policies.

Keywords: COVID-19 Epidemic; China-Japan Economic Cooperation; China-Japan Supply Chain; The New Industrial Revolution

Abstract: The outbreak of the COVID-19 epidemic and the long-term game between China and the United States have not only impacted and changed the global industrial chain, but also brought new opportunities and challenges to China-Japan industrial chain cooperation. Facing the long-term development trend of Sino-US strategic game, Japan, which maintains close and extensive industrial chain ties with the United States and China, is also constantly adjusting its industrial chain layout and policies. After the epidemic, in a reconstructed global industrial chain network, whether it is for economic stimulus or expansion of the industrial chain, China and Japan need to deepen industrial chain cooperation. However, the restraint of American factors and the swing of Japan's China policy have added uncertainties to Sino-Japanese industrial chain cooperation. China's economy quickly stabilized after the epidemic, so Japan, which is suffering from an economic downturn, had to use the Chinese market to get out of the economic downturn. In the future, both the bilateral industrial chain cooperation between China and Japan or the industrial chain cooperation between China and Japan in third-party markets will enter a new period of development.

Keywords: COVID-19 Epidemic; Sino-US Game; Sino-Japanese Industrial Chain

Abstract: 15 countries including China and Japan signed the "Regional Comprehensive Economic Partnership Agreement" (RCEP) in November 2020, which has become a major achievement of East Asian regional economic integration. In the RCEP system and agreement negotiations, China and Japan have played an important role as regional powers. As one of the initiators of the RCEP concept, Japan participated in the negotiation throughout the entire process, and generally supported the construction of a regional free trade mechanism, but the specific response strategies and participation enthusiasm changed due to the situation. After India announced its withdrawal from the RCEP negotiations at the end of 2019, Japan weighed the pros and cons and shifted from insisting on signing the agreement by 16 countries including India, and finally turning to supporting 15 countries to reach an agreement first. Japan actively participates in the promotion of RCEP countermeasures and is driven by a series of economic and strategic considerations, including the use of the RCEP epidemic to rapidly revitalize the economy and ensure economic security, build and improve the "global pattern" of foreign trade, strengthen ties with major economic partners, and use regional economic cooperation Improve strategic autonomy and influence, coordinate and improve relations with other countries (groups of countries), etc..

Keywords: RCEP; Japan; Free Trade; Regional Cooperation; China-Japan Relations

B.20 Analysis of the Progress and Trend of China-Japan-Korea FTA after the Signing of RCEP *Li Haodong, Liu Chuanhan* / 307

Abstract: The China-Japan-Korea FTA plays a prominent role in promoting close economic and trade cooperation among East Asian countries. After the successful signing of the RCEP with the participation of 15 countries at the end of 2020, the China-Japan-Korea FTA negotiations ushered in a new stage. RCEP fills the gap where there is no FTA between China, Japan and South Korea, and at the same time lays a good foundation for China, Japan and South Korea FTA in terms of tariff reduction and market access. In the next step, the China-Japan-Korea FTA negotiations may involve more "post-border rules" issues. At the same time, they will face the greater impact of Japan-Korea trade frictions.

Opportunities contain challenges. China, Japan and South Korea should take advantage of the excellent situation reached by RCEP and make persistent efforts to promote the early conclusion of the China-Japan-Korea FTA negotiations and promote the development of East Asian regional economic integration to high-quality.

Keywords: China-Japan-Korea FTA; Japan-Korea Trade Friction; RCEP; GTAP

Abstract: The negotiation of the Comprehensive Economic Partnership Agreement (EPA) between Japan and the United Kingdom has progressed rapidly since its inception, and the agreement was signed on October 23, 2020. This is due to the in-depth strategic interaction and convergence of preferences between the two sides, which are mainly manifested in three aspects: in the global layout, the "global Britain" and the "overlooking the globe diplomacy" dock with each other; in the regional strategy, it serves as the "European gateway" and "the gateway to the Asia-Pacific" rely on each other; in terms of the rules system, "tariff catch-up" and "new rules" are highly similar. On issues such as digital trade and infrastructure investment, the Japan-UK EPA has outstanding "rule-oriented" and "normative significance" . At the same time, the two sides also used the Japanese and British EPA as the forerunner and pavement for the UK to join the CPTPP, and focused on promoting the expansion of the CPTPP, hoping to make the UK the first new member of the developed economies outside the Asia-Pacific to join.

Keywords: Japan-UK Comprehensive Economic Partnership Agreement; Comprehensive and Progressive Trans-Pacific Partnership Agreement; Globalization UK; Normative Orientation

Ⅴ Hot Spot Tracking

Abstract: The 2020 Tokyo Olympics is given a major mission to boost Japan's economic development, and its postponement can be described as "exacerbating the situation" for the Japanese economy. From a short-term perspective, the postponement of the Olympics has become a fatal blow to the Japanese economy under multiple attacks, and its GDP growth rate will shrink further. For Tokyo, the short-term impact is dependent on the pros and cons. It not only faces the loss of commercial use delays such as stadiums and the Olympic Village, and the substantial increase in costs leading to the rise of fiscal and financial risks, but also be accompanied with opportunities for the establishment of a new image of Tokyo. In addition, micro entities such as enterprises also have difficulties in capital operation. But overall, the short-term impact is limited and reparable, and the residual income from the Olympics will stimulate the Japanese economy in 2021. In the long run, if the Olympics cannot be held as scheduled, Japan will miss the opportunity to display science and technology and cultural output, and the development of tourism and sports industries will suffer, but the sustained social effects will be obvious. At present, the issue of whether or not the 2020 Tokyo Olympics will be held after the postponement cannot be prematurely determined. However, the advantages of holding the Tokyo Olympics as scheduled in Japan after the postponement outweigh the disadvantages. Therefore, it is the key for all parties to cooperate to promote the Olympic Games as scheduled, simplify the format, reduce costs, reduce risks, and welcome the Olympics together. At the same time, we must pay attention to the continued social effects of the Olympics, and strive to create a new Japan with the help of the

Olympics.

Keywords: COVID-19 Epidemic; Tokyo Olympics; Economic Effect; Social Effect

Abstract: In 2020, Japan accelerates the technical research of the central bank digital currency (CBDC) and formulate the relevant institutional framework. It plans to conduct a concept verification in 2021. The background of the Japanese government and central bank's promotion of digital currency research and development is the Libra concept launched by the US Facebook company; the second is the rapid development of global central bank digital currencies, especially the digital renminbi; and the third is that digitization has become a new driving force for Japan's economic growth. The Bank of Japan's digital currency faces data utilization and privacy protection issues, the impact on the financial system, and the digital divide in the context of aging. Looking forward to the future, the Bank of Japan will not issue CBDC in the short term, but will continue to promote the construction of related systems, and jointly promote institutional research on CBDC with Europe and the United States, leading the formulation of digital currency rules.

Keywords: Digital Currency; CBDC; Libra; Digital Renminbi

Abstract: With the rapid development of a new generation of information technology, the digital economy is becoming an important driving factor leading the high-quality development of the economy. In the context of an aging population, the development of the digital economy can alleviate the pressure of Japan's labor force population reduction and promote the Japanese economy to come out of long-term stagnation. The sudden COVID-19 epidemic has exposed Japan's low level of government digitalization and insufficient digital transformation of enterprises. After Yoshihide Suga, who has been engaged in digital economy management for a long time, took office, he promoted the establishment of a "digital hall" to enhance the digitalization of the Japanese government and the level of digitalization of Japanese society. In the future, there will be new breakthroughs in the digital transformation of the Japanese government and enterprises, and China can learn from Japan's experience and lessons.

Keywords: Digital Economy; Digital Hall; Digital Government; Digital Transformation; Japan

Ⅵ Appendix

权威报告·一手数据·特色资源

皮书数据库

ANNUAL REPORT(YEARBOOK) DATABASE

分析解读当下中国发展变迁的高端智库平台

所获荣誉

- 2019年，入围国家新闻出版署数字出版精品遴选推荐计划项目
- 2016年，入选“‘十三五’国家重点电子出版物出版规划骨干工程”
- 2015年，荣获“搜索中国正能量 点赞2015”“创新中国科技创新奖”
- 2013年，荣获“中国出版政府奖·网络出版物奖”提名奖
- 连续多年荣获中国数字出版博览会“数字出版·优秀品牌”奖

WWW.PISHU.COM.CN

成为会员

通过网址www.pishu.com.cn访问皮书数据库网站或下载皮书数据库APP，进行手机号码验证或邮箱验证即可成为皮书数据库会员。

会员福利

- 已注册用户购书后可免费获赠100元皮书数据库充值卡。刮开充值卡涂层获取充值密码，登录并进入“会员中心”—“在线充值”—“充值卡充值”，充值成功即可购买和查看数据库内容。
- 会员福利最终解释权归社会科学文献出版社所有。

数据库服务热线：400-008-6695
数据库服务QQ：2475522410
数据库服务邮箱：database@ssap.cn
图书销售热线：010-59367070/7028
图书服务QQ：1265056568
图书服务邮箱：duzhe@ssap.cn

社会科学文献出版社 SOCIAL SCIENCES ACADEMIC PRESS (CHINA) 皮书系列
卡号：683981939641
密码：

S 基本子库
SUB DATABASE

中国社会发展数据库（下设 12 个子库）

整合国内外中国社会发展研究成果，汇聚独家统计数据、深度分析报告，涉及社会、人口、政治、教育、法律等 12 个领域，为了解中国社会发展动态、跟踪社会核心热点、分析社会发展趋势提供一站式资源搜索和数据服务。

中国经济发展数据库（下设 12 个子库）

围绕国内外中国经济发展主题研究报告、学术资讯、基础数据等资料构建，内容涵盖宏观经济、农业经济、工业经济、产业经济等 12 个重点经济领域，为实时掌控经济运行态势、把握经济发展规律、洞察经济形势、进行经济决策提供参考和依据。

中国行业发展数据库（下设 17 个子库）

以中国国民经济行业分类为依据，覆盖金融业、旅游、医疗卫生、交通运输、能源矿产等 100 多个行业，跟踪分析国民经济相关行业市场运行状况和政策导向，汇集行业发展前沿资讯，为投资、从业及各种经济决策提供理论基础和实践指导。

中国区域发展数据库（下设 6 个子库）

对中国特定区域内的经济、社会、文化等领域现状与发展情况进行深度分析和预测，研究层级至县及县以下行政区，涉及省份、区域经济体、城市、农村等不同维度，为地方经济社会宏观态势研究、发展经验研究、案例分析提供数据服务。

中国文化传媒数据库（下设 18 个子库）

汇聚文化传媒领域专家观点、热点资讯，梳理国内外中国文化发展相关学术研究成果、一手统计数据，涵盖文化产业、新闻传播、电影娱乐、文学艺术、群众文化等 18 个重点研究领域。为文化传媒研究提供相关数据、研究报告和综合分析服务。

世界经济与国际关系数据库（下设 6 个子库）

立足“皮书系列”世界经济、国际关系相关学术资源，整合世界经济、国际政治、世界文化与科技、全球性问题、国际组织与国际法、区域研究 6 大领域研究成果，为世界经济与国际关系研究提供全方位数据分析，为决策和形势研判提供参考。

法律声明